鉴出齐都

——山东临淄汉代铜镜与镜范的考古学研究

（下册）

中国社会科学院考古研究所
山东省文物考古研究院
山东大学考古学院　编著
淄博市临淄区文物保护中心
日本奈良县立橿原考古学研究所

白云翔　郑同修　〔日〕清水康二　主编

科学出版社
北京

内 容 简 介

汉代是中国古代铜镜发展史上的第一个高峰期，对整个东亚古代铜镜文化的发生和发展产生了重要而深远的影响，而汉代临淄是迄今唯一从考古学上能够确认的一个铜镜铸造中心。山东省临淄齐国故城及其城郊地区考古发现的汉代铜镜尤其是镜范，为了解和研究汉代铜镜的制作、生产、流通和使用等提供了珍贵的实物资料。本书作为中日合作研究项目“山东省临淄齐故城出土镜范与铜镜的考古学研究”的研究报告书，对2007年以后临淄齐国故城新发现的57件镜范和临淄地区出土的285件汉代铜镜等进行了3D扫描建模和精细的考古学观察、测量、摄影和记录；同时基于镜范与铜镜的对照比较研究，就汉代临淄铜镜铸造业及其制作技术、生产过程、产品类型及产地风格、铜镜流通和社会应用等进行综合研究和专题研究，并由此探索古代铜镜以及铜镜制作技术、生产和社会应用研究的新路径和新范式。本书是我国第一部将3D扫描技术用于古代铜镜研究的研究报告，也是第一部将铜镜和镜范进行对照研究的学术专著。

本书可供考古学、历史学、科技史、中外交流史等研究者和文物、博物馆专业的师生阅读、参考。

图书在版编目（CIP）数据

鉴出齐都：山东临淄汉代铜镜与镜范的考古学研究：全2册/中国社会科学院考古研究所等编著；白云翔，郑同修，（日）清水康二主编. —北京：科学出版社，2024.4

ISBN 978-7-03-078416-2

Ⅰ. ①鉴…　Ⅱ. ①中…②白…③郑…④清…　Ⅲ. ①古镜—铜器（考古）—研究—临淄区—汉代②镜范（考古）—研究—临淄区—汉代　Ⅳ. ①K875.24②K875.14

中国国家版本馆CIP数据核字（2024）第080680号

责任编辑：孙　莉　雷　英／责任校对：邹慧卿
责任印制：肖　兴／封面设计：张　放

科学出版社 出版
北京东黄城根北街16号
邮政编码：100717
http://www.sciencep.com
北京中科印刷有限公司印刷
科学出版社发行　各地新华书店经销

*

2024年4月第　一　版　开本：787×1092　1/16
2024年4月第一次印刷　印张：48　插页：8
字数：1150 000

定价：750.00元（全二册）

（如有印装质量问题，我社负责调换）

BRONZE MIRRORS AND MIRROR-MOLDS FROM THE QI STATE CAPITAL OF HAN DYNASTY
ARCHAEOLOGICAL STUDY OF THE HAN PERIOD BRONZE MIRRORS AND MIRROR-MOLDS FROM LINZI REGION IN SHANDONG PROVINCE, CHINA

(With An English Abstract)

Compiled by
Institute of Archaeology, Chinese Academy of Social Sciences
Shandong Provincial Institute of Cultural Relics and Archaeology, China
School of Archaeology, Shandong University, China
Historical Heritage Conservation Center of Linzi District, Zibo City, China
Archaeology Institute of Kashihara, Nara Prefecture, Japan

Compilers-in-chief: Bai Yunxiang(China) Zheng Tongxiu(China)
Shimizu Yasuji(Japan)

Science Press
Beijing

目　录

上编　临淄出土汉代铜镜

中编　临淄齐国故城出土汉代镜范

下编　临淄汉代铜镜与镜范研究

下　编

临淄汉代铜镜与镜范研究

汉代临淄铜镜铸造业的考古学再研究

白云翔

（中国社会科学院考古研究所、山东大学考古学院）

齐都临淄，作为周代齐国都城、秦王朝临淄郡（即“齐郡”）郡治、汉王朝齐郡郡治和齐王国的都城，是当时著名的东方大都市[1]。它不仅以其城市规模宏大、人口众多、社会文化繁荣等而闻名，更是以其工商业高度发达而著称于世，而工商业发达的重要标志是手工业门类多、生产规模大并且技术水平高，铜镜铸造业就是其中之一。

考古发现和研究表明，汉代的临淄作为重要的铜镜铸造基地，是当时全国的铜镜铸造中心之一[2]，并且是迄今全国唯一得到考古发掘和研究证实的一处铜镜产地。基于临淄齐国故城内铸镜作坊址的考古调查、汉代镜范的发现以及科技分析和考古学研究[3]，笔者曾就汉代临淄的铜镜铸造业进行了比较系统的考察，于2007年先后发表了《临淄齐国故城汉代镜范及相关问题研究》[4]和《汉代临淄铜镜制造业的考古学研究》[5]（以下简称《临淄铸镜业研究》）。从该两文发表到现在的十多年间，临淄齐国故城的田野考古和专题研究持续进行，关于汉代临淄铜镜铸造业的田野考古和多学科合作研究也不断取得进展，认识逐步深化。这里先简要回顾十多年来临淄齐国故城铜镜铸造业考古的历程及其收获，在此基础上就汉代临淄铜镜铸造业的诸问题做进一步的梳理和讨论，作为《临淄铸镜业研究》的续篇。

一、临淄齐国故城近十多年来的汉代铸镜业考古

回顾近十多年来临淄齐国故城的汉代铸镜业考古活动，主要可以归纳为以下三个方面。

（一）临淄齐国故城阚家寨铸镜作坊址的发掘

临淄齐国故城铸镜遗存的发掘和研究，作为中国社会科学院哲学社会科学创新工程项目“临淄齐故城冶铸遗存的考古发掘和研究”（简称“临淄齐故城冶铸业考古”）的重要组成部分，在项目实施过程中取得重要收获和进展。

该项目实施过程中，对石佛堂、苏家庙等铸镜作坊址再次进行了考古调查勘探，并采集到汉代镜范7件。与此同时，2011～2014年对阚家寨BⅡ地点的铸镜作坊址（简称“阚家寨铸镜作坊址”）进行了科学发掘。该发掘地点位于齐国故城大城中部略偏东，即今齐

都镇阚家寨村南，地当阚家寨与刘家寨两村所属耕地之交界处，西北距2005年阚家寨村南发现的铸镜作坊遗址约70米。这次发掘，清理出汉代镜范残片180件，是首次经科学发掘获得的汉代镜范实物资料；更为重要的是，还清理出与之相关的房址、水井、灰坑、铸镜坑等遗迹[6]。其中，铸镜坑（阚家寨BⅡZK1）的东部有浇注铜镜时用于摆放、固定镜范的小砂坑，其西部发现有红烧土面等堆积，推测与熔铜炉或坩埚有关；铸镜坑西侧的主要堆积是各种冶铸垃圾及废弃物，坑内及旁侧地面均出土有镜范残块；铸镜坑内及周围还发现有散落的细微颗粒状金属碎屑，系当时工匠对铜镜铸件进行铸后加工的实物遗留。阚家寨铸镜作坊址的主体年代为西汉前期，其年代上限有可能早到秦代[7]。这次发掘，既是临淄齐国故城铸镜作坊址的首次科学发掘，也是国内外古代铸镜作坊址的首次科学发掘。

（二）临淄出土汉代铜镜和镜范的整理与著述

阚家寨铸镜作坊址考古发掘出土一批汉代镜范的同时，当地文博机构十多年来还新收集到一批汉代镜范；临淄地区汉代墓葬的大规模发掘，有大量铜镜出土。它们都为汉代临淄铸镜业的考古学研究提供了重要的实物资料。对此，有关考古文博机构对其进行了整理和研究。

2000～2002年间，山东省文物考古研究所（今山东省文物考古研究院）与日本滋贺县立大学共同开展了山东省文物考古研究所考古发掘和收藏铜镜的合作研究，并于2009年出版了研究报告《鉴耀齐鲁——山东省文物考古研究所出土铜镜研究》（以下简称《鉴耀齐鲁》）[8]。该书收录铜镜488件，其中，两汉新莽铜镜464件，而出自临淄地区的战国秦汉铜镜416件，另有铁镜1件；同时，中日学者还就临淄地区战国秦汉铜镜、鲁中南地区汉代铜镜、铸镜工艺技术、草叶纹镜的编年，以及山东地区汉代铜镜的制作和流通等进行了专题论述。

2015～2016年间，临淄区的文物工作者对历年来临淄地区战国秦汉墓葬及其出土的铜镜进行比较系统的整理，遴选出684件铜镜并将其分为17类逐一进行记述，编写出版了《山东临淄战国汉代墓葬与出土铜镜研究》（以下简称《临淄战国汉代铜镜》）[9]。

2007年以来，临淄齐文化发展研究中心和齐文化博物院等文博机构先后收集到临淄齐国故城新发现的汉代镜范计43件，后经过详细整理并加以公布（以下简称《齐故城新征集镜范》）[10]。

2018～2020年，本合作项目“山东省临淄齐故城出土镜范与铜镜的考古学研究”实施过程中，中日学者先后对临淄齐国故城新出土、新收集的镜范和临淄地区出土汉代铜镜共同进行细致的考古学观察和分析，其中，考察镜范230件，考察铜镜331件，以此为基础，中日学者以及韩国学者就若干问题进行专门研究[11]。

（三）汉代临淄铸镜业考古的相关研究

最近十多年间，关于汉代临淄铸镜业的研究，主要集中在镜范以及相关的铸镜技术方面，并且取得了不少成果。

2008～2011年间，田贺井笃平等中日学者先后三次对临淄齐国故城出土镜范型腔面进行多种分析检测和考察，深化了对镜范型腔表面形成机理的认识。镜范型腔表面的涂层（即“涂型层”）和镜范体内渗透的铜、锡、锌和铅等金属元素，可以观察到其各具特征的分布状况，呈现出金属溶液浇注时移动的样貌；镜范中时常可见的硫，对于其黑色表层的形成可能发挥了重要作用[12]。镜范型腔表面存在着其化学成分组成有异于镜范胎体的厚150～250微米的涂层，其表面更是有一层厚约25微米的黑色表层（即“黑色皮壳”）；黑色表层中富集与浇注有关的铜、锡、铅等金属元素，同时还存在硫元素；根据其存在量，可以推定硫化铜、硫化铅等金属硫化物存在的可能性，它们与表层的“黑色化”有关[13]。经检测，有黑色表层的镜范，其黑色部分包含的铜以二价氧化物的形态存在，并且存在有碳元素；镜范表面“黑色化”，是由于铅等金属元素的硫化物、氧化铜以及碳等的存在等综合形成的；涂层未接触浇注金属的部分经检测可知，涂层黑色部分包含有钙，但未接触浇注金属的部分则没有发现钙，因此，钙很有可能来源于脱范剂[14]。

日本学者广川守以临淄齐国故城出土的螭龙纹镜范和涡状虺纹镜范为主要研究对象，就西汉铜镜地纹的施纹方法、与战国铜镜地纹的联系以及这种铜镜的制作集团等进行了探讨[15]。

日本学者清水康二根据铜镜和镜范的观察，对草叶纹镜的镜背纹样的布局和设计技法进行了专门研究，提出了镜背空间分割和纹样施画11个步骤的复原方案[16]。

日本学者三船温尚等日本艺术铸造工艺学者基于对山东省文物考古研究所收藏铜镜（其中大多出土于临淄地区）的观察和分析，就汉代铜镜镜背纹样的美学设计、镜面的弧度及表面处理、高锡青铜镜的铸造及其性质、镜背凸线纹饰和未研磨平面上的皱褶、镜范崩落及配置分割线的痕迹、高锡青铜镜的热处理技术、铜镜的制作技巧及其历时性变化等问题进行了讨论[17]。

2015年，白云翔基于新的考古发现和新的认识，就临淄齐国故城秦汉铸镜业考古的进展进行梳理，并将其置于手工业考古的大视野之下进行审视，提出了有待解决的问题和研究的重点[18]。

2020年，杨勇等基于临淄齐国故城汉代镜范的详细观察和科技分析结果，就临淄齐国故城的镜范所反映的汉代铸镜技术及其技术进步进行了深入考察[19]。

镜范是铜镜铸造的关键，铜镜是铸镜业的产品，因此，镜范和铜镜的科技分析检测，是铸镜业研究的基本方法之一。作为“临淄齐故城冶铸业考古”项目的有机组成部分，科技考古学者采用多种科技手段和方法，分别就临淄齐国故城出土镜范、铸镜作坊址及其有关的土壤样品、临淄地区出土铜镜等进行了多方面的检测、分析和研究，取得一系列重要数据和成果[20]。此外，还有学者对临淄地区出土西汉铜镜的铅同位素进行测定，以探求临淄铸镜的矿料来源[21]。

模拟实验研究，是手工业考古最基本的研究方法之一[22]。铸镜业考古也不例外。为了科学、深入地解明临淄齐国故城出土镜范的制作和使用问题，2018～2020年间，“临淄齐故城冶铸业考古”项目组先后五次进行了镜范制作和焙烧的模拟实验，得出了一些重要数据和认识[23]。

汉代临淄造铜镜的流通和传播，是汉代临淄铜镜铸造业研究的重要内容之一。日本学者菅谷文则基于对山东地区出土汉代铜镜的系统考察和分析，就山东地区汉代铜镜的制作和流通问题进行讨论，进而就汉王朝的铜镜向朝鲜半岛和日本列岛的传播等进行探讨[24]。

2022年，白云翔就2017年韩国庆山市阳地里1号墓出土的3件西汉铜镜进行细致的观察和分析，并与中国境内出土的同类铜镜进行详细的比较研究，得出了阳地里1号墓出土铜镜中的昭明镜和星云纹镜“其产地很可能在汉代临淄一带”的认识[25]。

此外，与汉代临淄铸镜业有关的论述还有，杨勇关于汉代铸镜技术的简论[26]、赵娜等基于临淄齐国故城汉代镜范对汉代铜镜铸造技术相关问题的讨论[27]等。总之，最近十多年间中日学术界关于临淄出土汉代镜范和铜镜的多方面、多角度、多层次的研究，进一步丰富和深化了汉代临淄铸镜业的认识。

二、汉代临淄的铜镜铸造与加工技术

技术，是手工业生产的核心，是它通过手工业生产这个平台，将各种自然的或人工的原材料转化为新的物质——产品。因此，技术是手工业考古最基本的研究内容之一。就铜镜铸造业来说，“明镜之始下型”[28]，其工艺技术的核心是铸造，而铸造的关键是镜范的制作和使用，因此，镜范的研究自然成为铸镜工艺技术研究的关键环节。

（一）关于镜范的制作问题

汉代临淄铸镜过程中镜范的制作和使用问题，《临淄铸镜业研究》曾提出并阐述了当时的认识。近十多年来，随着镜范的新发现、新观察、新研究并结合模拟实验，原有的认识进一步深化并有所修正[29]。

关于制作镜范的原材料，《临淄铸镜业研究》认为：“汉代临淄制作镜范的原材料，是当地的一种含有较多黏土的细颗粒黄土，并在其中羼杂有一定比例的稻壳灰，或者是谷物秸秆或草木灰，以降低镜范结构的密度，增加透气性，从而极大地改善其充型能力。”近十多年来的研究，既证实了上述认识基本符合史实，同时又有所深化。

其一，关于镜范原料中羼杂稻壳灰的问题。阚家寨BⅠ地点的植物考古中虽然发现有水稻遗存，但数量很少，“水稻为本地种植还是贸易而来则需要更多田野资料”[30]。阚家寨BⅡ和BⅢ地点的植物考古结果同样如此，“这些稻谷究竟是当地种植的还是外来的仍有待进一步考证”[31]。但值得注意的是，阚家寨BⅡ和BⅢ地点出土的26粒稻米、稻米碎片和稻米基盘中，出土于阚家寨BⅡ地点的为24个，而该地点恰恰是铸镜作坊址所在，成为镜范泥料中确实羼杂有稻壳灰的一个旁证。

其二，关于镜范原材料的配料以及泥料中不同材料的配比问题。有学者基于镜范的显微分析认为，“它的主要成分是植硅石，也含有石英和黏土……黏土有可能来自淘洗后的生土，有意掺入的砂粒有可能来自古河道河砂”[32]。另有学者认为，“黄色土壤、白色土壤、灰色土壤、黑色土壤及古河道河砂都不可能是临淄镜范的配料……临淄镜范的XRD分析结果显示其物相组成明显比各类土壤少，并含有非晶SiO_2，表明制作镜范的原料经过了精选，并掺杂了非晶SiO_2材料，所有这些特征都表明临淄镜范为当地土样添加稻壳灰之后所致”；“临淄镜范很可能是用当地土壤（原生土）经淘洗，分选出一些云母钙质及细粒组分，然后再掺杂稻壳灰等制作而成”[33]。也有研究认为，“镜范中添加的是未完全燃烧的稻壳灰、植物茎秆灰等植物灰”；而“镜范中的多种植物种类，可能表明泥料为腐殖土。河塘或河道边的黑土由于含有多种腐烂的植物质，黏性很好，往黑泥中加入一定量的稻壳灰制备成制作镜范的混合料”[34]。有学者“根据6件镜范的成分分析及显微结构观察，初步推断镜范的基础配方包括植物硅酸体、黏土以及石英类硅质原料三种……可推断出镜范制作的一个近似配方为稻壳灰（植硅石）：黏土：砂（石英颗粒）为4：5：1，即配方中含有重量比约40%的稻壳灰、50%的黏土和10%的细砂”。临淄镜范中的“黏土颗粒含有高量的K_2O，而CaO的含量则比较低……临淄镜范中黏土也可能来自遗址周边河道中淤积的黏土（有的地方称之为“黑垆土”——引者注）”[35]。镜范制作工艺的模拟实验研究表明，镜范的原材料为泥料、细砂和稻壳灰，三者的配比“按重量比，以1份泥料+0.4份稻壳灰+0～0.2份细砂为宜。泥料的选择需要既纯净、细腻，又具有较强的黏性……河道中黑色淤积土是制作镜范的良好泥料”[36]。综合起来看，制作镜范的主要原材料应当是具有一定黏结力的黏土、稻壳灰，并另加少量细河砂，而这种黏土很有可能是河道边的黑色淤积土。

其三，关于镜范的整体成型和型腔以及花纹、浇道、排气道的制作工艺问题。《临淄铸镜业研究》认为，汉代临淄镜范的制作是“模制法”和“刻制法”并用，并对其分别进行了详细的论证和复原说明，这里不再复述。近十多年来的研究，进一步证实了两种制法的存在及其总体的工艺技术，同时也提出了一些新的问题。首先，无论镜面范还是镜背范，其整体都是将制备好的范泥堆填到具有一定大小和形制（如圆首梯形等）的模板上，“边堆填边锤实，直到一定的形状与厚度”，镜范背面和四周的刮削痕和手指印痕（图1、图2），都可充分为证。但是，镜背范的型腔及其纹样、浇道和排气道的形成，则有不同认识，其实质是镜范的模制和刻制问题。日本学者南健太郎从日本出土的汉朝铜镜中辨析出了“踏返镜”[37]，而所谓“踏返镜”指的是用同一件铜镜作为镜模（即“原型”）翻制

1　　2

图1　临淄齐国故城出土蟠螭纹镜范背面手指印痕（引自《临淄齐故城冶铸业考古》，第1091页图3-8）

1. 阚家寨BⅡH82：5　2. 阚家寨BⅡH82：2

1 2

图2 临淄齐国故城出土镜范侧面刮削痕（引自《临淄齐故城冶铸业考古》，第1091页图3-9）
1. 素面镜背范（LQC-JF0049） 2. 镜面范（LQC-JF0008）

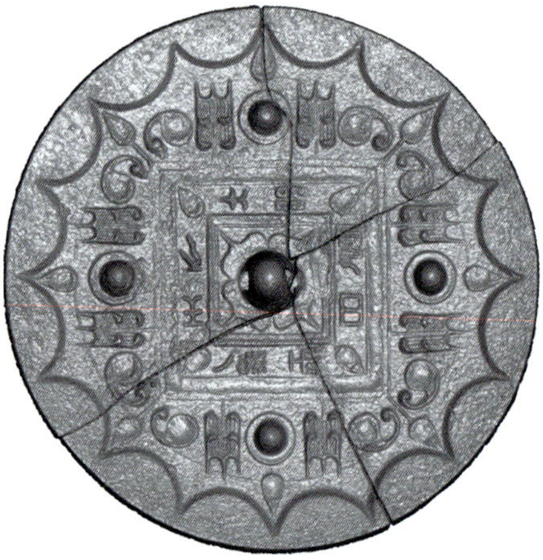

图3 临淄乙烯M31：2草叶纹镜三维模型

模印出镜范而铸造的铜镜，这从一个侧面反映出汉代铸镜曾采用模制法制作镜范。近年来，有学者对阚家寨BⅡ地点出土的BⅡH81：8-①镜背范（样本号为LQ1）和BⅡH81：492-④镜背范（样本号为LQ5）型腔的花纹进行放大观察的结果是，“阴纹线条上没有见到刻画线条的痕迹，纹饰是模印出来的”，换言之，“镜背范的纹饰是从镜模上翻制出来的”[38]，证明了当时镜范模制法的存在和应用。但是，我们在对镜范和铜镜的放大显微观察中，不仅多次确认了刻制镜范时的同心圆设计线和铜镜上的同心圆设计线，如临淄乙烯M31：2草叶纹镜（图3）、SLQJF：12草叶纹镜背范和淄江花园M237：1草叶纹镜（图4）等，并且发现阚家

1 2

图4 草叶纹镜和镜范上的同心圆设计线
（引自《临淄齐故城冶铸业考古》，第1095页图3-13）
1. SLQJF：12草叶纹镜背范 2. 淄江花园M237：1草叶纹镜

寨BⅡZK1：6镜背范和BⅡH15：2镜背范等型腔的纹饰，“其线条不流畅且高低不平、粗细不匀的特点暴露无遗”[39]（图5、图6），说明其型腔及其纹饰是刻制而成的。同时，杨勇等在模拟实验中还发现，“在范坯成型阶段来模制浇道、排气道、型腔以及型腔纹饰，是很难操作的”，但在镜范范坯成型、晾干并经过焙烧之后，“通过挖、磨、刻等方法来制作镜范浇道、排气道、型腔乃至施加纹饰，都是完全有可能的，也是可行的”[40]。换言之，汉代临淄的镜范主要是刻制法制作的，而模制法“至少其应当不是镜范成型的主要方法”[41]。值得关注的是，近年有学者在整理辽代文献的过程中，发现一部辽代寿昌三年（1097年）刊印的5册一套的契丹文图册《铜镜》。该书每册10页，除了封面和封底外，正

图5　阚家寨BⅡZK1：6镜背范刻划纹样
（引自《中原文物》2020年第1期108页，图八）

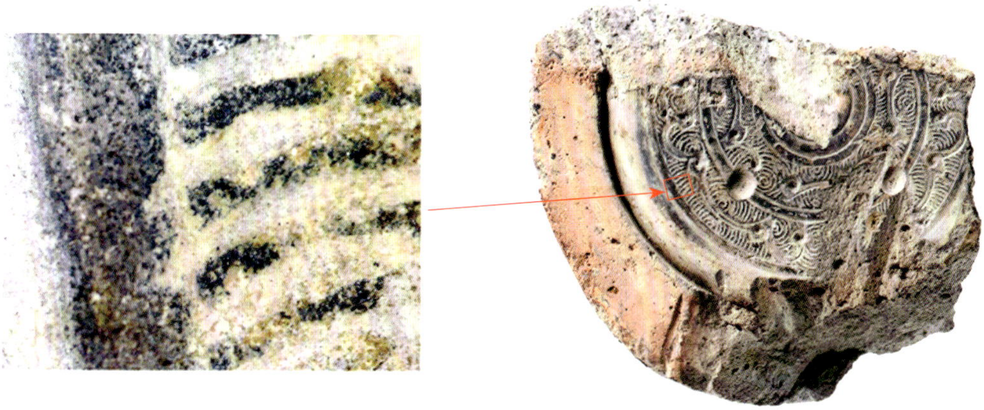

图6　阚家寨BⅡH115：2镜背范刻划纹样
（引自《中原文物》2020年第1期108页，图九）

文有6页契丹文字和2页插图。发现者称：“仅从图像上看，该书对辽代铸镜工艺作了生动描述”，其“做范”图中（图7），“画面中央有一遮阳伞，其下摆两个桌子，均为长方形；一个契丹男子在一个桌子上揉泥，其前有一团已经揉好的泥，为制泥范提供原料；另一个桌子较大，桌上有两个方形干固的泥范，有一个契丹人正以刻刀在泥范上刻铜镜（实际上为‘型腔’——引者注）花纹，桌子右上角还有一个已经刻好的铜镜泥范。上述铜镜范，都是干固的，可以铸铜，但是它们是泥范，还是再经火烧为陶范，就不得而知了”[42]。这个文献所记述的镜范制作虽然是近千年前契丹人的做法，相去西汉已有千年之久，并且契丹人铸镜采用的是“单范”铸造而非双合范铸造，但它证明了刻制法的确是古代制作镜范的一种做法；从技术传承的角度来说，这种镜范的刻制法应当是从汉代乃至更早的时期传承下来的。总之，近年来的研究进一步证明，汉代临淄铸镜的镜范制作是模制法和刻制法并存，至于两者并存的原因以及主次或主辅关系等，还有待于进一步的研究。

图7　辽代制作镜范图

（据《民艺》2019年第6期119页，图1重绘）

需要指出的是，镜范的模制和刻制还涉及镜范制作工艺流程问题，即镜范的焙烧与镜范型腔制作的先后顺序问题。就镜背范而言，采用模制法翻制镜范是先成型（包括型腔及其纹样）后焙烧，而采用刻制法制作镜范，则是对范坯进行焙烧之后再刻制其型腔及其纹样和浇道、排气道等。但无论如何，镜范经过焙烧后再浇注是毫无疑问的，并且主要采用还原焰焙烧，于是镜范主要呈青灰色；少量采用氧化焰焙烧，于是镜范呈橙黄色或灰黄色等（也可能是采用还原焰焙烧但发生失误所致）。这已经为考古出土实物和模拟实验所证实。至于焙烧的温度，此前的认识是800～850℃，“处于方解石分解温度之上而又未达到烧结温度的合理范围之内”。近年来采用热膨胀测温方法进行检测的结果是，“所有样品在300～350℃均有一个大的波谷……可能此批镜范都未经400℃以上的温度焙烧”，而“未经400℃以上焙烧的镜范还不能称为陶器，因此，此批陶范称为‘泥范’更合理”[43]。但是，镜范制作模拟实验的结果是，其焙烧温度“基本可以确定在950℃以上，即处于烧结陶化状态”[44]。将以往的检测结果和近年来的模拟实验结合起来看，镜范的焙烧温度大致是在900℃左右，属于“陶范”无疑。

其四，镜范型腔表面的“细密化”问题。镜范制作的另一个重要环节，也是铸镜过程中不可缺少的环节之一，是镜范型腔及其纹样表面的“细密化”，使得铸件表面光滑并易于脱范。实物观察可知，镜范型腔的表面光滑，并且“不少镜范的型腔表面直接可以观察到有一层薄薄的表层，显然是型腔表面在模制或刻制出花纹后涂刷了一层细腻的涂料”。至于这种涂料的材质，近年来的研究获得一些新的认识。阚家寨BⅡJ3：73镜背范（标本号LQ7）经检测发现，“型腔面和分型处磷的氧化物含量高（1.62%、2.83%和2.62%、2.85%），而镜范胎体中磷的氧化物含量为0.61%与0.66%”；阚家寨BⅡT3593②：9镜面范（标本号LQ 8）和阚家寨BⅡH82：28镜面范（标本号LQ12）型腔面的检测结果，“与LQ7镜背范相似，也是含有较多的铅、微量的铜，磷的含量高于镜范胎体”；“型腔面上磷、钙等元素的含量高于镜范基体，磷的主要来源是草木灰，钙主要来源于方解石、草木灰等”，因此，“镜范型腔面上使用了脱范剂涂料，涂料的种类是草木灰一类”[45]。崔剑锋的研究表明，镜范型腔“在铸造前会在表面涂刷一层非常细腻的泥料，这层泥料很有可能是黏土和草木灰的混合泥料，以泥浆的形式涂刷到镜范表面，其厚度大概在0.1mm”，“其显著的化学特征是CaO含量明显偏高”[46]。模拟实验研究认为，镜范型腔表面的涂层，“是范坯焙烧好之后涂刷上去的，原料主要为细泥，另外还要加上蜂蜡或其他油性物质”[47]。毫无疑问，镜范在浇注前确实在型腔表面涂刷了一层涂料，但这种涂料的材料、配比及其制作方法等，还有待于进一步研究。

总之，关于镜范的制作工艺流程可大致复原为：“备料→制坯→晾干→刮削和修整→焙烧→修整和打磨→制作浇道、排气道和型腔→施加涂层→烘烤涂层面→刻制镜背范纹饰→施加涂层→烘烤涂层面”[48]。这一认识，也得到了镜范科技检测和分析的支持[49]。当然，这是采用刻制法制作镜范的工艺流程，如果采用模制法制作镜范，其具体步骤和细节当然会与之有所差异。

（二）关于铜镜的浇注和镜范的使用问题

铜镜的成型是通过浇注来完成的。关于汉代临淄铜镜的浇注方式和浇注过程，《临淄铸镜业研究》曾根据以往的研究进行了大致的复原和说明，近年来的发现和研究使之进一步细化，并且使以往的某些认识得到修正。

阚家寨BⅡ地点铸镜作坊址铸镜坑（ZK1）的发现，为了解当时的铸镜设施和铸镜过程提供了珍贵的实物资料[50]（图8）。该坑平面呈西端宽、东端窄的不规则形，东西长300厘米，南北宽90～180厘米，残存深度约30厘米，东部较浅，西部略深。中部偏东处有一个小砂坑，平面近椭圆形，东西长42厘米，南北宽25厘米，深约20厘米，坑内填满近灰

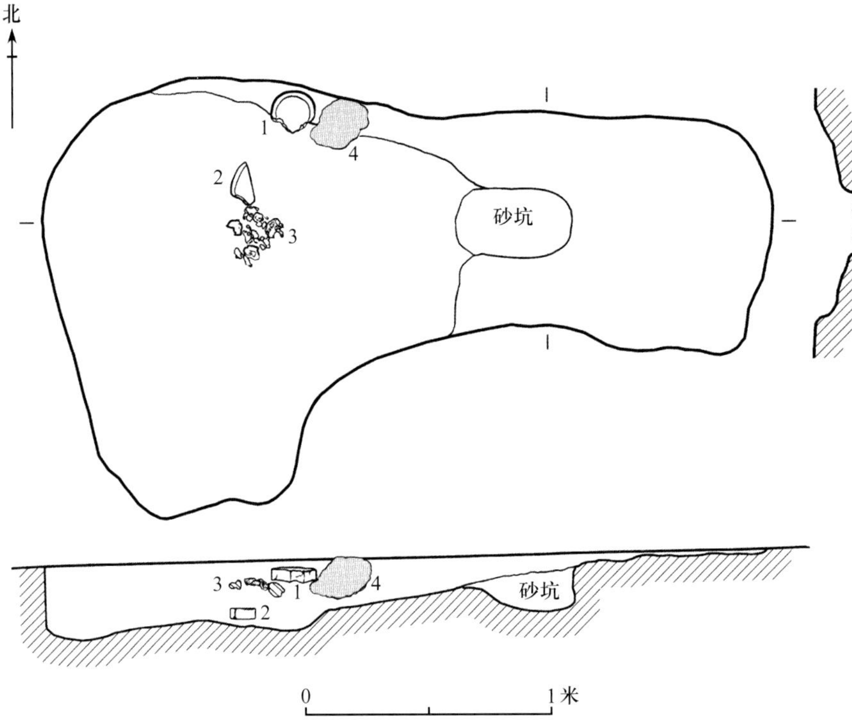

图8　阚家寨铸镜作坊址铸镜坑（阚家寨BⅡZK1）
1、2.镜范　3.铜渣堆积　4.灰绿色土

色的河砂，这些河砂中曾检测出磷、铜、铅、氯、锌、溴等熔炼过程中易挥发的元素[51]，而这些元素在古河砂中并未检测到，由此推断该砂坑是浇注铜镜时摆放和固定镜范的设施。砂坑南侧地面夹杂一些红烧土，其分布和厚度不匀，应为高温烘烤所致，推测是放置熔铜炉或坩埚的位置。铸镜坑西部地面较平整，其北部有一处铜渣堆积，并残留镜范残块1件；北部坑沿内侧发现1件镜范和一处约20厘米见方的被污染的灰绿色土堆积，经检测，灰绿色土中包含大量铜、锡和铅等合金元素，还显微观察到直径约百微米级的小颗粒孔雀石和富锡颗粒，其中孔雀石颗粒呈束状并卷曲，外形与铜切削加工产生的碎屑相近，推测是修整和打磨铜镜形成的碎屑。综合分析，铸镜坑西部应为铸镜工匠进行铸镜并对铸件进行加工的活动区域。鉴于铸镜坑北侧发现有同期的“工棚”类房址，并且房址地面上发现有镜范残片，推测浇注铜镜的场地——铸镜坑可能是一处较浅的半地穴式建筑。另外，在ZK1西北约3米处有一座与之同期的水井（J3），而东偏南约8米处有一个与之同期的堆填大量灰色土的灰坑遗迹（阚家寨BⅡH81，灰色土中包含大量草木灰，或许与配制镜范型腔表面的涂料有关）[52]，都是与铸镜活动直接相关的铸镜设施。

汉代临淄铸镜采用双合范铸造技术，对于其浇注过程，《临淄铸镜业研究》复原为“合范→将合范后的镜范简单地作横向捆绑使两扇范紧密扣合，必要时用草拌泥涂抹两扇范之间的孔隙以避免铜液从两范之间缝隙溢漏→浇注”。对此，近年来的研究也特别加以关注，但是，铸镜前如何对镜范型腔面进行烘烤、合范之后两扇范的固定方式（是捆绑还是用某种夹具）、两扇范之间的缝隙是否用草拌泥涂抹等工艺细节，迄今尚未发现更多的证据。基于前人的研究和新的发现进一步得知，两扇镜范合范后浇注时是按70°角斜向放置，并且是向镜背范方向倾斜（即大致是镜背范在下、镜面范在上），以便铜溶液沿镜背范上的浇道顺畅地注入型腔。这也是镜背范既有浇口又有浇道、镜面范只有浇口的设计原理所在。

陶质镜范能否多次反复使用，是历来众说纷纭的一个问题。汉代临淄铸镜是否存在镜范多次反复使用即“一范铸多镜”的做法，以往我们曾经提出过疑问，但近年来的研究给出了肯定的答案。崔剑锋对2007年采集的SLQ-HB48镜背范（实验室编号为6号）进行扫描电镜观察和能谱分析后指出：“镜范表面白亮色条带状物出现了分层的现象……白亮色条带中含有很高的铅，说明这一层和铜镜铸造紧密相关。”因为，“每次浇铸镜范表面都会保留较高含量的铅，从而形成铅的层状富集。这使得我们通过富铅层的层数来判断浇铸次数……据此，我们可以清楚判断6号镜范非常明显出现了至少4层富铅层，从而表明其至少浇铸过4次”[53]。廉海萍认为，“镜面范可以多次使用。多次使用后的镜面范还可铲去一层表面层，用泥料重新制作一层厚2～3毫米的面层，焙烧后又可多次使用”[54]。考古学者通过对镜范的细致观察，也获得了镜范可多次使用的证据。一方面，从镜范断面观察，除了常见的呈渗透状的黑色层外，有时在镜范型腔表面涂层与黑色渗透层之间，还可观察到分布均匀的浅灰、红褐等其他颜色的层，说明镜范其表面可能多次受高温影响，即可能存在多次浇铸及多次烘烤。另一方面，浇铸使用过的镜范中，常可见到型腔及浇道和排气道上有修补痕迹，还有一些镜范存在改制现象，而这些修补和改制多发生在镜范浇铸使用之后，因此可以视为镜范能够多次浇铸、反复使用的重要证据。譬如，LQKBⅡH5：38蟠螭纹镜背范，浇道右侧壁破损，用黄褐色细泥修补，修补的细泥覆盖原先的浇道面及其上黑色覆层（图9-1）；LQKBⅡH5：60蟠螭纹镜背范，分型面表层剥落并有打磨痕迹，部分残损处可见明显修补痕迹，尤其是钮坑明显系用黄褐色细泥重新修补而成（图9-2）；LQKBⅡT3897②：1蟠螭纹镜背范，分型面靠近镜缘处有一条圆弧形凹线向上延伸至浇道处，与镜缘略错位，内填黄泥，黄泥下可见黑色薄层，推测该范为改制范，即工匠将之前的镜背范浇注面磨平然后重新制作型腔等结构，圆弧形凹线处为之前镜范的镜缘位置，因较深而残留下来（图9-3）。因此，汉代临淄的铸镜“镜范从材质到结构设计和制法等方面的改进，都与能够多次浇铸使用这个目的有很大的关系，甚至可以说就是为这个目的服务的”[55]。另据观察，临淄出土的淄江花园D区M981：1草叶纹镜，其“日有熹宜酒食常贵富乐毋事”铭文中，“常”字的大部分缺失而只见左边的一竖笔和下边的一横笔，“樂”字上部中间的“白”字缺失[56]（参见第五部分），应当是镜范使用过后未对伤残部分进行修整而再次浇注造成的，成为镜范可多次反复使用的佐证。至于一件镜范最多能够浇铸多少次，尚无法做出准确的判断。

汉代临淄铸造的铜镜为铜、锡、铅三元合金（表1）。2007年发表的2件铜镜的检测数据均为高锡青铜，并且遄台路M22蟠螭纹镜（铜68.95%、锡28.95%、铅0.75%）的含锡量明显高于保健院汉墓草叶纹镜（铜71.32%、锡24.53%、铅2.7%）[57]。近年来临淄出土铜镜多批次的科技检测分析，进一步丰富了铜镜成分数据，同时也提出了新的问题。有学者对临淄地区出土的8件铜镜进行检测，其中4件保存状态较好，获得了比较可靠的数

1　　2　　3

图9　临淄齐国故城出土蟠螭纹镜背范上的修补和改制痕

（引自《中原文物》2020年第1期111页，图一一）

1.LQKB Ⅱ H5：38　2.LQKB Ⅱ H5：60　3.LQKB Ⅱ T3897②：1

据[58]：范家村C：01蟠螭纹镜（样品号LZ04）为铜74.69%、锡20.85%、铅4.46%；石鼓村M26：1草叶纹镜（样品号LZ01）为铜72.87%、锡24.25%、铅2.88%；另两件为范家村C：02连弧纹镜和棕榈城M465：3素面镜，两者金属成分相近，分别为铜72.81%和71.71%、锡24.68%和25.14%、铅2.51%和3.15%。就这4件铜镜的铜锡铅含量的平均值（铜73.02%、锡23.73%、铅3.25%）而言，与以往对西汉铜镜合金成分的检测结果（铜72.6%、锡22.9%、铅4.32%）[59]大致接近；但就检测样本之间的数据而言，其检测结果则存在着明显的差异。仅就锡含量而言，石鼓村M26：1草叶纹镜（锡24.25%）明显高于范家村C：01蟠螭纹镜（锡20.85%），而连弧纹镜、素面镜与草叶纹镜接近。另据石鼓村草叶纹镜断面金属成分的扫描电子显微镜检测[60]，其结果为铜68.57%、锡26.54%、铅4.64%，在已检测的铜镜样本中，其含锡量仅低于此前检测的遄台路M22蟠螭纹镜的28.95%。考古学研究表明，就其流行年代来说，蟠螭纹镜（战国晚期至西汉初年）总体上早于草叶纹镜（西汉初至西汉中期），连弧纹镜、素面镜总体上与蟠螭纹镜相近。从迄今所知铜镜金属成分的检测结果来看，还难以得出临淄造铜镜的锡含量战国末年高于西汉前期的结论。综合起来看，汉代临淄铸造的代表性镜类之一的草叶纹镜的金属成分是：铜68.57%～72.87%、锡24.25%～26.54%、铅2.7%～4.64%，也就是说，锡含量比较稳定，在25%左右，而铜含量和铅含量则变化较大，由此可以修正以往关于战国和西汉早期铜镜锡含量低于22%的认识[61]。同时值得注意的是，即使镜类相同，其成分也有所差异。譬如，同样是草叶纹镜，仅就其锡含量而言，保健院草叶纹镜为24.53%、石鼓村M26：1草叶纹镜为24.25%、石鼓村草叶纹镜为26.54%，而以往检测的一件临淄出土草叶纹镜为20.81%[62]。如果假设这些铜镜均为临淄当地所产（这种可能性非常之大），同时假设这些检测数据不存在误差（实际上，这种误差是存在的[63]），那么，这种合金成分的异同，一方面说明当时各铸镜作坊之间可能存在着大体一致的青铜合金配方；另一方面则说明，不同铸镜作坊乃至同一作坊不同批次铸造的铜镜，其金属成分的比例实际上有所差异，而这种差异可能是有意为之，也可能是配料时把握不准所致。

表1　临淄出土铜镜金属成分检测结果一览表

样品	Cu（%）	Sn（%）	Pb（%）	备注	文献
保健院草叶纹镜	71.32	24.53	2.7		《山东省临淄齐国故城汉代镜范的考古学研究》，第241页
遄台路M22蟠螭纹镜	68.95	28.95	0.75		同上
石鼓村M26：1草叶纹镜	72.87	24.25	2.88		《临淄齐故城冶铸业考古》，第944页
淄江D组M40：1连弧纹镜	58.38	36.76	4.86	锈蚀	同上
范家村M131：1山字花叶纹镜	47.35	48.26	4.39	锈蚀	同上
范家村C：01蟠螭纹镜	74.69	20.85	4.46		同上
石鼓村M27：01四乳蟠螭纹镜	60.23	31.94	7.83	锈蚀	同上
范家村C：02连弧纹镜	72.81	24.68	2.51		同上
棕榈城M465：3素面镜	71.71	25.14	3.15		同上
棕榈城M271：1素面镜	38.91	39.05	5.86	锈蚀	同上
石鼓村草叶纹镜	68.57	26.54	4.64	分析部位为断裂面	《临淄齐故城冶铸业考古》，第955页
平均值	71.56	24.99	3.01	锈蚀严重的4件样品除外	

至于铸镜金属铜、锡、铅的来源问题，也有所进展。铅同位素比值测定是目前用于古代青铜器矿料产源研究比较成熟的方法。临淄出土的2件铜镜的铅同位素测定表明，保健院汉墓草叶纹镜具有典型“华北铅”铅同位素组成特征，而遄台路M22蟠螭纹镜的铅同位素比值则具有华南地区铅矿料的特征。据此有学者推论，“草叶纹镜是使用临淄本地的矿料铸造的，蟠螭纹镜的矿料则很有可能来自长江中下游铜矿成矿带”[64]。也有学者对8件临淄地区出土汉代铜镜进行分析后认为：“铜镜铅含量都在2.5%以上，可认为这部分铅是故意添加而非来自铜料。其铅同位素数据指示了铅料来源。”同时，8件铜镜的铅同位素可以分为2组，其中5面铜镜“落入华北省……3面铜镜落入扬子省”；进而结合文献记载和现代地质调查推论，“临淄铜镜中华北铅料极大可能就是来自烟台市的招远地区……西汉时期临淄使用了本地或者附近地区的矿料进行包括铸镜在内的冶金活动”[65]。如此说来，临淄地区以及山东半岛早在先秦和秦汉时期就开始了铅锌矿的开采和冶炼，因此，寻找古代铅锌矿的开采和冶炼遗存，是今后山东地区考古的重要课题之一。

（三）关于铜镜的铸件加工问题

铜镜铸造成型之后需要对铸件进行多种加工，方可成为能够实用的铜镜，而铸件加工的工序和内容复杂，包括镜体的热处理、机械加工和镜面的表面处理等。近年来的研究既取得一定进展，也提出了新的问题。

一般认为，铜镜铸件需要进行淬火或回火等热处理，以提高铜镜的强度和塑性，改善其机械性能，延长其使用寿命[66]。同时有学者认为，有些镜面略外弧的所谓“凸面镜”是通过淬火等热处理获得的。据对临淄出土的铜镜残片和破裂铜镜的观察，铜镜断裂面一般虽然比较平滑，但既不像铸态镜那样光亮平滑，又不像淬火态镜那样具有明显的凹凸，而是介于两者之间，如石鼓村草叶纹镜残片等。如果参照日本学者关于铸态镜和淬火态镜断裂面特征的研究[67]，同时假设上述观察的铜镜为临淄当地所产，那么或可认为，汉代临淄铸镜大多存在着铸成后的淬火或回火之类的热处理，以改善铜镜的物理性能。但是，有学者对临淄齐国故城南郊出土的8件西汉铜镜检测分析后认为，“8面铜镜都是经过铸造而成，没有受过热锻和冷加工处理”[68]。如此说来，汉代临淄铸镜是否存在铜镜铸成后的热处理问题，还有待于更多更确凿的证据。

关于铜镜铸件的整形处理和机械加工，主要是采用物理手段剪除浇道铜、清除铸件周边的毛刺、消除铸件表面上的“铸瘤”、填实镜体表面的气孔或砂眼之类的铸造缺陷等。阚家寨BⅡ铸镜坑的西部发现有细微颗粒状金属碎屑，证实了铜镜铸件机械加工的存在，但具体的加工工艺，尤其是“磨镜”等镜面处理工艺技术等，尚无有效的证据。铜镜铸件的镜面加工，作为铜镜铸造加工的重要环节之一，古文献中多有“文学性”或比较笼统的记述[69]。据有的学者研究，铜镜铸件的镜面处理，实际上包括两道工序：即“刮”和“磨”[70]。通过刮，以“增损高下”，使镜面平整，或加工成“凸面”或“凹面”，即形成所需的“镜面曲率”；在刮的基础上通过“磨”，使镜面光亮可照人——实际上，“磨”也存在着前后两道工序，即第一步是磨平，第二步是抛光。阚家寨BⅡ铸镜坑颗粒状金属碎屑的发现，或可视作镜面加工中“刮削”工序存在的旁证；而阚家寨BⅡ发掘区出土的红褐色粗砂岩“石磨盘”、酱褐色竹叶状灰岩制成的表面光滑的“圆饼形石器”以及大量的砺石等[71]，可能与镜面的加工有关。与此同时，通过对铜镜的细致观察，还获得了有关铸件加工的诸多信息。

首先，铜镜周缘的加工。根据对铜镜上残留的加工痕迹的细微观察可知，先是采用剪切或刮削等方法去除周缘的铸造毛刺等，然后再进行“磨圆”，以便使镜缘尽量圆润、光滑。经仔细观察，有些铜镜的周缘可见若干研磨形成的“平面”，说明周缘的磨制可能不是采用旋转的轮盘装置，而是手工磨圆。这在“改制镜”上表现得尤为突出。

其次，关于镜背纹样的加工问题。铜镜铸成后的镜背及其纹样是否进一步加工处理，以往关注不多。据对临淄出土汉镜的细微观察可知，铜镜铸成后，为了增强镜背纹样的表现力，往往采用铲削或刮削的方法，对纹样局部进行加工修饰，尤其是在四乳草叶纹镜上更为常见。四乳草叶纹镜的镜钮周围往往有一周或两周的双线方格框，四乳外侧往往饰有花苞纹样，方格框的四个外角往往有枝叶花苞或枝叶射线之类的纹样，而双线方格框、枝叶和花苞往往经过铲削或刮削之类的加工处理。譬如，淄江花园D区M743：1草叶纹镜，其镜背上的花苞纹和枝叶纹均经过这样的刮削修饰，使得平面纹样变为“下凹式”纹样；双线方格框的双线之间的平面，也经过类似的刮削处理，增强了纹样的锐度和表现力（图10）。又如，淄江花园D区M981：1草叶纹镜，其枝叶和花苞刮削加工痕迹明显（图11；又参见图48）；临淄金鼎绿城M315：1草叶纹镜的枝叶、花苞和双线方格框，其修饰加工的刮削痕迹同样清晰可见。再如，临淄金鼎绿城三期M1017：1博局草叶纹镜上的博局纹，也同样采用类似的加工处理[72]。这样加工的目的，或许在于“破坏”其发乌的浇注面而使之发亮，并且使平面或凸面花纹变成凸线条环绕的凹面花纹，从而使镜背纹饰更具有层次感和立体感，如乙烯M31：2草叶纹镜等（参见图3）。这种现象在临淄出土的四乳草叶纹镜、博局草叶纹镜中几乎普遍存在[73]，说明当时临淄铸镜的铸件加工曾普遍采用这种工艺，似乎是临淄铸镜的一种技术特色。若是，这或可成为铜镜产地“临淄风格”的要素之一。

图10　淄江花园D区M743：1草叶纹镜和花苞刮削痕
（引自《中原文物》2020年第1期107页，图七）

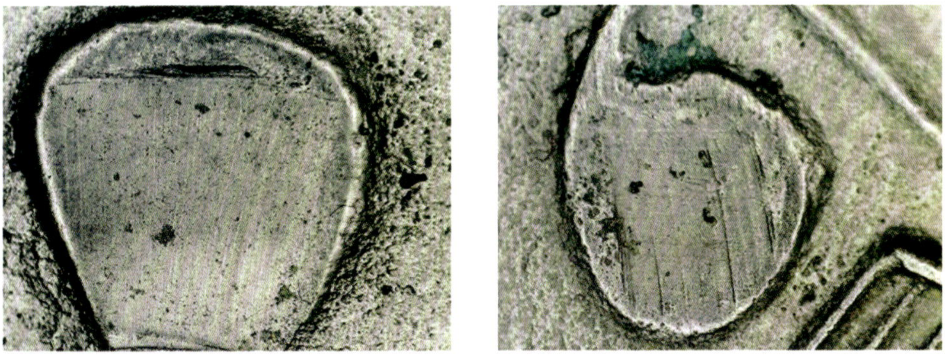

1　　2

图11　淄江花园D区M981：1草叶纹镜花苞和枝叶表面刮削痕
1. 花苞刮削痕　2. 枝叶刮削痕

再者，关于“改制镜”问题。铜镜的改制——“改制镜”与铜镜铸件加工有所关联。一般所言铜镜的铸件加工，是指铜镜铸造成型之后经过各种形式的加工使之成为能够使用的器具，而改制镜则是将铸造成型的铜镜尤其是使用过的铜镜基于某种原因——大概率是加工过程中的破损或使用过程中的破损——经过再加工改变其大小，使之成为一种“新”的铜镜而得以使用。其突出特征是：镜体较小，镜体显得厚重，镜背纹饰及布局总体上感觉“少见”，甚至其镜体厚度和镜体大小具有某种不协调的“违和感”。我们在研究中发现，临淄出土的汉代铜镜中，有些看似完整，但细察之则可知是由其他铜镜改制而成的。譬如，金鼎三期M1074：1“四乳弧线纹镜”，连峰钮，环绕镜钮周围饰四组弧线纹、四乳丁及一周凸弦纹，十六内向连弧纹缘，直径5厘米，镜体厚重，镜缘周边的磨圆痕迹明显（图12）。该镜看似是一件纹饰独特的完整的铜镜，但将其与类似的铜镜比较并细致观察其加工痕迹等可知，它实际上是由一件星云纹镜改制而成，即星云纹镜的中央部分。如临淄农行M1：1星云纹镜[74]和南马坊棠悦M1067出土星云纹镜[75]的中央部分均与之雷同。很显然，它是一件星云纹镜的“改制镜”。与之类似，乙烯生活区M40：1“弧线指甲纹镜”，连峰钮稍残，镜钮四周饰四组指甲纹和弧线纹以及其外侧的一周凸弦纹，十六内向连弧纹缘，直径4.9厘米（图13）；临淄商王墓地康平里M23出土的所谓“弦纹镜”，直径6.3厘米[76]。根据其连峰钮、钮座周围的纹样及连弧纹缘可知，这两件铜镜同样是由星云纹镜改制而成。又如，乙烯生活区M13：1“连弧纹镜”，半球形钮，圆形钮座，主纹区分布四组指甲纹和弧线纹，八内向连弧纹缘，镜缘外侧有明显的磨圆痕迹，直径3.4厘米，钮径0.9、钮高0.5厘米，无论其大小、镜背纹样还是镜缘的磨圆痕迹，都显示出它是一件铭文圈带镜的中央部分（图14）。临淄地区西汉墓出土的14件“见日月心”铭等连弧纹单圈铭带镜，直径6.7～10.3厘米[77]，其中央部分大多与之基本相同。另外，翰林院M86：1“联珠纹镜”，半球形钮，十二联珠纹钮座，素平缘较窄厚，镜缘里侧一周斜线栉齿纹带，直径7.4厘米（图15），显然也是一件连弧纹铭带镜的改制镜[78]。总之，这种铜镜不是有意识设计铸造，而是利用残次或废旧铜镜改制而成，并且应用于日常生活之中。

图12　改制镜
（金鼎三期M1074：1“四乳弧线纹镜”）

图13　改制镜
（乙烯生活区M40：1“弧线指甲纹镜”）

图14　改制镜
（乙烯生活区M13：1“连弧纹镜”）

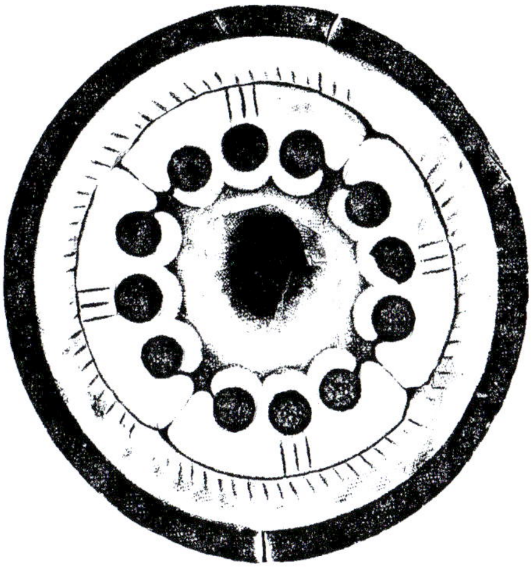

图15　改制镜
（翰林院M86：1“联珠纹镜”）

这种改制镜在其他地区也有所发现[79]，但为数甚少。尽管改制镜的具体加工工艺尚不清楚，但改制镜在临淄地区的较多发现，不仅证明了当时铜镜铸造和使用过程中存在着“残品再加工”和“破镜再利用”，而且从一个侧面反映出汉代临淄铜镜铸造和加工技术的发达，尤其是铜镜机械加工技术具有的高水平。因为，就铜镜的机械加工而言，从某种意义上说，残品或破镜的再加工要难于新铸镜。

三、汉代临淄造铜镜的产品类型及其产地风格

基于临淄齐国故城出土的汉代镜范，《临淄铸镜业研究》曾指出：“汉代临淄所产铜镜的类型……计有蟠螭纹镜、四乳弦纹镜、四乳龙纹镜、四乳草叶纹镜和博局草叶纹镜等五种类型。”近年来的发现，一方面证实了上述各类铜镜的存在，同时进一步丰富了上述各种镜类的型式；另一方面，又有新的镜类发现和确认，主要有花叶纹镜、星云纹镜以及素面镜等。以镜范的发现为基础并结合考古遗物产地推定法[80]可知，汉代临淄造铜镜的类型主要有：蟠螭（蟠虺）纹镜、四乳弦纹镜、四乳龙纹镜、草叶纹镜、花叶纹镜、星云纹镜和素面镜等。这里在《临淄铸镜业研究》类型学研究的基础上，对各种镜类的型式构成及其产地风格做进一步讨论[81]。

（一）蟠螭（蟠虺）纹镜

《临淄铸镜业研究》将此类铜镜细分为：A型，缠绕式蟠螭纹镜[82]（图16）；B型，菱格蟠螭纹镜（图17）[83]；C型，四乳蟠螭纹镜（图18）[84]；D型，连弧纹带简化蟠虺纹镜（图19）。除这4型蟠螭（蟠虺）纹镜之外，根据新发现的镜范，至少还可增加4个新的型式。

E型　四乳凹带蟠螭纹镜，主要特征是主纹区的地纹之上饰以蟠螭纹和一周凹面圈带

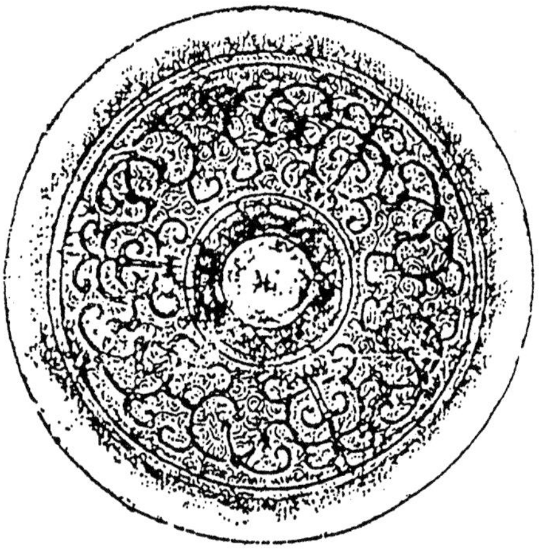

图16　A型缠绕式蟠螭纹镜
（临淄商王村M49：2）

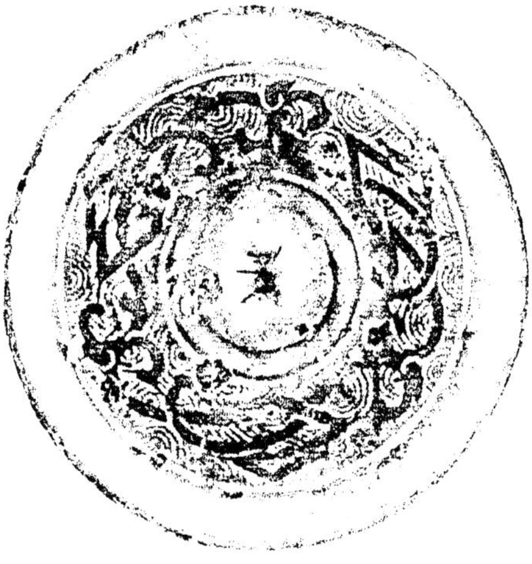

图17　B型菱格蟠螭纹镜
（盛世豪庭M301：1）

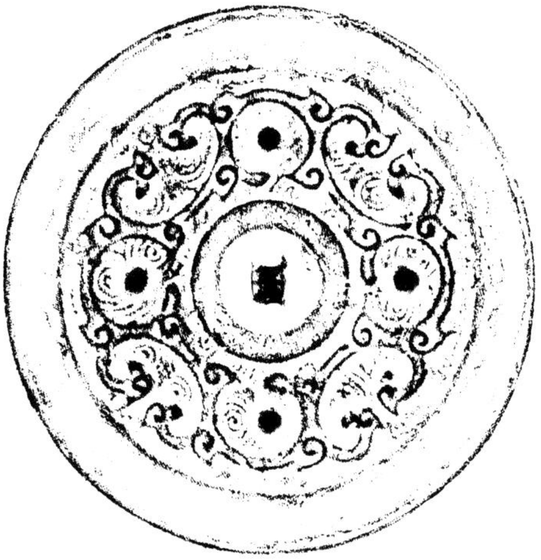

图18　C型四乳蟠螭纹镜
（棠悦小区采集099）

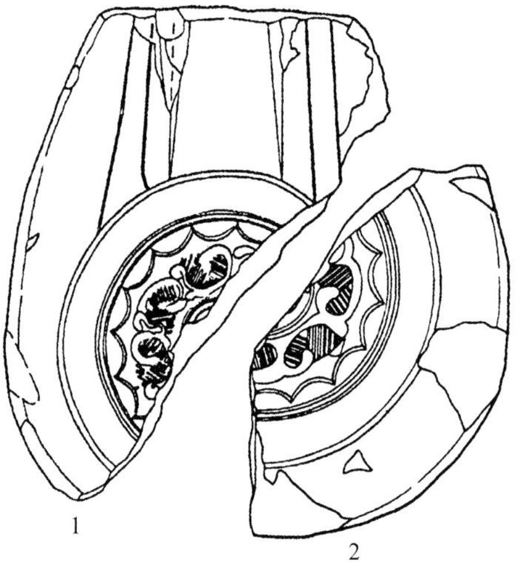

图19　D型连弧纹带简化蟠虺纹镜背范
（临淄齐国故城出土）
1.SLQJF：77　2.SLQJF：29

作为主纹，一般凹带上还有四乳，如阚家寨BⅡH115：2蟠螭纹镜背范[85]（图20-1）。此型铜镜在临淄地区多有发现（图21）[86]。

F型　凹面连弧纹带蟠螭纹镜，其主要特征是主纹区的地纹之上饰以蟠螭纹和凹面弧线构成的八内向连弧纹作为主纹，如临淄LQC-JF0026蟠螭纹镜范[87]（图20-2）。此型镜在临淄地区也有发现（图22）[88]。

G型　花叶蟠螭纹镜，突出特征是主纹区的地纹之上饰以蟠螭纹、四组心形花瓣加乳丁构成的“花叶纹”以及一周凹带为主纹，如临淄LQC-JF0039蟠螭纹镜范[89]（图20-3）。此型镜在临淄西汉早期墓中有所发现（图23），有的主纹区外侧还有一周十六内向连弧纹带[90]。

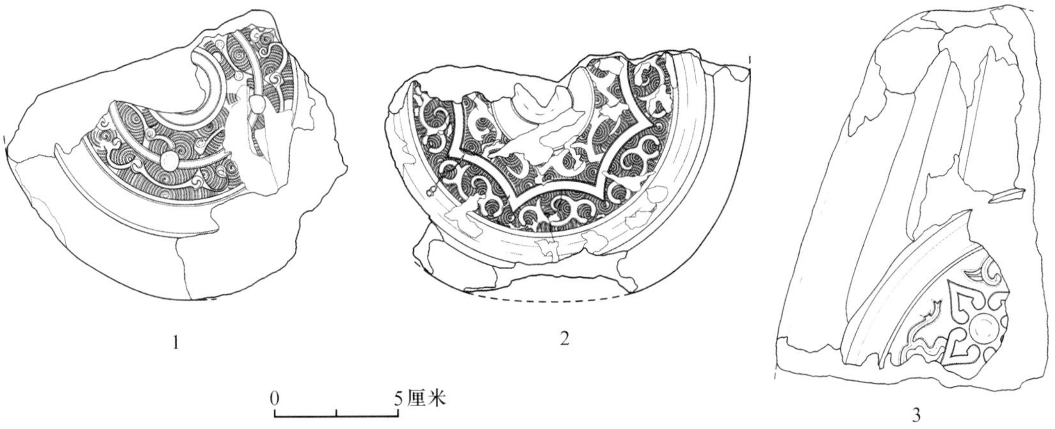

图20　临淄齐国故城出土蟠螭纹镜背范

1. E型（阚家寨BⅡH115：2）　2. F型（LQC-JF0026）　3. G型（LQC-JF0039）

图21　E型四乳凹带蟠螭纹镜

（齐鲁塑编厂M9：1）

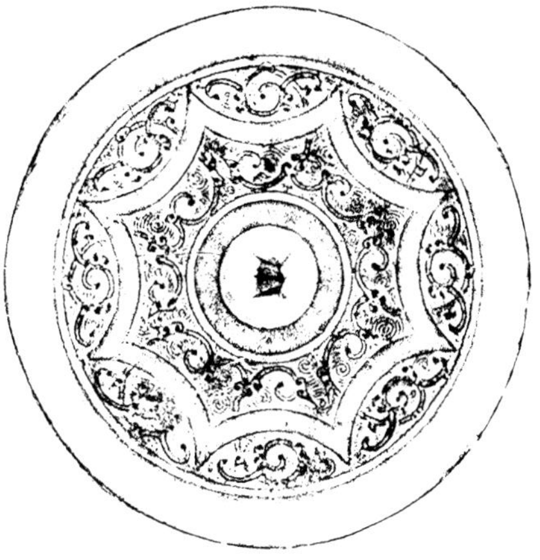

图22　F型凹面连弧纹带蟠螭纹镜

（瑞泉阳光北区M39：1）

H型　镜钮、镜缘、主纹区纹样及配置与C型四乳蟠螭（蟠虺）纹镜相同，即三弦钮，匕形缘，主纹区稀疏的斜线地纹之上饰四个乳丁和四组蟠虺纹，镜体较薄、较小，但是，镜钮周围不是一周凹带，而是饰以方格框，方格框内铸有铭文，铭文有“常贵富乐毋事”“常贵乐未央毋相忘”“见日之光天下大明”“见日之光长毋相忘”等[91]，或可称之为“方格框铭文四乳蟠虺纹镜”（图24）。此型镜的镜范在临淄齐国故城尚无发现，但这种铜镜在临淄地区的西汉早期墓中多有发现，并且其风格与临淄出土的四乳蟠虺纹镜雷同，况且其镜钮四周方格框的结构和铭文及排列方式等，又与临淄出土的西汉前期的四乳草叶纹

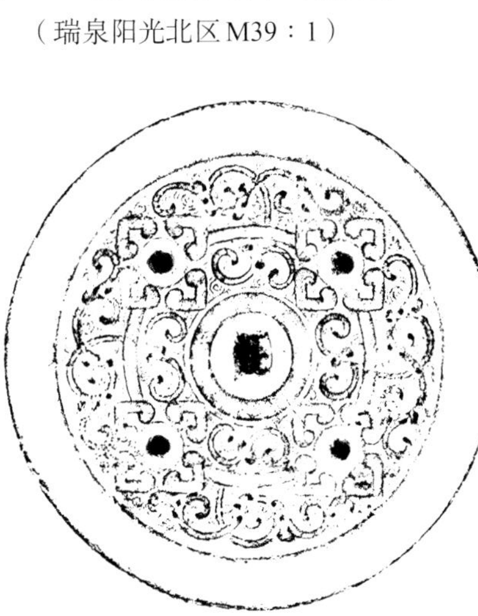

图23　G型花叶蟠螭纹镜

（淄江花园D区M965：1）

镜雷同，推测或许是汉代临淄当地所产。

上述各型铜镜中，发现数量多、产地风格明显的是D型镜，这里就此做进一步讨论。D型镜即连弧纹带简化蟠螭纹镜——宜称为“连弧纹带蟠虺纹镜”，其基本特征是：三弦钮，匕形缘，镜缘内侧为一周十六内向连弧纹带；主纹区饰稀疏的斜线纹或涡卷纹为地纹，地纹之上饰以四组“S”形蟠虺纹为主纹；镜体较薄、较小，直径在7.8～12厘米，大多为8～9厘米[92]，流行于西汉早期。此型铜镜又可分为三个亚型，即：亚型a，镜钮周围环绕一周凹带，四组蟠虺纹之间无乳丁间隔[93]（图25）；亚型b，镜钮周围环绕一周凹带，蟠虺纹间饰四个乳丁，可称为“连弧纹带四乳蟠虺纹镜”[94]（图26）；亚型c，镜钮周围有一个凹面双线方格框，蟠虺纹上饰乳丁，可命名为“方格框四乳蟠虺纹镜”（图27），发现较少[95]。

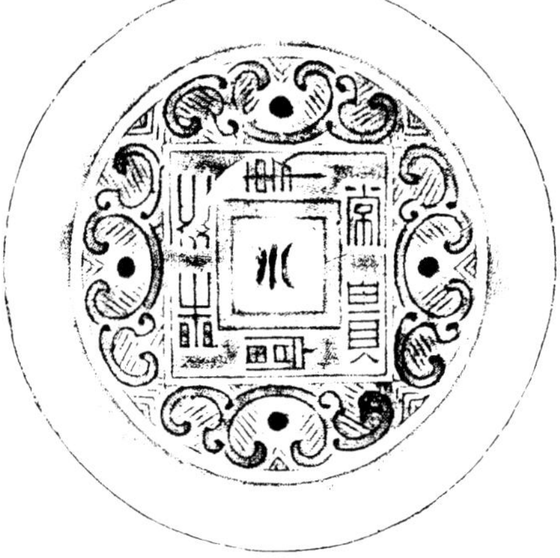

图24　H型方格框铭文四乳蟠螭纹镜
（金鼎绿城三期M270：1）

图25　Da型连弧纹带蟠虺纹镜
（泰东城义乌小商品城M182出土镜）

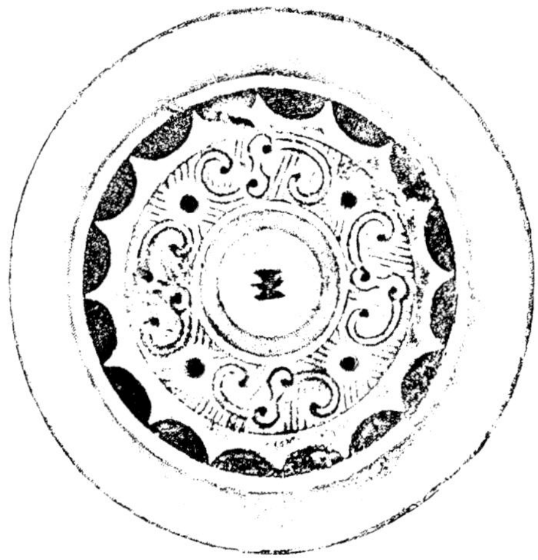

图26　Db型连弧纹带蟠虺纹镜
（棠悦小区M395出土镜）

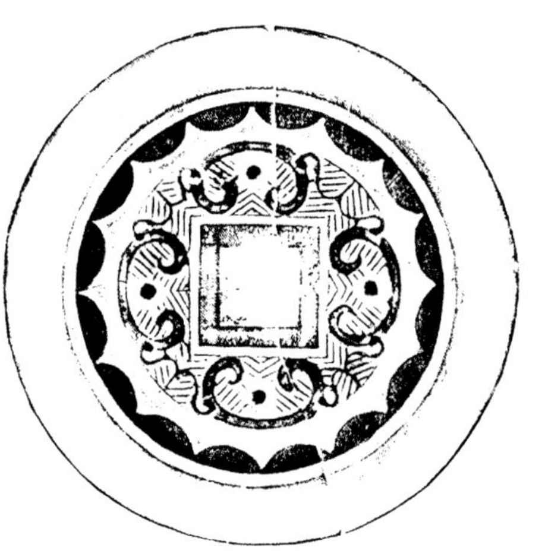

图27　Dc型连弧纹带蟠虺纹镜
（金鼎绿城三期M448出土镜）

（二）四乳弦纹镜

这类铜镜的镜范，此前所知数量有限并且型腔的花纹大致相同[96]，《临淄铸镜业研究》未对此进行类型学分析。近年来新发现的镜范表明，这类铜镜尽管其总体特征大致相同，即三弦钮，无地纹，以四个乳丁及凹面弦纹带为主要装饰，直径一般在8.1～13.5厘米，个别的直径为15.69和18.83厘米，但其镜背纹样的细部结构还是多有差异，据此可分为三型。

A型　匕形缘，镜缘与四乳弦纹之间饰一周内向连弧纹带，而根据连弧纹带的结构又可细分为两个亚型。Aa型，连弧纹带为十六内向连弧纹带，如阚家寨BⅡH65：1、阚家寨BⅡH118：4（图28-1）、阚家寨BⅡH118：1镜背范等[97]。此型镜发现较多，如金鼎绿城三期M125：1（图29）、乙烯生活区M49：1、淄江花园A03M143：1、淄江花园J组团M303出土镜等[98]。Ab型，连弧纹带为十二内向连弧纹带，此型镜范尚未发现，但发现有此型铜镜，如光明小区二期M114：2镜[99]（图30）。

B型　匕形缘，镜缘与四乳弦纹带之间饰一周凹弦纹但无连弧纹带，如阚家寨BⅡZK1：6镜背范，铸件直径13.5厘米（图28-3）[100]，但此型铜镜在临淄地区尚未见到。

C型　镜缘为十六内向连弧纹，其他纹样及其布局与A型和B型略同，如阚家寨BⅡH115：5、阚家寨BⅡH146：4镜背范[101]（图28-2）等，但此型铜镜在临淄地区尚未见到。

四乳弦纹镜尤其是此类铜镜镜范的较多发现表明，这种铜镜是汉代临淄造具有特

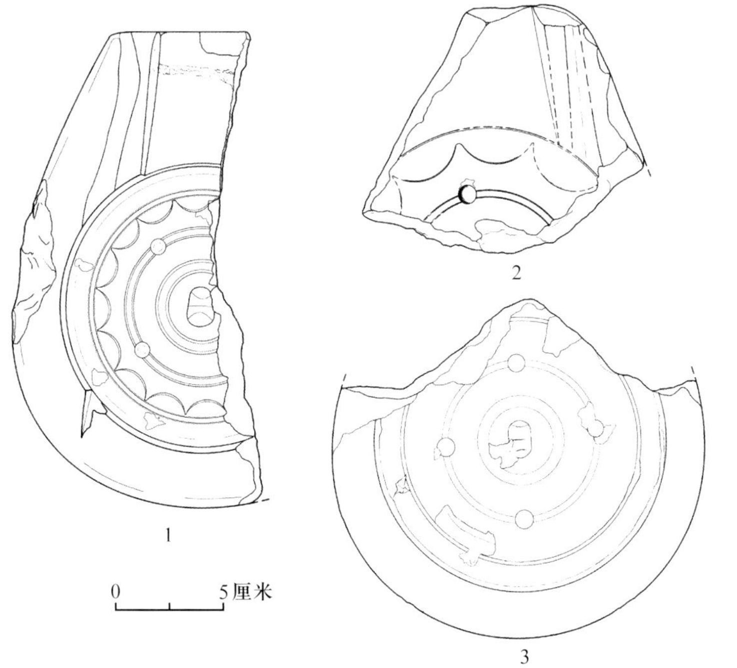

图28　临淄齐国故城出土四乳弦纹镜背范

1. Aa型（阚家寨BⅡH118：4）　2. C型（阚家寨BⅡH146：4）　3. B型（阚家寨BⅡZK1：6）

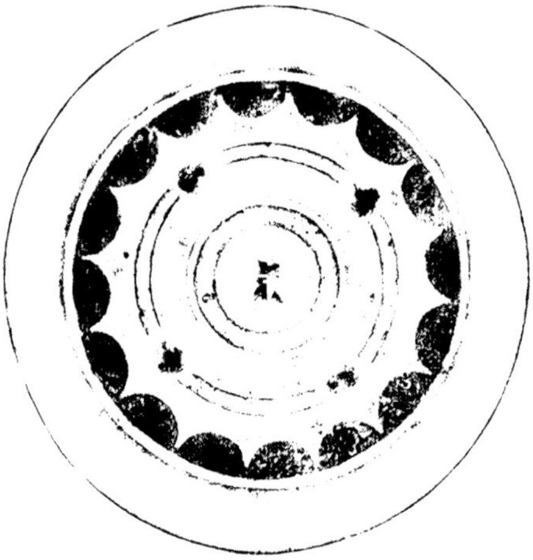

图29　Aa型四乳弦纹镜
（金鼎绿城三期M125：1）

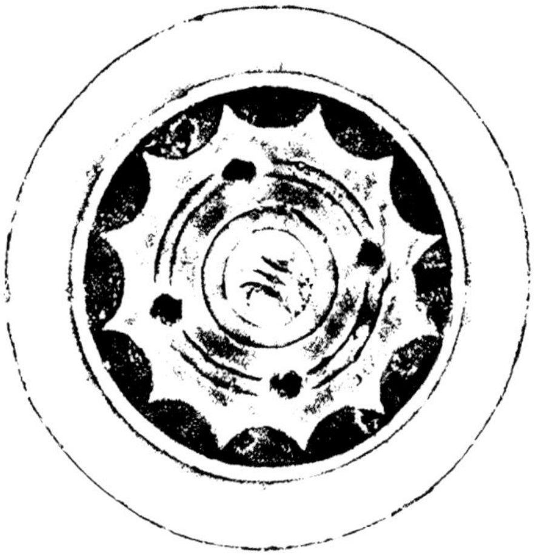

图30　Ab型四乳弦纹镜
（光明小区二期M114：2）

色的镜类之一，尤其是A型连弧纹带四乳弦纹更是其主要镜型，并且其产地风格也最为突出。

（三）四乳龙纹镜

四乳龙纹镜也是汉代临淄造铜镜中有特色的一种，但囿于此前镜范的发现有限，《临淄铸镜业研究》未对其进行类型学分析。此类镜的镜背范以往发现过2件，即SLQJF：19（图31-3）和LQKJ：03镜背范[102]；近年来，阚家寨BⅡ发掘区又出土2件，即阚家寨BⅡH143：1和阚家寨BⅡH118：2镜背范[103]（图31-1、图31-2）。据此可知，四乳龙纹镜的基本特征是：三弦钮，主纹区饰以4个乳丁、乳丁之间或者环绕乳丁盘绕龙纹，龙纹用凸线条表现，形象、生动，但龙纹形态、数量及其布列方式多有差别。迄今所见4件四乳龙纹镜背范的铸件复原直径分别为10.2厘米和10.3厘米。此类铜镜在临淄地区西汉早期墓中多有发现。根据镜缘形制、龙纹形态及布列方式，至少可分为三型。

A型　四乳双龙镜。匕形缘，镜缘内侧有一周弦纹，圆圈钮座，主纹区的涡卷纹地纹之上饰4个乳丁和两条长龙，乳丁分别位于龙身中部和双龙之间。如淄江花园D组团M443出土镜，龙体较粗壮，直径10.5厘米[104]（图32）。此型镜的镜范有所发现。

B型　四乳四龙镜。匕形缘，镜缘内侧有一周弦纹，圆圈钮座，主纹区的涡卷纹地纹之上饰4个乳丁和4条S形龙，四龙首尾相连，龙尾环绕四乳[105]。如淄江花园A组团M455出土镜，龙体较细，直径11.5厘米（图33）。此型镜的镜范有所发现。

C型　四乳铭文四龙镜。十六内向连弧纹缘，主纹区无地纹，饰以4个乳丁和4条龙为主纹，乳丁位于四龙之间，镜钮周围饰以凹面方格框，方格框与主纹之间铸有铭文[106]。如淄江花园方正2009M340出土镜（图34），铭文为“愿长相思幸毋见忘”，直径11.6厘米。此型镜的镜范尚未见出土，究竟是否为临淄当地所产，还有待更多的发现和研究[107]。

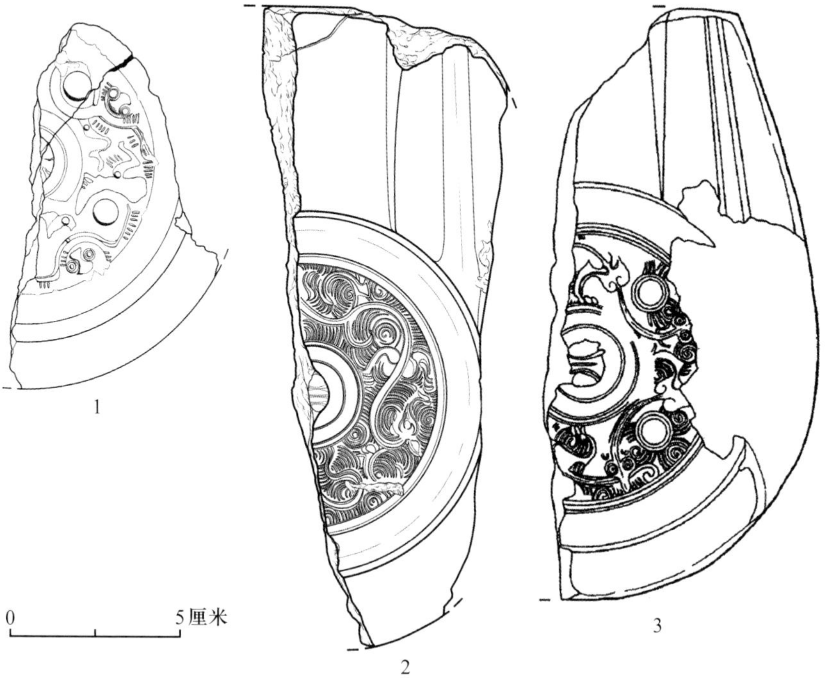

图31　临淄齐国故城出土四乳龙纹镜背范
1. 阚家寨BⅡH143：1　2. 阚家寨BⅡH118：2　3. SLQJF：19

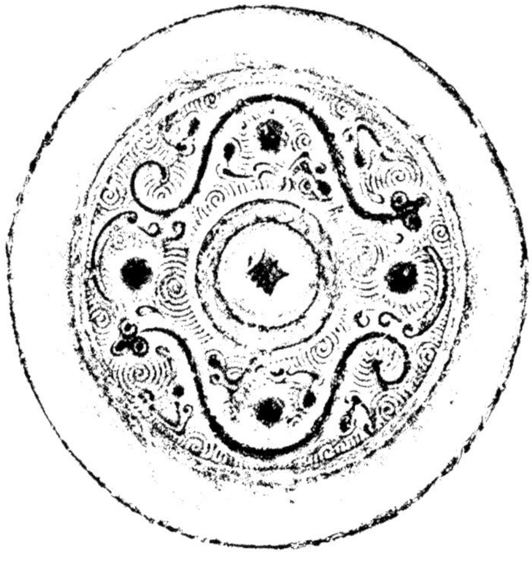

图32　A型四乳龙纹镜
（淄江花园D组团M443出土镜）

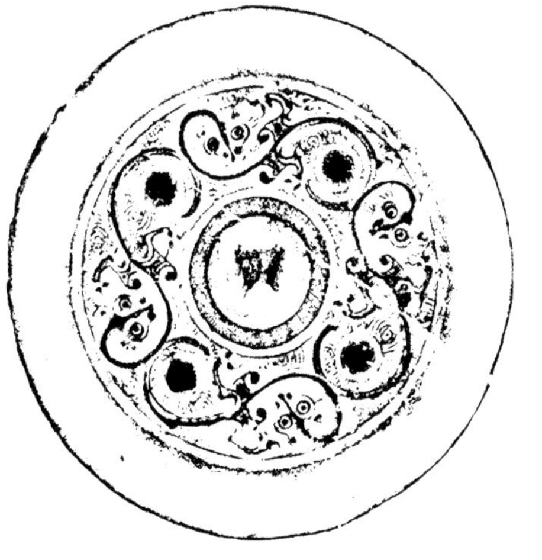

图33　B型四乳龙纹镜
（淄江花园A组团M455出土镜）

（四）草叶纹镜

根据此前镜范的发现，《临淄铸镜业研究》曾将草叶纹镜分为四乳草叶纹镜和博局草

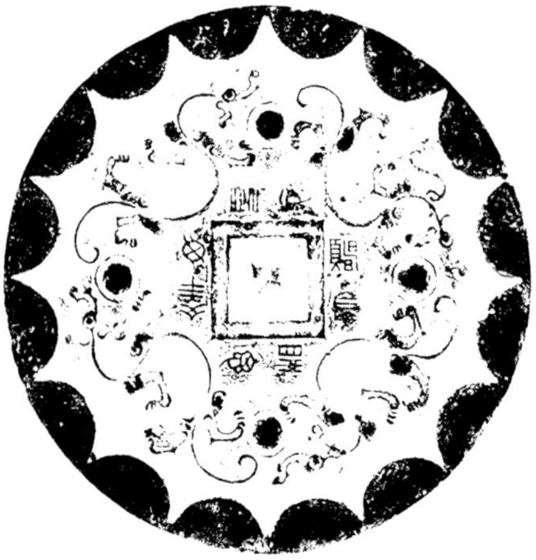

图34　C型四乳铭文龙纹镜
（淄江花园方正2009M340出土镜）

叶纹镜两类。近年来镜范的发现虽然不少，但其中草叶纹镜的镜背范并不多，因此，关于四乳草叶纹镜和博局草叶纹镜没有获得更多新的认识，但发现了一种以往未知的草叶纹镜类型——暂且命名为“异体草叶纹镜”。

四乳草叶纹镜是汉代临淄造铜镜中最为常见、最具代表性并且产地风格明显的镜类之一（图35-1、图35-2、图35-5），其基本特征是：半球形钮，一般为柿蒂纹钮座，方格框铭文带，有铭文，铭文方格框四内角饰以桃形花苞，或斜线方块，或一对三角回纹，或乳丁等，主纹区饰四乳丁（铭文方格框的外侧居中）及其外侧的桃形花苞、两侧的草叶纹，铭文方格框四外角常见饰射线枝叶或枝

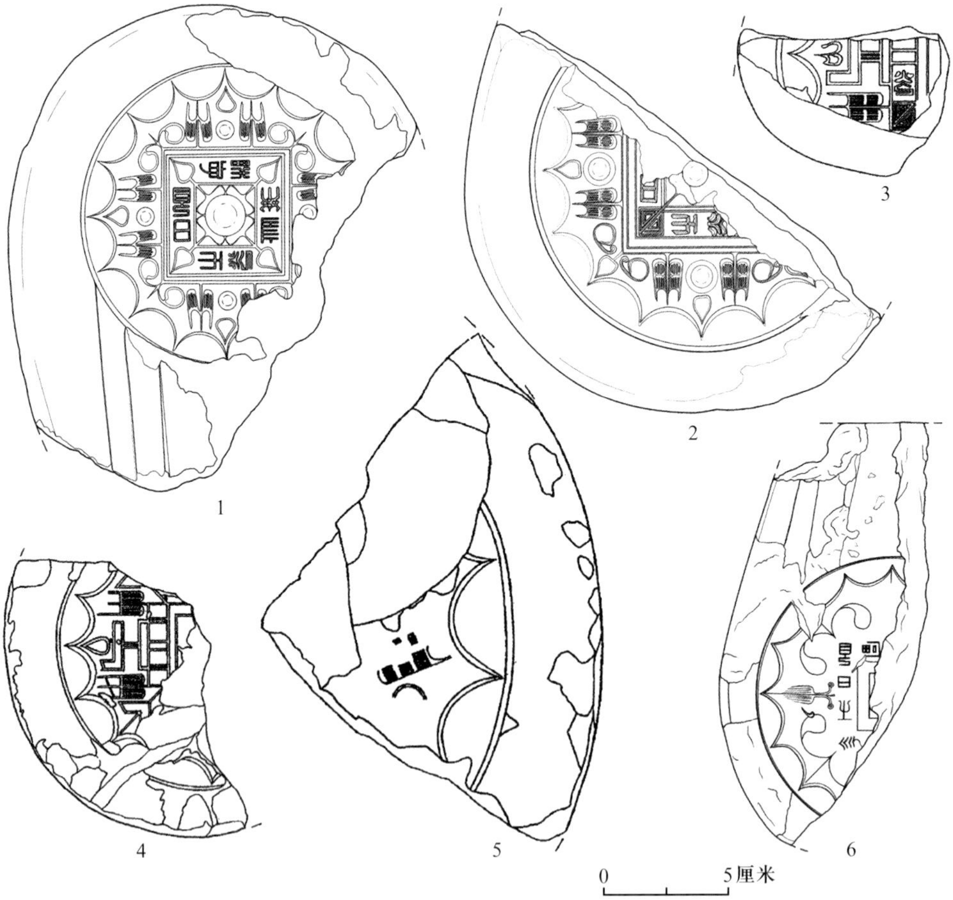

图35　临淄齐国故城出土草叶纹镜背范（引自《临淄齐故城冶铸业考古》，第1089页图3-6）
1、2、5. 四乳草叶纹镜范（LQC-JF0005、LQC-JF0002、SLQJF：15）　3、4. 博局草叶纹镜范（SLQJF：66、SLQJF：02）　6. 异体草叶纹镜范（阚家寨BⅡT3696④：1）

叶花苞，十六内向连弧纹缘。《临淄铸镜业》将其分为三型。A型，单层草叶纹镜，均为八字铭文，根据铭文方格框四外角的装饰不同分为二式，其中，Ⅰ式的铭文方格框四外角饰射线枝叶（图36），Ⅱ式的铭文方格框四外角饰枝叶花苞（图37）。B型，叠层草叶纹镜，根据铭文方格框四外角的装饰不同分为二式，其中，Ⅰ式的铭文方格框四外角饰射线枝叶，铭文或为八字铭文，或为十二字铭，如金鼎三期M626：1为“日有熹宜酒食长贵富乐毋事”十二字铭（图38）；Ⅱ式的铭文方格框四外角饰枝叶花苞，铭文或为八字铭文（图39），或为十二字铭文。C型，三叠层草叶纹镜，如淄江花园T区M241：1镜，圆形钮，柿蒂纹钮座，钮座外一周铭文方格框，框内有右旋读铭文“见日之光君月之明天下大阳所言必当”十六字铭，四外角饰枝叶花苞，四边外侧居中饰一组由心形花瓣加乳丁构成的

图36　A型Ⅰ式四乳草叶纹镜
（永流小区M149：1）

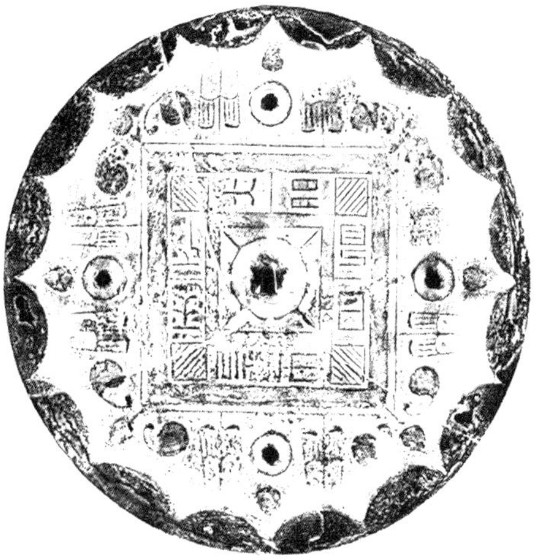

图37　A型Ⅱ式四乳草叶纹镜
（淄江花园K03-1号车库M685：1）

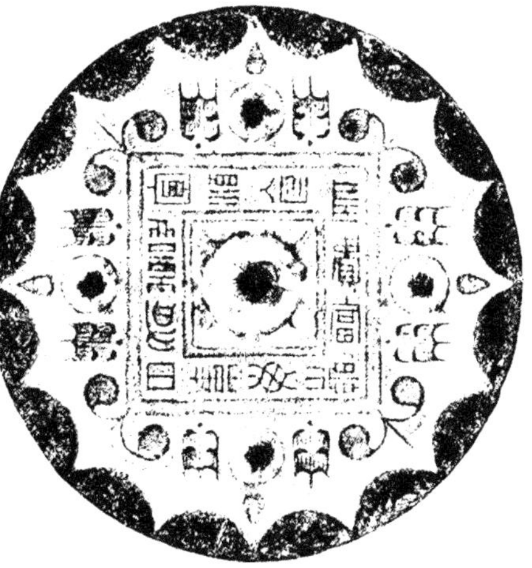

图38　B型Ⅰ式四乳草叶纹镜
（金鼎三期M626：1）

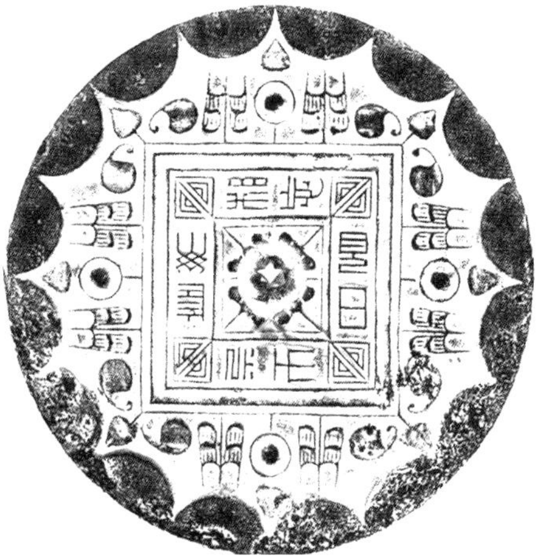

图39　B型Ⅱ式四乳草叶纹镜
（光明小区二期M173：1）

图40 C型四乳草叶纹镜
（淄江花园T区M241：1）

"花叶纹"，花叶纹两侧为三叠层草叶纹，十六内向连弧纹缘，直径23厘米（图40）。青岛平度界山M1：13草叶纹镜，也属此型[108]。

博局草叶纹镜作为汉代临淄造草叶纹镜的一种，数量虽然不多，但颇具特色（见图35-3、图35-4）。其基本特征是：半球形钮，一般为柿蒂纹钮座，方格框内有的无铭文，有铭文者均为八字铭，四外角饰V形纹，四边外侧居中饰T形和L形纹以及桃形花苞，其两侧饰草叶纹，十六内向连弧纹缘。《临淄铸镜业研究》将其分为二型：A型，单层草叶博局草叶纹镜（图41）；B型，叠层草叶博局草叶纹镜（图42）。

异体草叶纹镜，最突出的特征在于其草叶纹的布列方式明显有别于常见的四乳草叶纹镜和博局草叶纹镜，即方格框四边外侧的草叶纹不是两列而是单列，有的在方格框四外角也饰以草叶纹。目前仅见的阚家寨BⅡT3696④：1草叶纹镜背范（见图35-6）[109]，其铸件复原为十六内向连弧纹缘，方格框四边外侧居中各饰一列草叶纹，方格框四外角饰射线枝叶，铭文为"见日之光……当"，钮式和钮座不明，直径10.7厘米。此类草叶纹镜在临淄地区西汉墓中有所出土，但与此镜范铸件相同者尚未见到。如金鼎绿城三期M983：1草叶纹镜即属此类，但其方格框四外角所饰为枝叶花苞，铭文为"见日之光天下大阳服者君卿"十二字铭，直径10.2厘米（图43）；淄江花园万泰M257：1草叶纹镜亦属此类，但其方格框四外角饰枝叶草叶，铭文为"见日之光天下大明"八字铭，直径12.8厘米[110]（图44）。看来，这种草叶纹镜应该包括若干不同的型式。另外需要注意的是，临淄齐国故城虽然发

图41 A型博局草叶纹镜
（金鼎绿城三期M1017：1）

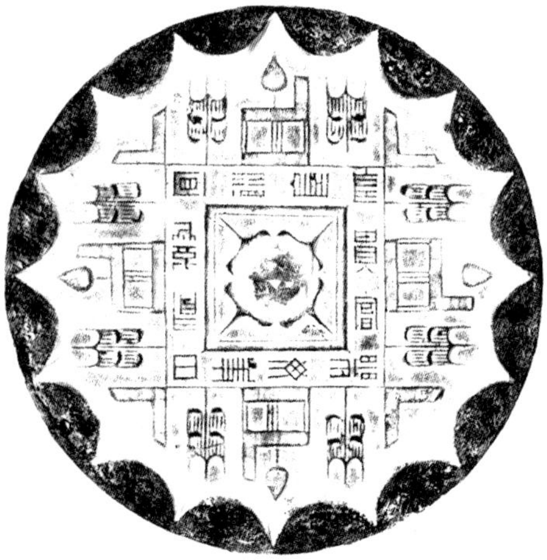

图42 B型博局草叶纹镜
（盛世豪庭M232：1）

图43　异体草叶纹镜
（金鼎绿城三期M983：1）

图44　异体草叶纹镜
（淄江花园万泰M257：1）

现有异体草叶纹镜范（阚家寨BⅡT3696④：1），临淄地区也出土有异体草叶纹镜，但其中有的铜镜其产地风格与临淄造明显有别，如金鼎绿城三期M983：1草叶纹镜等，或许其产地并非在临淄，尽管它们发现于临淄地区。

总体上说，迄今临淄齐国故城出土的镜范中尽管以草叶纹镜范最多，而临淄地区西汉墓也出土有大量草叶纹镜，然而，临淄地区出土的草叶纹镜中，有些型式的镜范尚未见到，同时，有些镜范的铸件也尚未见到。这当然与镜范和铜镜的发现都尚有不足有关，但是否还有其他因素，值得注意。

（五）花叶纹镜

花叶纹镜的镜范，是近年来临淄齐国故城新发现的一种镜范类型，目前仅发现1件，即阚家寨BⅡH120：2（图45-1）。该镜范的铸件是，螭虎形钮，方形钮座，钮座外一周方格框，框内有铭文“□相思毋相□……”，四外角饰枝叶花苞，四边外侧居中饰一组由心形花瓣加乳丁构成的“花叶纹”，十六内向连弧纹缘，直径无法复原[111]。花叶纹镜在临淄地区西汉墓中有所出土，但与之相同者乃至近似者尚未见到。如淄江万泰M208：1镜，虽然属于花叶纹镜类，但与阚家寨BⅡH120：2镜范的铸件之间多有差异，方格框四外角不是枝叶花苞而是枝叶草叶，铭文的内容及排列方式也不相同[112]（图46），总体风格也表现出明显差异。

花叶纹镜范目前仅一件，并且临淄地区出土的花叶纹镜数量也有限。尽管如此，花叶纹镜范及铜镜的发现表明，花叶纹镜也是当时临淄造铜镜的类型之一，只不过其产量可能有限[113]，或许与这种铜镜铸造的时间长短有关，也可能与只有某个作坊铸造有关。

（六）星云纹镜

星云纹镜范，也是近年来临淄齐国故城新发现的一种镜范类型，目前仅发现1件，即

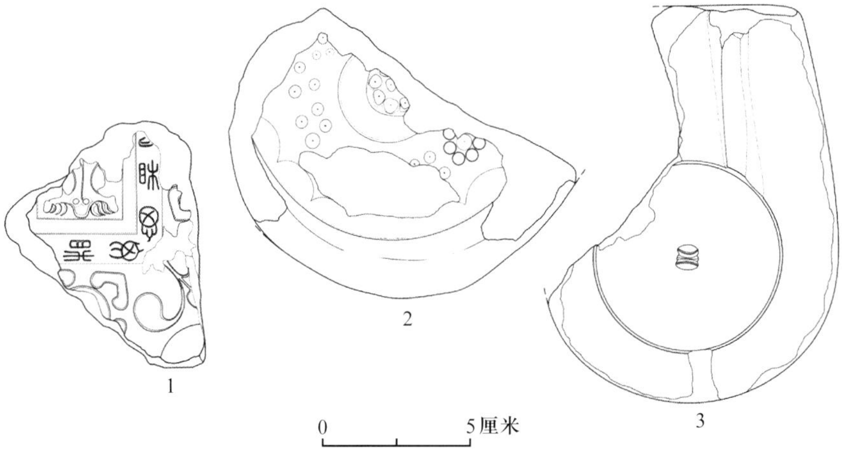

图45　临淄齐国故城出土镜背范（引自《临淄齐故城冶铸业》，第1089页图3-7）
1. 花叶纹镜范（阚家寨BⅡH120：2） 2. 星云纹镜范（LQC-JF0028） 3. 素面镜范（LQC-JF0016）

LQC-JF0028（图45-2）。该镜范残存整个镜范的约五分之二，但型腔面多残损，仅可见连峰钮坑、圆圈钮座、八联珠座乳丁、不规则分布的乳丁纹、内向连弧纹缘等，复原直径10.2厘米[114]。星云纹镜在临淄地区汉墓中多有发现，《临淄战国汉代铜镜》即收录34件，其中，金鼎绿城三期M1021出土镜[115]（图47）与LQC-JF0028镜范铸件类似，但其细部仍多有差异。

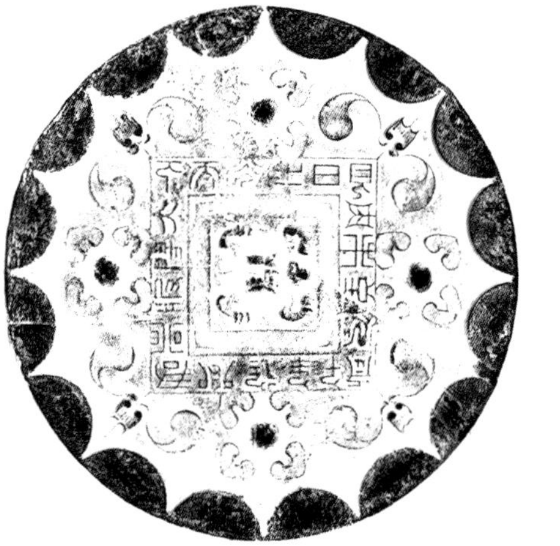

图46　花叶纹镜
（淄江万泰M208：1）

图47　星云纹镜
（金鼎绿城三期M1021出土镜）

尽管如此，星云纹镜范的出土，说明星云纹镜也是汉代临淄造铜镜类型之一，这对于认识汉代临淄铸镜业兴盛的年代下限颇具价值。

（七）素面镜

素面镜的镜范残片以往有所发现，但因残破过甚而难以辨别是镜面范还是镜背范。近年来临淄齐国故城发现的型腔为平面的镜范中，有19件保存有钮坑、镜缘以及浇道和排气道等，从而可以确认是素面镜的镜背范。如阚家寨BⅡH82：1，残存镜范的右半大部，可知其铸件为三弦钮，镜体为素面平板状，镜缘略厚，复原直径约7.8厘米[116]。又如，LQC-JF0016镜背范，残存其右部和下部，可知其铸件为三弦钮，镜体为素面平板状，镜缘略厚，复原直径6.4厘米[117]（图45-3）。这种素面镜在临淄地区西汉早期墓中多有发现，如《临淄战国汉代铜镜》收录8件，直径7～12.5厘米[118]，其中淄江花园D组团M382：1素面镜，其背面清晰可见布纹痕迹；本书上编《临淄出土汉代铜镜》收录17件，直径6.9～13.1厘米。

由此可知，素面镜是西汉早期临淄造铜镜的常见类型之一，只不过其中有些是不是彩绘镜的镜体，尚值得注意。

总之，上述七类铜镜以及同一镜类还可划分为多种型式表明，汉代临淄造铜镜类型多样、数量众多，生产规模大，临淄是当时重要的铜镜铸造基地之一。至于多种镜类以及同一镜类还包括多种不同型式的成因，可能与临淄盛产铜镜的时间长达百年以上——不同时期铸造的铜镜不同有关，也可能与多个作坊同时生产——不同的作坊铸造的铜镜有所差异有关。

四、汉代临淄造铜镜的流布

产品的传播和流通，是手工业考古的重要内容之一，铸镜业考古亦然。汉代临淄造铜镜类型及其产地风格的初步究明，为进一步探究汉代临淄造铜镜的流布提供了可能。

《临淄铸镜业研究》基于当时的考古发现和对临淄造铜镜类型及其产地风格的认识，以最为典型和最为常见的四乳草叶纹镜为例，提出了汉代临淄造铜镜的产地风格——“临淄风格”，并据此对其传播和流通进行了考察，得出了以下认识。“临淄及其邻近地区即当时的齐国境内，是临淄造铜镜的主要传播和流通地区”，“今河南和陕西也是临淄造铜镜的重要传播和流通区域”；西汉临淄造铜镜的“传播和流通地域，南至长江中下游的今安徽、上海、浙江、江西和湖南等地，乃至岭南的桂东一带，西到当时的首都长安，北达今辽宁乃至吉林的西南部地区”，同时，“还向东北渡过大海，传播到了朝鲜半岛的东南部和日本的九州地区”。近年来临淄齐国故城汉代镜范的新发现和临淄地区汉镜的大量出土，尤其是对汉代临淄造铜镜类型及其产地风格认识的深化，进一步证实了此前的判断，同时进一步丰富了汉代临淄造铜镜传播和流通的认识。这里在《临淄铸镜业研究》的基础上，以新确认的临淄造铜镜类型为主，重点对山东省之外的其他地区出土的具有“临淄风格”的铜镜大致加以检索和梳理，以进一步揭示汉代临淄造铜镜的流布状况。

今日西安是西汉首都长安之所在，关中地区是西汉王朝的京畿之地，汉代临淄造铜镜在关中尤其是西安地区多有发现。除了此前论及的西安和淳化等地出土的临淄造A型Ⅰ式、B型Ⅰ式和B型Ⅱ式四乳草叶纹镜之外，还可举出以下诸例。西安高楼村M59出土的“涡纹地蟠螭镜”和西安东郊洪庆村M64出土的“内向连弧纹缘草叶纹镜”[119]，分别具有临淄造F型凹面连弧纹带蟠螭纹镜和B型Ⅰ式四乳草叶纹镜的产地风格。《长安汉镜》收录的西汉铜镜中，YCHM10：7蟠螭纹镜、YCHM1：9蟠螭纹镜和YCHM：11星云纹镜[120]，分别具有临淄造C型四乳蟠螭纹镜和星云纹镜的产地风格。西安北郊秦汉墓出土的铜镜中[121]，98交校Ⅰ区53号西汉早期墓出土的“双龙纹镜”，具有临淄造A型四乳双龙镜的产地风格。西安东郊白鹿原汉墓出土的绕M16：8蟠螭纹镜、绕M36：10蟠螭纹镜[122]，分别具有临淄造E型四乳凹带蟠螭纹镜和F型凹面连弧纹带蟠螭纹镜的产地风格。西安北郊郑王村西汉墓出土的铜镜中，M89：18草叶纹镜、M195：4草叶纹镜和M151：11星云纹镜[123]，分别具有临淄造B型Ⅰ式、B型Ⅱ式四乳草叶纹镜和星云纹镜的产地风格。淳化南坪出土的“素底弦纹四乳镜”和大疙瘩村出土的“曲线纹底四乳蟠螭镜”[124]，分别具有临淄造Ab型四乳弦纹镜和D型连弧纹带蟠虺纹镜的产地风格。陕西历史博物馆20世纪50年代在当地征集的标注为战国的“连弧蟠螭纹镜”和“四乳蟠螭纹镜”，与临淄造D型连弧纹带蟠虺纹镜产地风格相同；标注为西汉的“蟠螭纹镜”和“（常贵铭）方格铭文镜”[125]，分别与临淄造A型四乳双龙镜和H型方格框铭文四乳蟠虺纹镜产地风格相同。这里需要指出的是，临淄造铜镜在关中尤其是西安一带虽有出土，但总体上看，其数量并不多，在西汉铜镜中仅占一定比例，而相当数量的铜镜并不具有“临淄风格”。譬如，西安白鹿原西汉墓出土的2件草叶纹镜和7件星云纹镜[126]，均不具有临淄造的产地风格。又如，西安北郊郑王村西汉墓出土的草叶纹镜和星云纹镜中，M37：39草叶纹镜和M193：4星云纹镜的产地风格与“临淄风格”迥异[127]，说明其另有产地。《长安汉镜》收录的西汉铜镜中，这种现象更为突出。这说明西汉时期的铜镜产地全国有多处，而西安一带发现多种产地风格的铜镜，无疑与这里是西汉王朝的都城所在直接相关，是各地物产汇聚首都长安的一种反映。

河南省与山东省毗邻，又是从齐鲁故地到关中的必经通道，汉代临淄造铜镜在河南境内多有发现。除了此前论及的洛阳等地出土的具有“临淄风格”的草叶纹镜之外，还可举出下述诸例。洛阳涧西29工区M345和M683出土的“四螭纹镜”[128]，具有临淄造D型连弧纹带蟠虺纹镜的产地风格；洛阳岳家村314号墓出土的“变形蟠螭纹镜”和劳改砖瓦场M345出土的“圈带蟠虺镜”、涧西防洪渠5号墓出土的“变形蟠虺纹镜”[129]和岳家村汉墓出土的“圈带叠压蟠虺镜”[130]，分别与临淄造D型连弧纹带蟠虺纹镜、E型四乳凹带蟠螭纹镜雷同。1957年新安县铁门镇西汉墓发掘出土的铜镜中，出土于M18和M37的“四蝙蝠纹镜”、M37的草叶纹镜[131]，分别与临淄造D型连弧纹带蟠螭纹镜、B型Ⅱ式四乳草叶纹镜雷同。新乡五陵村战国西汉墓出土的M80：9蟠螭纹镜和M36：6草叶纹镜[132]，分别具有临淄造D型连弧纹带蟠虺纹镜和A型Ⅰ式四乳草叶纹镜的产地风格。南阳地处豫西南，西汉时是荆州刺史部最北端的南阳郡郡治所在。南阳地区出土的铜镜中，4件“日明方格蟠虺镜”，具有临淄造H型方格框铭文蟠虺纹镜的特点；“圈带蟠虺纹镜”Aa型4件和Ab型4件，具有临淄造D型连弧纹带蟠虺纹镜的产地风格；“圈带叠压蟠虺镜”6件，其产地风格与临淄造E型四乳凹带蟠螭纹镜雷同；B型“四乳连弧镜”2件，具有临淄造Aa型和Ab型四乳弦纹镜的特征；“八草叶镜”39件中，其产地风格相同于临淄造A型Ⅰ式四乳草叶纹镜者2件、相同于B型Ⅱ式四乳草叶纹镜者7件[133]。很显然，今河南境内是汉代临淄造铜镜的一个重要流布地区。

黄淮地区也发现有汉代临淄造铜镜。地处黄淮地区中部的安徽萧县，西汉时地当沛郡的北部。萧县张村XZM9：15“双龙镜”和破阁XPM166：2“双龙镜”，均与临淄造A型四乳双龙镜雷同；张村XZM11：3“简化蟠螭纹镜”[134]，也具有临淄造D型连弧纹带蟠虺纹镜的产地风格。

江淮地区，汉代临淄造铜镜多有发现。

今日之扬州，西汉时为广陵，先后属吴国、江都国、广陵郡和广陵国，西汉铜镜多有发现。据检索，扬州市出土的“常贵铭蟠虺镜”[135]，与临淄造H型方格框铭文四乳蟠虺纹镜产地风格相同，尤其是其直径大小、铭文“常贵乐未央毋相忘”内容及排列方式等与临淄范家墓地淄江花园K组团M498出土镜[136]非常接近，两者的镜范似乎出自同一工匠之手[137]。仪征市沙墁井村汉墓出土的草叶纹镜[138]，与临淄造A型Ⅱ式四乳草叶纹镜几乎相同。仪征市何云村3号墓出土的“圈带叠压蟠虺纹镜”，凌桥村潘家营、庙山村下洼组7号墓出土的草叶纹镜，三里村同心组西汉墓、庙山村下洼组3号墓出土的星云纹镜[139]，分别与临淄造E型凹带蟠螭纹镜、A型Ⅱ式和B型Ⅱ式四乳草叶纹镜、星云纹镜雷同。扬州市平山养殖场M3：54镜[140]、扬州市扬庙乡出土镜[141]等星云纹镜，明显具有“临淄风格”，而与扬州地区出土的具有“广陵风格”的星云纹镜判然有别。很显然，西汉时的广陵即今扬州地区，同样是汉代的铜镜铸造地之一，而这里发现有较多的临淄造铜镜，从一个侧面反映出两地之间密切的经济联系和人员交流。

淮南市谢家集发现的“圈带叠压蟠虺镜”和寿县第二砖厂出土的“草叶纹日光镜”[142]，分别与临淄造E型四乳凹带蟠螭纹镜和A型四乳草叶纹镜风格相同。六安经济技术开发区M395：1“‘日光’铭连弧纹镜”、寿县藏镜782号“‘日光’铭文镜”，均与临淄造A型Ⅰ式四乳草叶纹镜雷同；六安经济技术开发区M426：2镜、六安城东开发区A2860号镜、寿县藏镜776号镜等星云纹镜[143]，其产地风格与临淄造星云纹镜相同。

安徽省境内长江两岸的皖江地区，临淄造铜镜也有发现。《皖江汉魏铜镜选粹》收录的西汉铜镜中，“四乳蟠虺镜”“‘日光’对称单层草叶纹镜”和“星云镜”[144]，分别具有临淄造D型连弧纹带蟠虺纹镜、A型Ⅰ式四乳草叶纹镜和星云纹镜的产地风格。

今上海市和浙江省，西汉时地当会稽郡北部，临淄造铜镜也有发现。上海福泉山汉墓出土的西汉铜镜中，除M8：2等2件草叶纹镜属于临淄造A型Ⅱ式四乳草叶纹镜外，还有M18：1等2件“蟠虺四乳镜”、M20：25等3件“Ⅰ型星云百乳镜”[145]，分别具有临淄造C型四乳蟠螭纹镜和星云纹镜的产地风格。浙江地区发现的汉代临淄造铜镜，除了此前所知安吉上马山M9：2镜属于临淄造A型Ⅰ式四乳草叶纹镜[146]之外，龙游出土的79龙·东M11：5“星云镜”[147]，明显具有临淄造星云纹镜的产地风格；92龙·东M38：11草叶纹镜[148]，与临淄造B型Ⅱ式四乳草叶纹镜雷同。这两件铜镜，很有可能是从临淄传入的。

湘鄂赣地区，汉代临淄造铜镜也有发现。湖北省随州市，地当西汉南阳郡的南部。随州孔家坡西汉墓出土的2件铜镜中，M14：1镜和M10：15镜[149]，分别与临淄造E型凹带蟠螭纹镜和C型四乳蟠螭纹镜的产地风格相同。今湖南省常德市，地当西汉武陵郡东北部。常德南坪汽修厂M4：1星云纹镜[150]，具有明显的“临淄风格”。长沙市为西汉长沙国都城所在地。长沙杜家山797号墓出土草叶纹镜[151]和长沙出土的“见日之光连弧缘草叶纹铜镜”[152]，均具有临淄造B型Ⅰ式四乳草叶纹镜的产地风格；长沙市晓园公园M1出土的“‘日有熹’草叶连弧纹铜镜”，铭文为“日有熹常贵富宜酒食乐毋事”[153]，无论其纹样及其布局还是铭文及其排列，都与临淄造B型Ⅱ式四乳草叶纹镜几乎相同。衡阳市地当西汉长沙国西南端。衡阳凤凰山46号西汉墓出土的“涡纹地蟠龙纹铜镜”[154]，明显具有临淄造E型四乳凹带蟠螭纹镜的产地风格。

岭南地区（广东、广西和海南），也可见到汉代临淄造铜镜的踪影。广州市为西汉南越国都城和南海郡郡治所在。西汉南越王墓出土的九型39件铜镜中，东耳室出土的Ⅶ型4式“龙纹连弧纹镜”（B12）和西耳室出土的Ⅶ型4式“连弧龙纹镜”（C234）[155]，都具有临淄造F型凹面连弧纹带蟠螭纹镜的产地风格。广州汉墓出土的M1010：21的Ⅶ型蟠螭纹镜和M1173：3的Ⅷ型蟠虺铭文镜[156]，分别具有临淄造E型四乳凹带蟠螭纹镜和H型方格框铭文蟠虺纹镜的产地风格。广西贺县西汉时属苍梧郡。贺县东高寨1号西汉墓出土的“日有熹四子草叶纹铜镜”[157]，与临淄造B型Ⅱ式四乳草叶纹镜雷同。

云贵川等西南地区，汉代临淄造铜镜虽有发现，但为数甚少。譬如，成都羊子山汉墓出土大量汉镜，并且也有不少是蟠螭纹镜和草叶纹镜，但其中只有羊子山M110出土的“云纹地蟠螭纹镜”[158]与临淄造E型四乳凹带蟠螭纹镜的产地风格相同。云贵一带西汉中期之前为西南夷地区，直到汉武帝时期才随着汉郡县的设置而正式进入西汉王朝的版图，而迄今所能确认的汉代临淄造铜镜主要集中在西汉前期，加之地理上相距遥远，所以汉代临淄造铜镜少有发现。实际上，云贵地区发现的汉代铜镜，基本上出自西汉中期之后的墓葬。如云南江川李家山69号墓出土的四山镜（M69：175）和47号墓出土的蟠螭纹镜（M47：206），铜镜的年代虽然较早，但两墓的年代分别为“汉武帝置郡后的西汉中至晚期”和“西汉晚期和东汉初期”[159]；陆良薛官堡墓地38号墓出土的“见日之光天下大明”连弧纹铭带镜（M38：1），铜镜和墓葬的年代均为西汉中晚期[160]。

地处关中以西的宁夏、甘肃、青海和新疆等我国西北地区，汉代铜镜多有发现，其中有些应当是汉代临淄所产。宁夏固原中庄村出土以及原州区征集的“蟠螭连弧纹镜”，原州区发现的“圈带蟠螭纹镜”，原州区城内出土的四乳草叶纹镜[161]，分别与临淄造D型连弧纹带蟠虺纹镜、E型四乳凹带蟠螭纹镜和B型Ⅱ式四乳草叶纹镜雷同；固原回中汉墓出土的四乳草叶纹镜[162]，与临淄造A型Ⅱ式四乳草叶纹镜别无二致。宁夏固原一带西汉时先后属北地郡和安定郡，地理上与西汉京畿之地的右扶风邻接，这里发现汉代临淄造铜镜，当在情理之中。至于据称出土于甘肃庄浪、武威和青海的四乳草叶纹镜，以及宁夏彭阳县出土的一件星云纹镜等[163]，是否具有临淄造的产地风格，还有待于进一步确认。尽管如此，汉代临淄造铜镜的西传至少已经穿越关中地区到达陇山一带，是毫无疑问的。

陕北、晋北和内蒙古中南部地区，西汉时地处北方边境地带，临淄造铜镜也有发现。在陕北，米脂县卧虎湾西汉墓出土的铜镜中，M90：1“四乳连弧蟠螭纹镜”和M23：1“四乳连弧纹镜”[164]，与临淄造D型连弧纹带蟠虺纹镜和Ab型四乳弦纹镜雷同。在晋北，山西朔县平朔矿生活区六区西汉墓出土的铜镜中，M17：5“四乳四螭镜”、M50：5草叶纹镜、M54：4“尖缘四乳四螭镜”[165]，分别具有临淄造E型四乳凹带蟠螭纹镜、B型Ⅱ式四乳草叶纹镜、D型连弧纹带蟠虺纹镜的产地风格。在内蒙古中南部地区，准格尔旗纳林古城南郊器物窖藏出土的一件草叶纹镜[166]，显然属于临淄造B型Ⅱ式四乳草叶纹镜。

京津冀地区，也发现有汉代临淄造铜镜。北京大葆台1号墓出土的M1：42星云纹镜，明显具有临淄造星云纹镜的产地风格[167]。河北满城1号墓出土的“常贵富乐毋事日有熹常得所喜宜酒食”十六字铭三叠层草叶纹镜（M1：5224）[168]，具有临淄造C型四乳草叶纹镜的产地风格。河北怀来官庄遗址，地当秦和西汉上谷郡郡治沮阳城的东北郊外，官庄19号汉墓出土的M19：4“见日之光天下大明”草叶纹镜[169]，与临淄造A型Ⅰ式四乳草叶纹镜雷同。

东北地区发现的“临淄风格”铜镜，主要集中在辽东半岛，但北至吉林省中北部一带也有所发现。吉林中北部地区，榆树老河深鲜卑墓地中层文化遗存的M67：31“四乳四蟠纹镜”[170]，具有鲜明的临淄造C型四乳蟠虺纹镜的产地风格。吉林中南部地区，除了此前论及的出土于东辽彩岚的四乳草叶纹镜之外，彩岚乌桓墓出土的“四蟠虺纹镜”[171]，临淄造C型四乳蟠虺纹镜的产地风格突出。与吉林东辽县邻近的辽宁西丰西岔沟墓地出土的草叶纹镜和星云纹镜[172]，分别与汉代临淄造A型Ⅰ式四乳草叶纹镜和星云纹镜近同，具有明显的“临淄风格”。抚顺刘尔屯西汉墓出土“临淄风格”四乳草叶纹镜的同时，还出土有“临淄风格”的星云纹镜[173]。2010年辽宁大连市普兰店市（原新金县）姜屯墓地发掘出土的13件汉代铜镜中，有5件西汉镜具有“临淄风格”，甚至可以说与西汉临淄造同类铜镜别无二致[174]，包括：“变形蟠螭纹镜”2件（M194：2、M201：1），属临淄造D型连弧纹带蟠虺纹镜；Ca型草叶纹镜2件（M118：1、M156：1），属临淄造B型Ⅱ式四乳草叶纹镜；Cb型草叶纹镜1件（M114：11），属临淄造A型Ⅰ式四乳草叶纹镜。另外，旅顺博物馆收藏的铜镜中，可见具有临淄造产地风格的F型连弧纹带蟠螭纹镜、D型连弧纹带蟠虺纹镜、A型Ⅰ式四乳草叶纹镜、B型Ⅱ式四乳草叶纹镜和星云纹镜等[175]。它们的出土地点尽管不明，但其中应当包含大连地区的出土品。

关于临淄造铜镜的海外传播，《临淄铸镜业研究》曾根据域外“临淄风格”草叶纹镜的发现及比较研究，认为“西汉临淄造的铜镜还向东北渡过大海，传播到了朝鲜半岛东南部和日本的九州地区”，新的考古发现进一步丰富了这一认识。2017年韩国东南部庆尚北道南端的庆山市阳地里墓群的发掘中，1号木棺墓出土3件汉镜，分别为昭明连弧纹铭带镜、君忘忘连弧纹铭带镜和星云纹镜，墓葬的年代大致在公元纪年前后，墓主人可能是这一地区当时的部族首领。经反复比较研究，阳地里1号墓出土的昭明连弧纹铭带镜和星云纹镜都具有鲜明的“临淄风格”，其产地很可能在汉代临淄一带[176]。这就为汉代临淄造铜镜东传至朝鲜半岛东南部提供了新的佐证。

基于上述汉代临淄造铜镜在各地的发现并结合以往的研究，关于汉代临淄造铜镜的传播和流通，可以从以下两个方面进行归纳和总结。

一方面，汉代临淄造铜镜以产地及其邻近地区为中心流通的同时，还流布于全国各地。《临淄战国汉代铜镜》收录的684件战国汉代铜镜中，西汉前期铜镜的绝大部分产自临淄当地；《鉴耀齐鲁》收录的以鲁北地区为主的山东各地出土的464件两汉新莽铜镜中，大部分西汉前期铜镜具有鲜明的“临淄风格”，应为当时的临淄所产。这就充分显示出，临淄所在的山东地区尤其是鲁北一带和山东半岛黄海沿岸地区，是汉代临淄造铜镜最主要的流通地区[177]。在山东地区之外，尽管具有“临淄风格”铜镜的发现和已经公布的资料还有很大的局限性，并且上述检索和梳理也只是初步的和粗略的，还不能全面揭示其流通和传播状况，但其流布范围相当广阔是毫无疑问的，即：南达岭南地区的广州一带，西南到四川盆地中心的成都一带，西北到宁夏固原的陇山一带，北到内蒙古中南部地区，东北到吉林中北部地区；同时，临淄造铜镜还东渡传播到朝鲜半岛南部和日本九州岛地区。如果从西汉时期的人文地理和行政区划进行观察，可知汉代临淄造铜镜主要流布于其产地临淄所在的齐王国和齐郡及其邻近地区，向南传播到广陵国和广陵郡、会稽郡、丹阳郡、九江郡、豫章郡、南阳郡、武陵郡、长沙国以及南海郡、苍梧郡等地，向西南传播到蜀郡，向西及西北传播到河内郡、河南郡、弘农郡、京兆尹、左冯翊、右扶风以及安定郡(汉武帝元鼎三年即公元前114年之前属北地郡)，向北传播到上郡、西河郡、雁门郡、中山国、广阳国等地，向东北传播至辽东郡尤其是辽东半岛南部，乃至辽东四郡（渔阳郡、右北平郡、辽西郡和辽东郡）以北的鲜卑和乌桓等少数族地区（如吉林东辽彩岚乌桓墓和榆树老河深墓地中层文化遗存的鲜卑墓出土的临淄造蟠虺纹镜和草叶纹镜）；同时，还以“环黄海之路”为通道，传播到朝鲜半岛南部的三韩地区和日本九州的倭地诸国。很显然，西汉尤其是西汉前期之时，临淄造铜镜广泛流布于汉朝境内各地，并且还远及东北的少数族地区乃至海外的三韩古国和倭地诸国。

另一方面，汉代临淄造铜镜流布的途径和方式是多种多样的。在临淄及其邻近地区，临淄造铜镜流布的主要方式应当是商品交换，而其他地区临淄造铜镜的传播，当然不排除商品交换的途径，但更多的是由于人员的流动和人群的移动而传播的。譬如，岭南地区发现的少量临淄造铜镜，有些可能是作为礼物或赠品传过去的，也有可能是随着中原地区士卒等人员的南下而传过去的。又如，今山西朔县在西汉时为雁门郡马邑县，地处汉王朝北部边疆和汉匈争战的前沿地带，遥控长城，北连大漠，是北方军事重镇，朔县汉墓出土的临淄造铜镜，很有可能是戍边的汉朝士卒带到这里的。西汉前期的北地郡，地处汉匈争战的西北前线，地当北地郡南部（汉武帝元鼎三年即公元前114年之后属安定郡）的今固原一带出土的临淄造铜镜，可能是当时的齐鲁故地参加对匈奴作战的士卒带过去的。再如，地处辽东半岛南部的姜屯墓地出土较多的临淄造蟠螭纹镜和草叶纹镜，则可能与西汉前期从山东半岛跨越渤海海峡向辽东半岛的移民活动有关，辽东半岛南端西汉积贝墓的出现和流行，也反映出西汉时期山东半岛居民向辽东半岛的迁居和移民[178]。

总之，汉代临淄造铜镜在各地的发现，不仅从一个侧面反映出当时临淄同其他地区的经济联系，而且从一个侧面反映出当时的人员流动和人群迁徙；边远及少数族地区和汉王朝域外临淄造铜镜的发现，则从一个侧面反映出汉王朝对边疆地区的经略、汉文化的扩散和中外文化的交流。这也正是系统检索并梳理各地发现的具有“临淄风格”铜镜的史学意义之所在。

五、余论与展望

汉代临淄铸镜业的考古学再研究获得上述新认知之外，在临淄出土铜镜的考察过程中还发现了铜镜上刻划的文字。淄江花园D区M981：1（图48），系一件典型的B型Ⅱ式四乳草叶纹镜，铭文为“日有熹宜酒食常贵富乐毋事”十二字铭，右旋读。该镜内向连弧纹镜缘的两处半月形凸起上分别刻划有文字，均竖刻，笔画纤细、较浅，非细看而难以辨识：一处的位置大致与镜铭“事”字对应，刻有“孤国长”三字；另一处的位置大致与镜铭“常”字对应，刻有“范兄”二字[179]。这两处刻划文字的含义尚不清楚，或许是人名，但无疑是使用过程中刻划的。铜镜上刻划文字，这在见诸公布的汉镜材料中尚属首次，但在当时可能并非孤例，因此，今后观察和研究铜镜时加以关注是必要的。

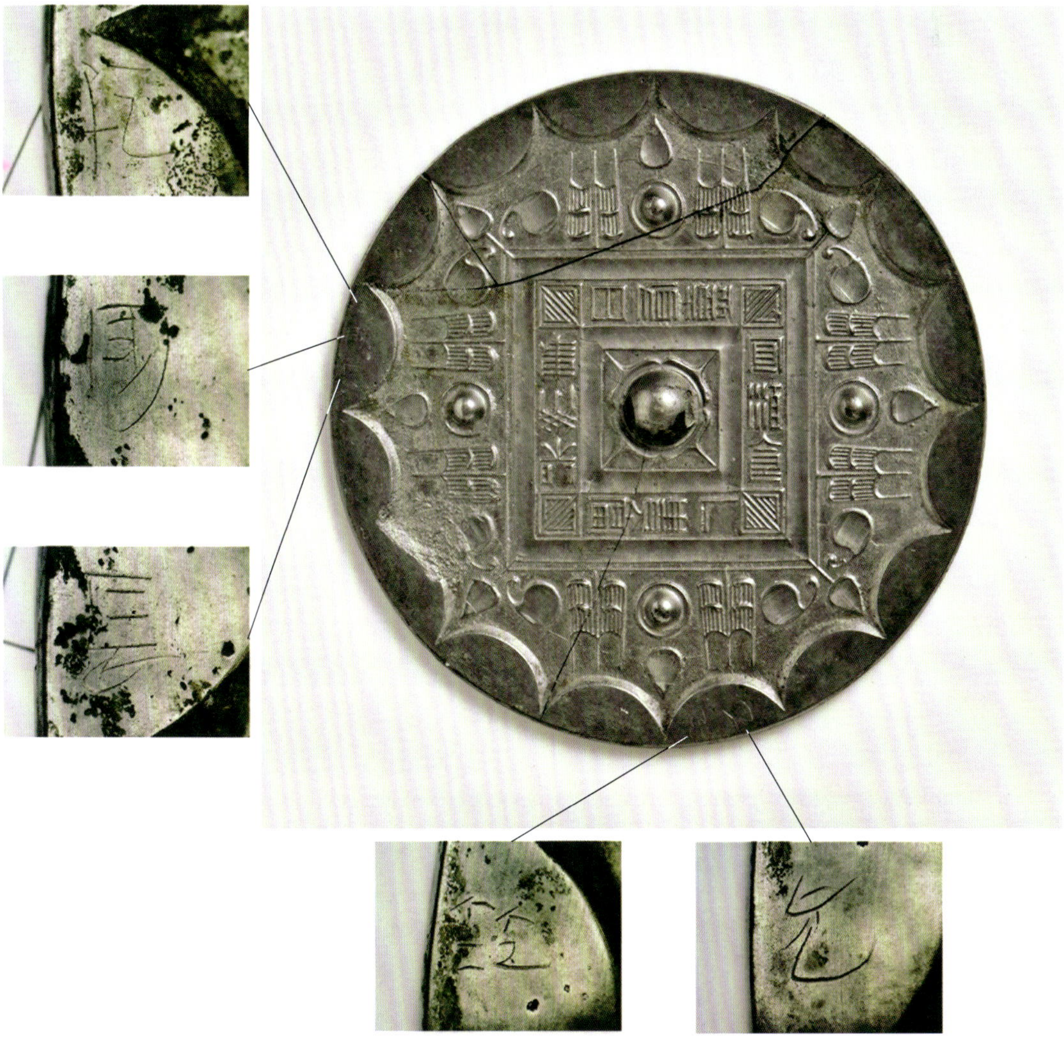

图48　淄江花园D区M981：1草叶纹镜及其刻划文字

关于汉代临淄铸镜业的生产经营方式，《临淄铸镜业研究》根据汉代铜镜及临淄齐国故城铸镜作坊址的考古发现、文献记载以及时代背景综合分析后认为，汉代临淄铸镜业的“经营方式实际上是民营而非官营”。菅谷文则先生基于对临淄地区出土草叶纹镜的镜面直径的测量数据和镜体重量的统计分析，认为“草叶纹镜铸造规格化程度很低”[180]。这可视作汉代临淄铸镜业的生产经营方式是民营而非官营或官府生产的一个旁证。

综合起来看，近十几年来，汉代临淄铸镜业考古在诸多方面都取得了可喜的进展，对于深化汉代铸镜业考古乃至东亚古代铜镜铸造、流布和使用等的研究，都将产生积极的推动作用。同时我们也应该看到，汉代临淄铸镜业考古在诸多方面还有待于进一步展开或深化。

其一，关于镜范的制作及其原材料问题。根据镜范的多种分析和检测以及模拟实验，制作镜范的泥料的原材料主要是泥土并羼入稻壳灰，已基本形成了共识，但泥土究竟是当地的原生土还是古河道边淤积的黏土、是否经过淘洗、是否加入河砂等，在这些问题上还存在不同认识；同时，关于制作镜范的黏土、稻壳灰和河砂的配比，基于科技分析的推论和模拟实验研究的认识之间，还存在较大的差异。另外，既有主纹又有地纹的铜镜，在采用刻制法制作镜范的背景下，其型腔表面纹饰的制作，究竟是先刻地纹还是先刻主纹，还有待更多的证据；在采用模制法制作镜范的背景下，其型腔表面纹样的模印，究竟是先模印主纹还是先模印地纹。镜范型腔表面涂层的涂料，究竟是用细黄泥土加水制成的细泥浆，还是黏土和草木灰制成的混合稀泥料，以及表面涂层之上是否还需要再涂刷蜂蜡之类的涂料等。如果说汉代临淄镜范的制作工艺流程是“备料→制坯→晾干→刮削和修整→焙烧→修整和打磨→制作浇道、排气道和型腔→施加涂层→烘烤涂层面→刻制镜背范纹饰→施加涂层→烘烤涂层面”[181]，那么，这种工艺流程是汉代铸镜制范的一般技术形态还是具有临淄特色。诸如此类的问题，都还值得再进一步研究。

其二，关于铜镜的铸件加工问题，基于铜镜加工痕迹的观察、相关遗存的旁证并结合文献记载，大致可知存在着机械整形、刮削、研磨和抛光等工艺流程，还存在着铜镜残次品及废旧品的再加工，但这些认识还仅仅是初步的，其具体的技术形态和工艺操作尚待究明，如镜面的抛光——磨镜，究竟采用什么样的材料、用什么样的工具、具体怎样操作等。另外，凸面镜——镜面曲率的成因问题，铜镜铸件是否存在着热处理问题等，也还无法做出有说服力的解释。这既要科技检测分析和理论推导，更需要模拟实验研究。

其三，日本学者在研究古代铜镜时，经常使用“同范镜”“同型镜”以及“踏返镜”等概念。“同范镜”是指用同一镜范铸造的铜镜；“同型镜”是指用同一镜模（日语中的“原型”）翻制的镜范铸造的铜镜，可理解为汉语中的“同模镜”；“踏返镜”则是指用同一件铜镜作为镜模（即“原型”）翻制模印出多件镜范而铸造的铜镜。日本出土的汉镜中的确存在“踏返镜”，而这种“踏返”铸镜始于西汉后期，并一直延续到东汉末年[182]。问题在于，如果上述关于汉代临淄镜范制作和使用的认识符合史实，汉代临淄镜范的制作存在着“模制法”，那么，考古发现的铜镜中应当存在“同模镜”；汉代临淄铸镜中既然镜范可多次反复使用，那么，考古出土的铜镜中就应当存在“同范镜”。但遗憾的是，迄今临淄地区出土的西汉铜镜中，尽管经反复观察和精确测量发现有雷同者和近似者，但其镜体形态、尺寸、镜背纹样及其布局、铭文内容及排列和字体等完全相同者尚未见到，即使在其他地区，也罕见临淄造铜镜的“同范镜”或“同模镜”[183]；临淄齐国故城发现的镜范已多达325件，临淄地区出土的西汉铜镜也数以百计，但铜镜与镜范能对应者——已发现镜范的铸件也尚未见到。这当然与考古发现的局限性有关，但可能也与观察、测量和研究的方法也有关，值得进一步思考。

其四，临淄齐国故城内汉代铸镜作坊址经确认者有3处，另有2处有待确认[184]。这不仅证明汉代临淄是当时重要的铸镜基地之一，而且表明铸镜业是汉代临淄的重要产业之一。问题在于，囿于考古发掘和相关资料的局限，多处铸镜作坊址之间究竟是同时并存还是有先后早晚之别？临淄铸镜业的兴起可能上溯到战国晚期，而兴盛期的年代下限究竟在何时？目前所见镜范资料中，年代最晚的属于西汉中期的星云纹镜，而比之年代稍晚的连弧纹铭带镜和四乳四虺纹镜等西汉晚期流行镜类的镜范尚未见到，但临淄地区出土的西汉铜镜中，四乳四虺纹镜、连弧纹铭带镜以及“家常贵富”镜等数量众多[185]，并且大多有近似的产地风格，根据考古遗物产地推定法可知，它们很可能是临淄当地的产品。因此，在临淄齐国故城遗址内大力寻找西汉中期之后的镜范，是进一步推进汉代临淄铸镜业考古尤其是认识临淄铸镜业起始兴衰的重要一环。如果说临淄铸镜业从西汉晚期开始走向衰弱，那么，它从一个侧面显示出，汉代临淄城的由盛而衰在西汉晚期已初现端倪[186]。

其五，铜镜的流通和传播，作为铸镜业考古的基本内容之一，并不仅仅是物品的流通问题，而是据此可以从一个侧面考察不同地区之间的经济联系、交通、人员流动和人群迁徙、文化交流等诸多方面。就临淄地区发现的汉代铜镜来说，常见的和大量的是临淄当地的产品，说明铜镜产地及其附近是当地产品的主要流通地区；但与此同时，有些铜镜的产地风格与“临淄风格”迥异，如淄江花园方正M307出土的“草叶纹镜”[187]等，极有可能是从其他铜镜铸造地传入的产品，显然是汉代临淄与其他地区经济和文化联系的一种反映。就汉代临淄造铜镜来说，尽管基于具有“临淄风格”的铜镜在各地的发现已经大致勾画出了其流通和传播的图景，但这些认识还仅仅是初步的，其流布图景也还仅仅是轮廓性的，需要进一步深化和细化。一方面，继续根据临淄齐国故城内出土的镜范并结合考古遗物产地推定法，进一步深化汉代临淄造铜镜类型及其产地风格的认识；另一方面，对全国各地乃至海外发现的西汉铜镜进行更为全面的收集和更为细致的比较研究，努力寻找并确认汉代临淄造铜镜。这些工作都是不可或缺并且是很有意义的。

其六，关于汉代铜镜的产地问题。临淄无疑是西汉重要的铸镜基地，但临淄之外其他汉代铜镜产地亟待探寻。铜镜作为汉代广泛使用的日用器具之一，数量众多；铸镜业又是当时青铜冶铸业中主要的手工业门类之一，生产规模大。因此，汉代的铜镜产地绝非临淄一处。基于考古遗物产地推定法分析，西汉时期的铜镜产地至少还有广陵（今扬州）和蜀郡（今成都）等；西汉新莽时期工商业五都之中的邯郸、洛阳和南阳是否也是当时的铜镜产地，首都西安以及其他城市是否也存在铜镜的铸造，都尚无法做出肯定或者否定的回答。铜镜产地的确认，最直接、最可靠的证据当然是铸镜作坊址——至少是镜范的发现，但这在某种意义上又是“可遇不可求”之事。在此情况下，科学运用考古遗物产地推定法对各地出土的汉代铜镜进行铜镜类型及其产地风格的细致分析和比较研究，应当是探寻汉代铜镜产地的一种有效途径。

要之，汉代临淄铸镜业考古已经并正在不断取得进展，不断获得新认知，但有待解决和深化的问题依然不少，可谓任重道远。

注　释

[1]《史记》卷一百二十九《货殖列传》:“临淄，亦海岱之间一都会也。”中华书局，1959年，第3265页。

[2] 白云翔:《汉代临淄铜镜制造业的考古学研究及其意义》,《光明日报》2007年7月6日《理论周刊·史学》版。

[3] 白云翔、清水康二主编:《山东省临淄齐国故城汉代镜范的考古学研究》，科学出版社，2007年。按：该文献以下简注为《山东省临淄齐国故城汉代镜范的考古学研究》。

[4] 白云翔:《临淄齐国故城汉代镜范及相关问题研究》,《山东省临淄齐国故城汉代镜范的考古学研究》，第95～133页。

[5] 白云翔:《汉代临淄铜镜制造业的考古学研究》,《探古求原——考古杂志社成立十周年纪念学术文集》，科学出版社，2007年，第207～242页。按，该文日文版《漢代臨淄の銅鏡製造業に関する考古学的研究》，见（日本）奈良県立橿原考古学研究所等:《鏡笵——漢式鏡の製作技術》,（日本）八木書店，2009年，第149～182頁；该文献以下简注为“(日文版)《鏡笵》”。

[6] 中国社会科学院考古研究所等:《临淄齐故城冶铸业考古》，科学出版社，2020年，第240～532页。按：该文献以下简注为《临淄齐故城冶铸业考古》。

[7] 中国社会科学院考古研究所等:《山东临淄齐故城秦汉铸镜作坊遗址的发掘》,《考古》2014年第6期。

[8] 山东省文物考古研究所:《鉴耀齐鲁——山东省文物考古研究所出土铜镜研究》，文物出版社，2009年。按：该文献以下简注为《鉴耀齐鲁》。

[9] 淄博市临淄区文物管理局:《山东临淄战国汉代墓葬与出土铜镜研究》，文物出版社，2017年。按：该文献以下简注为《山东临淄战国汉代墓葬与出土铜镜研究》。

[10] 王晓莲等:《齐故城新征集镜范及其他陶范》,《临淄齐故城冶铸业考古》，第664～694页。

[11] 中国社会科学院考古研究所等:《鉴出齐都——山东临淄汉代铜镜和镜范的考古学研究》，科学出版社，2024年。按：以下简称《鉴出齐都》或“本书”。

[12] 田賀井篤平等:《鏡笵面の金属鋳込みに伴う化学変化の研究——（1）臨淄斉国故城出土の漢代鏡笵について》,《アジア鋳造技術史学会誌 FUSUS》第1号，2008年。

[13] 田賀井篤平等:《鏡笵面の金属鋳込みに伴う皮殻形成の研究——(2)黒色皮殻の化学分析》,《アジア鋳造技術史学会誌 FUSUS》第2号，2010年。

[14] 田賀井篤平等:《鏡笵面の金属鋳込みに伴う皮殻形成の研究——（3）塗型材と黒色皮殻の構成物質》,《アジア鋳造技術史学会誌 FUSUS》第3号，2011年。

[15] 廣川守:《前漢鏡の地文施文について——山東臨淄出土螭龍文鏡笵・渦状虺文鏡笵を中心に》,(日文版)《鏡笵》，第255～270頁。

[16] 清水康二:《笵と鏡から探る草葉文鏡の鏡背分割技法》,(日文版)《鏡笵》，第271～277頁。

[17] 三船温尚等:《山东省文物考古研究所收藏的青铜镜工艺、技术的考察》,《鉴耀齐鲁》，第97～105页。

[18] 白云翔:《临淄齐故城秦汉铸镜业考古进展及手工业考古的审视》,《新世纪的中国考古学（续）——王仲殊先生九十华诞纪念论文集》，科学出版社，2015年，第309页。

[19] 杨勇、白云翔:《临淄齐故城镜范与汉代铸镜技术》,《中原文物》2020年第1期。

［20］ a. 刘煜等：《临淄齐故城阚家寨遗址出土镜范和土壤样品的分析检测及研究》，《临淄齐故城冶铸业考古》，第846～877页。

b. 罗武干、朱剑：《临淄齐故城阚家寨遗址秦汉铸镜遗物的热膨胀测温等科技分析》，《临淄齐故城冶铸业考古》，第878～887页。

c. 崔剑锋：《临淄齐故城阚家寨遗址出土镜范等遗物的科学分析与研究》，《临淄齐故城冶铸业考古》，第888～907页。

d. 廉海萍：《临淄齐故城阚家寨遗址出土镜范及相关遗存的分析和研究》，《临淄齐故城冶铸业考古》，第908～940页。

e. 陈典、罗武干：《临淄地区出土铜镜的科技检测和分析》，《临淄齐故城冶铸业考古》，第941～947页。

f. 刘煜、王增林：《临淄齐故城阚家寨遗址出土金属器及城郊石鼓村汉墓出土草叶纹铜镜的成分分析》，《临淄齐故城冶铸业考古》，第948～957页。

［21］ 崔剑锋等：《山东临淄齐国故城遗址出土西汉铜镜的铅同位素比值分析》，《考古》2009年第4期。

［22］ 白云翔：《手工业考古论要》，《东方考古》第9集（下册），科学出版社，2012年，第574页。

［23］ 杨勇等：《汉代临淄镜范制作工艺的模拟实验研究》，《临淄齐故城冶铸业考古》，第998～1011页。

［24］ 菅谷文则：《山东地区汉镜的制作与流通——兼论对海东的影响》，《鉴耀齐鲁》，第125～132页。

［25］ 白云翔：《汉代中韩交流的最新实物例证——韩国庆山阳地里汉镜及相关问题》，《文物》2022年第1期。

［26］ 杨勇：《汉代铜镜铸造工艺技术略说》，《中国文物报》2014年12月5日第6版。

［27］ 赵娜、郎剑锋：《汉代铜镜铸造技术相关问题研究——以临淄齐国故城汉代镜范为例》，《江汉考古》2021年第3期。

［28］《淮南子》卷十九《修务训》："明镜之始下型，朦然未见形容；及其粉以玄锡，摩以白旃，鬓眉微毫，可得而察。"引自何宁撰《淮南子集释》，中华书局，1998年，第1339页。

［29］ 杨勇、白云翔：《临淄齐故城镜范与汉代铸镜技术》，《中原文物》2020年第1期。

［30］ 陈雪香等：《临淄齐故城阚家寨遗址B区第Ⅰ地点植物浮选结果及分析》，《临淄齐故城冶铸业考古》，第748～760页。

［31］ 赵志军：《临淄齐故城阚家寨遗址B区第Ⅱ和第Ⅲ地点植物浮选结果及分析》，《临淄齐故城冶铸业考古》，第794页。

［32］ 刘煜等：《临淄齐故城阚家寨遗址出土镜范和土壤样品的分析检测及研究》，《临淄齐故城冶铸业考古》，第876页。

［33］ 罗武干、朱剑：《临淄齐故城阚家寨遗址秦汉铸镜遗物的热膨胀测温等科技分析》，《临淄齐故城冶铸业考古》，第886～887页。

［34］ 廉海萍：《临淄齐故城阚家寨遗址出土镜范及相关遗存的分析和研究》，《临淄齐故城冶铸业考古》，第933～934页。

［35］ 崔剑锋：《临淄齐故城阚家寨遗址出土镜范等遗物的科学分析与研究》，《临淄齐故城冶铸业考古》，第900～901页。

［36］ 杨勇等：《汉代临淄镜范制作工艺的模拟实验研究》，《临淄齐故城冶铸业考古》，第1011页。

［37］ 南健太郎：《漢代における踏み返し鏡製作について——日本列岛出土漢鏡の観察を中心に》，《アジア鋳造技術史学会誌 FUSUS》第2号，2010年。

［38］ 廉海萍：《临淄齐故城阚家寨遗址出土镜范及相关遗存的分析和研究》，《临淄齐故城冶铸业考古》，第938～939页，图25、图26。

［39］ 杨勇、白云翔：《临淄齐故城镜范与汉代铸镜技术》，《中原文物》2020年第1期108页，图八至图一〇。

［40］杨勇等：《汉代临淄镜范制作工艺的模拟实验研究》，《临淄齐故城冶铸业考古》，第1011页。
［41］杨勇：《汉代齐都临淄的铜镜铸造技术》，《临淄齐故城冶铸业考古》，第1091页。
［42］宋兆麟：《铜镜铸造工艺》，《民艺》2019年第6期119页，图1。按：本文中的插图，由张孟同学重绘。
［43］罗武干、朱剑：《临淄齐故城阚家寨遗址秦汉铸镜遗物的热膨胀测温等科技分析》，《临淄齐故城冶铸业考古》，第886页。
［44］杨勇等：《汉代临淄镜范制作工艺的模拟实验研究》，《临淄齐故城冶铸业考古》，第1011页。
［45］廉海萍：《临淄齐故城阚家寨遗址出土镜范及相关遗存的分析和研究》，《临淄齐故城冶铸业考古》，第918页，表7、表8，第936页。
［46］崔剑锋：《临淄齐故城阚家寨遗址出土镜范等遗物的科学分析与研究》，《临淄齐故城冶铸业考古》，第905页。
［47］杨勇等：《汉代临淄镜范制作工艺的模拟实验研究》，《临淄齐故城冶铸业考古》，第1011页。
［48］杨勇、白云翔：《临淄齐故城镜范与汉代铸镜技术》，《中原文物》2020年第1期。
［49］崔剑锋：《临淄齐故城阚家寨遗址出土镜范等遗物的科学分析与研究》，《临淄齐故城冶铸业考古》，第900～901页。
［50］中国社会科学院考古研究所等：《山东临淄齐故城秦汉铸镜作坊遗址的发掘》，《考古》2014年第6期。又见《临淄齐故城冶铸业考古》，第256～257页。
［51］赵春燕：《临淄齐国故城阚家寨秦汉铸镜作坊遗址砂样的检测与分析》，《考古》2014年第6期。
［52］《临淄齐故城冶铸业考古》，第252～274页。
［53］崔剑锋：《临淄齐故城阚家寨遗址出土镜范等遗物的科学分析与研究》，《临淄齐故城冶铸业考古》，第902～903页。
［54］廉海萍：《临淄齐故城阚家寨遗址出土镜范及相关遗存的分析和研究》，《临淄齐故城冶铸业考古》，第939页。
［55］杨勇、白云翔：《临淄齐故城镜范与汉代铸镜技术》，《中原文物》2020年第1期111页，图一一。
［56］参见本书上编《临淄出土汉代铜镜》，图1-104。
［57］崔剑锋、吴小红：《临淄齐国故城汉代镜范和铜镜检测报告》，《山东省临淄齐国故城汉代镜范的考古学研究》，第239～241页。
［58］陈典、罗武干：《临淄地区出土铜镜的科技检测和分析》，《临淄齐故城冶铸业考古》，第943～944页。
［59］根据以往17件西汉铜镜样品检测数据的统计，详见何堂坤《中国古代铜镜的技术研究》（紫禁城出版社，1999年），第34～35页表1。
［60］刘煜、王增林：《临淄齐故城阚家寨遗址出土金属器及城郊石鼓村汉墓出土草叶纹镜的成分分析》，《临淄齐故城冶铸业考古》，第948～955页。
［61］董亚巍：《论古代铜镜合金成分与镜体剖面几何形状的关系》，《中国历史博物馆馆刊》2000年第2期。
［62］何堂坤：《中国古代铜镜的技术研究》，紫禁城出版社，1999年，第35页表1（样品号LL10）。
［63］铜镜金属成分的检测，检测点位不同，其数据存在较大差异。详见《临淄齐故城冶铸业考古》，第951～957页。
［64］崔剑锋等：《山东临淄齐国故城遗址出土西汉铜镜的铅同位素比值分析》，《考古》2009年第4期。
［65］陈典、罗武干：《临淄地区出土铜镜的科技检测和分析》，《临淄齐故城冶铸业考古》，第944～947页。
［66］何堂坤：《中国古代铜镜的技术研究》，紫禁城出版社，1999年，第172页。
［67］《鉴耀齐鲁》，第118～121页图版及其说明。

[68] 陈典、罗武干:《临淄地区出土铜镜的科技检测和分析》,《临淄齐故城冶铸业考古》,第941～946页。
[69]（宋）沈括:《梦溪笔谈》卷十九《器用》"古鉴巧治"条:"古人铸鉴，鉴大则平，鉴小则凸。凡洼镜则照人面大，凸则照人面小，小鉴不能全观人面，故令微凸，收人面令小，则鉴虽小而能全纳人面，仍复量鉴之小大增损高下，常令人面与鉴大小相若。此工之巧智，后人不能造，比得古鉴皆刮磨令平，此师旷所以伤知音也。"引自（宋）沈括著、施适校点《梦溪笔谈》，上海古籍出版社，2015年，第125页。
[70] 唐晓雪:《中国铜镜工艺初探》,《江西历史文物》1986年第1期。
[71]《临淄齐故城冶铸业考古》，第389～393页。
[72] 参见本书上编《临淄出土汉代铜镜》图1-112。
[73] 详见本书上编《临淄出土汉代铜镜》。
[74]《鉴耀齐鲁》，第233页，第099号镜。
[75]《山东临淄战国汉代墓葬与出土铜镜研究》，第294页。
[76]《山东临淄战国汉代墓葬与出土铜镜研究》，第141页。
[77]《鉴耀齐鲁》，第295～297页，第161-1至163-6号镜。按：该书称之为"日光连弧铭带镜"。
[78] 此类改制的"联珠纹镜"，还发现于云南江川李家山等地（云南省文物考古研究所等:《江川李家山——第二次发掘报告》，文物出版社，2007年，彩版六八之2）。
[79] 蒋宏杰:《南阳出土铜镜》，文物出版社，2010年，第44页图九九、196页，图版四〇之2。按：该书收录的市一中NYZM217出土的"圈带镜"，半球形钮，并蒂十二联珠钮座，钮座外一周凸弦纹，十六内向连弧纹缘，直径7.05（镜面）～6.7（镜背）、缘厚0.52厘米。该镜看似一件完整的铜镜，但实际上是由一件其他类型的铜镜改制而成。如扬州市郭坟出土的"'家常贵富'铭四乳铭文镜"，直径16厘米；圆钮，并蒂十二联珠纹钮座，钮座外为十六内向连弧纹带，连弧纹带外缘直径6.5厘米（徐忠文、周长源:《汉广陵国铜镜》，文物出版社，2013年，第 84页），其镜钮、联珠纹钮座以及连弧纹带构成的中央部分，与南阳市一中NYZM217出土的所谓"圈带镜"别无二致，可知后者是由前者改制而成，并且其镜缘不甚规整，有明显的磨圆痕迹。
[80] 白云翔:《论基于风格与分布的考古遗物产地推定法》,《考古》2016年第9期。
[81] 下文铜镜类型学研究中典型铜镜的举例，除注明者外，均见本书上编《临淄出土汉代铜镜》，不再一一作注。
[82] 淄博市博物馆、齐故城博物馆:《临淄商王墓地》，齐鲁书社，1997年，第79页图六二之2。
[83] 当时，"此型铜镜，临淄一带尚未发现"。但据最近的报道，临淄齐国故城南郊多处西汉早期墓中出土有菱格蟠螭纹镜（《山东临淄战国汉代墓葬与出土铜镜研究》，第179～190页）。
[84] 当时，"此型铜镜，临淄一带尚无发现"。但据最近的报道，临淄齐国故城南郊西汉早期墓中出土有四乳蟠螭纹镜（《山东临淄战国汉代墓葬与出土铜镜研究》，第212页）。
[85]《临淄齐故城冶铸业考古》，第446页，图4-272。
[86]《山东临淄战国汉代墓葬与出土铜镜研究》，第191～202页。
[87]《临淄齐故城冶铸业考古》，第672页，图7-15。
[88]《山东临淄战国汉代墓葬与出土铜镜研究》，第145、203页。
[89]《临淄齐故城冶铸业考古》，第674页，图7-17。
[90]《山东临淄战国汉代墓葬与出土铜镜研究》，第204、206页。
[91]《山东临淄战国汉代墓葬与出土铜镜研究》，第225～229页。
[92]《山东临淄战国汉代墓葬与出土铜镜研究》，第210～240页。按：该书所载24枚此型镜中，其直径12厘米者1件、11厘米者1件，其余22件直径为7.8～9.8厘米。

[93]《山东临淄战国汉代墓葬与出土铜镜研究》，第213～223页。
[94]《山东临淄战国汉代墓葬与出土铜镜研究》，第205、210～212、214、231～240页。
[95]《山东临淄战国汉代墓葬与出土铜镜研究》，第230页。
[96]《山东省临淄齐国故城汉代镜范的考古学研究》，第3、22、46页。按：该书收录的四乳弦纹镜的镜背范计3件，即石佛堂SE：01、SLQ-FAJ：03、SLQ-HB：45。
[97]《临淄齐故城冶铸业考古》，第453～457页，图4-284、图4-288、图4-289、图4-291。
[98]《山东临淄战国汉代墓葬与出土铜镜研究》，第159、160、162页。
[99]《山东临淄战国汉代墓葬与出土铜镜研究》，第161页。
[100]《临淄齐故城冶铸业考古》，第458页，图4-292。
[101]《临淄齐故城冶铸业考古》，第453～457页，图4-290。
[102]《山东省临淄齐国故城汉代镜范的考古学研究》，第20～21页，图14-1、图14-2；第263页，图2-3、图4-1。
[103]《临淄齐故城冶铸业考古》，第451～453页，图4-282、图4-283。
[104]《山东临淄战国汉代墓葬与出土铜镜研究》，第150页。
[105]《山东临淄战国汉代墓葬与出土铜镜研究》，第152页。
[106]《山东临淄战国汉代墓葬与出土铜镜研究》，第151页。
[107] 就该镜镜背纹样的总体布局结构而言，多与“临淄风格”近似，但是，其龙纹的形象及表现方式、铭文的内容等又与临淄造铜镜多有差异，况且此型镜在临淄地区发现不多，因此，此型镜是否为临淄当地所产，尚且存疑。
[108] 青岛市文物局、平度市博物馆：《山东青岛市平度界山汉墓的发掘》，《考古》2005年第6期38页，图七之1。按：界山M1：13草叶纹镜，乳丁周围环绕四个心形装饰，也有学者将这种铜镜归类为“花叶纹镜”。
[109]《临淄齐故城冶铸业考古》，第460～461页，图4-296。
[110] 金鼎绿城二期M294出土镜也属于此类，但细部与LQKB Ⅱ T3696④：1镜范的铸件多有差异，并且铭文为“见日之光天下大明”八字铭。参见《山东临淄战国汉代墓葬与出土铜镜研究》，第397页。
[111]《临淄齐故城冶铸业考古》，第458～459页，图4-293、图4-294-1。
[112] 该镜铭文左旋读，字向朝外，为“见日之光天下大阳服者君卿延年千岁幸至未央”（《山东临淄战国汉代墓葬与出土铜镜研究》，第343页）。此件铜镜在产地风格上与“临淄风格”明显有别，其产地是否临淄当地，尚待进一步研究。
[113]《山东临淄战国汉代墓葬与出土铜镜研究》，第164～169、343页。按：以乳丁及四个心形花瓣为主要装饰的“花叶纹”镜，该书收录5件，但镜背纹样内容、构成及其布列方式几乎各不相同。
[114]《临淄齐故城冶铸业考古》，第683～685页，图7-33。
[115]《山东临淄战国汉代墓葬与出土铜镜研究》，第310页。
[116]《临淄齐故城冶铸业考古》，第464页，图3-301。
[117]《临淄齐故城冶铸业考古》，第684～685页，图7-34。
[118]《山东临淄战国汉代墓葬与出土铜镜研究》，第130～137页。
[119] 陕西省文物管理委员会：《陕西省出土铜镜》，文物出版社，1959年，第12、19页。
[120] 程林泉、韩国河：《长安汉镜》，陕西人民出版社，2002年，第49页图六之5、9，72页图十五之2，图版四之2，图版七之2，图版二十之1。
[121] 岳连建：《西安北郊秦汉墓出土的铜镜》，《文博》2004年第3期33页，图四。
[122] 陕西省考古研究所：《白鹿原汉墓》，三秦出版社，2003年，第173～175页，图八十九之1、2。
[123] 陕西省考古研究院：《西安北郊郑王村西汉墓》，三秦出版社，2008年，第164页图八四之2，426

页图二〇九之3、图版五七之6，321页图一六七之1、图版四四之2。
［124］淳化县文化馆：《陕西淳化县出土汉代铜镜》，《考古》1983年第9期850～851页，图一之1、2。
［125］陕西历史博物馆：《千秋金鉴——陕西历史博物馆藏铜镜集成》，三秦出版社，2012年，第10、20、40～43页。
［126］陕西省考古研究所：《白鹿原汉墓》，三秦出版社，2003年，第174～178页，图九十、图九十一。
［127］陕西省考古研究院：《西安北郊郑王村西汉墓》，三秦出版社，2008年，第76页图四四之3、417页图二〇七之1。
［128］洛阳市文物管理委员会：《洛阳出土古镜（两汉部分）》，文物出版社，1959年，第20～21页。
［129］洛阳博物馆：《洛阳出土铜镜》，文物出版社，1988年，第10、11号镜。
［130］霍宏伟、史家珍主编：《洛镜铜华——洛阳铜镜发现与研究》（上册），科学出版社，2013年，第84～85页。按：该书第57和58页收录的据传洛阳金村战国大墓出土的2件“龙虎连弧镜”，其风格与临淄造F型凹面连弧纹带蟠螭纹镜相同，其产地应同为一地。鉴于临淄出土有此型镜的镜范和铜镜（《山东临淄战国汉代墓葬与出土铜镜研究》，第145、203页），或可认为其产地是临淄；至于其年代，有可能是始铸于战国晚期，沿用至西汉早期。若这样的推断无误，或可认为临淄铸镜业的兴盛以及产品向洛阳地区的传播是始于战国晚期。另外值得注意的是，该书第77页收录的洛阳市西工区第一百货公司战国墓出土的“四凤透雕镜”，与临淄学府花园M2陪葬墓出土的“透雕蟠螭纹方镜”（《山东临淄战国汉代墓葬与出土铜镜研究》，第109页）如出一辙（边长分别为11.2和11.5厘米），耐人寻味。
［131］河南省文化局文物工作队：《河南新安铁门镇西汉墓葬发掘报告》，《三门峡地区考古集成》（下），大象出版社，2011年，第118页，图8-1、图8-2。按：该文原载《考古学报》1959年第2期。
［132］新乡市博物馆：《河南新乡五陵村战国两汉墓》，《考古学报》1990年第1期123页，图版贰拾之3、4。
［133］蒋宏杰：《南阳出土铜镜》，文物出版社，2010年，第36页图七四至图七六，39页图八四至八七，图版九九、图版四六至图版五三。
［134］安徽省文物考古研究所、安徽省萧县博物馆：《萧县汉墓》，文物出版社，2008年，第19页图一三b之15，23页图一五之3，236页图一三三b之2，彩版四之1，彩版五一。
［135］徐忠文、周长源：《汉广陵国铜镜》，文物出版社，2013年，第48页。按：该镜直径为8.6厘米。
［136］《山东临淄战国汉代墓葬与出土铜镜研究》，第228页。按：该镜直径为8.8厘米。
［137］值得注意的是，H型方格框铭文四乳蟠虺纹镜在临淄地区多有发现，但此型镜的镜范在临淄齐国故城尚无出土，而临淄和扬州两地又发现了几乎相同的铜镜。因此，这种铜镜的产地究竟是在汉代的临淄还是在汉代的广陵，还有进一步探讨的余地。
［138］徐忠文、周长源：《汉广陵国铜镜》，文物出版社，2013年，第58页。
［139］仪征博物馆：《仪征馆藏铜镜》，江苏美术出版社，2010年，第34～36、39～40页。
［140］扬州市博物馆：《扬州平山养殖场汉墓清理简报》，《文物》1987年第1期。
［141］徐忠文、周长源：《汉广陵国铜镜》，文物出版社，2013年，第70页。
［142］淮南市博物馆：《淮南市博物馆藏镜》，文物出版社，2011年，第54、72页。
［143］安徽省文物考古研究所、六安市文物局：《六安出土铜镜》，文物出版社，2008年，第80、131、65、67、148页。
［144］安徽省文物考古研究所、铜陵市文物管理局：《皖江汉魏铜镜选粹》，黄山书社，2010年，第26、14、8页。按：该图录关于铜镜特征的观察和描述比较详细，并且附有英文译文，但是，铜镜的出土地点等相关信息阙如，是为遗憾。
［145］王正书：《上海福泉山西汉墓群发掘》，《考古》1988年第8期705页图一〇之2、703页图九之4。
［146］安吉博物馆：《浙江安吉县上马山西汉墓的发掘》，《考古》1996年第7期56页，图一二右上。

[147] 浙江省文物考古研究所:《浙江汉墓》,文物出版社,2016年,第215页,图3-51B之1,图版一〇之2。按:王士伦编著、王牧修订的《浙江出土铜镜》(文物出版社,2006年)图版3的“西汉四乳七曜镜”,说明为“1979年龙游出土”,两者疑为同一件铜镜。
[148] 衢州博物馆:《衢州汉墓研究》,文物出版社,2015年,第169页图一〇九C,图版二六之5。
[149] 湖北省文物考古研究所、随州市考古队:《随州孔家坡汉墓简牍·上卷·随州孔家坡汉墓发掘报告》,文物出版社,2006年,第20页,图一五之5、6,彩版二之1,图版七之4。
[150] 龙朝彬:《常德出土铜镜》,岳麓书社,2010年,第56页。
[151] 湖南省博物馆:《湖南出土铜镜图录》,文物出版社,1960年,第75页。
[152] 周世荣:《铜镜图案——湖南出土历代铜镜》,湖南美术出版社,1987年,第67页。
[153] 长沙市博物馆:《楚风汉韵:长沙市博物馆藏镜》,文物出版社,2010年,第83页。
[154] 周世荣:《铜镜图案——湖南出土历代铜镜》,湖南美术出版社,1987年,第52页。
[155] 广州市文物管理委员会等:《西汉南越王墓》,文物出版社,1991年,第54页,图四〇之4,图版二〇之3;第84页,图五七,图版四〇之2。
[156] 广州市文物管理委员会等:《广州汉墓》,文物出版社,1981年,第152页图九一之4、7。按:M1173:3的铭文为“常相思毋相忘常贵富乐未央”。
[157] 广西壮族自治区文物工作队、贺县文化局:《广西贺县东高寨西汉墓》,《文物资料丛刊》第4集,文物出版社,1981年,第41页,图二五之1。按:该镜铭文为“日有熹宜酒食常贵富乐毋事”,直径14厘米。《广西铜镜》将该镜记述为“贺州市铺门1号西汉墓出土”(广西壮族自治区博物馆:《广西铜镜》,文物出版社,2004年,第52页)。
[158] 四川省博物馆、重庆市博物馆:《四川省出土铜镜》,文物出版社,1960年,第20页。
[159] 云南省文物考古研究所等:《江川李家山——第二次发掘报告》,文物出版社,2007年,第93～95页、第232页,图版六六。
[160] 中国社会科学院考古研究所等:《陆良薛官堡墓地》,文物出版社,2017年,第51～52页,图3-20:1。
[161] 韩彬主编:《固原铜镜》,宁夏人民出版社,2008年,第111、116、121页。
[162] 宁夏固原博物馆:《固原文物精品图录》(中册),宁夏人民出版社,2012年,第27页。
[163] 徐征:《西北地区汉代铜镜初步研究》,郑州大学硕士学位论文,2009年,第4～8、20～62页。
[164] 陕西省考古研究院、榆林市文物考古勘探工作队:《陕西米脂卧虎湾战国秦汉墓葬发掘简报》,《考古与文物》2019年第3期36～37页,图四四之2、8。
[165] 平朔考古队:《山西朔县秦汉墓发掘简报》,《文物》1987年第6期12页图三〇之1、14页、21页,图版贰之1、3。
[166] 准格尔旗文化馆:《内蒙古准格尔旗发现一批汉代文物》,《文物》1990年第8期94页,图一之1。按:该镜铭文为,“见日之明天下大光长毋相忘”。
[167] 大葆台汉墓发掘组、中国社会科学院考古研究所:《北京大葆台汉墓》,文物出版社,1989年,第39页,图四四,图版四二至1。
[168] 中国社会科学院考古研究所、河北省文物管理处:《满城汉墓发掘报告》,文物出版社,1980年,第81页图五四,图版四三之1。
[169] 河北省文物研究所等:《河北省怀来县官庄遗址发掘报告》,《河北省考古文集》(二),北京燕山出版社,2001年,第41页,图三九之5。
[170] 吉林省文物考古研究所:《榆树老河深》,文物出版社,1987年,第49页,图四三之1、四四之2,第116～117页。按:发掘者认为,老河深中层文化遗存的年代为西汉末东汉初的鲜卑族的文化遗存。《吉林出土铜镜》第12页将其年代标注为东汉。值得注意的是,该铜镜的埋葬年代晚至西汉

末东汉初，但其铸造年代应该是西汉早期。

［171］张英：《吉林出土铜镜》，文物出版社，1990年，第8页。

［172］辽宁省博物馆：《净月澄华——辽宁省博物馆藏古代铜镜》，辽宁大学出版社，2013年，第12页（星云纹镜）、第14页（四乳草叶纹镜）。按：该书第96页收录的原东北博物馆旧藏的“常年富乐蟠螭纹镜”，与临淄H型方格框铭文镜的产地风格近同。

［173］抚顺市博物馆：《辽宁抚顺县刘尔屯西汉墓》，《考古》1983年第11期。

［174］辽宁省文物考古研究所：《姜屯汉墓》，文物出版社，2013年，第297、315、392、477、498页，彩版一五六之1、彩版一九七之1、彩版二三八之1、彩版二五六之1、3。

［175］旅顺博物馆：《旅顺博物馆藏铜镜》，文物出版社，1997年，第17、19、21、23、24页。

［176］白云翔：《汉代中韩交流的最新实物例证——韩国庆山阳地里汉镜及相关问题》，《文物》2022年第1期。

［177］值得注意的是，在其他铜镜产地——广陵和南阳有可能是当时的铜镜产地，也发现有临淄造铜镜，如扬州发现有临淄造四乳蟠虺纹镜、四乳凹带蟠螭纹镜、草叶纹镜和星云纹镜，南阳发现有临淄造蟠螭纹镜和草叶纹镜等，说明在当时的铜镜产地之间也存在着铜镜的流通；铜镜产地的居民，主要使用当地产铜镜的同时，也会少量使用其他产地的铜镜。

［178］白云翔：《汉代积贝墓研究》，见该氏《秦汉考古与秦汉文明研究》，文物出版社，2019年，第134～154页。按：该文最初发表于1998年。

［179］详见本书上编《临淄出土汉代铜镜》图1-104。按：该镜刻划文字的释读，得到中国社会科学院古代史研究所邬文玲研究员的帮助，谨此致谢。

［180］菅谷文则：《山东地区汉镜的制作与流通——兼论对海东的影响》，《鉴耀齐鲁》，第127～129页。

［181］杨勇、白云翔：《临淄齐故城镜范与汉代铸镜技术》，《中原文物》2020年第1期109页。

［182］南健太郎：《漢代における踏み返し鏡製作について——日本列島出土漢鏡の観察を中心に》，《アジア鋳造技術史学会誌FUSUS》第2号，2010年。

［183］扬州市曾出土一件“常贵铭蟠虺镜”（徐忠文、周长源：《汉广陵国铜镜》，文物出版社，2013年，第48页），三弦钮，稀疏的斜直线地纹，铭文方格框四边外侧地纹之上饰乳丁和“蟹状”蟠虺纹，铭文为“常贵乐未央毋相忘”八字铭，其大小、地纹和主纹、铭文内容及排列方式和字体等与临淄范家墓地淄江花园K组团M498出土的H型方格框铭文四乳蟠虺纹镜（《山东临淄战国汉代墓葬与出土铜镜研究》，第228页）几乎相同，有可能属于“同范镜”或“同模镜”，尽管前者直径为8.6厘米，而后者直径为8.8厘米。

［184］白云翔：《东周秦汉时期齐都临淄的金属冶铸业综合考察》，《临淄齐故城冶铸业考古》，第1140页。

［185］《山东临淄战国汉代墓葬与出土铜镜研究》，第211～290、411～760页。

［186］白云翔：《临淄齐故城考古研究札记》，《张长寿、陈公柔先生纪念文集》，（上海）中西书局，2002年，第225页。

［187］《山东临淄战国汉代墓葬与出土铜镜研究》，第333页。按：该镜为伏兽钮，方格框中的铭文左旋读，字向外，为“见日之光天下明服者君王长幸至未央”十六字铭；方格框外侧居中饰单列树形草叶纹，其两侧饰枝叶，四外角饰乳丁加心形花瓣构成的“花叶纹”，十六内向连弧纹缘，直径16厘米。墓葬年代为西汉中晚期。

临淄镜范和日本列岛出土镜所见东亚铜镜制作技术及其背景

清水康二　　清水克朗
（日本奈良县立橿原考古学研究所）　（日本富山大学艺术文化学系）

时至今日，基于铸镜资料对东亚古代铜镜制作技术的研究汗牛充栋。然而，因处于制镜技术核心位置的镜范出土品较少，目前研究仅仅是对镜范实际情况的推测，成果颇为有限。21世纪以来，中日开展合作研究，对山东省临淄出土西汉镜范群进行了两次调查。两次合作研究部分揭示了西汉镜范的实际情况，东亚铜镜制作技术得到进一步解明。本文基于日本出土镜和近年铜镜制作技术研究成果展开论述，以期窥得东亚铜镜制作技术之一斑。

一、临淄镜范的特性

中日合作研究的最重要成果是确认了临淄西汉镜范的镜体成型和镜背施纹是在镜范烧成之后，这一技法被称作“烧成后器体成型技法”。关于这一点，三船温尚在第一次中日合作研究报告中就已提及[1]，后来又由新发现的两面范所证实（图1）。这与此前考古学者的推测有所不同。此前认为刻制纹饰是在焙烧镜范之前，而临淄西汉铸镜技术显示出镜体成型和刻制纹饰是在镜范烧成之后进行的。

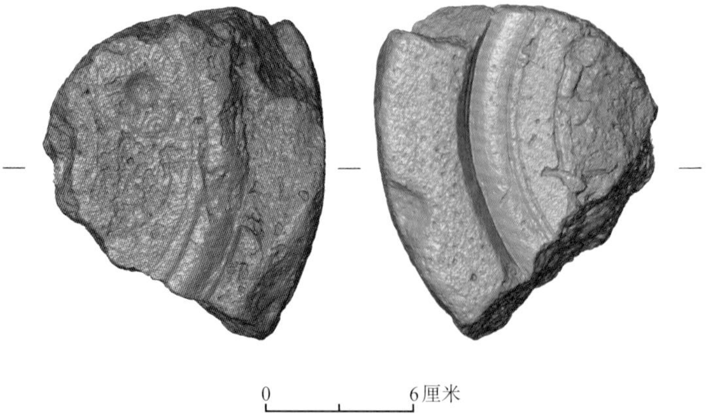

图1　两面范

此前学者推测在镜范烧前，即趁范材质地尚软时进行镜体成型和纹饰刻制，其理由之一是，除形状简单的铸件如农耕具等采用石范技术外[2]，目前所见的陶范铸造技术都是在铸范焙烧前的软质阶段进行器体成型和施纹。特别是在铜镜制作技术研究方兴未艾的日本考古学界，江户时代和镜制作技术流传至今，于是便由传统的和镜制作技术来推想东亚古代铜镜制作技术。和镜制作即使用刮板在软质镜范上旋制出镜体（即日语的“挽型法”），再进行施纹，图2、图3所示即为这一观点的代表[3]。

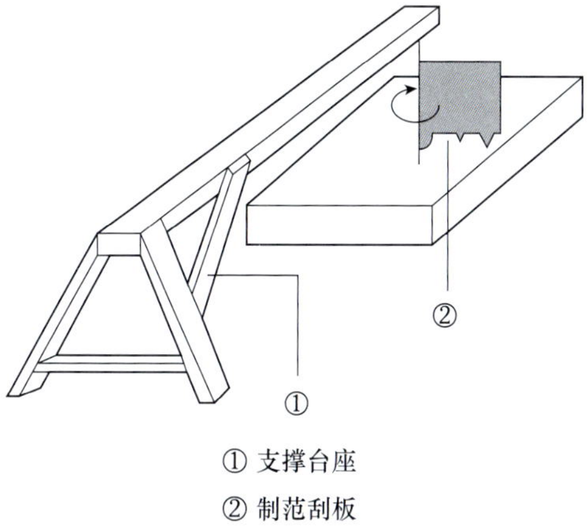

图2　岩本崇氏旋转刮板制范法复原示意图

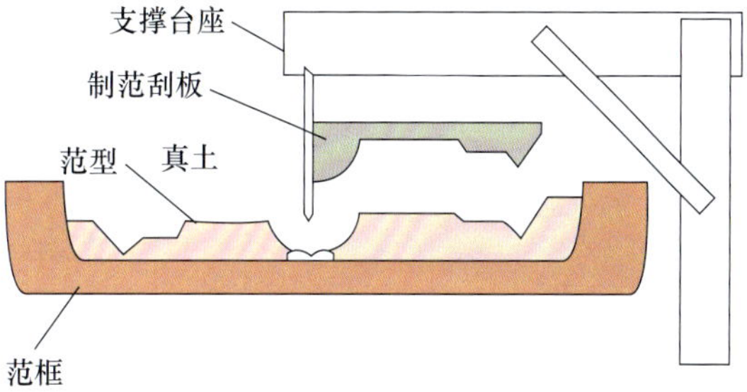

图3　水野敏典氏旋转刮板制范法复原示意图

然而，至少就临淄制镜而言，上述观点并不正确[4]。通过临淄镜范合作研究可以得出以下看法：临淄镜范上并未发现如图3所示的连接支撑中心杆的鸟目[5]痕迹。在硬质镜范上刻制型腔，必须在镜范上固定好中心杆以防止抖动，但在临淄镜范上见埋入痕迹。镜范设置台座（鸟目）这一推测，如后文所述源于对三角缘神兽镜的研究。尽管三角缘神兽镜上残留有大量的铸造技术痕迹，但依然难以确认有类似设置台座的痕迹[6]。可以说，这样的复原并非基于对考古资料的观察推导得出的。

并且，就临淄镜和三角缘神兽镜的制作而言，根据上述两种旋转刮板制范法示意图复原镜范成型过程存在致命问题，那就是缺乏上下移动旋转刮板的方法。若是将中心棒固定于镜范进行上下移动的话，那么在镜范烧成前制作镜体，两种复原方案是可行的，而迄今为止所见临淄镜范均是在烧成后的硬质镜范上制作镜体。后文所述的三角缘神兽镜也是如此，同样是在镜范烧成后刻制镜体。因此，这个复原方案并不正确。

除了由和镜制作技术带来的先入为主的认识外，根据迄今所见出土镜范也可推知镜体成型和施纹时的镜范质地。如山西省侯马遗址[7]（春秋战国时代）出土资料中包括镜的范模[8]，以此翻制成陶范[9]，翻制时镜范理应为软质[10]（图4）。这一研究案例促使人们认为镜范成型是在泥范烧成前的软质阶段。

而在镜范考古资料中，还有一类于硬质范材上制作型腔的石质镜范，如东北亚地区至朝鲜半岛出土的多钮镜镜范，以及日本列岛发现的弥生时期石质镜范。由于缺乏其他的出土品，上述资料便成为不可或缺的参考品。上海博物馆展示了1件石质四兽镜范，展示说

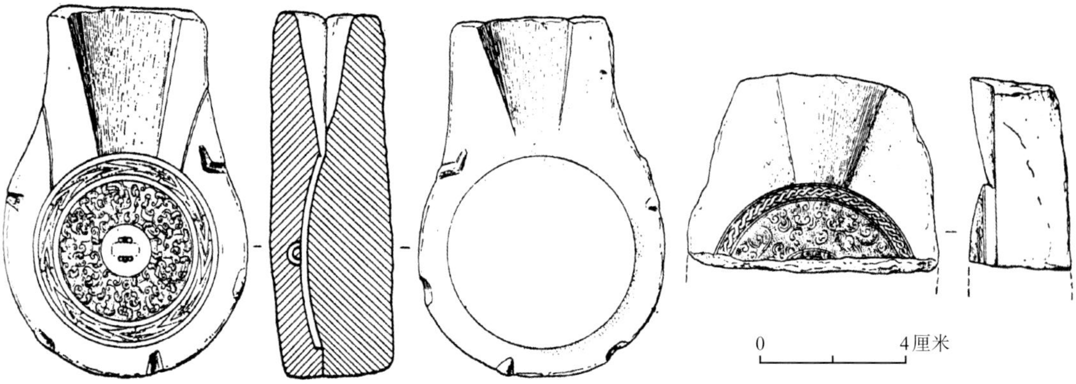

图4　侯马遗址出土镜范

图5 《小校经阁金文拓本》所载镜范

明中提及这是用于制作蜡模的铸范[11]。旅顺博物馆亦藏有2件石质汉式镜范[12]。此外,《小校经阁金文拓本》所载石质方格规矩四神镜范（图5）[13]，仅见拓本而未见实物。亦有地质、岩石学研究者将临淄镜范鉴定为石质[14]。尽管可能是将陶范误认为石范，但这些陶范至少可能给人以石质范的印象。这类陶范质地与目前所见传统陶范铸造所使用的铸范是有差别的。

目前可以认为，临淄镜范所反映的铜镜制作技术，与传统陶范铸造技术有很大差别，是在镜范烧成后的硬质阶段进行镜体成型和施纹，这一点可以根据硬质范材是采用切削成型得到验证。在这个过程中，正如三船温尚所指出的，有必要对使用“辘轳”的旋转台制范法[15]进行探讨[16]。

二、三角缘神兽镜与镜范再利用技法、烧成后器体成型技法

临淄镜范的一大特点是在镜范烧成后的硬质阶段进行镜体成型和施纹，这一点在合作研究中再次得到确认。然而这一特点仅见于西汉临淄，未见他例。如前所述，近年来对于三角缘神兽镜以及关联镜群制作技术研究取得突破性进展，可以认定临淄镜范所反映的铸造技术绝非孤例。

三角缘神兽镜在日本古代史上无疑是非常重要的考古学资料，被认为可能是《三国志·魏志·倭人传》所载魏帝赐予卑弥呼“铜镜百枚”中的镜类。古坟时代前期高等级古坟出土了大量三角缘神兽镜，这一点与文献记载有所不符。其中使用同一镜范制作的同范镜，相较于其他镜类占压倒性多数，不仅使得研究当时的物流体系成为可能，还对日本初期国家形成

论和东亚国际关系研究、铸造技术的复原大有裨益。但由于三角缘神兽镜仅出土于日本古坟，中国本土尚未见到出土镜例，其产地究竟是在中国本土还是在日本列岛，至今悬而未决。

三角缘神兽镜镜范目前尚未发现，因而无法通过镜范观察得出判断。然而三角缘神兽镜有一个醒目特征，即大量采用同范制作技法——使用同一镜范，制作出纹样、镜体相同的同范镜[17]。由同一镜范铸造出多件铜镜并且多数在铸镜上可以看到清晰的铸造痕迹，因此同范镜的比较研究相对容易。可以肯定的是，三角缘神兽镜和临淄镜范均采用“烧成后器体成型技法”，即在烧成后的硬质镜范上进行镜体成型和施纹。特别值得注意的是，三角缘神兽镜是由一件镜范铸造出多件同范镜，当型腔面受损时，要对受损型腔面进行刮削制成新的镜体，再重新施纹[18]。

笔者将这种制作方法称作“镜范再利用技法”[19]。日本列岛出土的三角缘神兽镜，尽管镜背纹样、形制有所不同，并非严格意义上的同范镜，但不同的镜范或遗留有一致的范伤，这一点能够支持这一技法的存在。举例来说，奈良县佐味田宝塚古坟出土的三角缘尚方作神人车马画像镜和奈良县鸭都波一号坟出土的三角缘神人龙虎画像镜，尽管镜背纹饰完全不同，但镜背残留有同样的标志性范伤（图6）。也就是说，工匠曾对原镜范表面进行刮削，制作出新镜范来铸造新镜。原镜范上遗留有铸造前一镜时形成的范伤，刮削后刻制新纹饰、制成纹饰完全不同的新镜范，这一方法常用于三角缘神兽镜的制作（图7）。

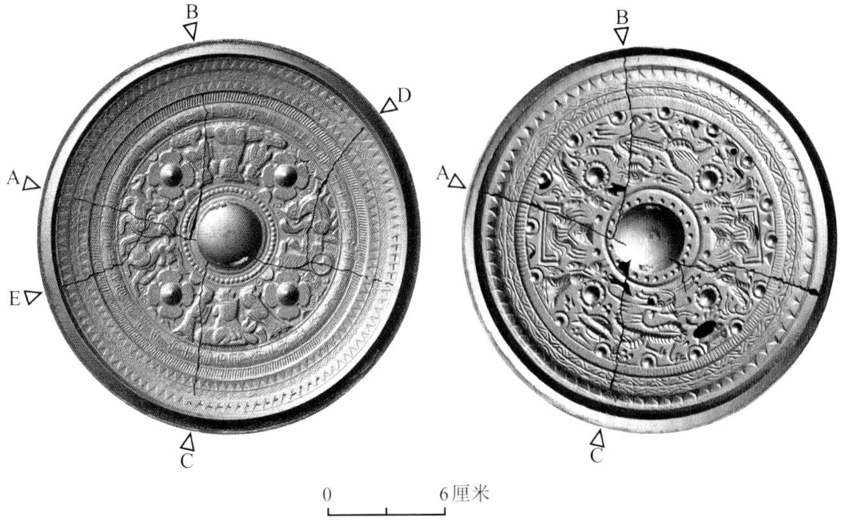

图6 镜范再利用特征镜（标注字母处为范伤）

左：三角缘尚方作神人车马画像镜 右：三角缘神人龙虎画像镜

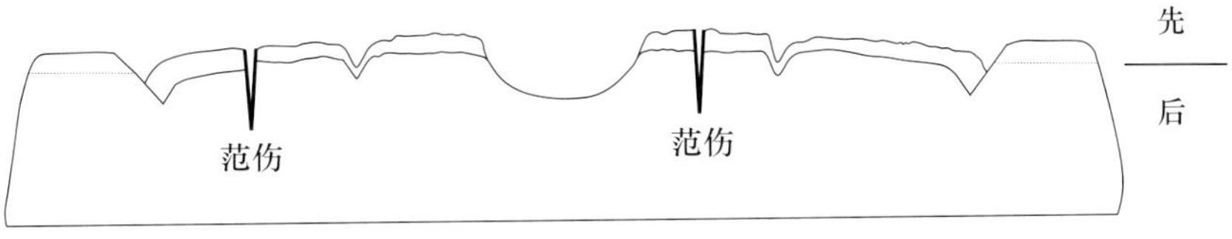

图7 镜范再利用示意图

诸如上述镜背纹饰不同而范伤一致的三角缘神兽镜镜例不止于此。与上述二镜相同的范伤，还有另外3个镜类，共计5个镜类。倘若这就是全部，那么可以肯定这件镜范在铸镜中使用了5次[20]。目前可确认的镜范再利用次数最多的，为使用1件镜范制作了14个镜类[21]。2014年镜范再利用技法的研究开始以后，通过带有相同范伤的三角缘神兽镜镜类群，可以看到三角缘神兽镜从旧式阶段到新式阶段的变化，并且可以确定镜范再利用技法与同范技法都在三角缘神兽镜制作技术中占据主体位置[22]。

三角缘神兽镜中同范镜较多，较容易对其制作技术痕迹进行比较研究。而且，三角缘神兽镜的发现限定在某一时空范围的遗址中，相对容易找到比较研究的对象。这些都使得三角缘神兽镜制作复原研究能够成为可能。

三角缘神兽镜的制作使用了镜范再利用技法，而陶范再利用的前提是烧成后器体成型技法的使用。因此，确认三角缘神兽镜镜范与临淄镜范同样是在镜范烧成后进行镜体成型和镜范施纹，这一研究成果十分重要。

三、临淄铜镜制作与三角缘神兽镜制作

（一）临淄铜镜制作中所见镜范再利用技法

临淄铜镜和三角缘神兽镜的制作均采用“烧成后器体成型技法”，即在镜范烧成后进行镜体和镜背施纹。那么，除此之外，临淄铜镜的制作是否也使用了三角缘神兽镜的主要制作技法——“镜范再利用技法”和“同范技法”呢?

首先要探讨的是临淄铜镜制作中是否使用了镜范再利用技法。关于这一点，在第一次镜范调查中已指出，对镜范进行再利用的可能性很高[23]（图8）。编号SLQJF：14、SLQJF：54、SLQJF：58、SLQJF：42、SLQJF：55被认为是再利用范。通过上述镜范例，以及第二次合作研究时确认的两面范可以证明镜范再利用技法的存在。

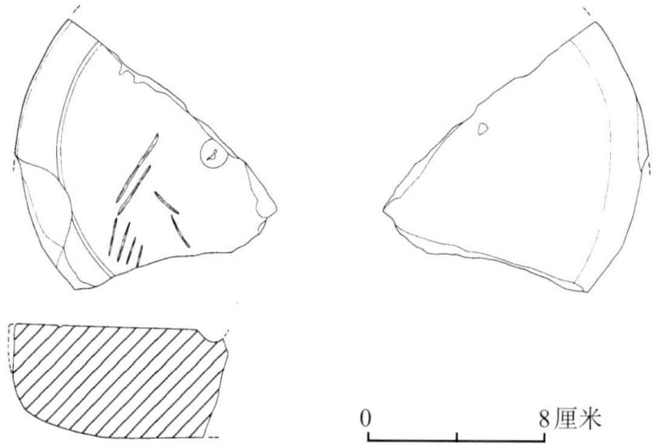

图8　再利用镜范

利用镜范的多个面进行铸造，这种情况在石质铸范上得到多次确认，即在石范两面均制出器体型腔。其中比较著名的资料有传朝鲜平安南道猛山出土的多钮镜范[24]（图9），

双面刻范能够有效利用硬质石范。日本列岛尚未发现双面镜背范，但在蛭畑（ヒルハタ）遗址出土有1件多面范，其中1面为镜背范、另外4面为其他器物范[25]。像这样以双面铸范为代表的对铸范多个面进行利用，本质上与刮削受损型腔面制成新的器体出于同样意匠。韩国灵岩出土的多钮镜范可以说明这一点，不仅可以看到这件范的两面均制成型腔面以便利用，而且可以确认先前铸造使用过的型腔面局部经过刮削[26]（图10）。并且，秦汉时期石质半两钱范也同样可见刮削型腔面进行再利用的实例[27]。在这件钱范上可以确认有在先前铸造钱范上刻入的钱中心部圆孔、文字以及后续利用的型腔面。此外，弥生时代

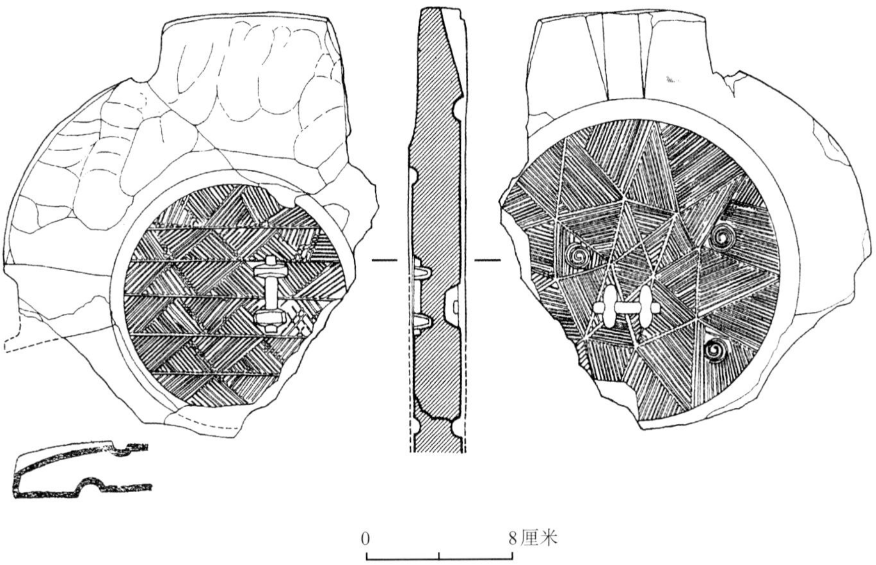

图9　多钮镜两面范

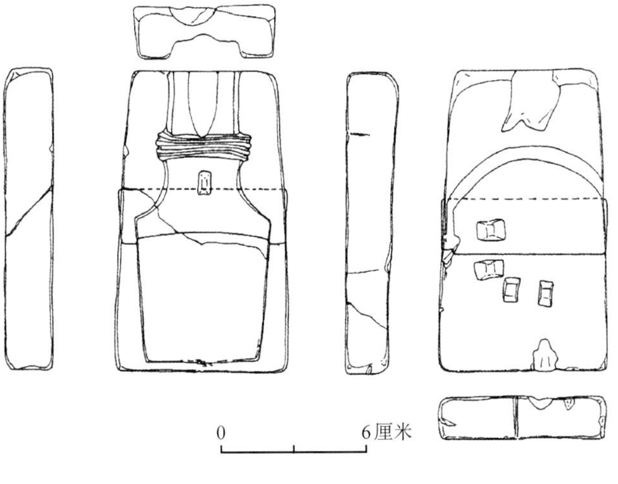

图10　灵岩出土多钮镜范

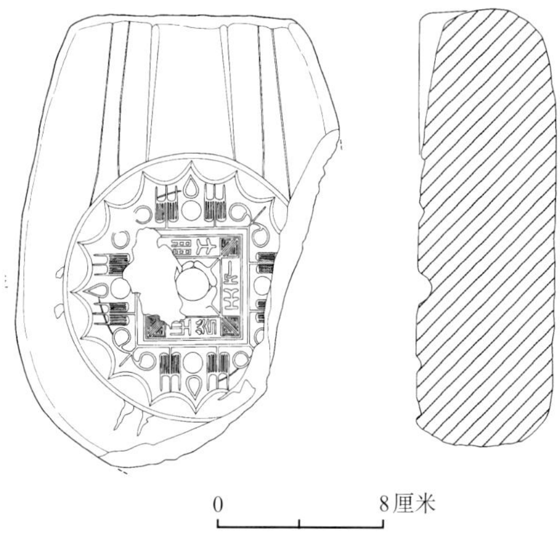

图11　厚镜范

的铜铎，推测其采用石质铸范铸造，纹饰迥异的铜铎上发现有一致的范伤，推测可能对铸范进行再利用[28]。根据型腔面范伤的“增长”情况，可以肯定的是，在古代铸造技术中，对于有再利用可能的硬质铸范，可将先前的型腔面进行刮削，制作出新的型腔面进行再次浇铸。

由上述石质铸范型腔面再利用实例来看，临淄镜范给人以石材一般的硬质印象，结合两面范和前述很可能是再利用范的存在，可以认为临淄制镜中存在镜范再利用技法。

另外，我们知道临淄镜范中有的厚度超出必要范围（图11）。制作这样厚实的镜范，有可能是为了对型腔面受损的镜范进行再利用，因而事先确保有足够的刮削厚度[29]。

临淄镜范大多在胎质、形状上几乎没有显著差别，由此可以判断，临淄镜范在制作时便含有使用镜范再利用技法的意图。

（二）临淄铜镜制作中的同范技法

使用一件铸范制作出多件产品的同范技法，已不见于流传至今的传统陶范铸造技法范畴之中。如今的陶范铸造，为“一范一器”，产品精良，与三角缘神兽镜制作中存在粗制滥造的情况形成鲜明对比。由于同范技法是以一件铸范制作多件产品，尽管努力采取措施防止浇铸过程中的铸范损伤，但不可否认后铸产品仍要比先铸的产品质量低劣。相比之下，同型技法（包括踏返技法），如果使用不易损坏的金属材质作为范模，制作出一件范模并用心保存，那么翻制出的镜范尽管难免劣化，但仍能够保持铸造铜镜品质。而若使用同范技法，只要镜范不坏，并能将产品控制在制作者所期望的品质范围内，就会制作出范伤“增长”的铜镜。

随着此次对临淄出土镜的详细调查，尽管尚不能确认同范镜和同型镜的存在，但可以发现临淄铜镜制作技术中存在同范镜制作的痕迹。这里试举4例进行说明（图12）。

这4件都是表面残存大量范伤的铜镜。如果使用的是初次成型、施纹的镜范，那么浇铸出的铜镜不可能范伤如此之多。镜背范和镜面范是分开的，在浇铸前可以确认镜背范的情况，此时可以对损伤部分进行修补。通过这样的实例，我们认为使用镜范再利用技法的临淄铸镜技术中很可能也存在同范技法[30]。

中国本土目前尚未发现西汉时期的同范镜，而在日本列岛弥生时代遗址确认有西汉时期同范镜。同为连弧纹铭带镜，三云一号瓮棺3号镜和泉屋博古馆藏镜为同型镜，三云一号瓮棺6号镜和立岩35号瓮棺镜为同型镜[31]，三云二号瓮棺2号镜和三云二号瓮棺3号镜亦被认为是同型镜[32]。上述连弧纹铭带镜均为汉镜三期镜，晚于临淄镜范所属的汉镜二期，但也不妨认为这两个前后衔接的时期使用了相同的制作技术。之所以上述镜例被认

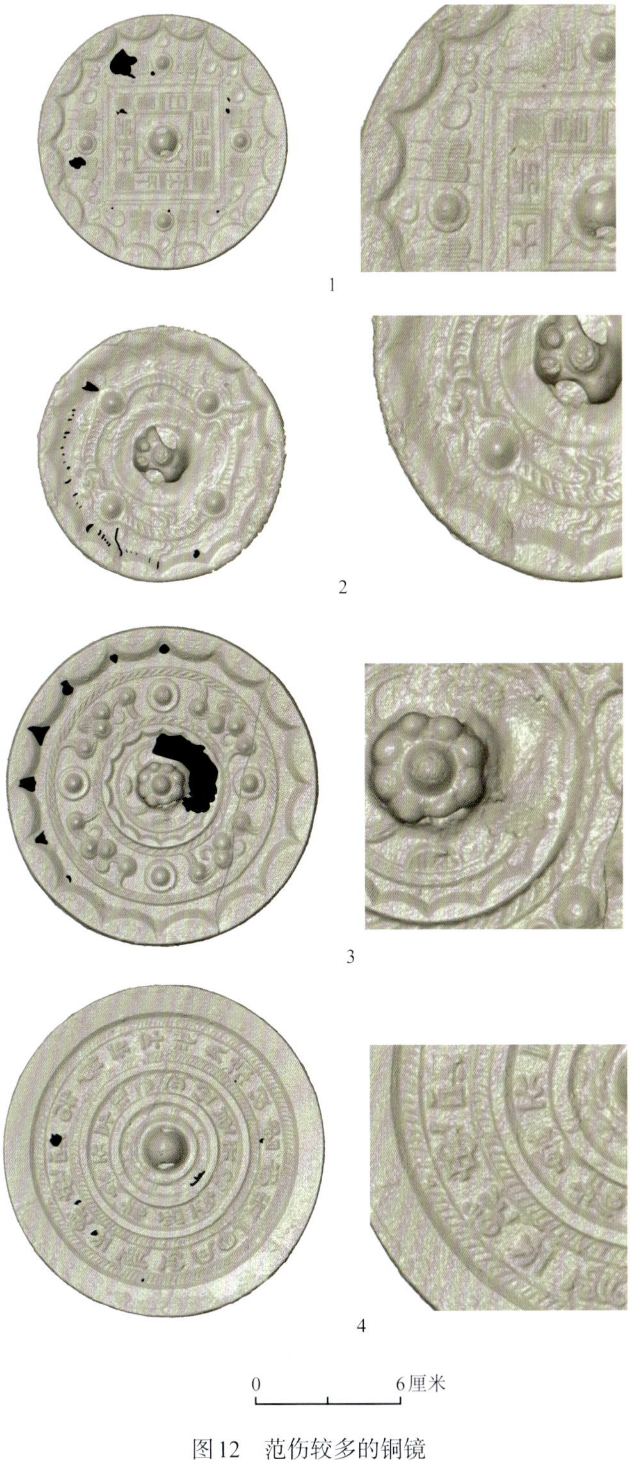

图12　范伤较多的铜镜

1. 四乳草叶纹镜（LZJ-2019-311）　2. 四乳双龙纹镜（LZJ-2019-235）
3. 四乳星云纹镜（LZJ-2019-361）　4. 昭明重圈铭带镜（LZJ-2019-380）

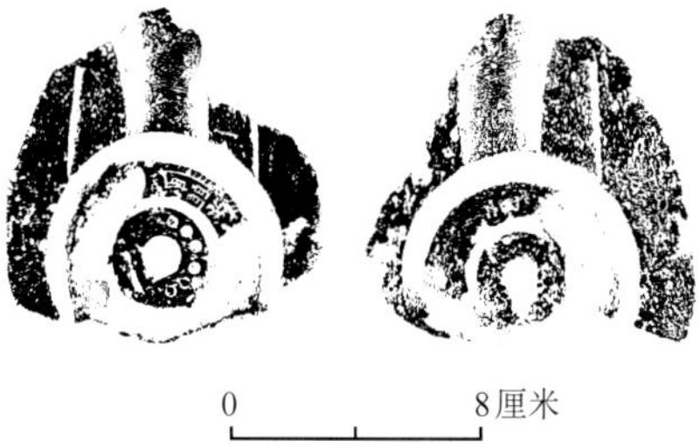

图13　异体字铭带镜范

为是“同型镜”而非“同范镜”，一方面是因为当时尚不清楚西汉镜的制作使用了烧成后型腔成型技法，另一方面也囿于考古学研究者“同范制镜不可能”的常识。而实际上，它们很可能是同范镜。此外，罗振玉《古器物范图录》中收录有重圈铭带镜范，尽管实物所在情况不明，但该镜范构造与临淄镜范相似[33]（图13），可作为旁证。

四、临淄铜镜制作技术实态

综合临淄镜范的探讨和三角缘神兽镜制作技术的研究成果，由相关铜镜出发，可揭示出临淄铸镜技术的一个侧面，总结如下。

报告书中对镜范材质进行了详细介绍，兹不赘述。镜体是在镜范烧成后刻制成型的，没有使用日本和镜制作中的旋转刮板。三船温尚在此前的报告书中推测，临淄镜范的制作没有使用旋转刮板，而是使用圆规手刻制出镜体轮廓[34]。但之后他认为汉式镜的制作技术也显示出在镜体成型过程中使用辘轳旋制的可能性[35]。现阶段只能认为在临淄镜范中两种镜体成型方法都有可能。镜背施纹则是在镜体成型之后，此时的镜范无疑呈硬质状态。

临淄铜镜很可能采用同范镜制作，如前所述，在日本列岛弥生时代遗址确认有西汉同范镜存在。临淄同范镜和三角缘神兽镜同范镜制作的差别在于，三角缘神兽镜上可见大量范伤或裂隙扩大的现象，这在临淄铜镜上并未发现。关于这一点，我们推测差别产生的原因是，临淄西汉铜镜制作中使用同一镜范制作的同范镜要远少于三角缘神兽镜。目前所知的三角缘神兽镜中，同一件镜范最多可以铸造出11件同范镜。这还仅限于目前的出土品，不包括历史上的盗掘品、未发掘品、重熔铸造品等。如此一来，可以认为，在三角缘神兽镜中应有较多的由同一镜范铸造出的同范镜，这个数量远超通常的铜镜制作。这反映出三角缘神兽镜制作者和临淄西汉镜制作者对于成品质量的宽容程度有别。

如前所述，三角缘神兽镜中，目前可以确认存在有1件镜范至少经过14次再利用的实例[36]。我们可以将镜范再利用分为大面积刮削和仅仅是小面积刮削两种情况，而大面积刮削又可分为5个阶段。三角缘神兽镜的制作中，对镜范的再利用是能用尽用，只要能用便持续使用下去，而临淄镜范的再利用到什么程度为止，目前尚不清楚。但是，临淄镜范中存在两面范这样的再利用方式，即将初始型腔面的对面制成型腔面加以利用，应该说只要镜范还可以再利用，就会持续使用下去直至极限。

临淄铜镜制作技术中存在“烧成后器体成型技法”“镜范再利用技法”和“同范技法”。临淄铸镜与三角缘神兽镜的制作技术有共通之处，但根据产品精粗差别可以想定，临淄制镜中“再利用镜范”和“同范镜制作”技法的使用不如三角缘神兽镜那样频繁。

五、由成型时镜范形态所见铸镜技术的历史性转变

（一）镜范形态的转变

使用陶范铸造青铜器时，一般认为器体成型和施纹是在铸范烧成前进行的。趁着范材柔软、可塑性强，器体成型和纹样刻制可以更加自由，成型、施纹过程中若出现误刻，修整起来也更为容易。

根据战国镜研究的新进展，由3D测量数据可以确定以羽状兽纹地镜群为中心的铜镜制作使用了陶范烧成前器体成型技法[37]，推定其主要制作地在长江中游至汉水流域。这样一来，直至战国时期，除东北亚及东亚显著的石质镜范传统以外，战国镜和侯马遗址出土镜范表明当时采用陶范铸造，以烧成前器体成型技法为主。但是接下来，镜范所揭示出的临淄西汉铸镜技术，即如前所述的烧成后器体成型技法、镜范再利用技法和同范技法，不同于以往的战国铸镜。在铸造技法的选择上发生了如此重大的变革，其原因将在后文进行论述。

此后中国本土出现的重要铸镜技术当属中国南朝时期的“踏返镜”技术。镜背纹饰虽有前代纹样，而从其集中发现于日本5世纪以后的古坟来看，理论上可将之确定为踏返镜。当然，除了理论上的归结以外，可以看到踏返镜之间存在面径显著缩小的情况，这绝不可能出现在同范镜上。顺带提及，目前可以确定经1次踏返后铜镜面径没有缩小的实例。此外，5世纪制作踏返镜所使用的“种镜”（作为范模的镜）并非为同一镜，推测是以踏返镜为种镜、踏返制范后进行浇铸，这种情况也得到了证实[38]。出土此类踏返镜的古坟中，相较于同时期出土仿制镜的古坟，高等级古坟数量更多。这些踏返镜在日本列岛的出土，一种比较可能的推测是这些踏返镜可能与倭五王和南朝的交往有关。

以踏返镜为种镜、踏返制范后铸镜，在中国仅见于北京故宫博物院所藏画纹带佛兽镜，尚未见到出土例，因此存在一种比较极端的看法，即认为这种踏返镜全部产于日本列岛。关于这一点，笔者曾指出洛阳出土隋代东王公西王母画像镜[39]（图14）是同样采用上述方法铸成的踏返镜，它的存在说明至少有部分踏返镜是在中国本土制造的[40]。并且，日本同时期仿制镜中尚未发现踏返技法的使用，据此或许可以认为这些踏返镜全部是来自中国本土的产品。这些踏返镜的镜背纹饰并非六朝的，且既然是踏返镜，镜体和纹饰翻制到镜范上这一工序当从镜范烧成后转变为烧成前。

关于隋唐镜的制作，此前有学者提出是烧成前器体形成技法[41]，亦有研究推测是烧成后器体成型技法[42]。但是，在纹饰相同的海兽葡萄镜中有多件面径差异显著的镜例[43]，自然可以认为相同纹饰镜中面径较小的应包含有踏返镜。

（二）烧成前器体成型技法和烧成后器体成型技法的选择理由

近年来，关于东汉末至六朝时期的铜镜生产出现了这样一种观点[44]。其要点是：东汉末至三国西晋时期的铜镜制作是模仿汉式镜在镜范上进行刻制，即“创作模仿”阶段，

这一阶段具体的转变以及终结时间尚不明确，大体可以认为在5世纪；南北朝时期铜镜生产使用的是由汉式镜踏返制成的镜范，即“踏返模仿”阶段（图15）。而根据本文的讨论，这个观点存在重要问题。临淄铸镜技术和三角缘神兽镜制作技术与“踏返模仿”之间的重大差别，正在于镜范制作以及制作型腔、镜背施纹时的范材状态。在“创作模仿”阶段，烧成后或烧成前器体成型技法皆可使用，而在“踏返模仿”只能使用烧成前器体成型技法。

图14　东王公西王母画像镜

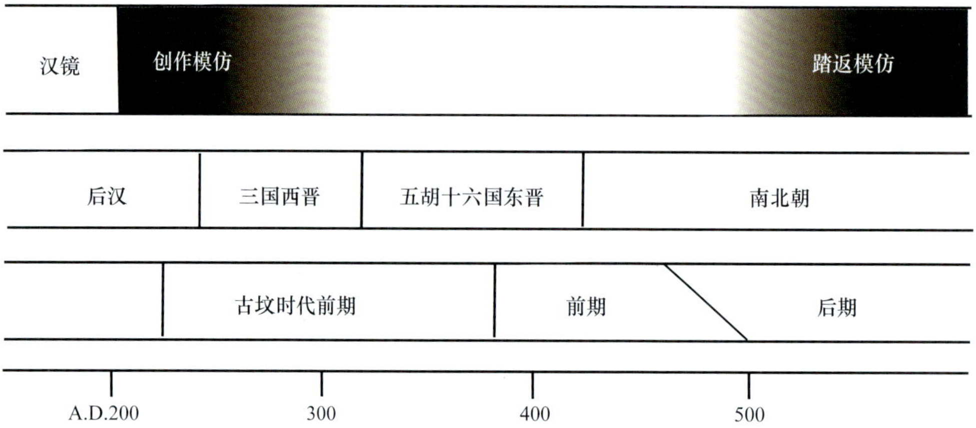

图15　上野祥文提出的“创作模仿”和“踏返模仿”

临淄铜镜制作技术并非传统的以陶范铸造为主体的技法，没有采用烧成前器体成型技法，推测其采用烧成后器体成型技法的理由可能有如下几点：

（1）西汉时期铜镜生产量增大。

（2）为了节约森林资源。

（3）镜范形态适于同范镜制作。

（4）铜镜功能实现的根本在于镜面。

西汉时期，中国铜镜产量有了飞跃性的提升，其结果是中国镜分布在东至日本列岛、西至中亚的广大区域[45]。并且，汉镜产量在同时代的青铜器中也居于首位[46]。产量增长必然导致燃料资源问题的产生。传统的陶范铸造中，烧成前镜体成型后焙烧镜范，再往镜范型腔浇铸青铜溶液。然而，现代化石燃料的获取相对容易，可以想见在古代铸范烧成所需化石燃料存在获取困难和经费问题，还可能出现和其他制造业争夺资源的局面。而在临淄铜镜制作中，由于采用烧成后器体成型技法，镜范烧成过程中的燃料确保问题可以得到大幅改善。若使用烧成后器体成型技法以及镜范再利用技法的话，可以在技术允许范围内将镜范制作得厚一些，使得在镜范损伤允许范围内镜范的多次再利用成为可能。当然，浇铸之前必须加热型腔面以除去水分，相较于“一范一镜”的传统陶范铸造法，所需燃料要少得多。再者，根据笔者的铸造经验，可以确认烧成后的铸范经一昼夜完全降至常温，哪怕不再加热，用于浇铸高锡青铜溶液也可得到质量较好的成品。这样一来，几乎没有必要在浇铸前烘范，也就是说，临淄制镜采用烧成后成型法的最大理由应该是增加产量和节约燃料。

若采用烧成后器体成型技法和镜范再利用技法，只要镜范没有损伤到无法用于下一次铸造的程度，自然就会采用同范技法。铜镜形态本身及镜用于照容的功能本质也导致了同范技法的采用。与形状复杂的青铜制品不同，铜镜铸范基本只有镜面范、镜背范以及钮孔范芯，采用同范技法制作再适合不过。镜背纹饰的精粗与镜范质量有关，但铜镜实现功能的根本在于成像是否清晰，与镜范无关。在维持镜的实用性前提下、以降低铸镜的艺术性为代价节约燃料耗费是可能的，特别是将铜镜置于镜架上使用时，使用者及其周围的人几乎看不到镜背部。

至此可以认为，铜镜量产与节约燃料、镜范形态以及铜镜功能实现的根本在于镜面，这几点对临淄铜镜制作的技法选择产生了较大影响。

与上述技法不同的“踏返模仿”又是在怎样的历史背景下产生的呢？生产踏返镜时，只要有一件不易损坏的范模，就可省时省力地生产出符合一定品质要求的复制品，这是最适宜量产的技法。但是这一技法的最大弱点在于燃料耗费。以范模制成镜范用以浇铸，必须是一镜一范，镜范仅可使用一次。当然，烧制镜范的窑可以尽可能扩大，同时烧成多件镜范以最大限度地发挥燃料效率，但在镜范再利用技法中也可同时烧成多件初始镜范，同样能够达到节约燃料的效果。

上野氏所谓的“踏返模仿”镜，如前所示，是以日本列岛5世纪以后古坟出土画纹带神兽镜、画像镜、兽带镜等踏返镜为中心的镜群。其中，日本列岛古坟出土画纹带神兽镜中有28件量产的踏返镜（图16），可知南朝铜镜制作中已经使用踏返技法，但铸镜技术

0　6厘米

图16　新泽109号坟出土的踏返镜画纹带同向式神兽镜

与西汉临淄铜镜制作技术、三角缘神兽镜制作技术相比发生了很大的变化。南朝时是以“踏返技法（同型技法）”批量生产铜镜，并以此取代了“镜范再利用技法”和“同范技法”。这其中存在一个巨大的技术差别，即从“烧成后器体成型技法”转变为“烧成前器体成型技法”，这可以说是铸造技术的核心差别。

如前所述，这里认为选择镜范再利用技法和同范技法的一大原因在于节约燃料。中国南朝选择使用踏返技法的背景是，南方拥有中国北方所缺乏的丰富森林资源。如果不是特别在意燃料耗费或重视艺术独创性的话，那么能够维持产品质量的踏返技法（同型技法）不失为上佳之选。

地处北方的山东临淄以及与三角缘神兽镜产地关系密切的苏鲁交界地区，那里的森林资源不及秦岭淮河以南的南方地区丰富。1999～2002年，中国各省的森林覆盖率情况为：山东省13.3%、江苏省7.5%、安徽省23.8%、湖北省26.5%、浙江省51.2%、江西省55.8%、湖南省40.9%，长江流域的森林覆盖率明显高于山东地区[47]。

南朝时期，特别是倭五王曾遣使赴南朝，很可能将刘宋制作的踏返镜带回了日本列岛，但是无法确定具体的制作地点。然而，山东至淮河周边地区位于刘宋与北魏交界，可能受到战乱波及，如450年北魏侵攻至淮南，刘宋明帝时期北魏夺去了淮水以北和山东半岛。刘宋时期都城位于建康，这些踏返镜的产地可能进一步南移。

并且，《史记·货殖列传》记载“齐带山海，膏壤千里，宜桑麻”[48]，但并未提及此地有丰富的山林资源。同篇又记述道：邹、鲁“颇有桑麻之业，无林泽之饶”[49]，由此可知当地山林物产并不丰饶。

临淄铜镜、三角缘神兽镜、中国南朝踏返镜制作技术的具体谱系关系还有待今后解明，这里仅据其制作技术的选择，即“烧成前器体成型技法”和“烧成后器体形成技法”，认为铜镜量产的燃料耗费问题对于铸镜技术的选择十分重要。

以临淄西汉镜铸造为代表的中国北方铜镜生产和产地至今尚不明确的三角缘神兽镜及其相关镜群的铸造，在权衡铜镜量产和燃料耗费之后，选择采用“烧成后器体成型技法”“镜范再利用技法”和“同范技法”。中国南朝踏返镜的制作，因其拥有比北方地区更为丰富的森林资源，故而选择了能够保证一定品质的最优量产制作技法，即“踏返技法”。

目前六朝时期的铜镜制作全貌尚不清楚，只能通过日本列岛出土的古坟时代踏返镜进行推测，但是可以想定隋唐铜镜同样采用了“烧成前器体成型技法”。前述东王公西王母画像镜即为隋代踏返镜例，其镜范是以日本祇园大塚山古坟出土的画纹带佛兽镜为种镜进行踏返制作而成，并加以修改，二者的共同点在于主纹区外附加以宽外缘（图17）。结合这一镜例，自然可以想定前述唐镜代表镜类海兽葡萄镜中也应包括踏返镜，且铸镜使用了烧成后器体成型技法。扬州被认为可能是隋唐镜产地中心之一[50]，地处江苏省南部，理应较北方的山东地区更容易保证燃料供应。

图17　祇园大塚山古坟出土画纹带佛兽镜

至此可以认为，铜镜铸造中采用的各种技法，尤其是处于核心地位的“烧成前器体成型技法”和“烧成后器体成型技法”的选择，与镜范烧成所需燃料资源的确保有着重要关联。

然而除了临淄制镜以外，直接反映铜镜铸造技术的、可供探讨的镜范资料十分稀少，目前只能通过间接资料即铜镜残存痕迹进行考察。然而，有必要注意的是，就这些研究课题的问题意识或解决的关键而言，日本列岛出土镜与中国境内资料同样占有重要位置。中国本土所见资料的年代、地域范围更广且来源多样；而日本列岛出土于同时期遗址的铜镜，很可能制作和流通于同一历史背景，而后被用于随葬，其特点是后世容易进行确认。

直至战国时代，能够肯定采用的是传统陶范铸造“烧成前器体成型技法”，而在此后的中国北方地区、西汉临淄铜镜制作采用的是“烧成后器体成型技法”，同时采用了“镜范再利用技法”和“同范技法”。这些制作技法后被产地推定在邻近的中国北方东部地区的三角缘神兽镜及其关联镜群所继承。但是，三角缘神兽镜的制作采用极端的镜范再利用和同范镜制作技法，生产出大量粗制滥造的产品。之后的南朝铸镜，可以推定其产地在更为南方的地区，采用“烧成前器体成型技法”制作踏返镜。隋唐时期的铜镜制作推测也采用了“烧成前器体成型技法”，这一点仍有待日后详细考察。

六、日本列岛古坟出土镜的传世镜问题

综上，临淄镜范以外的日本列岛出土镜的研究，对于中国本土铜镜研究而言至关重要。弥生时代西汉镜中的同范镜、三角缘神兽镜以及5～6世纪的踏返镜，在中国本土都未见明确的镜例，均为日本列岛出土品。对日本列岛所见资料进行具体研究，将有助于进一步揭示中国本土铜镜制作的状况。

接下来要讨论的是，与日本列岛随葬铜镜意义和制作技术相关的古坟时代“传世镜”问题，这一重要问题至今未有定论。

图18　“传世”方格规矩四神镜

关于日本前期古坟（3世纪后半～4世纪后半）出土的汉中期镜，有观点认为是在日本列岛内长期传世的铜镜[51]。关于弥生时代的舶载镜，有假说认为弥生社会宗教首领有着铜镜传世的习俗，故弥生遗址铜镜出土较少，此后大和政权与保持传世镜习俗的早期权力者没有关联，故铜镜被随葬于前期古坟之中[52]。支持“传世镜论”的根据之一是，随葬镜中有若干件纹饰朦胧的镜例（图18），似乎是经长年累月手磨形成的痕迹。而持反对意见的研究者则认为，纹饰朦胧现象的原因在于“铸造缺陷”，或是由“踏返技术”所导致的[53]。现在鲜有研究者主张“铸造缺陷说”，这里就“手磨痕迹说”和“踏返镜说”进一步展开讨论。

问题在于，如果将“传世镜”镜背纹饰朦胧的原因归结于传世的话，那么铸镜采用的可能是西汉临淄铸镜技术中的“烧成后器体成型技法”，但是如果归结为踏返纹饰时形成的话，若将这些铜镜传入日本列岛的时间定于古坟时代初期，那么就可推出这样一个认识：3世纪前后，中国本土的铜镜制作使用了踏返技法。

传世镜问题是与日本列岛王权形成密切相关的重要假说，对于揭示中国本土铜镜制作技术面貌而言亦是不可回避的问题。

关于这一点，自20世纪末开展中日合作研究以来，我们也在中国寻找带有类似日本出土“传世镜”所见如经手磨般镜背纹饰朦胧的汉式镜资料，但至今未有发现。“传世镜”问题尚未得到解答，我们热切期待中日考古学研究者能够将之作为今后的课题，共同推进研究。

七、结　　语

本文基于两次临淄镜范及铜镜中日合作研究所确认的事实、以日本列岛出土资料为中心的制镜技术相关研究成果，对目前所知的中国本土制镜技术特点及其变迁进行梳理。本文讨论和主张的主要观点简述如下。

（1）西汉时期临淄铜镜制作技术中使用了“烧成后器体成型技法”和“镜范再利用技法”，同时很可能使用了“同范技法”。

（2）三角缘神兽镜的制作也采用了“烧成后器体成型技法”“镜范再利用技法”和“同范技法”，制作技法与临淄制镜相似。

（3）这里推测临淄铸镜选择“烧成后器体成型技法”的原因是西汉时期中国北方铜镜生产的扩大以及随之而来的节约燃料耗费的考虑。

（4）南朝时期的踏返镜制作以及至少有部分唐式镜的制作采用了“烧成前器体成型技

法”。镜范成型技法的选择，一定程度上取决于确保燃料资源供应的难易程度。因此，采用“踏返技法”的南朝铸镜和唐式镜的生产都在相对容易确保燃料供应的南方地区。

本文以现有资料为基础进行讨论。随着资料的进一步充实，有望得到更为确切可靠的铸镜技术复原结果。

附记：本文执笔之际，承蒙宇野隆志、韩茗、南健太郎、箕仓永子、三船温尚（敬称略）等大力协助，在此谨致谢忱。

注　释

［1］ 清水康二、三船温尚：《まとめ》，《鏡笵—漢式鏡の製作技術—》，（日本）八木書店，2009年。

［2］ 中井一夫、宮原晋一：《石笵を用いた鋳造の研究》，（日本）奈良県立橿原考古学研究所、アジア鋳造技術史学会，2008年。

［3］ a. 岩本崇：《三角縁神獣鏡の規格と挽型》，《三次元デジタル・アーカイブを活用した古鏡の総合的研究》第二分冊，2005年。

b. 水野敏典：《三次元計測からみた高坂古墳出土の三角縁神獣鏡》，《三角縁神獣鏡と3～4世紀の東松山》，（日本）東松山市教育委員会，2015年。

［4］ a. 清水康二、宇野隆志：《三角縁神獣鏡製作技術把握への小考—挽型共有説の検証—》，《橿原考古学研究所論集》17，（日本）八木書店，2018年。

b. 清水康二、宇野隆志：《漢式鏡製作技術の新知見》，《考古学ジャーナル》748，（日本）ニューサイエンス社，2020年。

［5］ 与刮板连为一体，支撑刮板的纵轴——译者注。

［6］ 三角缘神兽镜的制作并非是在范中埋入“鸟目”，而是在范材钮头部分挖出直径5、深5毫米的半球状凹坑，并非埋入范材之中。参见清水康二、清水克朗、宇野隆志：《三角縁神獣鏡の鏡笵に関する二三の問題》，《アジア鋳造技術史学会誌FUSUS》第10号，2021年。

［7］ 山西省考古研究所：《侯马铸铜遗址》，文物出版社，1993年。

［8］ 日文“原型”，指用以制作镜范的模具，本文译为“范模”，下同——译者注。

［9］ 原文为“真土制镜范”。“真土”是指耐火黏土与硅砂搅拌后，经过800℃素烧除去结晶水分再一次研碎的土。使用真土制范能够增加铸范的透气性，并减少水蒸气，从而有效提升铸造效率——译者注。

［10］ 这里使用“硬质”“软质”描述范体质地，其中“硬质”指石质镜范或陶质镜范烧成后的状态，“软质”指陶范烧成前的状态。

［11］ 陈佩芬：《上海博物馆藏青铜镜》，上海书画出版社，1987年。

［12］ 陈佩芬：《上海博物馆藏青铜镜》，上海书画出版社，1987年。

［13］ 刘体智：《小校经阁金文拓本》卷5，1935年。

［14］ 奥田尚：《藤井有鄰館所蔵草葉文鏡笵の組成について》，《鏡笵研究Ⅱ—草葉文鏡笵の日中共同研究報告—》，（日本）奈良県立橿原考古学研究所、二上古代鋳金研究会，2005年。

［15］ “旋转台制范法”即日语中的“辘轳法”，是指旋转范体制范，与旋转刮板制作型腔的方法（即日语中的“挽型法”有一定区别——译者注。）

［16］ 三船温尚：《三角縁神獣鏡生産の展開と製作背景》，《銅鏡から読み解く2～4世紀の東アジア》，（日本）勉誠出版，2019年。

［17］ 藤丸詔八郎:《三角縁神獣鏡の製作技術について—同笵鏡番号60鏡群の場合—》,《研究紀要》4,（日本）北九州市立考古学博物館，1997年。

［18］ 清水康二:《製作技術からみた三角縁神獣鏡》,《駿台史学》150,（日本）明治大学史学地理学会，2014年。

［19］ 清水康二:《初期三角縁神獣鏡成立過程における鏡笵再利用》,《古代文化》,（日本）古代学協会，2015年。

［20］ 清水康二:《笵の一生—初期三角縁神獣鏡の二つの事例—》,《考古学論攷》39,（日本）奈良県立橿原考古学研究所，2016年。

［21］ 清水康二、宇野隆志:《漢式鏡製作技術の新知見》,《考古学ジャーナル》748,（日本）ニューサイエンス社，2020年。

［22］ a. 清水康二:《製作技術からみた三角縁神獣鏡》,《駿台史学》150,（日本）明治大学史学地理学会，2014年。

b. 清水康二:《初期三角縁神獣鏡成立過程における鏡笵再利用》,《古代文化》,（日本）古代学協会，2015年。

c. 清水康二:《笵の一生—初期三角縁神獣鏡の二つの事例—》,《考古学論攷》39,（日本）奈良県立橿原考古学研究所，2016年。

［23］ 奈良県立橿原考古学研究所ほか:《鏡笵—漢式鏡の製作技術—》,（日本）八木書店，2009年。

［24］ 梅原末治、藤田亮策:《朝鮮古文化綜鑑》,（日本）養徳社，1947年。

［25］ 佐藤正義:《ヒルハタ遺跡出土鋳型の概要》,《鏡笵研究》Ⅰ,（日本）奈良県立橿原考古学研究所、二上古代鋳金研究会，2004年。

［26］ 林炳泰:《靈岩出土青銅器鎔范에 대하여》,《三佛金元龍教授定年退任紀念論叢Ⅰ・考古学篇》,（韩国）一志社，1987年。

［27］ 谷豊信:《東京国立博物館所蔵の半両銭・五銖銭鋳型三点—石笵と銅笵の製作に関する研究ノート—》,《MUSEUM 東京国立博物館研究誌》614,（日本）東京国立博物館，2008年。

［28］ 難波洋三:《同笵銅鐸の展開》,《シルクロード学研究叢書》3,（日本）シルクロード学研究センター，2003年。

［29］ 临淄镜范较厚这一点，由三船温尚先生提示。

［30］ 三船温尚曾指出临淄出土的草叶纹镜可能存在同范镜，参见清水康二、三船温尚:《まとめ》,《鏡笵—漢式鏡の製作技術—》,（日本）八木書店，2009年。除本文所举镜例以外，临淄周边出土铜镜有不少带有较多的范伤痕迹。详情参见报告中的铜镜观察报告部分。

［31］ 柳田康雄:《伊都国の考古学—対外交渉のはじまり—》,《九州歴史資料館開館十周年記念大宰府古文化論叢》上巻,（日本）吉川弘文館，1983年。

［32］ a. 福岡県教育委員会:《三雲遺蹟・南小路地区編》,（日本）福岡県文化財調査報告書第69集，1985年。

b. 柳田康雄:《九州弥生文化の研究》,（日本）学生社，2002年。

［33］ 羅振玉:《古器物笵図録》,《芸術叢編》，倉聖明智大学，1919年。

［34］ 清水康二、三船温尚:《まとめ》,《鏡笵—漢式鏡の製作技術—》,（日本）八木書店，2009年。

［35］ 三船温尚:《三角縁神獣鏡生産の展開と製作背景》,《銅鏡から読み解く2～4世紀の東アジア》,（日本）勉誠出版，2019年。

［36］ 清水康二、宇野隆志:《漢式鏡製作技術の新知見》,《考古学ジャーナル》748,（日本）ニューサイエンス社，2020年。

［37］ 三船温尚、廣川守:《東京国立博物館蔵山字文鏡の3Dスキャンデータによる鋳造技術研究》,《アジア鋳造技術史学会誌FUSUS》第10号，2018年。

[38] a. 粉川昭平、清水康二:《吉備塚古墳表採の銅鏡について》,《青陵》77,(日本)奈良県立橿原考古学研究所，1991年。
b. 川西宏幸:《同型鏡とワカタケル—古墳時代国家論の再構築—》,(日本)同成社，2004年。
[39] 洛阳博物馆:《洛阳出土铜镜》，文物出版社，1988年。
[40] 清水康二:《鏡》,《考古学ジャーナル》321,(日本)ニューサイエンス社，1990年。
[41] 勝部明生:《海獣葡萄鏡の研究》,(日本)臨川書店，1996年。
[42] 清水康二:《笵の一生—初期三角縁神獣鏡の二つの事例—》,《考古学論攷》39,(日本)奈良県立橿原考古学研究所，2016年。
[43] 勝部明生:《海獣葡萄鏡の研究》,(日本)臨川書店，1996年，第259～268页。
[44] 上野祥文:《中国鏡》,《古墳時代の考古学》4,(日本)同成社，2013年。
[45] 樋口隆康:《古鏡》,(日本)新潮社，1979年。
[46] 孔祥星、刘一曼:《中国古代铜镜》，文物出版社，1984年。
[47] 海外林業コンサルタンツ協会:《2013年開発途上国の森林・林業》，一般(社),(日本)海外林業コンサルタンツ協会，2013年。
[48]《史记》卷一百二十九《货殖列传》，中华书局，1959年，第3265页。
[49]《史记》卷一百二十九《货殖列传》，中华书局，1959年，第3266页。
[50] 孔祥星、刘一曼:《中国古代铜镜》，文物出版社，1984年。
[51] 梅原末治:《讃岐高松岩清尾山石塚の研究》,《京都帝国大学文学部考古学研究室紀要》12,(日本)京都帝国大学文学部，1933年。
[52] 小林行雄:《古墳の発生の歴史的意義》,《史林》38-1,(日本)史学研究会，1955年。
[53] a. 原田大六:《鋳鏡における湯冷えの現象について—伝世による手磨れの可否を論ず—》,《考古学研究》6-4,(日本)考古学研究会，1960年。
b. 立木修:《後漢の鏡と3世紀の鏡—楽浪出土鏡の評価と踏返し鏡—》,《日本と世界の考古学》,(日本)岩崎卓也先生退官記念論文集刊行会，1994年。

临淄地区出土战国铜镜概述

赵益超　　　　侯　霞
（山东省文物考古研究院）　　（齐文化博物院）

铜镜的起源颇早，在中国至迟可以上溯至齐家文化时期，而后在中原的殷墟商代墓葬、张家坡西周墓地以及上村岭虢国墓地等陆续有少量铜镜出土，但至少在春秋以前，并未广泛使用和流行[1]。春秋时期是中国铜镜发展的滥觞期和雏形期。至战国时期，出土铜镜数量和种类急剧增加，在生活中日渐普及和流行，应该是铜镜铸造的第一个辉煌时期[2]。这一时期铜镜出现广域分布的特征，但是地区间的发展并不平衡[3]，尤以两湖荆楚地区最为丰富，其余地区则相对较少。齐国作为周代最为重要的诸侯国之一，至战国时更是成为最富庶的国家。临淄作为齐国都城，是当时中国古代东方最大最繁荣的城市，尤其具有发达的手工业，铜镜制作和生产也是其中重要的门类。纵观全国，临淄算不上铜镜的主要流行区，但也颇有自身的特点和风格。

一、铜镜类别与形制特征

临淄地区战国时期铜镜目前已刊布的共67枚，均为具钮镜，几乎全部为单钮镜，仅有一面多钮镜，多为圆形镜，有部分方形镜，未见带柄镜、异形镜及其他形态。尽管铜镜的功能体现在镜面，包括其大小、光洁度、色温以及凹凸程度等多个方面，但由于镜面的差异度偏小，因此本文对铜镜的分类仍然采用业界通行的一般做法，即以镜背的纹样为主要参考。据此，临淄地区战国铜镜大致可以分为素面镜、弦纹镜、透雕镜、四山镜、花叶纹镜、地纹镜、兽纹镜、彩绘镜等几大类。其中素面镜占绝对多数，其次为彩绘镜、透雕镜，此外地纹镜、四山镜也占一定比例，弦纹镜、兽纹镜、花叶纹镜则占比极少（图1）。透雕镜、彩绘镜和素面镜存在方形镜，其余均为圆形镜。由于临淄地区战国时期铜镜整体数量偏少，类别多，类型学研究的条件不够充分，而且对此已不乏有价值的研究[4]，因此本文不再赘述，仅对不同类别铜镜各自的一般特点进行概述。

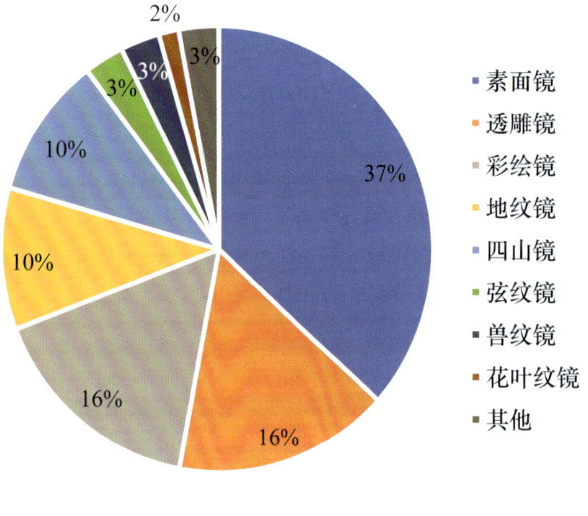

图1　临淄不同镜类占比关系示意图

（一）素面镜

镜背无纹的铜镜，目前共发现25枚。镜面分圆形和方形两种，圆形占绝对多数，共22枚，方形的较少，共3枚。由于素面镜形制较简单，形制差异主要体现在镜钮、镜缘和精致程度上（图2）。镜钮一般由小到大，大致可归纳为从弧形小钮、桥形钮到三弦钮的演变过程，桥形钮形态与弧形小钮近似而略宽，三弦钮是钮体变宽后在其上饰三条弦纹。镜缘变化主要表现在厚度及精致程度上，伴随着镜缘与镜体同厚到该位置略厚的变化，其边缘处也从垂直状态演变为略倾斜状。

1　　2

图2　素面镜

1. 圆形素面镜（淄江花园M188出土镜）　2. 方形素面镜（单家M88：1）

（二）弦纹镜

镜背饰弦纹的铜镜，均为圆形，目前仅见2枚。由于部分铜镜施加彩绘，此处指仅以弦纹作镜背装饰的铜镜。如张家新村M7出土镜，桥形钮，由内向外依次为两周宽凹弧面弦纹带，细凸弦纹，素缘内卷。直径14.5、厚0.15～0.4厘米（图3-1）。西高墓地C组团M1出土镜，三弦钮，由内向外依次为凹弧面弦纹带、两周细弦纹带，素缘内卷。直径10.8、厚0.2～0.3厘米（图3-2）。两弦纹镜均有厚缘，镜钮变化与素面镜一致。

（三）透雕镜

一种复合式铜镜，镜背、镜面分别铸造完成后合组装配而成。又称夹层透纹镜、镂空镜等。共发现12枚，有圆形与方形两种。主纹主要是龙纹，一般有双尾龙纹和蛟龙纹，也见形似蟠螭的龙纹。镜钮全部为桥形钮，钮座与汉代常见的“柿蒂纹”近似，也有学者认为应称为“方花”纹[5]，也有三叶作为镜钮的情况（图4）。

1　　2

图3　弦纹镜

1. 张家新村M7出土镜　2. 西高墓地C组团M1出土镜

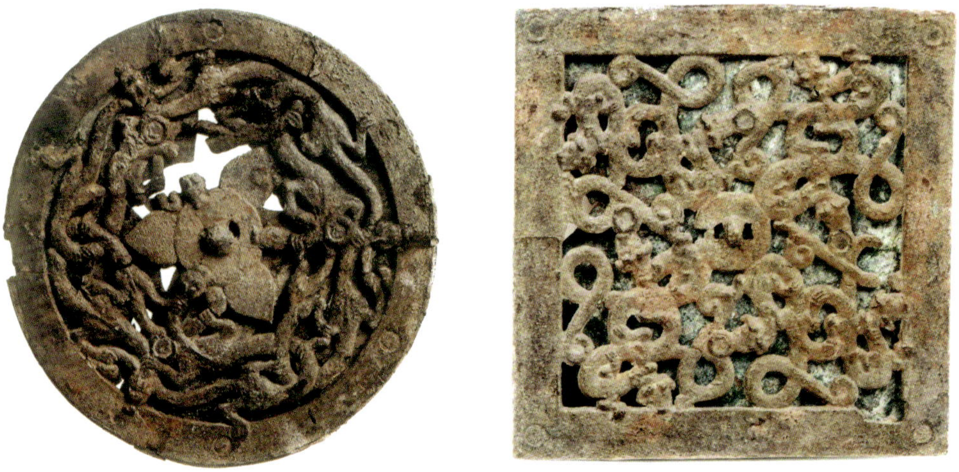

1　　2

图4　透雕镜

1. 圆形透雕镜（计委M32：1）　2. 方形透雕镜（东孙墓地博物院工地M246出土镜）

（四）四山镜

山字纹镜是在地纹上施加以形似现代汉字“山”为主纹的一类铜镜。临淄地区目前出土7枚山字纹镜。其形制多样，有三山、四山、五山、六山等多种形制。山字纹镜的起源地和广泛流行地一般认为是两湖荆楚地区，也被称为楚式镜。这是战国时期流行地区最为广泛的镜类之一，全国大部分区域均有出土。相较于其他地区，临淄地区的纹饰形制相对单一，均为四山镜，共同特点如下：均为方钮座，座外均有宽凹面方格纹带；山字纹底部横线均与方钮座四边平行；山字纹均左旋，倾斜角度为65°～70°。主要有“凹面四山镜”和“重线四山镜”两种形制，区别在于山字纹是宽凹面形态还是重线形态。地纹、镜钮、镜缘的差异较大。差异主要体现在地纹和叶纹形态，镜钮主要包括桥形钮和三弦钮，镜缘单独形成一个区域但缘边宽窄及卷缘程度差异较大（图5）。

1

2

图5　四山镜

1. 后李M14：1　2. 官道墓地新村工地M7出土镜

（五）花叶纹镜

以花叶为主纹的铜镜，除主纹外，一般还有地纹，花叶的数量也有三叶、四叶和多叶等多种形制。临淄地区共发现2枚，纹饰几乎完全不同。如相家M5P4：18，十二叶镜，桥形钮，叶纹上下排列，交叉分布，叶间以几何纹和斜线纹填充，可将其分为上下四个区域，叶尖在每个区域交叉分布；但从左至右分为四区的话，叶尖在每个区域的方向则是一致的。这种纹样设计导致部分叶纹很不完整，有向外延展的趋势（图6）。临淄林家店子采集铜镜，四叶纹镜，三弦钮，圆钮座，四叶纹以粗柄与钮座相连，云雷地纹。外周一弦纹将素卷缘与主体区分隔。

图6　花叶纹镜

相家M5P4：18

（六）地纹镜

仅以一种重复的纹饰作为主要纹饰，其上不再另行施纹的铜镜。一般仅有一种纹饰，也有不同区域分别施不同纹饰的情况。临淄地区共发现7枚地纹镜，有羽状地纹与云雷纹两种（图7）。

1　　2

图7　地纹镜

1. 羽状地纹镜（环保局工地M30：1）　2. 云雷纹镜（东孙墓地M289出土镜）

（七）兽纹镜

主纹为兽纹的一类铜镜，兽类主要为龙、虎等，也有其他不同的动物，除主纹外，部分铜镜可见地纹，也有以花叶、连弧等纹饰作为辅纹的情况。临淄地区出土兽纹镜较少，共发现2枚。有龙纹镜和虎纹镜两种。不仅主纹不同，排列也存在差异（图8）。

1　　2

图8　兽纹镜

1. 龙纹镜（东夏庄墓地M4出土镜）　2. 虎纹镜（相家墓地M5出土镜）

（八）彩绘镜

在铸好的镜背上再施加彩绘图形或者图案的一种铜镜。战国时期彩绘铜器比较流行[6]，彩绘铜镜也正是这一大背景下的产物。彩绘铜镜具有流行地区广、母题丰富、施彩方法多样、载体局限性较小的特点，中原地区甚至出现彩绘透雕镜[7]。临淄地区共发现11枚彩绘铜镜，均系在素面镜或弦纹镜背施加彩绘图案，多以红、白、蓝、黑等色彩平涂绘制而成[8]，图案常见几何纹、龙纹、花叶纹、双凤纹等，其主体纹饰没有超出战国铜镜的一般母题。虽然使用过程中，彩绘容易脱落，但与铸造纹饰相比，彩绘更容易表现复杂而具象的图案（图9）。

1

2

图9 彩绘镜

1. 圆形彩绘镜（徐家村墓地凤凰城工地M98出土镜） 2. 方形彩绘镜（张家庄墓地太公苑工地M136出土镜）

（九）其他

错金银镶嵌绿松石镜，目前仅在临淄商王村采集到1件[9]，圆形，镜缘分布等距鼎分的三环钮，嵌套一环。镜背有9枚嵌银乳丁规律分布，一枚位于中心，其余分布于穿过中心的四等分线上。以金银丝和绿松石通过不同色彩表现出云雷纹图案。色彩绚丽、制作精良，代表了战国时期铜镜制作的最高水平。直径29.8、厚0.7厘米。

此外，还有部分菱形蟠螭纹镜、连弧纹镜等具有战国时期特征的铜镜出土，但由于出土量较少，而且缺少同出器物等提供准确年代信息，本文暂不将该类铜镜列入分析。

除彩绘纹镜外，其余主要镜类的尺寸保持了较高的一致性，直径集中分布在10～15厘米。不但大型铜镜较少，而且未见小于5厘米的微型铜镜。素面镜和彩绘镜中有少量大型镜。可能与两者铸造工艺相对简单有关。总体而言，大型铜镜的比重明显较低，这也符合战国时期列国铜镜的一般特征（图10）。

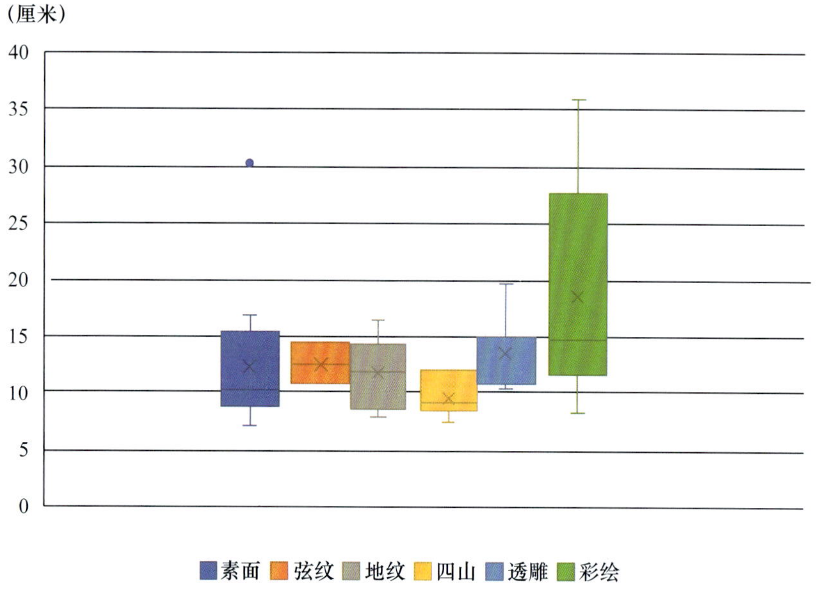

图10　铜镜直径分布箱式图

镜体偏薄是临淄地区战国铜镜的总体特点，但不同镜类之间有一些差异（图11）。素面镜、弦纹镜和彩绘镜的厚度差异较小，分布区间较一致，一般厚0.1～0.2厘米。透雕镜本身较为轻薄，但其由两个构件组成，镜面和镜背合铸后成为一体，总体厚度约为两者之和（铸造精度、后期锈蚀等原因），厚度在0.15～0.3厘米。地纹镜和四山镜稍偏厚重，尤以四山镜为最厚，一般厚0.15～0.35厘米。镜体厚度的差异，或与镜背纹样设计有一定关联，也可能暗示铸造工艺的差别。

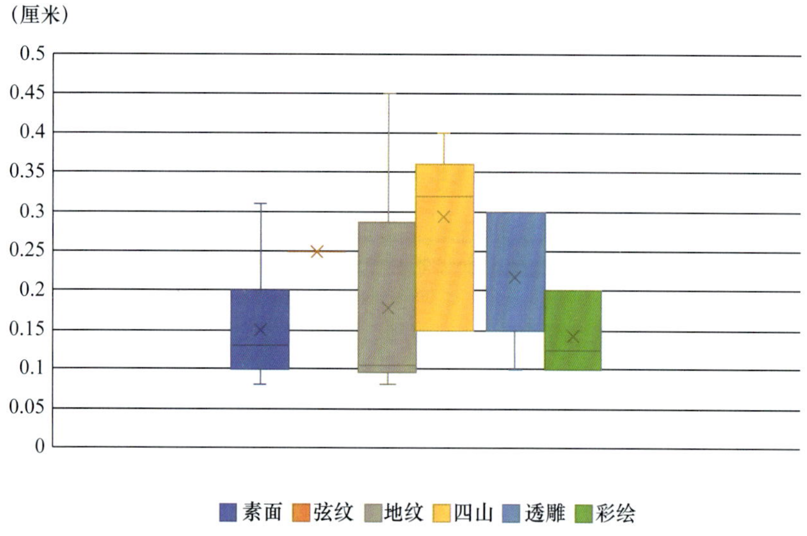

图11　铜镜厚度箱式图

二、出土背景及相关问题

目前，临淄地区出土的战国铜镜主要见于墓葬之中。从既往考古资料来看，战国时期墓葬在临淄齐国故城周边均有分布，但由于城区建设等各方面的原因，目前经发掘的战国墓葬主要集中于临淄齐国故城城南一带。这一带不仅分布大量大型封土墓[10]，而且战国—汉代小型墓葬密集分布，经发掘的墓葬已有数万座，其中汉墓占绝对多数，虽罕有系统整理之材料面世，但初步推算战国时期墓葬也至少有上千座之多了[11]。其中已刊布的战国铜镜不过67面，如此算来，不考虑其他因素（如未发表、被盗或其他原因未能保存）的情况下，随葬铜镜的比例则是相当之小了。

据初步统计，出土战国铜镜的墓葬（地）主要有：郎家庄一号墓、商王墓地、相家墓地、单家墓地、东夏庄墓地、乙烯厂东周墓、齐鲁石化研究院墓地、乙烯生活区墓地、后李墓地、张家村墓地、乙烯九小墓地、南马坊墓地、孙家徐姚墓地、国家村墓地、范家墓地、东孙墓地、刘家墓地、永流墓地、石鼓墓地、官道墓地、西高墓地、徐家村墓地、凤凰镇林家店子村等。

除个别铜镜属于采集或征集得来，无法确知其出土背景外，其余均出土于墓葬中，而且大中型墓葬和小型墓葬均有出土。战国时期，齐国大中型墓葬均有墓道，一般呈“甲”字形或“中”字形，多覆压高大的封土，墓室面积较大，墓壁经整修而较为规整，有的在墓壁设置台阶，二层台多较宽大，大多数在二层台设置殉葬坑或器物坑（沟）等，殉人多单独享有棺椁（亦有少部分合葬者）。椁室的基本结构为，最外围是巨石和石子垒砌的石椁，其内为木质棺椁。多见成组的仿铜陶礼器，一般放置于二层台、墓室壁龛或器物坑内。大型墓葬频遭盗掘，对于整体结构和葬俗的把握上已经较为准确，但在随葬器物的认识上则存在很大欠缺，尚需进一步充实认识。战国小型墓葬分布则更为广泛，多为长方形土坑竖穴墓，少量积石墓和洞室墓。多为一棺或一棺一椁。流行壁龛和腰坑。多随葬成组的小型仿铜陶礼器，一般放置于壁龛或二层台上。同时出土兵器、玛瑙及带钩等，多放置于棺内或棺椁之间。

出土于大中型墓葬的有28面，其中1面出自盗洞之中，无法了解准确的陪葬背景，其余皆可知陪葬位置。其中陪葬坑中随葬铜镜的情况占据绝对多数，共计21面，这部分铜镜多为战国早中期。由于陪葬坑享有墓穴、棺椁和随葬品，铜镜自然也为陪葬者所属。战国晚期大型墓葬不再流行陪葬坑，这时期铜镜多出土于器物坑或棺内。无论是在陪葬坑还是椁室中，铜镜放置位置固定于棺内，一般放置于主人脚部，极少置于腰部，未见放置于头部者。属同一主人者随葬铜镜数量也不固定，少则一面，多则数面。部分铜镜放置于单独的漆盒中，但这并非规制，伴出器物多见水晶玛瑙、带钩、贝壳等，暗示铜镜可能是重要的生活起居用品。由于大中型墓葬多被盗掘，尤其是椁室被盗尤为严重，所以就目前证据而言，我们无法对椁室内随葬铜镜情况做出准确判断。

小型墓葬所见铜镜有38面。铜镜全部放置于棺内，但其具体放置位置与大中型墓葬大相径庭，大部分位于墓主头部附近，小部分放置于腰部或脚部。少见专门放置铜镜的漆盒，伴出器物也极少，常见单独随葬铜镜的情况，罕见伴出贝壳者。随葬数量多为1件，偶有2件，目前未发现随葬更多数量铜镜的小型墓葬。

几乎所有种类的铜镜在小型墓葬中都能见到，反倒是大型墓葬中未见山字纹镜与地纹镜这两种铜镜。圆形或方形的铜镜在不同级别的墓葬中也没有根本性差异。四山镜与云雷纹镜仅见于小型墓葬是社会文化因素、墓葬被盗还是其他因素所致，其背后原因尚需进一步探索。这也暗示铜镜类别似乎与墓葬级别关系不大。

通过不同级别墓葬中出土铜镜的直径比较，我们可以看到，不同级别墓葬中出土大部分铜镜尺寸差异不大，分布范围也保持了较高的一致性，但仍然能看出，直径超过15厘米的铜镜大部分出土于大型墓葬之中，且大型墓葬中铜镜尺寸分布范围更广（图12），可以给我们两点初步提示：其一，大型墓葬与大型铜镜关联度更高；其二，不同尺寸的铜镜可能暗含了不同功能或不同使用场景，因为同一出土背景中出土多面铜镜时往往存在尺寸上的差异，这在大型墓葬和小型墓葬中均有体现。大型墓葬铜镜尺寸分布范围更广可能暗含了铜镜出现于更多场景中或同一使用情景中以不同铜镜做不同用途的情形。在进行这种比较时，有一个特别需要指出的问题，即大型墓葬中绝大多数的铜镜出土于陪葬坑中，即铜镜之所属并非大墓墓主而是地位相对较低的陪葬者。鉴于这种情况，仅限于目前的数据对于了解铜镜尺寸在高低等级墓葬中的差异，显然证据是不够充分的。我们仍然注意到一个现象，即尺寸方面差异较大的镜类是彩绘镜。大型墓葬中的彩绘镜以商王墓地M1的椁室之中所出5面铜镜最有代表性，其铜镜直径最小者也达到16.8厘米，最大者竟达36厘米[12]。固然尺寸差异与所处时代、镜类都有很大关联，但明确属于大型墓墓主的铜镜尺寸偏大、差异偏大也是事实。这也提示我们，铜镜尺寸及差异与墓主身份等级有一定关联，但这种关联是有限度的，且需要更多的数据支撑。与此相反，镜体厚度与墓主身份并无关联，而是由铜镜的种类所决定的，进一步暗示厚度可能与铜镜年代、纹样设计及铸造工艺相关。

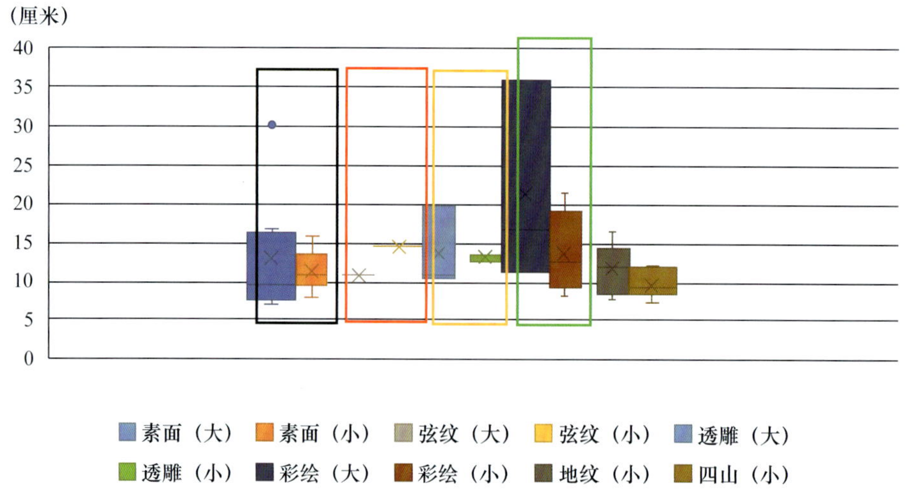

图12　大、小型墓葬铜镜直径对照图（大代表大型墓葬、小代表小型墓葬）

关于铜镜与性别的关系，从一般观念出发，容易得出铜镜与女性的关联度更高的结论。目前刊布的资料中，战国时期大型墓葬的陪葬者以女性居多[13]，但这种结论并非绝对，因为一定数量的陪葬者也被鉴定为男性[14]；而铜镜出土于大型墓葬椁室及器物坑的墓葬仅有两个案例，一是商王墓地M1，二是勇士生活区M1，其中商王墓地M1墓主为女性[15]，而勇士生活区M1资料尚未刊布，性别不明，因此大型墓葬墓主性别与铜镜关联的线索也不够明确。此外，大量发掘资料，尤其是小型墓葬的资料尚未刊布，对于墓主的性别无从得知。仅有的少量数据提示我们，铜镜并非女性专属，在男性日常生活中同样重要，这同样是符合社会一般情况的结论，在文献中可以找到支持结论的证据，“邹忌……朝服衣冠，窥镜……”（《战国策·齐策》）。此外，性别与随葬铜镜数量、类别以及尺寸之间的关系讨论则需要更多数据的支撑。

三、分期与年代

由于临淄地区战国铜镜总体数量少，但镜类驳杂，通过类型学方式进行分期既不科学，也不现实。从墓葬入手是不错的选择，但问题在于资料得以发表的墓葬数量极少，这一研究路径也不能完全奏效。因此，对这批铜镜进行较为准确的分期存在困难，本文试图从铜镜出土背景、自身类型特征以及广域范围内的类型学对比等多种方法综合分析，受限于材料本身及笔者学识，只能勾勒出简略性的分期认知，期待后续资料和研究对此不断修正和完善。

素面镜是战国最常见的铜镜类型，素面镜的出现时间早，延续时间长，西汉早期仍继续流行，由于其形制简单，可供分期的类型特征又比较少，只能通过钮、钮座、镜缘以及其他特征进行简单分期。基本上，镜钮经历从弧形小钮到桥形钮再到三弦钮的一般演变过程，弧形小钮和桥形钮流行于战国早中期，三弦钮则在战国中晚期较为流行，并延续至汉代早期。基本无明显镜缘，但越到晚期镜缘有变厚变斜的趋势，到汉代一般为卷缘。最早的素面镜出土于郎家庄1号墓，报告整理者将年代定为春秋晚期，但更多的研究显示其年代应为战国早期。战国中期素面镜数量大大增加了，在相家庄墓地、南马坊墓地和单家墓地等大墓中均有发现，形制上不仅圆形镜和方形镜并存，形制特征上还出现弧形钮、桥形钮、三弦钮均存在的情况，而到了战国晚期，素面镜又开始减少，形制上基本仅存三弦钮。弦纹镜可以视为素面镜的特殊形态，除了镜背弦纹以外，弦纹镜与素面镜最大的不同在于镜缘，始终是素卷缘的形态，其他演变基本与素面镜一致，其出现最早也在战国中期，延续至战国晚期，并在西汉早期有所发展。

透雕镜作为齐地铜镜的重要组分，制作较精致，其形制与纹饰特征既有明显的时代特征，又表现出齐地的独特风格。纹饰虽然多样，但几乎全部为龙纹或变体龙纹，均采用盘龙或交尾的方式构图。镜钮基本为桥形钮，钮座四周一般有“方花”纹或三叶纹。外有窄平缘，并饰重环纹等纹饰。齐地最早的透雕镜出现于战国中期，也在战国中期流行，战国晚期已基本不见。比如国家村M2[16]墓葬年代为战国中期，其出土的两件铜镜也与战国中期的河南洛阳木材公司南HM293：1[17]相同。

山字纹镜出现的年代较早，战国早期即在楚地出现并逐步流行[18]，齐都临淄所出铜镜均为四山镜，且发现于小型墓葬，无相关墓葬背景可供参考。通过与山字纹镜中心区域的对比，我们发现临淄四山镜均有花叶，大部分为四叶四山镜，一枚为八叶四山镜，初步判断其出现和流行时间应为战国中期至战国晚期偏早阶段，至汉代，山字纹镜已经不见于墓葬之中。

地纹镜是流行时间最长的一类铜镜，临淄地区的地纹镜以云雷纹镜为主。临淄地区的云雷纹基本取材于商周时期流行的云雷纹，但略有区别，基本表现为两种形态，一种是云雷纹与三角纹组成的变形云雷纹组合，纹饰交错排列；另一种是勾连云雷纹，组成左右平行、布局规整的雷纹。云雷纹镜在整个两汉时期都是较为流行的镜式，其基本形态在战国时已经比较成熟，只是增加了连弧纹和乳丁纹作为附加装饰，整体更加饱满。但值得注意的是，云雷纹与乳丁纹的组合并非汉代才出现，石鼓粮食局M13：2已经出现四乳丁，但其乳丁呈乳柱状，与汉代流行的扁泡状乳丁截然不同，而与战国早中期在铜器上流行的乳丁形态接近。

彩绘青铜器是特定历史条件的产物，其流行时间基本确定为战国时期，至汉代已经基本式微[19]。彩绘镜是战国铜镜中较为特殊的一类，也是彩绘铜器中占比重较大的一类，其出现、流行和消亡基本与彩绘铜器保持一致，临淄地区更是目前全国出土战国彩绘铜镜最多的地区之一[20]。由于临淄地区彩绘镜均系素面镜或弦纹镜施加彩绘而成，素面镜镜钮呈现桥形钮或三弦钮，镜体偏薄，基本无缘，具有战国中期的特点，上限有可能到战国早期，而在弦纹镜上施加彩绘的均出土于战国晚期的商王墓地M1。因此我们认为临淄地区最早的彩绘镜应为战国早中期，至战国晚期仍较流行。至汉代已经基本不见彩绘图案镜，形式上也出现较大变化，基本以连弧弦纹镜为载体，且基本不见图案装饰，以不同区域分别施不同色彩装饰带为基本特征。

较少见的花叶纹镜和兽纹镜，仅见于战国早中期的墓葬之中。战国晚期之后已经消失不见。

临淄地区目前最早的铜镜见于战国早期，这时期铜镜并不流行，仅见少量的素面镜、兽纹镜，可能也出现了彩绘镜。铜镜真正流行于战国中期，这时期可见几乎所有镜类，新出现了诸如透雕镜、四山镜等新形态，而云雷纹镜成为两汉时期长期流行的镜类。战国晚期，铜镜仍然较为流行，素面镜和彩绘镜仍继续流行，透雕镜、四山镜逐渐走向没落，花叶纹镜和兽纹镜已经不见（表1）。

表1　铜镜分期简表

	战国早期	战国中期	战国晚期
素面镜	——	——	——
透雕镜		——	—
四山镜		——	—
地纹镜		——	——
彩绘镜	—	——	——
花叶纹镜		△	
兽纹镜	——	——	

四、纹饰构图及表现手法

多样性是临淄地区战国铜镜纹样风格及表现手法最准确的表达。

首先，纹样取材多样，部分源于模仿与学习，不仅是不同地域间的交流互通，更有不同器类间艺术表达的借鉴与模仿。地域间的交流非常明显，比如地纹镜和山字纹镜大多是楚地的发明。部分直接来源于青铜礼器，如云雷纹、羽状纹、重环纹等都是青铜礼器中的常见纹样。花叶纹、凤纹、菱格纹则是丝织品、刺绣以及漆木器中常见的纹样。部分透雕镜中身体细长的蛟龙纹可能与齐瓦当中形似蜥蜴的蛟龙纹有着千丝万缕的联系[21]。铜镜本身作为单独的器类，除了借鉴，还有自身的改造与发明，如风格多样的龙纹，尤其是兽纹镜与透雕镜中的龙纹形态具象化而生动，与其他地区、其他器类都不完全一致。

其次，纹饰制作方式趋向多样化，春秋以来流行的单元纹饰范拼兑技术仍然流行，即先制作小面积的单元纹饰模，制作器物时将提前制作好的纹饰范拼兑好组成完整纹样[22]，优势在于高效，但缺点是容易遗留接缝。在地纹镜、花叶镜中能明显观察到制作痕迹（图13）。为保证纹饰衔接的完整度，单元纹饰模多为方形或矩形，在圆形界面中使用此种方法往往存在边缘处纹饰不整的情况，单体纹饰较小的云雷纹、羽状纹等地纹用此种方法缺点并不明显，但花叶纹等其他较大纹饰使用此法时，纹饰不完整的缺点就会放大（图14），这可能也促使了新的制作方式得以流行，与“单元纹饰范”相对，也能看到“整体范”的广泛运用，不论是方形还是圆形的透雕镜未见明显的单元纹饰模特有的接痕，整体制作是最可能的方式，但其制作方式是采用模制、刻制还是两种方式并用则需要进一步考察，失蜡法在制作镂空装饰中具有天然优势，也应在考察的选项中。此外，有学者研究指出，部分山字纹镜是用铜镜作为母体制作出陶范后加工的[23]。

图13　云雷纹镜单元纹饰范拼兑技术痕迹

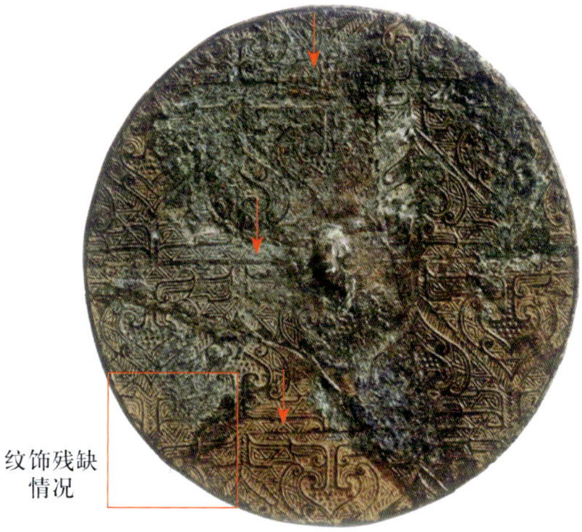

图14　花叶纹镜单元纹饰范拼兑技术痕迹

再次，纹样表现方式多样，主要通过地纹与主纹相互搭配的表现方式来增加层次感，有学者指出这种做法来源于楚地[24]，仅就铜镜纹饰而言，本文表示认同。但追根溯源，其实颇有些类似于商周时期青铜礼器上流行的多层纹饰，可能是该风气的延续，这种表现方式在铜镜中更加显现了其在美学表现上的巨大优势。制范时往往先制作地纹，再于地纹上加工主纹。透雕镜可能是直观立体的表现形式，此外，某些透雕镜还能在镜背与镜面的夹层中见到与铜色相异的纤维痕迹[25]，可能是提高立体表现视觉效果的措施，但保存不好，无法做出准确的判断。此外还有彩绘工艺和镶嵌工艺作为特殊的艺术表现手段，彩绘的优势在于色彩丰富和笔法灵活，镶嵌也有色彩的优势，即以不同材质、不同色泽体现纹饰差异，灵活度略差，但表现更精致。汉镜中为了突出纹饰效果，会特意强调不同部位或纹饰的光泽度、表现力或手感等，因此会对不同纹饰或部位进行额外的打磨、刮削[26]等，这一现象在临淄地区的战国铜镜中并不明显。这暗示我们，这一时期铜镜虽然也强调美学表达，但不论是技术上还是经验上都有欠缺。

最后，纹饰布局多样，逐步形成了四分布局、向心式构图为主，多种布局方式并存的现象。以乳丁为基点组织主题纹饰的四分法布局结构在西汉中期才真正成熟[27]，这种布局结构在临淄地区的战国铜镜中已经初见端倪，大部分透雕镜及全部兽纹镜的主体纹饰是四组相同的主纹围绕镜钮分布，呈现出向心式构图或对称式构图一般结构，四山镜则以花叶纹为界隔将主纹山字纹分为四个部分，每个部分主题纹饰结构基本一致。甚至在地纹镜中存在均匀分布四乳丁的现象。除四分外，透雕镜也能见到三分布局结构（图15），对称式结构在彩绘中是常用手法。无论是三分法、四分法还是对称式结构，都是围绕镜钮展开的，要么以镜钮为中心，要么以穿过镜钮的轴线为中心。虽然没有发现镜范证据，但我们认为这些结构布局与整体设计应该与尺规运用及几何作图发展有重大关联[28]。此外，不以镜钮为核心的布局结构也占一定比例，比如十二叶镜则采用平行排列错列式布局的方式（图16），在整体布局结构中，几乎没有将镜钮及所在轴线考虑在内。以镜钮为中心自内向外的分区设计也已初见端倪，大部分纹饰镜都开始有这种变化，比如地纹镜、山字镜、兽纹镜以及部分彩绘镜和透雕镜等出现了内外分区，分为钮座、主纹区和镜缘区等，但这并没有形成定式，而且不同纹饰区之间的区隔并不明显，甚至存在不同纹饰带之间相互勾连

图15 三分布局

图16 平行排列错列式布局

的情况。这种尝试和探索也对后世铜镜产生了重要影响。

综上，与其他地区一样，在制作方式、纹样特征、纹饰布局等方面不仅有地域之间的交流互通，还在不同层面模仿青铜礼器的制作，此外，漆器、陶器、丝织品[29]等艺术表现形式也是铜镜纹饰模仿和学习的对象。总之，战国时期，齐地铜镜在纹饰风格与布局上虽然会形成一些共识，但并没有哪一种风格占据绝对主导地位，这说明铜镜的艺术风格还处于不断尝试和摸索阶段，没有出现如汉代那样在某个阶段流行一种或数种镜式的情况。需要指出的是，齐地铜镜制作的一些技术手段和表现手法，也成为汉镜发展的重要源头之一。

五、余　　论

青铜器对于商周社会的意义不言而喻，到了战国，青铜文化实际上已经走过了它的辉煌时期，在青铜文化整体衰弱的同时，铜镜才刚刚开始流行。战国时期的社会变革使得青铜器摆脱了礼乐兵器的限制，开始“深入社会生活的各个领域”[30]，这种现象不仅体现在功能的生活化，也表现在应用的平民化[31]。兵器的平民化是当时长期战争的结果之一，这也是当时阶层跃迁和社会变革的动力之一[32]。而作为生活用器的铜镜和带钩也在战国时期列国的小型墓葬中出现，虽然这种现象并不是普遍的和常见的，但也足以表明青铜器的礼制意义在逐渐消解，它不但逐渐开始失去其作为礼器的特权，也失去了贵族专属的光环。社会生产及商品贸易发展、社会制度变迁、思想观念变化等才是造成这种变化的内在原因。

放眼整个铜镜发展史，战国铜镜表现出了原始性、多样性、尝试性和探索性的特征，临淄地区也概莫能外。虽然铜镜的起源较早，但真正发展和流行是在战国时期，技术上仍是青铜礼器范铸工艺的扩展，虽然有自身工艺特点，但并没有决定性的突破，夹层工艺、彩绘工艺、镶嵌工艺等在青铜礼器制作中也属常见。镜面易碎是铸造技术和铸镜经验双重缺位的必然结果。纹样多样性表征的背后有深刻的社会背景，宽松、自由的社会环境是铜镜纹样充满探索性和尝试性的温床，与汉代大一统环境中镜式逐步走向统一有着本质的不同，面向平民的商品化生产也进一步丰富了铜镜的世俗内涵。也正是战国时期的尝试和不断探索，奠定了秦汉铜镜繁荣发展的基石。

临淄地区的战国铜镜受到荆楚、三晋两周等地区的影响，比如地纹镜、山字纹镜和透雕镜等，但上述铜镜都有自身特色，比如山字纹镜纹样相对统一，透雕镜纹样更为具象和灵动，彩绘镜占比较高，这都是其他地区所没有的特征。虽然临淄地区不是铜镜流行和发展的源头，而且出土总量和在墓葬中的比例都不算高，但从它们自身所具备的特点而言，我们认为齐国铜镜的产地就在临淄。而且，在整个齐地范围内，目前所见的战国铜镜几乎全部来自临淄，这应该也是临淄作为齐国铸镜产地的又一有力佐证。当然，仍然需要铜镜铸造产地的确切证据，这应该通过铜镜成分分析、铜镜铸造作坊或者镜范的发现来进一步证实，将来的考古工作应该能给我们明确的答案。

注　释

[1] 宋新潮:《中国早期铜镜及其相关问题》,《考古学报》1997年第2期147～169页。
[2] 张从军:《战国两汉铜镜图像解读》,《东方考古》第8集，科学出版社，2011年，第225～248页。
[3] 刘一曼:《试论战国铜镜的分区》,《考古》1985年第11期1008～1014页。
[4] 董锦云:《燕、齐地区战国铜镜研究》，辽宁师范大学硕士学位论文，2021年。
[5] 李零:《“方华蔓长，名此曰昌”——为“柿蒂纹”正名》,《中国国家博物馆馆刊》2012年第7期35～41页。
[6] 何媛盟:《早期中国彩绘青铜器研究》，陕西师范大学硕士学位论文，2013年。
[7] 高西省:《论战国时期的透雕夹层铜镜及相关问题》,《中国历史文物》2003年第4期65页。
[8] 董雪:《山东临淄出土战国彩绘铜镜》,《文物》2017年第4期63页。
[9] 淄博市临淄区文物管理局:《临淄文物志》，文物出版社，2015年，第163页。
[10] 山东省文物考古研究所:《临淄齐墓》第一集，文物出版社，2007年，第1～17页。
[11] 淄博市临淄区文物管理局:《山东临淄战国汉代墓葬与出土铜镜研究》，文物出版社，2017年，第12～15页。
[12] a.淄博市博物馆等:《临淄商王墓地》，齐鲁书社，1997年，第31～33页。
b.董雪:《山东临淄出土战国彩绘铜镜》,《文物》2017年第4期63～67页。
[13] 山东省文物考古研究所:《临淄齐墓》第一集，文物出版社，2007年，第436～440页。
[14] 山东省文物考古研究所:《临淄齐墓》第一集，文物出版社，2007年，第458～481页。
[15] 淄博市博物馆、齐故城博物馆:《临淄商王墓地》，齐鲁书社，1997年，第135页。
[16] 山东淄博市临淄区文物局:《山东淄博市临淄区国家村战国及汉代墓葬》,《考古》2010年第11期3～27页。
[17] 洛阳市第二文物工作队:《洛阳道北战国墓》,《文物》1996年第7期39～43页。
[18] 邓秋玲:《论山字纹铜镜的年代与分期》,《考古》2003年第11期60～66页。
[19] 何媛盟:《早期中国彩绘青铜器研究》，陕西师范大学硕士学位论文，2013年。
[20] 董雪:《山东临淄出土战国彩绘铜镜》,《文物》2017年第4期63～67页。
[21] 魏成敏、党浩:《山东鲁北临淄战国汉代墓葬出土铜镜》,《鉴耀齐鲁》，文物出版社，2009年，第27～58页。
[22] 董亚巍等:《商周铜器纹饰技术的三个发展历程》,《中国历史文物》2007年第1期83～88页。
[23] 菅谷文则著，苏哲译:《山东地区汉镜的制作与流通——兼论对海东的影响》,《鉴耀齐鲁》，文物出版社，2009年，第125～132页。
[24] 潘钰:《铜镜纹饰变迁中的“大传统”与“小传统”——再谈楚镜与汉镜》,《中国文物报》2021年7月20日第5版。
[25] 菅谷文则著，苏哲译:《山东地区汉镜的制作与流通——兼论对海东的影响》,《鉴耀齐鲁》，文物出版社，2009年，第125～128页。
[26] a.杨勇、白云翔:《临淄齐故城镜范与汉代铸镜技术》,《中原文物》2020年第1期107页。
b.三船温尚等著，苏哲译:《山东省文物考古研究所收藏的青铜镜工艺、技术的考察》,《鉴耀齐鲁》，文物出版社，2009年，第97～98页。
[27] 孔祥星、刘一曼:《中国古代铜镜》，文物出版社，1984年，第108页。
[28] 刘彦琪:《中国早期青铜技术中的几何作图法》,《中国国家博物馆馆刊》2019年第1期94～101页。
[29] 科林・麦肯齐著，张毅编译:《战国时期纺织品纹样对青铜器、漆器、陶瓷器装饰风格的影响》,

《上海文博论丛》2002年第1期54～59页。
[30] 张长寿、殷玮璋主编：《中国考古学·两周卷》，中国社会科学出版社，2004年，第414页。
[31] 白云翔：《秦汉时期的铜器与铜器制造业》，《秦汉考古与秦汉文明研究》，文物出版社，2019年，第266～269页。
[32] 山东省文物考古研究院：《临淄齐墓》第二集，文物出版社，2018年，第535～544页。

临淄地区汉代墓葬与出土汉代铜镜

王会田　李　民

（淄博市临淄区文物保护中心）

临淄是周代齐国都城所在地，汉齐王国的首府，在近千年的历史长河中，临淄作为中国古代东方的政治、经济、文化中心，是当时最为繁华的大都市，因此，具有悠久的历史，地下文物十分丰富。自20世纪80年代以来，山东省、淄博市、临淄区各级文物部门配合基本建设工程，在临淄地区抢救性清理了一大批汉代墓葬，出土了大量的铜镜，为古代铜镜的研究提供了重要实物资料。

一、临淄汉代墓地概述

从临淄地区发掘清理汉代墓葬资料可以看出，有三个显著的特点：一是分布广泛，墓葬几乎遍及临淄区的各地；二是随葬铜镜的现象十分普遍，许多小型墓中以铜镜作为随葬品，几乎所有的墓地都有铜镜出土，甚至可以说哪里发现汉墓哪里就可能出土铜镜；三是上至汉齐王，下至平民百姓都有用铜镜随葬的习俗。

临淄齐国故城以南的辛店城区，西起一诺路，东至淄河，北始齐盛路，南达胶济铁路，分布范围广，是目前临淄乃至山东地区迄今为止清理面积最大的汉代墓葬区。其中，临淄辛店城区中东部区域，墓地相连，汉代墓葬尤为集中，墓葬分布十分密集，数量最多。依据城区村庄的用地区域，以城区道路为界，大致可划分为16处墓地：乙烯生活区墓地、刘家村墓地、国家村墓地、张家村墓地、山王村墓地、商王村墓地、石鼓村墓地、徐家村墓地、南马村南墓地、永流村墓地、范家村北墓地、范家村南墓地、西关村南墓地、赵家徐姚村北墓地、官道村墓地、东孙村墓地（图1）。

临淄辛店城区发掘的这16处墓地，发掘资料尚未系统整理，因此，墓葬的年代只能依据墓葬形制和随葬品的特征做大致推断。现将墓葬清理情况简要介绍如下。

（一）乙烯生活区墓地

20世纪80年代，临淄辛店为胶济铁路两旁的几个小村庄，当时墓地位于城区的北部。现在的辛店城区发生了翻天覆地的变化，已发展成为道路纵横交错、高楼林立的现代化城市，乙烯生活区墓地现地处辛店城区的中南部，东起遄台路，西至大顺路，北到晏婴路，南近桓公路，闻韶路和稷下路、雪宫路分别从墓地中部及东西两侧南北向穿过。

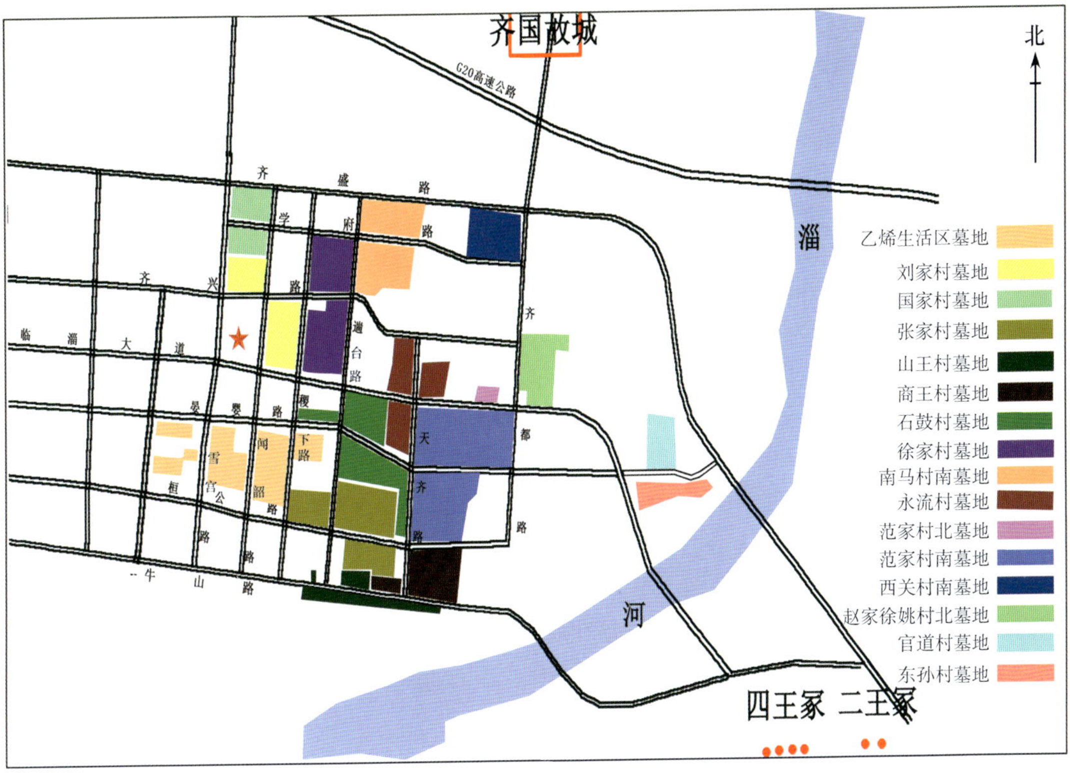

图1　临淄辛店城区汉代墓地分布示意图

1984年秋，山东省文物考古研究所（今山东省文物考古研究院）配合齐鲁石化公司乙烯生活区项目建设，对该区域约75万平方米的占地范围进行了全面勘探，在100米×100米划分的75个探区内，共探出古墓葬3857座。探区内墓葬分布不均，有的探区仅发现几座，有的探区数百座，其中最为密集的T907探区内探出古墓葬345座。随后在1984年冬至1985年春进行了第一次发掘，共发掘古墓葬1329座。1986年又进行了第二次发掘，发掘古墓葬310座。乙烯生活区两次发掘，共发掘古墓葬1639座。发掘的这批墓葬除个别属于战国墓或魏晋以后的晚期墓葬外，大部分属于两汉时期的墓葬。

（二）刘家村墓地

位于临淄辛店城区中部，东始稷下路，西至雪宫路，南到临淄大道，闻韶路从墓地中部南北向穿过。

山东省文物考古研究院在20世纪90年代初，对临淄大道北侧的农业银行工地发掘清理42座古墓葬，这批墓葬基本属于汉代。

临淄区文物部门配合临淄辛店城区建设，于1998年12月至2015年5月期间，在刘家生活区65～67号住宅楼、老年公寓工地，东南角沿街商业楼工地，西部的奔驰公司住宅楼工地、益康公司住宅楼工地、法院住宅楼工地、妇幼保健院住宅楼工地，中南部的齐都国际绿茵建设项目工地，以及齐兴路北侧的农村信用社建设项目、棕榈城生活区等10余处项目建设工地，对发现的墓葬进行了抢救性发掘，清理古代墓葬共1135座。依据墓葬形制和随葬品断定，除棕榈城生活区工地有春秋墓2座，战国墓70座，其余绝大多数墓葬属于两汉时期。

（三）国家村墓地

位于临淄辛店城区的中北部，齐都镇国家旧村西南，雪宫路东侧，闻韶路以西，齐盛路以南，学府路从墓地中部东西向穿过，东北距齐国故城约3千米。

墓地南北长670、东西宽500米，总占地335000平方米。临淄区文物部门自2003年10月～2011年6月，分别配合国家新村住宅区、齐兴花园住宅区、学府花园住宅区项目建设，对在施工中发现的古代墓葬分期、分批进行了抢救性清理。国家新村清理214座，学府花园清理49座，齐兴花园清理214座。国家村墓地三期清理古墓葬共477座。依据墓葬形制和随葬品初步推测，战国时期墓葬113座（包括有一条墓道，平面呈“甲”字形的墓葬20座），确认为两汉时期墓葬155座，明清晚期墓葬5座。无随葬品的中小型墓葬204座。这批无随葬品的墓葬，从墓葬形制判定，除少量墓葬为战国时期外，绝大多数应属汉代。

（四）张家村墓地

位于临淄辛店城区的东南部，墓地范围为张家村旧址及村东南的桓公路南北两侧区域。

1991～1992年两年间，山东省文物考古研究院对墓地东部桓公路北侧的勇士生活区、天齐生活区，分别进行了文物勘探和考古发掘工作。勇士生活区面积40万平方米范围内探出古墓葬1300余座，先后发掘清理542座。天齐生活区面积约为6万平方米范围内探出古墓葬430余座，发掘清理了159座。两次共清理701座墓葬，这批墓葬除个别的属于战国或魏晋以后的晚期墓葬外，大部分属于两汉时期。

临淄区文物部门配合城中村改造以及临淄区政府实施的临淄塑编厂和第六棉纺厂退城进区（齐鲁化工区）工程，于1998～2012年间，先后分批次对在施工中发现的墓葬进行了抢救性发掘清理。张家新村生活区清理古墓葬149座。华盛园生活区清理墓葬219座。恒锦花园生活区清理墓葬148座。方正太公苑生活区清理墓葬242座。四处生活区工地清理墓葬共758座，除几十座战国或汉代以后的少数墓葬外，绝大部分属于两汉时期。

（五）山王村墓地

位于临淄辛店城区的东南部，淄河西北岸边，北距齐国故城约5.4千米。

墓地清理的墓葬主要位于山王村东北两面，胶济铁路两旁。因是旧城区改造工程，地面上多有建筑物和混凝土路面，根本无法实施文物勘探工作，所有墓葬均是在开挖的基槽内发现的。临淄区文物部门自2006年3月～2015年10月，分别在牛山园生活区工地、恒光花园生活区工地、城南换热站工地、皇城太公苑住宅工地、馨香园经适房工地、新风家园生活区工地、青青家园生活区工地、山王新村安置房等工地，清理墓葬400余座，除战国时期或魏晋以后的晚期墓葬近百座外，其余均属于汉代墓葬。

（六）商王村墓地

位于临淄辛店城区的东南部，淄河北岸，北距齐国故城约4.4千米。1992年9月～2008年10月间，淄博市和临淄区文物部门对位于商王村西，桓公路与牛山路之间的基本建设和旧城区改造工程发现的墓葬进行了抢救性清理。

商王村一带是战国时期齐国的一处重要贵族墓地，20世纪六七十年代在该村附近曾出土战国时期镶嵌绿松石的铜牺尊、大铜镜等国宝级的重要文物。

1992年9月～1993年6月，淄博市博物馆和齐国故城遗址博物馆配合临淄水泥厂扩建工程，分两阶段发掘清理墓葬102座，除4座墓葬属于战国晚期外，剩余98座墓葬为两汉时期。尤其是发掘的M1，出土的随葬品非常丰富，有陶、铜、铁、金、银、玉、石、漆、骨、玻璃器等296件，其中5枚铜镜出于棺内。墓主从头至腹覆盖了18件玉璧，还有玉环、玉佩、铜削、带钩、铜玺、漆奁等器物，5件铜镜放于棺内墓主足端的漆奁内。

临淄区文物部门配合齐银科林环保有限公司建设，清理墓葬79座。2004年8月～2011年3月，配合水泥厂搬迁工程，在原址上建设齐银瑞泉阳光生活区，清理了墓葬348座。2012年8月～2014年8月，在齐银科林环保有限公司原址上建设盛世豪庭生活区，又对施工中发现的475座墓葬分期进行了清理。2007年10月～2008年10月，配合山东中天永磁厂拆迁工程，在该厂原址开发鸿祥花园住宅小区，对施工中发现的175座墓葬进行了清理。四处建设工地清理古墓葬共1077座，清理的这批墓葬中，鸿祥花园住宅小区清理的175座墓葬，绝大多数属于战国时期，其他三处工地清理的墓葬除极少数为战国墓葬外，绝大多数属于两汉时期。

（七）石鼓村墓地

位于临淄辛店城区的中部偏东，东起天齐路，西至稷下路，晏婴路的南北两侧。

1985年冬至1993年，山东省文物考古研究院配合临淄粮食局工地、临淄外贸公司工地、临淄财政局工地、临淄市政公司工地、齐鲁事业公司停车场等工地进行了文物勘探，先后对发现的307座墓葬进行了清理，除少量战国墓或明清晚期墓葬外，绝大多数墓葬为两汉时期。

1998年10月～2011年9月，临淄区文物部门配合旧城区改造工程，主要在墓地中东部，晏婴路南北两侧的石鼓新村工地、天齐北生活区工地、石鼓诗苑、石鼓书苑、石鼓礼苑、石鼓画苑生活区工地、齐旺达住宅楼工地、师苑生活区工地、光明生活区以及西部的静心花园10余处建设工地，对施工中发现的1572座古代墓葬，先后进行了清理，除极少数墓葬属于战国时期或魏晋以后晚期外，绝大多数为两汉时期。

（八）徐家村墓地

位于临淄辛店城区的东北部，遄台路以西，稷下路以东，北至学府路，南到临淄大道两侧。

1998～2014年，临淄区文物部门先后在金茵生活小区的A、B组团工地、路虹花园住宅工地、金茵小学工地、淄博一诺公司住宅楼工地、交运生活区工地、三星怡水·名城住宅工地、方正凤凰城住宅工地，对施工范围内发现的墓葬进行了抢救性发掘清理。共清理古墓葬1576座，有随葬品能确认战国时期墓葬的131座，其余1445座墓葬，基本属于汉代。

（九）南马村南墓地

位于临淄齐都镇南马旧村址以南区域，辛店城区东北部，东始天齐路，西至遄台路，北起齐盛路，南近齐兴路。

2010年6月～2011年11月，临淄区文物部门对南马新村范围内施工发现的500余座古墓葬进行了清理，除100余座属于战国时期外，其余400余座均为两汉时期。2012年5月～2015年12月，对棠悦社区内发现的1500余座墓葬分批次进行了清理，战国墓约200座，两汉时期中小型墓1300余座。2014年11月在翰林院生活区清理了古代墓葬347座，从墓葬形制和随葬品可断定，绝大多数墓葬属于汉代。

（十）永流村墓地

位于临淄辛店城区中东部，晏婴路与齐兴路之间，临淄大道从墓地中部东西向穿过。临淄区文物部门配合永流城中村改造工程、金鼎绿城生活区工地、泰东城商住项目工地建设，对在施工范围内发现的古墓葬进行了抢救性清理。

2009年9月～2014年4月，配合永流城中村改造和金鼎绿城一期住宅工程，在占地约35000平方米范围内，清理了古代墓葬675座。2011年12月～2015年10月，配合金鼎绿城二、三期住宅项目建设，在107000平方米施工范围内清理了古墓葬1835座。2014年11月～2015年11月，对泰东城小义乌商品城和住宅生活区施工中发现的墓葬，两期清理774座。四期清理古墓葬共3284座。依据形制和随葬品推测，战国时期161座，两汉时期2201座，魏晋以后晚期墓葬6座，无随葬品的墓葬916座。这些无随葬品的墓葬，依据墓葬形制可断定，除有少数墓葬属于战国时期外，绝大多数应属于两汉时期。

（十一）范家村北墓地

范家村坐落于临淄辛店城区东部，墓地位于范家村村北，临淄大道北侧，齐都路以西。临淄区文物部门对香榭天都和商会大厦住宅项目建设施工中发现的墓葬进行了抢救性发掘清理。

2011年6月～2014年6月，依据工程进度对施工中发现的墓葬分批次进行了清理。在占地23000平方米内，清理了古代墓葬188座，这批墓葬中除有2座平面呈“甲”字形、属于战国时期齐国贵族墓葬外，其余186座均为汉代土坑竖穴小型墓葬。

（十二）范家村南墓地

位于稷下街道办范家村原址，临淄大道以南的淄江花园社区内，社区由多个组团组成，西起天齐路，东至齐都路，北沿临淄大道，南临桓公路，总占地1900亩（约1.27平方千米）。

2008年12月～2015年4月，为配合淄江花园社区建设，对墓地内的K组团、J组团、

C-1组团、G组团、A组团、D组团、范家新村C-03组团、裕华A -03组团、E组团（北五区）、北二区、峰尚国际住宅区以及方正2009商业项目、淄江物业管理站、太公小学等建设工地，根据工程建设进度的需求，对在施工中发现的墓葬分期、分批进行了抢救性发掘清理。清理了古墓葬共计6500余座，在这批墓葬中有48座墓葬规模较大，47座墓葬有一条墓道，属于战国时期，1座土坑竖穴墓属于秦汉初年，有随葬品能确定属于战国时期的土坑竖穴墓约500座，其余绝大多数墓葬属于两汉时期。

（十三）西关村南墓地

位于临淄辛店城区的东北部，齐都镇西关村以南约1.4千米，济（南）青（岛）高速路南侧不远处。发掘区域北始齐盛路，南至学府路，东起齐都路，西与南马墓地相邻。

2009年3～4月，临淄区文物部门在临淄中学建设项目施工的基槽内清理了古代墓葬367座。这批墓葬中有“甲”字形战国时期墓葬4座，余皆为土坑竖穴墓，58座墓葬内没有发现随葬品，属于战国还是汉代墓葬无法断定外，其余305座墓葬依据墓葬的形制和出土器物的特征推断，79座属于战国墓葬，226座属于汉代墓葬。

（十四）赵家徐姚村北墓地

位于临淄辛店城区的东北部，稷下街道办赵家徐姚村北约0.8千米处，临淄大道以北，齐都路以东区域，北距齐国故城约2.5千米。2001～2008年期间，临淄区文物部门对在基本建设施工中发现的墓葬，分三期进行了抢救性清理。

2001年11月，配合临淄中轩热电厂项目建设，清理战国汉代墓葬93座。这批墓葬中除19座没有随葬品，是战国还是汉代不好确定外，其余74座依据墓内随葬器物的特征，5座墓葬属于战国时期，包括2座“甲”字形土坑积石木椁墓，69座为汉代墓葬。

2003年7～8月，在中轩热电厂南侧，配合临淄友联塑料厂项目建设，发掘清理了31座墓葬，其中1座战国时期墓葬，墓葬坐东朝西，平面呈“甲”字形，30座汉代小型土坑竖穴墓。

2008年6～7月，在中轩热电厂东邻，附近村民取土时发现了古代墓葬，并有数十座被盗破坏。取土场呈不规则长条状，东西长约100、南北宽45、深在2.5～2.7米，在4500平方米范围内发现了118座墓葬，为了保护取土坑内的文物不再被盗掘破坏，对暴露明显的46座墓葬进行了抢救性清理。清理的46座墓葬属于战国、汉代两个时期，除去有随葬品的5座战国墓，绝大多数墓葬属于汉代。

（十五）官道村墓地

官道村位于临淄辛店城区中东部，清理的墓葬位于稷下街道办官道村南侧，晏婴路以北。

2010年4月～2010年10月，临淄区文物部门对在名仕庄园生活区施工基槽内发现的131座古墓葬进行了清理，这批墓葬中除少数属于战国时期外，绝大部分属于汉代。第二期发掘是2014年6～7月，配合官道新村建设，在开挖的10000平方米基槽内清理了古代墓葬267座，除去有随葬品的2座商代墓和11座战国时期墓葬外，剩余254座墓葬基本属于汉代。

（十六）东孙村墓地

位于临淄辛店城区东部，东孙村以东，临淄大道东侧，晏婴路南侧，北与官道墓地相接，位于淄河的西北岸边。

2012年3月～2013年3月，临淄区文物部门配合齐都文化城项目建设，分别对9个民间博物馆工地、博物院工地、足球馆工地施工中发现的墓葬分期进行了抢救性清理。清理古代墓葬共517座，其中战国时期墓葬55座，包括6座“甲”字形墓葬，其余462座墓葬基本属于两汉时期。

二、临淄地区出土汉代铜镜的类型

临淄汉代墓葬内出土的这批铜镜，依据镜体形制、主体纹饰及铭文的不同，划分为素面镜、云雷纹镜、龙纹镜、连弧纹镜、联珠纹镜、蟠螭纹镜、蟠虺纹镜、星云纹镜、弦纹镜、草叶纹镜、花叶纹镜、铭文镜、禽兽纹镜、博局镜等14种类型。

（一）素面镜

素面镜的背面除去钮外没有任何纹饰装饰。临淄汉代墓葬内出土的素面铜镜，三弦钮，镜体较薄，镜面平整，缘边略卷（图2）。出现于战国时期，主要流行于西汉早期。

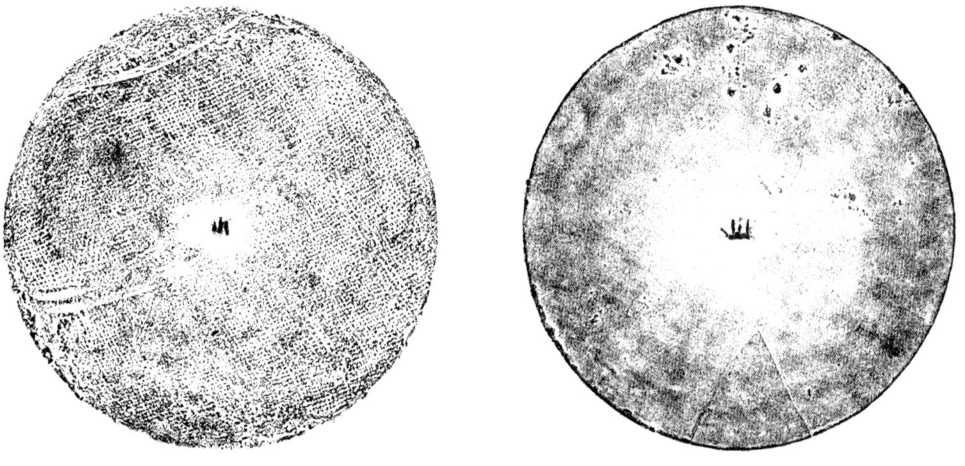

1　　　　2

图2　素面镜拓本

1. 西汉早期（直径12、厚0.2厘米）　2. 西汉早期（直径12、厚0.2厘米）

（二）云雷纹镜

临淄出土的云雷纹镜战国时期主要特征为镜体较薄，镜面平整。镜背三弦钮，圆钮座，座外一周宽凹弧面圈带。圈带外两周陶索状弧弦纹之间饰主纹，由圆涡纹和两个长边相对的三角纹组成云雷纹，三角纹由一大一小两个重三角组成。纹饰交错网状密集排列，组成规整的云雷纹。宽素缘，缘边上卷。

进入汉代，在继续沿用的同时，制作和装饰手法发生了变化，镜面微凸，出现了半球形钮，四叶形钮座，作为主纹的云雷纹表现出多种形式。依据主纹和镜缘形制特征的不同，大致分为两种形制，一种为直角折线方形组成的云雷纹，或为近似J形的小方形云雷纹图案，其上面均匀分布四枚乳丁，主纹外饰一周内向十六连弧纹，宽素缘，缘边上卷，有学者称羽状地纹连弧纹镜（图3-1）。另一种主纹为长条小乳丁方形组成的云雷纹，有的镜体较小，在两周细线方格间装饰铭文，镜缘为内向十六连弧或二十连弧纹，有学者称此镜为云雷连弧纹镜（图3-2）。

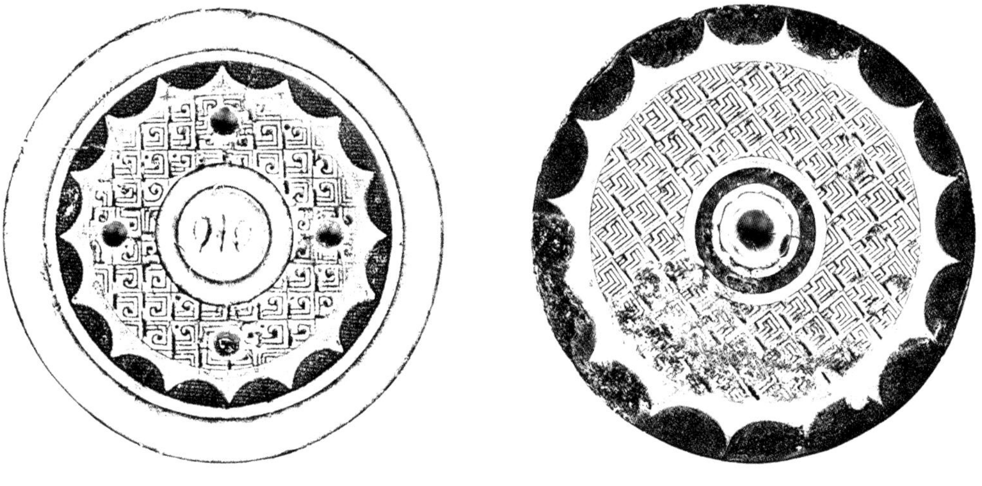

1　　2

图3　云雷纹镜拓本

1. 西汉早期（直径11.1、厚0.1～0.35厘米）　2. 西汉早中期（直径12.5、厚0.3～0.4厘米）

东汉时期云雷纹镜镜体较厚，镜面更加外凸，镜背装饰手法呈多样化，半球形钮，钮座有圆钮座、四叶形钮座和并蒂联珠纹钮座，座外一至两周凸圈带，圈带间装饰铭文或双瓣花枝、圆圈纹，主纹由相对的弧边多重三角形或单边三角形组成一周云雷纹，组间用圆涡纹或乳丁纹相隔，宽平素缘（图4）。

图4　云雷纹镜拓本

东汉（直径14、厚0.3～0.5厘米）

（三）龙纹镜

龙纹镜在临淄汉代墓葬内出土的有长方形和圆形两种形制。

长方形龙纹镜，出自临淄大武西汉齐王墓。镜体厚重，镜面平直，形体之大，镜背中间和四角共有5个拱形三弦钮，四叶形钮座。座间装饰龙纹，龙纹龙身呈卷曲状，龙头朝向右上侧镜钮，张嘴吐舌。镜缘周围装饰内向连弧纹[1]。

圆形镜在西汉时期镜背中间为三弦钮，分为云雷地纹镜和无地纹镜两种。云雷地纹镜主纹的装饰手法多种多样，有四乳双龙纹、四乳四龙纹、三龙纹、四龙纹、八连弧八龙纹，镜缘多为宽素卷缘，少见内向连弧纹缘（图5-1）。无地纹镜相对来说发现得较少，钮外为宽凹弧面方格，方格外为八字铭文和四乳四龙纹，内向十六连弧纹缘（图5-2）。

长方形镜和三弦钮龙纹镜出现并流行于西汉早期。

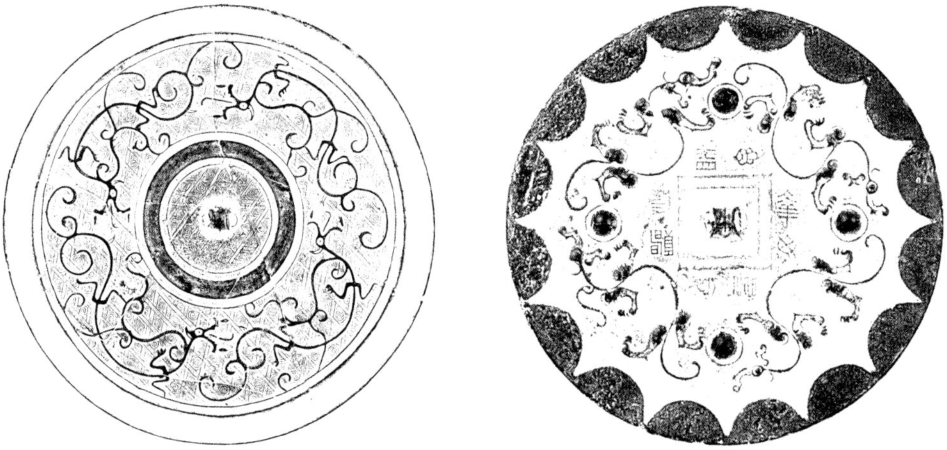

1　　2

图5　龙纹镜拓本

1. 西汉早期（直径23.5、厚0.2～0.6厘米）　2. 西汉早期（直径11.6、厚0.2～0.3厘米）

（四）连弧纹镜

连弧纹镜属于西汉早期新出现的镜类，出土的数量不多。镜背有两种不同的装饰手法：一种为四乳凹带连弧纹镜，三弦钮，钮外有两周凹弧面圈带，外凹弧面圈带上均匀分布着四枚乳丁，近缘一周凹弦纹内侧饰内向连弧纹（图6）。另一种为单线连弧纹镜，三弦钮，钮外一周凹弧面圈带，近缘处一周凸弦纹，圈带与弦纹间饰单线内向连弧纹（图7）。

此类铜镜镜体较薄，均为三弦钮，宽素缘，缘边略上卷。出现并流行于西汉早期。

（五）联珠纹镜

联珠纹铜镜在临淄汉代墓葬内极为少见。半球形钮，钮外一周内向连弧纹钮座，钮座和一周短斜线纹间装饰主纹，主纹为与钮座相对应的12个联珠纹。窄平缘（图8）。此类铜镜为西汉中期。

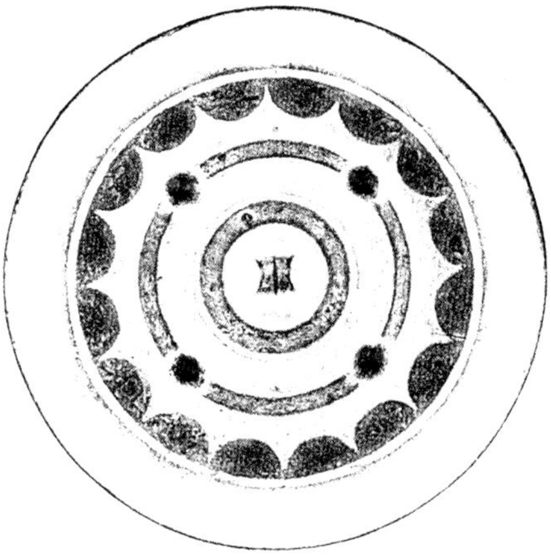

图6　四乳凹带连弧纹镜拓本
西汉早期（直径10.4、厚0.15～0.35厘米）

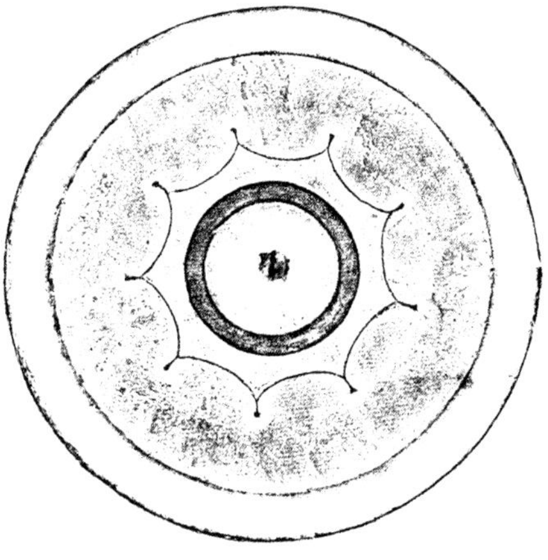

图7　单线连弧纹镜拓本
西汉早期（直径11.7、厚0.2～0.3厘米）

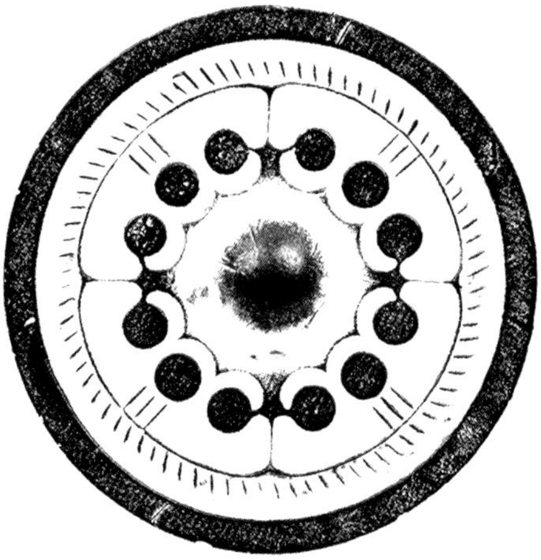

图8　联珠纹镜拓本
西汉中期（直径7.3、厚0.2～0.5厘米）

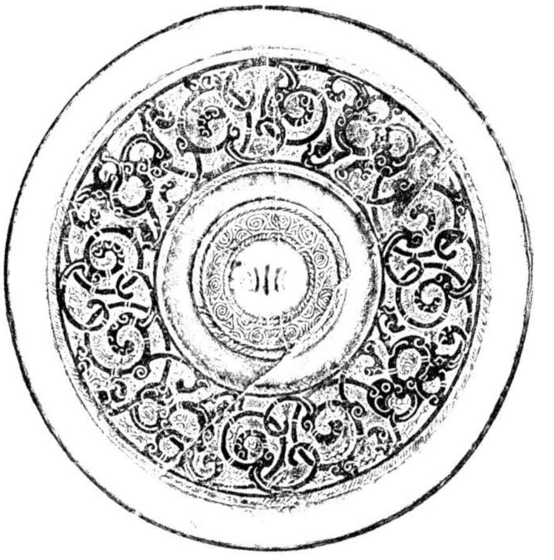

图9　蟠螭纹镜拓本
西汉早期（直径18.5、厚0.15～0.6厘米）

（六）蟠螭纹镜

临淄战国时期透雕蟠螭纹镜进入汉代已消失不见，其他种类的蟠螭纹镜数量大幅增多。这一时期的蟠螭纹镜，基本都用地纹作装饰，地纹多为圆涡状，或用斜折线云雷地纹，均为三弦钮，宽素缘，缘边上卷。根据主题纹饰的不同，主要划分为蟠螭纹镜、圈带蟠螭纹镜、菱形蟠螭纹镜、连弧蟠螭纹镜。

蟠螭纹镜，主纹一般为盘旋环绕的四螭，螭首螭尾相互缠绕连接。螭近龙形，平面为浅浮雕粗线条状，螭首为比较明显的龙形，身躯、足、尾均弯曲呈各种弧形的竹节形线条（图9）。这种铜镜的纹饰与战国时期的铜镜比较接近，出土的数量较少。

圈带蟠螭纹镜，钮外两周宽凹弧面圈带，主纹为四组相互缠绕的蟠螭纹，其表现手法多样，有的四组蟠螭相互缠绕在一起，有的四大四小的C形连接环绕而成，也有的蟠螭两端回卷呈S形。主纹被外周宽凹弧面圈带弦断，四枚乳丁均匀叠压在圈带上（图10-1）。有极个别的镜体较大，乳丁外围以圆环，环外四个桃形花瓣或从桃形花瓣向外伸出一单体桃形叶纹，近缘处一周内向连弧纹(图10-2)。

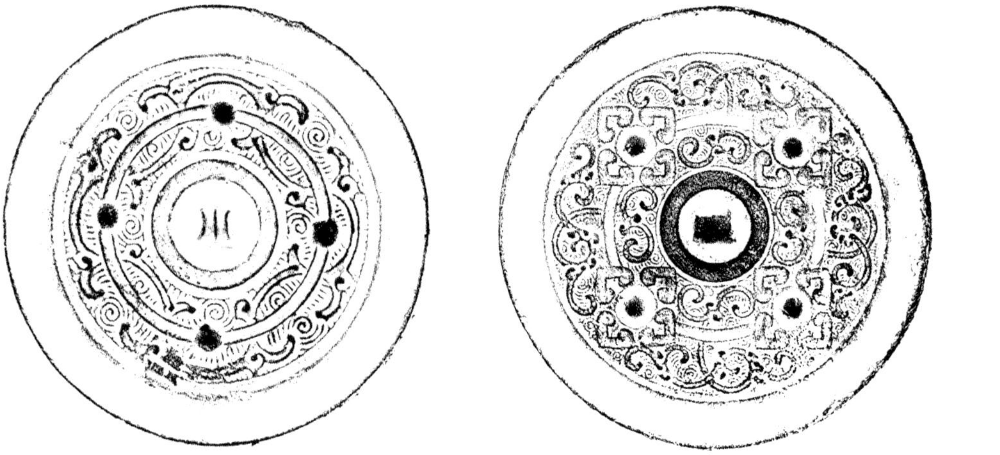

1　　2

图10　圈带蟠螭纹镜拓本

1. 西汉早期（直径8.1、厚0.1～0.2厘米）　2. 西汉早期（直径6.9、厚0.1～0.2厘米）

菱形蟠螭纹镜，这类镜体一般较小，钮外一周宽凹弧面圈带，圈带外两周凹弦纹间饰主纹，根据纹饰差异，可大体分为两种。一种主纹由三螭、三菱形和三叶组成。三叶均匀分布于座外两周凹圈带间，三叶之间分别饰有一组弯曲的蟠螭和折叠状菱形纹，螭身中部多呈折叠形，螭身前后两端对称弯曲，首尾回卷（图11-1）。另一种由菱形纹和蟠螭纹组成，蟠螭已经简化，螭身弯曲，首尾相连，有的蟠螭与折叠菱纹互相叠压相交（图11-2）。

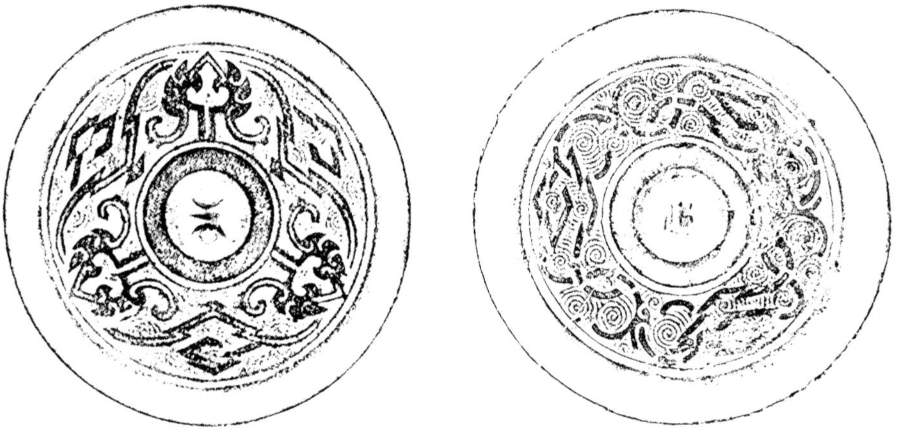

1　　2

图11　菱形蟠螭纹镜拓本

1. 西汉早期（直径7.5、厚0.1～0.15厘米）　2. 西汉早期（直径10.9、厚0.2～0.5厘米）

连弧蟠螭纹镜，多数镜钮外一周宽凹弧面圈带，圈带与内向十六连弧纹之间饰主纹，主纹清晰简单，有四简体蟠螭纹。主要有三种表现形式：第一种是蟠螭呈8字形盘绕互相连接（图12-1），第二种是蟠螭呈一正一反的八个C形连接而成（图12-2），第三种是蟠螭由四个S形连接而成（图12-3）。

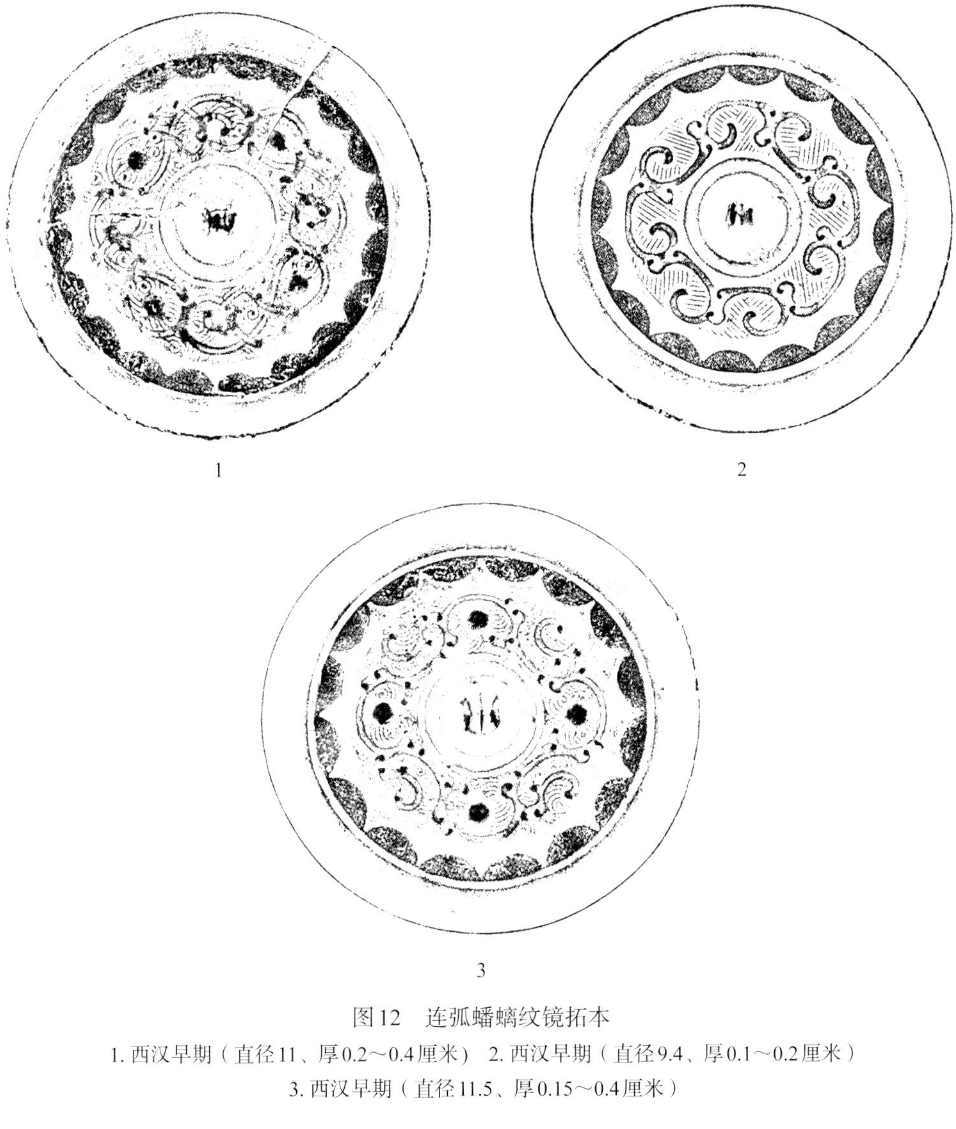

图12　连弧蟠螭纹镜拓本

1. 西汉早期（直径11、厚0.2～0.4厘米）　2. 西汉早期（直径9.4、厚0.1～0.2厘米）

3. 西汉早期（直径11.5、厚0.15～0.4厘米）

此类铜镜主要流行于西汉早期，与素面镜在同时期出土数量最多。

（七）蟠虺纹镜

蟠虺纹与蟠螭纹比较相似，蟠螭纹的蟠螭首尾相连，或相互缠绕叠压在一起，具有一定的连续性。而作为主纹的蟠虺纹虺首、尾演化不明显，有的首、尾相同，图案线条相对简单明显。此类铜镜分为有地纹镜和无地纹镜。有地纹镜一般为三弦钮，宽素卷缘，主纹为圆涡状云雷地纹或斜折线地纹上装饰四条蟠虺纹，个别三条蟠虺纹。无地纹镜为半球形钮，宽素缘，四枚带圆座的乳丁间饰四蟠虺纹。据镜体和纹饰形制的不同，分为三蟠虺纹镜、方格铭蟠虺纹镜、连弧蟠虺纹镜、四乳四虺纹镜。

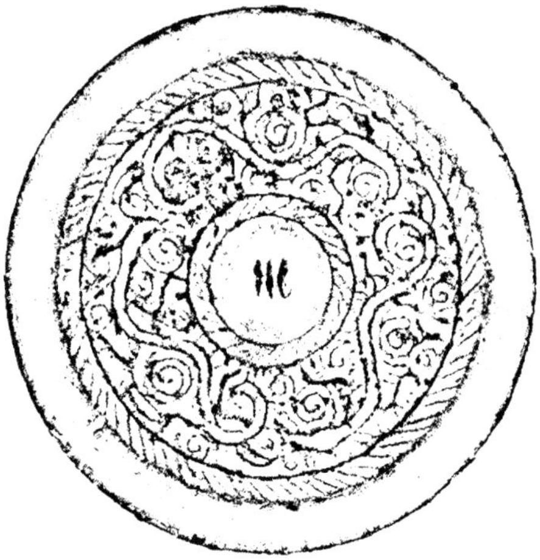

图13　三蟠虺纹镜拓本
西汉早期（直径6.9、厚0.1～0.2厘米）

三蟠虺纹镜，极为少见，三弦钮，钮外两周短斜线纹之间圆涡状云雷地纹上饰三条虺纹，虺纹身躯盘曲，尾部回卷（图13）。

方格铭蟠虺纹镜，出土较少。镜体较小，三弦钮，钮外凹弧面方格及大方格，方格间为铭文带，方格外侧装饰蟠虺纹，素卷缘。铭文内容多为“常贵乐未央毋相忘”“见日之光长毋相忘”“常贵富乐毋事”“见日之光天下大明”等吉语。方格四面在斜折线地纹上饰四乳四虺纹，每面乳丁居中，虺纹由三个C形相连，中间C形大，两侧C形小，与大C形相反配置相连接（图14）。

连弧蟠虺纹镜，据乳丁的有无可分为四虺镜和四乳四虺镜两种。四虺镜，三弦钮，钮外凹弧面圈带与内向十六连弧纹之间饰主纹，斜折线地纹上饰四组S形蟠虺纹，蟠虺首尾不分，有的虺纹由正反两个C形中间用细复线连接构成（图15）。四乳四虺镜，与四虺镜的形制基本一致，四枚乳丁均匀分布，四虺居于乳丁之间，有两种表现手法。第一种是在圆涡状地纹上饰四乳四虺纹，虺纹由正反的两个C形组成（图16-1）；第二种是钮外为凹弧面方格，格外均匀分布四枚乳丁，蟠虺围乳丁内卷似C形卷云状，四虺之间在近缘处用弧线相连，形似树木卷云纹（图16-2）。

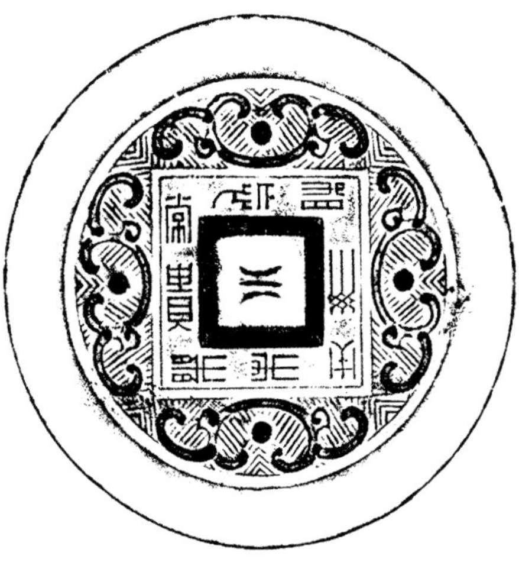

图14　方格铭蟠虺纹镜拓本
西汉早期（直径8.9、厚0.1～0.2厘米）

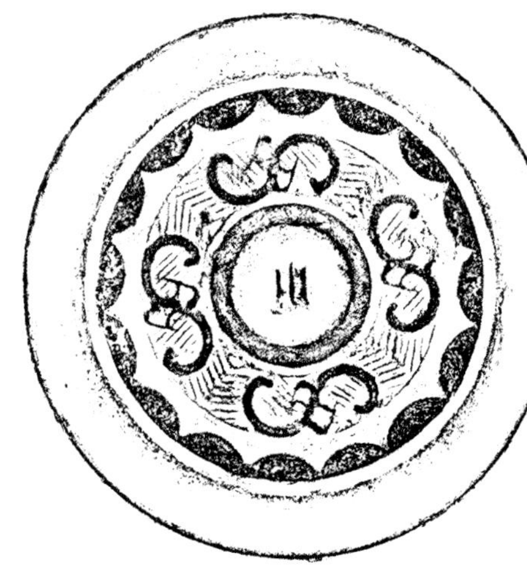

图15　连弧蟠虺纹镜拓本
西汉早期（直径9、厚0.1～0.2厘米）

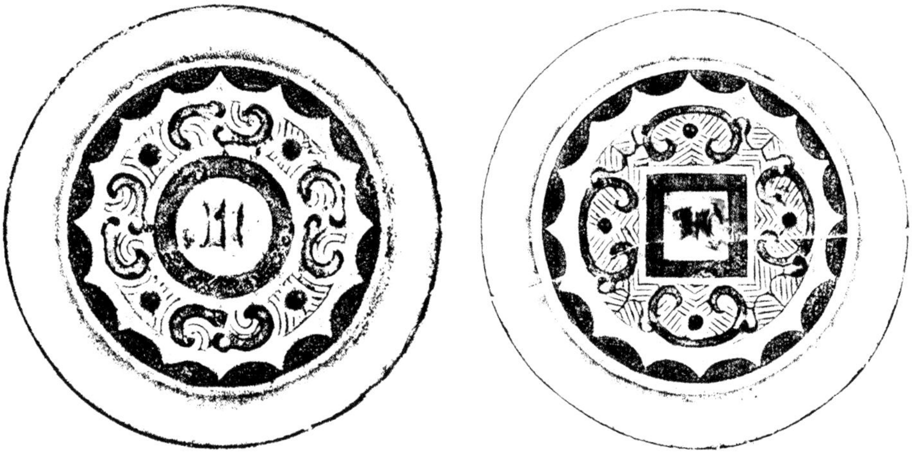

1　　2

图16　连弧蟠虺纹镜拓本

1. 西汉早期（直径7.8、厚0.1～0.2厘米）2. 西汉早期（直径9.5、厚0.1～0.2厘米）

四乳四虺纹镜，镜体较厚，出土的数量最多。半球形钮，圆钮座个别铜镜为四叶形、并蒂联珠纹钮座，多数铜镜钮座外饰一周凸圈带，还有的座外饰一周联珠纹或内向连弧纹，但主纹均在内外两周短斜纹之间，一般为宽素缘，极个别的为双线三角波折纹缘。四枚乳丁间饰四虺纹，四枚乳丁有圆底座，四虺位于圆座乳丁之间，由复线构成，整个虺纹呈钩形躯体状，头近扁圆或近三角形，靠近右侧乳丁，身躯多为弧形，有的近直，尾部回卷内钩，回钩甚者呈扁圆形，一般身躯上下各饰有1～3个小鸟及鸟纹（图17）。

1　　2

图17　四乳四虺纹镜拓本

1. 西汉中晚期（直径10.5、厚0.2～0.5厘米）2. 西汉中晚期（直径9.1、厚0.2～0.35厘米）

三蟠虺纹镜、方格铭蟠虺纹镜、连弧蟠虺纹镜出现并流行于西汉早期。四乳四虺纹镜出现于西汉中期，流行于西汉中晚期。

（八）星云纹镜

星云纹镜在临淄汉代墓葬内极为常见，出土的数量也比较多。此类铜镜镜钮多数为连峰钮，个别是兽首钮。主纹区为四个圆座乳丁或四枚八联珠纹底座的乳丁均匀分配四方，分隔为四区，区内装饰小乳丁，小乳丁之间用弧线相连。内向十六连弧纹缘。根据小乳丁数目的多少分四星式、五星式、七星式、八星式、九星式、十星式和二十一星式，其中又以七星式星云纹镜的数量最多。

图18　四星式星云纹镜拓本
西汉中晚期（直径10、厚0.15～0.3厘米）

星云纹镜一般为连峰钮，钮外有一至两周细弦纹或内向十六连弧圈带，两周短线纹或弦纹间装饰主纹，内向十六连弧纹缘。

四星式星云纹镜比较少见，根据纹饰和乳丁排列不同有三种形式：第一种是四枚圆座乳丁分为四区，每区间有四枚小乳丁，并用弧线相连（图18）；第二种八联珠纹底座的乳丁分为四区，每区内中间有一枚圆座大乳丁，两侧各有上下并列两枚小乳丁，并用弧线相连（图19-1）；第三种区内的四枚小乳丁两两并列，从小乳丁中间及圆座乳丁的外围用复线连接成弧边四角形（图19-2）。

1

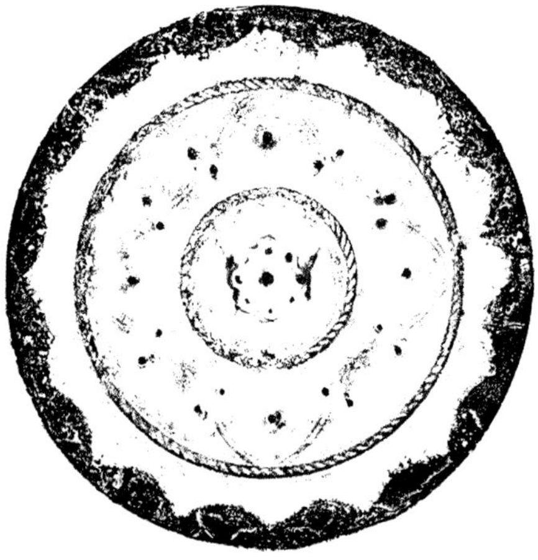

2

图19　四星式星云纹镜拓本
1. 西汉中晚期（直径10.5、厚0.1～0.3厘米）　2. 西汉中晚期（直径10.5、厚0.2～0.4厘米）

五星式星云纹镜比较多见，根据纹饰和乳丁排列不同有三种形式：第一种是四枚圆座乳丁间有五枚小乳丁，中间一枚，两侧各并列两枚，并用弧线相连（图20-1）；第二种钮外短线纹与近缘处两周弦纹间饰主纹，八联珠底座的乳丁分隔四区，乳丁外侧三枚，内侧两枚，交错排列，并用一至三条弧线相连（图20-2）；第三种圆座大乳丁每区间五枚小乳丁内外横向排列，外侧三枚，内侧两枚，用弧线连接，此种镜体较小（图20-3）。

1

2

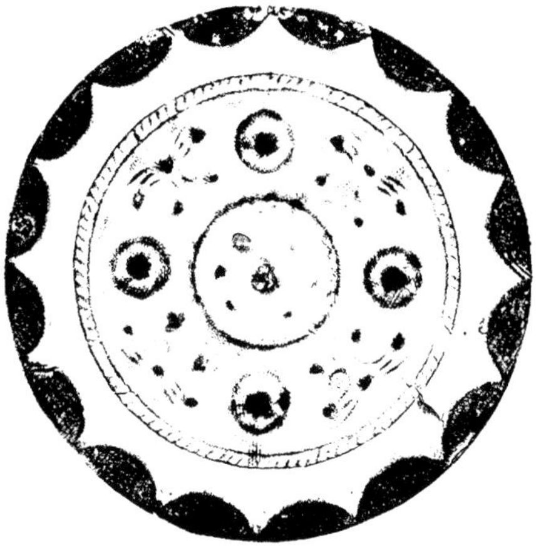

3

图20　五星式星云纹镜拓本

1. 西汉中晚期（直径10.5、厚0.1～0.4厘米）2. 西汉中晚期（直径9.9、厚0.15～0.4厘米）
3. 西汉中晚期（直径7.2、厚0.15～0.3厘米）

七星式星云纹镜虽然出土数量最多，但区间小乳丁排列方式变化不大，有圆座大乳丁或八联珠底座的乳丁将主纹分为四区，每区内有七枚小乳丁，外侧四枚，内侧三枚，相互之间用一至三条弧线相连（图21）。

八星式星云纹镜较为常见，纹饰和乳丁有两种表现手法：一是钮与两周细弦纹间均匀分布四枚乳丁，其外一周内向十六连弧纹圈带，圈带外细弦纹和短斜线纹间饰主纹，八联珠底座的乳丁将主纹分为四区，每区内有八枚小乳丁，外侧五枚，内侧三枚，用一至三条弧线相连，弧线尾端内卷成卷云纹（图22-1）；二是钮与两周细弦纹之间饰主纹，四枚圆

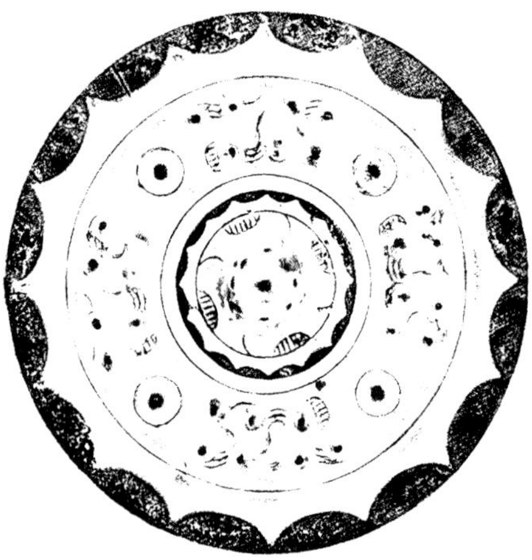

图21　七星式星云纹镜拓本
西汉中晚期（直径10.5、厚0.15～0.4厘米）

座乳丁分为四区，区内八枚小乳丁交错排列并用弧线相连（图22-2）。

九星式星云纹镜比较少见，据纹饰和乳丁布局不同有两种形式：一种是镜体较大，钮外有二至三周细弦纹、一周内向十六连弧纹圈带，圈带外两周短斜线纹间饰主纹，八联珠底座的乳丁将主纹分为四区，每区内有九枚小乳丁交错排列并用弧线相连（图23-1）。另一种镜体较大，钮外一周细弦纹与短线纹之间饰主纹，四枚圆座大乳丁分隔为四区，区内九枚小乳丁，一枚居于区中间，两侧各有相互对称的四枚，并用单弧线相连，布局清晰，乳丁密而不乱（图23-2）。

十星式星云纹镜极为少见。连峰钮，钮外四枚乳丁，两周细弦纹和一周内向十六连弧纹，两周短线纹之间饰主纹，四枚八联珠纹底座的乳丁分为四区，每区内十枚小乳丁交错排列并用弧线相连（图24）。

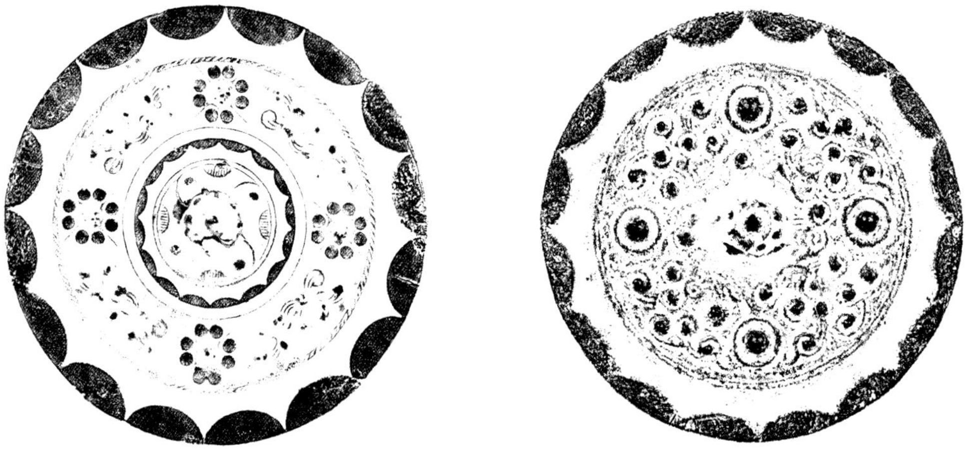

1　　2

图22　八星式星云纹镜拓本
1. 西汉中晚期（直径15.3、厚0.2～0.5厘米）　2. 西汉中晚期（直径10.8、厚0.25～0.5厘米）

二十一星式星云纹镜极为少见。兽首钮，钮外一周绹索纹，内向十六连弧纹与绞索纹间饰主纹，四枚圆座大乳丁分四区，每区内有二十一和二十枚不等的小乳丁，小乳丁交错排列并用弧线相连（图25）。

星云纹镜出现于西汉中期，流行于西汉中晚期。

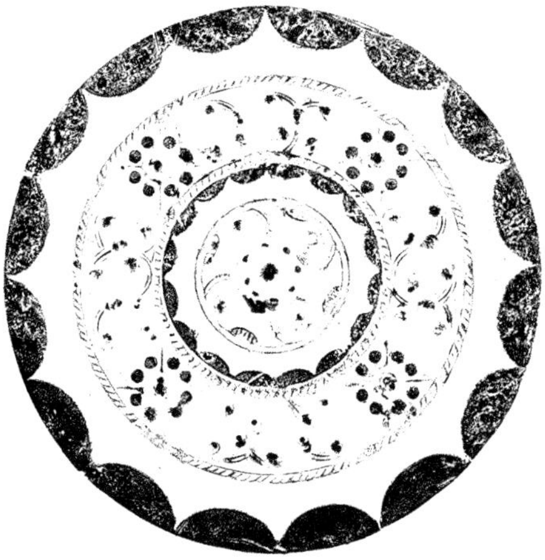

1

2

图23　九星式星云纹镜拓本

1. 西汉中晚期（直径11、厚0.15～0.4厘米）2. 西汉中晚期（直径15.3、厚0.2～0.5厘米）

图24　十星式星云纹镜拓本

西汉中晚期（直径15.5、厚0.3～0.6厘米）

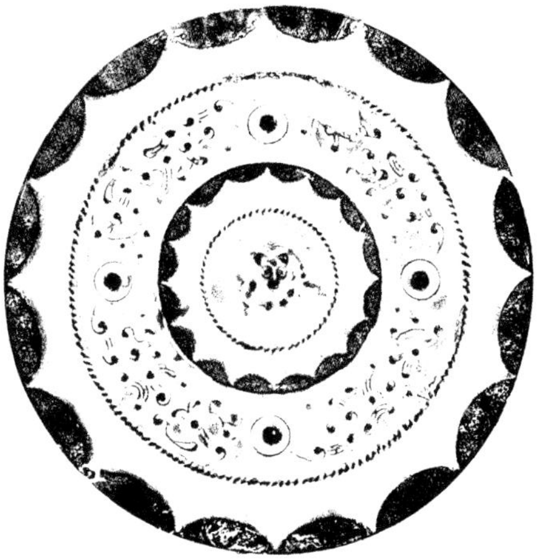

图25　二十一星式星云纹镜拓本

西汉中晚期（直径15.5、厚0.3～0.6厘米）

（九）弦纹镜

弦纹镜在临淄战国时期，镜背纹饰简洁，以三弦钮为圆心，其外装饰有一周或两周以上的弦纹。

临淄汉代墓葬中弦纹镜比较少见，连峰钮，钮座外与两周弦纹间装饰四组各两周弧线纹，内向十六连弧纹缘（图26）。

临淄出土汉代弦纹镜与战国时期形制存在较大差异。出土的弦纹镜镜体较小，铜镜为连峰式钮，十六连弧纹缘，此类形制的铜镜出现于西汉中期，流行于西汉中晚期。

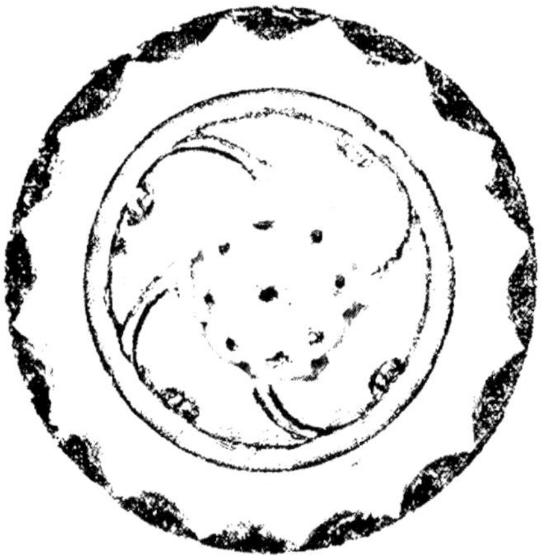

图26　弦纹镜拓本

西汉中期（直径6.3、厚0.2～0.5厘米）

（十）草叶纹镜

草叶纹镜在临淄汉代墓葬内出土数量较多，依据纹饰布局的不同可分为草叶纹镜、草叶规矩纹镜、草叶花瓣铭文镜、草叶铭文镜、草叶圈带铭文镜。

草叶纹镜，一般为半球形钮，圆钮座，座外为一至两个正方形方格，格外饰主纹，内向十六连弧纹缘。据纹饰布局的不同分三种表现形式：第一种，两方格中间饰对称的单叠式草叶或三短斜线纹，四角有多重三角组成的正方形或数条短斜线组成方形，方格外每面中间各有一乳丁花苞纹，两侧对称单叠式草叶，四角伸出二叶花枝纹（图27-1）。第二种，方格内中间饰对称的卷云纹，方格外中间饰对称的单叠式草叶纹，卷云中间伸出的主杆与草叶相连，四角伸出一花苞二叶花枝纹（图27-2）。第三种，柿蒂形钮座，凹弧面方格外中间饰四对称的单叠式草叶纹，四角各有一枚圆座乳丁纹（图28）。此类铜镜出土的数量较少，一般镜体较小，纹饰简洁清晰。

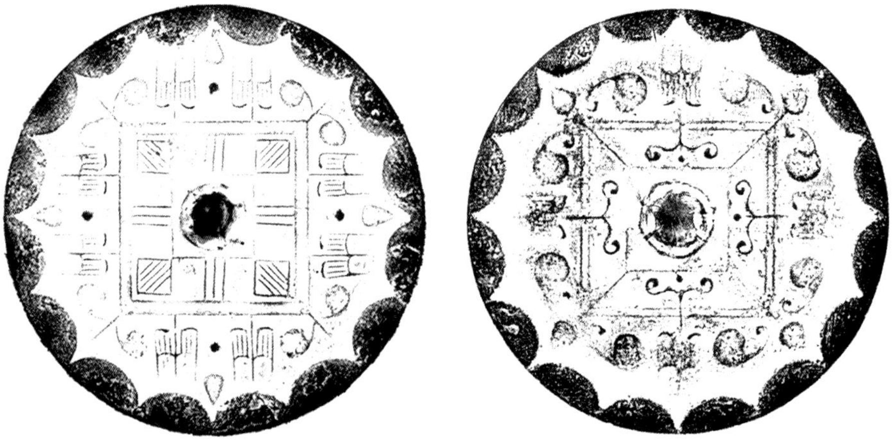

图27　草叶纹镜拓本

1. 西汉中晚期（直径9.8、厚0.1～0.2厘米）　2. 西汉中晚期（直径9.5、厚0.15～0.3厘米）

草叶规矩纹镜或称博局草叶纹镜，半球形钮，四柿蒂形钮座，方框外由宽体凹弧面I或T、V、L形构成规矩纹，内向十六连弧纹缘。据铭文、纹饰布局不同有三种表现形式：第一种，座外细线或凹弧面小方格，方格外四角两层纹饰，小方格四角饰一桃形叶纹，其上叠压V形，中间饰四组对称叠压T、L形纹，T与L中间用三竖线连接，L纹两侧有单叠式草叶纹（图29）。第二种，座外由凹弧面小方格和细线大方格构成铭框，框内铭文右旋，内容为“长富贵，乐毋事，日有喜，宜酒食”。铭框外侧四面中间各有一组I、L和一花苞纹，I与铭框平行，I与L有三组短线相连，两侧饰二叠式草叶纹，四角各伸出V形纹（图30-1）。第三种，方格外四角伸出一花苞和直角V形，V两侧为对称的二叠式草叶纹。方格四面中间向外伸出一个T形，外侧与之相对拐角向外的L形，T与L中间有三条短线相连，或用一短线连接两边的卷云纹，L底横中间向外伸出一枝花苞。格外每边 T 形下部隔开两字，右旋读为“见日之光天下大阳”（图30-2）。此类铜镜出土不多，比较少见。

图28　草叶纹镜拓本

西汉中晚期（直径8.3、厚0.25～0.45厘米）

图29　草叶规矩纹镜拓本

西汉中晚期（直径11.6、厚0.15～0.35厘米）

1　　2

图30　草叶规矩纹镜拓本

1. 西汉中晚期（直径13.8、厚0.2～0.4厘米）　2. 西汉中晚期（直径11.7、厚0.2～0.4厘米）

草叶花瓣铭文镜，半球形钮，四柿蒂形钮座。座外方格内四边布列铭文，方格外中间有对称的四枚乳丁，乳丁围以桃形四花瓣，花瓣两侧饰三叠式草叶纹，四角各伸出一花苞二叶花枝纹。铭文为“见日之光，天下大阳，君月之明，所言必当”（图31）。此类镜体较大，保存完好，铭文及纹饰构图清晰庄重，规整美观，实属镜中精品，较为少见。

草叶圈带铭文镜，半球形钮，四柿蒂形钮座，座外两周细线方格间为凹弧面方格，方格外中间有对称的二叠式草叶纹，四角各伸出一花苞二叶花枝纹，两叶肥大下垂，其外为一周内向二十连弧纹。两周细弦纹间为铭文圈带，铭文为“□愿见其不可得兮，气焉吸而增伤；乌委迤其不胜风兮，悔姢姢而俞则；思曰揗而不衰兮，尚相见其能容”。内向十六连弧纹缘。这面铜镜镜体较大，镜背整体构图与其他草叶纹镜都不相同，较为独特（图32）。

图31　草叶花瓣铭文镜拓本

西汉中晚期（直径23、厚0.25～0.5厘米）

图32　草叶圈带铭文镜拓本

西汉中晚期（直径18.2、厚0.3～0.65厘米）

草叶铭文镜，不仅出土数量多，而且种类比较繁杂。此类铜镜一般为半球形钮，也有少量的伏兽钮和兽首钮，四柿蒂形钮座或圆钮座，座外两方格间饰有铭文，方格外装饰草叶纹和花叶纹，内向十六连弧纹缘。依据纹饰构图的不同主要有七种表现形式。

第一种，三弦钮，钮外凹弧面方格与细线方格间饰有铭文，铭文为“长贵富，乐未央，长相思，毋相忘”。方格每边中间为对称的二叠式草叶纹，两侧对称的花枝纹，叶片反卷下垂，四角一支单叠草叶纹，外一周内向十六连弧纹。宽素卷缘（图33-1）。此镜较少，为西汉早期。

第二种，大多数为半球形钮，柿蒂形钮座或圆钮座，有少量伏兽钮，方格内四角多有对称重三角组成的正方形或正方形内饰数条短斜线，或有一支花苞，方格间四面布列铭文。方格外每面中间各有一乳丁花苞纹，两侧为对称的单叠式、重叠式草叶纹，也有个别的三重式草叶纹，四角伸出一花苞二叶花枝纹或二叶花枝纹。此类铜镜出土数量最多，镜铭也较为丰富，主要内容有“见日之光，天下大明”“见日之光，长毋相忘”“见日之光，长乐未央”“见日之明，天下大明”“见日之光，天下大阳”“见日之明，天下未央”“见日之光，天下大阳，所言必当”“见日之光，服者君卿，所言必当”“见日之光，天下大阳，长乐未央”“见日之光，服者君卿，乐而未央”“见日之光，千秋万岁，长乐未央，□□□明”“日有喜，宜酒食，长贵富，乐毋事”“长相思，勿相忘，长贵富，乐未央”等（图33-2、图34）。

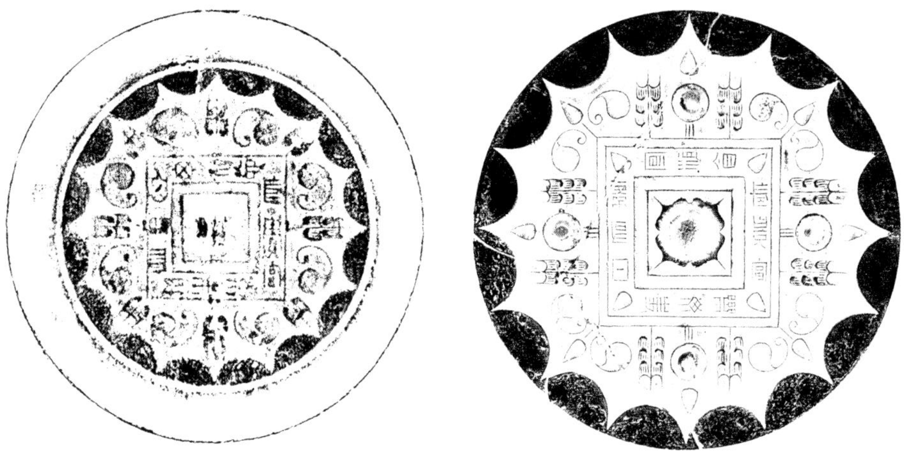

1　　　　2

图33　草叶铭文镜拓本

1. 西汉早期（直径11.6、厚0.2～0.4厘米）　2. 西汉中晚期（直径18.5、厚0.3～0.5厘米）

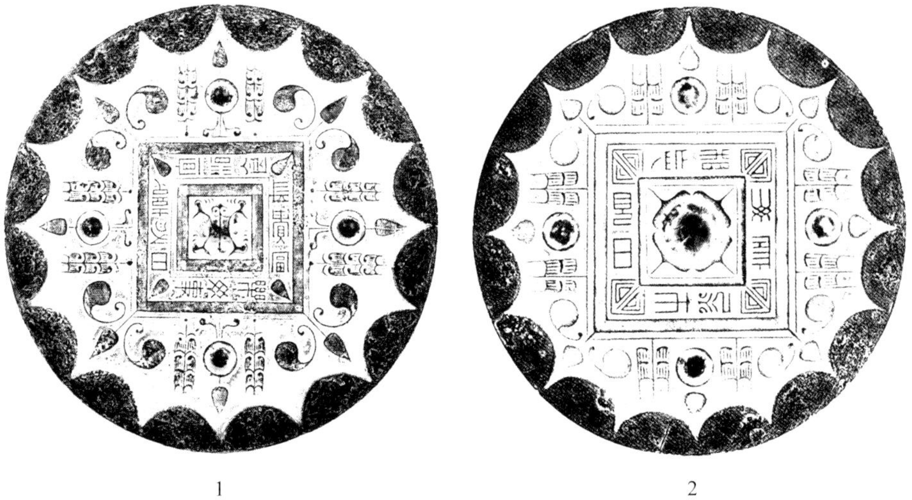

1　　　　2

图34　草叶铭文镜拓本

1. 西汉中晚期（直径18.2、厚0.3～0.5厘米）　2. 西汉中晚期（直径13.8、厚0.3～0.4厘米）

第三种，镜体相对较小，较为常见，半球形钮或伏兽钮，四柿蒂形钮座及圆钮座。方格内四角多饰乳丁或单体花苞，四面布列铭文。方格外每边中间各一支单叠式或重叠式草叶纹，四角伸出一花苞二叶花枝纹或一乳丁二叶花枝纹，极个别的伸出单叠式草叶两侧为对称的花叶纹。主要镜铭为“见日之光，天下大明”“见日之光，君月之明”“见日之光，所言必当，长毋相忘”“见日之光，天下大阳，服者君卿”“长相思，毋相忘，长贵富，乐未央”“长毋相忘”等（图35）。

第四种，伏兽钮，钮外宽凹弧面小方格和细线大方格，方格内铭文左旋读为“见日之光，天下大阳，服者君卿，延年千岁，幸至未央”。方格外中间为对称的圆座乳丁围以桃

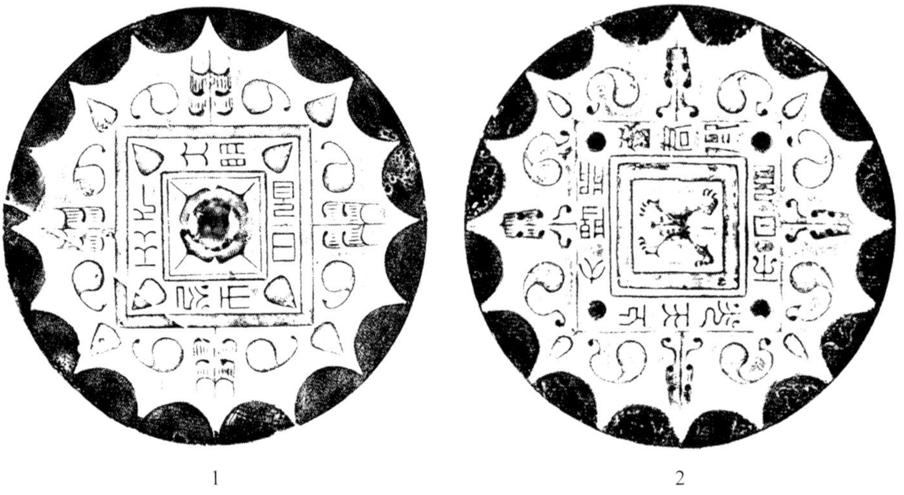

图35　草叶铭文镜拓本

1. 西汉中晚期（直径11.5、厚0.15～0.3厘米）　2. 西汉中晚期（直径10.2、厚0.15～0.3厘米）

形四花瓣，方格四角伸出单叠式草叶二叶花枝纹（图36-1）。

第五种，伏兽钮，钮外凹弧面小方格和细线大方格，方格外每边四字，铭文左旋顺读为“见日之光，天下明服，者君王长，幸至未央”。铭文外侧各有一条与方格平行对应的宽凹弧面线段，线段外中间有对称的四组桃形叶纹和二叠式草叶纹，两侧对称的两支二叶花枝纹，叶片下垂，四角乳丁围以桃形四花瓣（图36-2）。这面铜镜二叠草叶叠压在桃形叶纹之上，似塔形，纹饰绚丽，构图新奇。

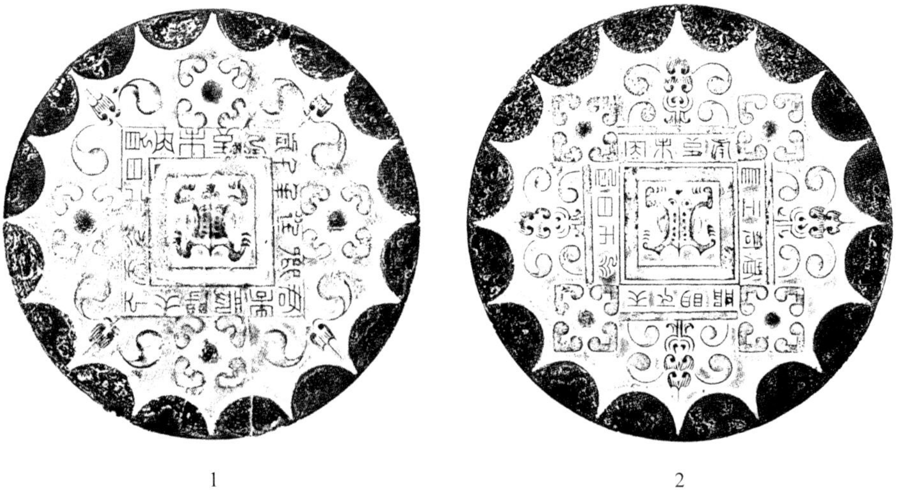

图36　草叶铭文镜拓本

1. 西汉中晚期（直径13.7、厚0.25～0.4厘米）　2. 西汉中晚期（直径16、厚0.2～0.4厘米）

第六种，半球形钮，柿蒂形钮座，钮外凹弧面饰小方格和细线大方格，方格内四角饰花苞纹，中间饰“∩”纹，方格内每边各有二字铭文，铭文右读为“见日之光，天下大明”。方格外中间饰四组对称的乳丁花苞纹，两侧为花枝纹，四角各伸出单叠式草叶纹（图37-1）。

第七种，半球形钮，钮外细线小方格和凹弧面大方格，方格内四角各有一支花苞，每边二字，右读为“见日之光，所言必当”。方格外中间为四组对称乳丁花苞纹，两侧饰二叠式草叶纹，四角各伸出单叠草叶和二叶花枝纹。从格外伸出复线与草叶相连，草叶由数条短斜线构成，草叶细长，极为独特(图37-2)。

草叶纹镜中的草叶铭文镜类的第一种，铜镜镜面较平直，钮为三弦钮，宽素缘，形制特征明显属于西汉早期。西汉中期的镜钮为半球形钮，同时出现了伏兽钮或兽首钮，均为十六连弧缘。因此，此类铜镜出现于西汉早期，在西汉中期较为常见，大量盛行于西汉中晚期。

1

2

图37　草叶铭文镜拓本

1. 西汉中晚期（直径11.8、厚0.25～0.35厘米）　2. 西汉中晚期（直径13.8、厚0.15～0.35厘米）

（十一）花叶纹镜

临淄汉代墓葬内出土的花叶纹镜虽然数量不多，但镜背纹饰较为丰富，有圈带花叶纹镜、方格铭花叶纹镜及四叶纹镜。

圈带花叶纹镜，三弦钮，钮外两周凹弧面圈带，外圈带均匀分布四枚乳丁，乳丁围以四桃形花瓣，大部分乳丁间装饰重叠式双叶纹，有的在双叶间伸出一花苞（图38）。

方格铭花叶纹镜，镜钮有半球形钮或伏兽钮，钮外四面有宽凹弧面圈带和方形铭框，铭框外四面各有一枚乳丁，铭文主要内容有“长相思毋相忘常贵富乐未央”“见日之光长乐未央”等吉语。在方形铭框的四角伸出双叶或一支花苞，多数铜镜在乳丁上或两侧饰有双叶，双叶下垂。镜缘均为十六连弧纹缘（图39）。

四叶纹镜，镜体较大，镜面平直，均为三弦钮，弦钮外一周宽凹弧面圈带，圈带外均匀分布四扁叶形纹，内向十六连弧纹缘（图40）。

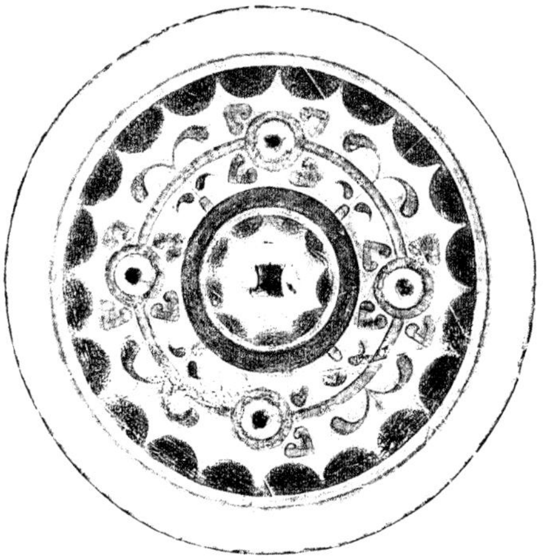

图38　圈带花叶纹镜拓本
西汉早期（直径18.5、厚0.2～0.5厘米）

图39　方格铭花叶纹镜拓本
西汉中晚期（直径7、厚0.2～0.3厘米）

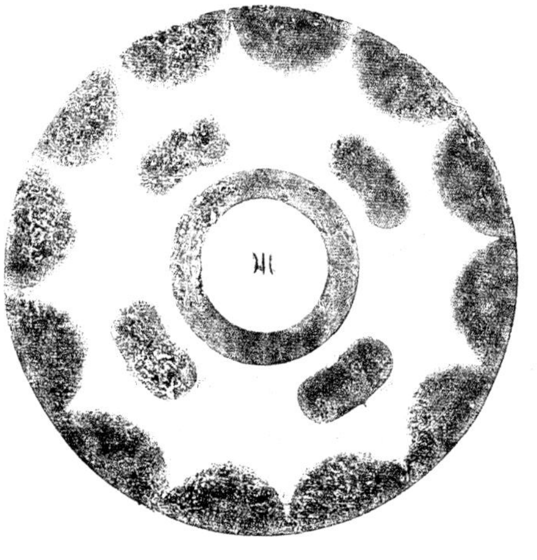

图40　四叶纹镜拓本
西汉早期（直径18、厚0.2厘米）

圈带花叶纹镜、四叶纹镜出现并流行于西汉早期，方格铭花叶纹镜出现于西汉中期，延续至西汉中晚期。

（十二）铭文镜

铭文镜数量最多，主要依据镜铭以及纹饰特征的不同，大致划分为家常贵富镜、日光铭文镜、昭明铭文镜、日光昭明连弧铭文镜、清白连弧铭文镜、重圈铭文镜六种。

（1）家常贵富镜，比较常见，一般是半球形钮，圆钮座，座外一周凸圈带，圈带外两周短线纹间为主纹，素缘。根据纹饰和文字排列的不同主要有五种表现形式：第一种，在四枚圆座乳丁间各有一字，右上方二字为“家”“常”，左下方二字为“贵”“富”，这种铜镜数量最多（图41-1）。第二种，四圆座乳丁间各有一字一鸟，鸟居于字的左侧，鸟首对字，铭文读法同第一种，这种铜镜比较少见（图41-2）。第三种，铭文四字排列方式与上面两种相同，在“富”和“常”的右侧各有对称的一鸟，鸟首对乳丁，比较少见（图42-1）。第四种，座外有一周内向八连弧纹，铭文字间无乳丁间隔，顺序读法同上，比较少见（图42-2）。第五种，铜镜形制特殊，连峰钮，钮与短斜线纹间饰细线方格，方格四角各有一枚乳丁，四边中间乳丁围八个扁平联珠纹，四角内侧各有一字，铭文四字左旋排列。内向十六连弧纹缘，极为少见（图42-3）。这类铜镜出现于西汉中期，流行于西汉中晚期。

（2）日光铭文镜，数量最多的一类，一般为半球形钮，圆钮座或并蒂联珠纹钮座，两周短斜线纹间为铭文带，素缘。根据纹饰布局的差异分为日光铭文镜、日光连弧铭文镜、

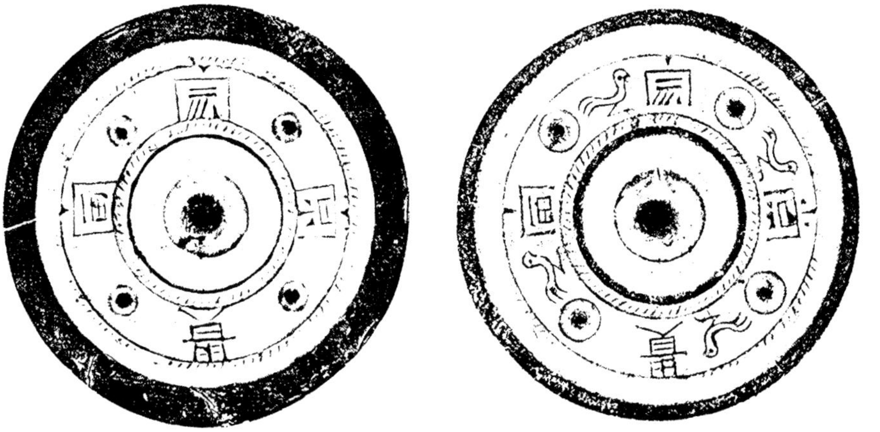

1　　2

图41　家常贵富镜拓本

1. 西汉中晚期（直径7.8、厚0.1～0.4厘米）　2. 西汉中晚期（直径7.7、厚0.1～0.5厘米）

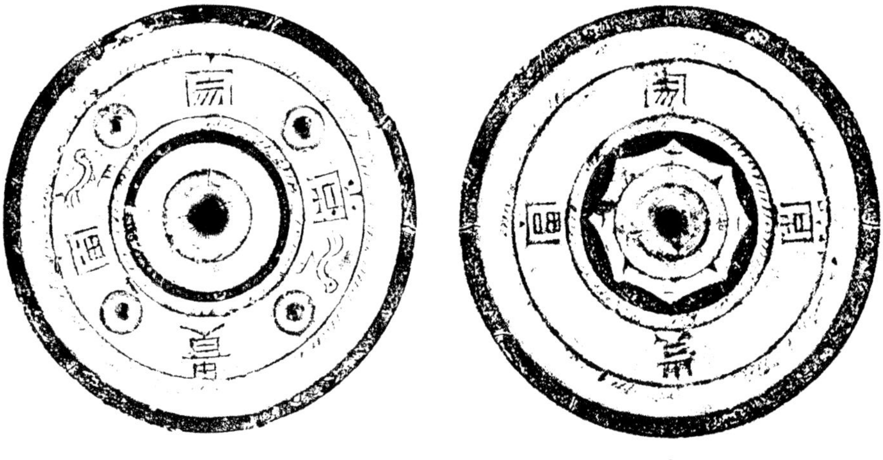

1　　2

3

图42　家常贵富镜拓本

1. 西汉中晚期（直径7.8、厚0.1～0.5厘米）　2. 西汉中晚期（直径7.8、厚0.15～0.5厘米）

3. 西汉中晚期（直径10.5、厚0.15～0.3厘米）

日光圈带铭文镜三种。

日光铭文镜，比较少见，圆钮座外两周短斜线纹间铭文分别为“内日月心勿而不泄”“日月心勿夫”等（图43）。

日光连弧铭文镜，座外凸圈带外饰一周内向连弧纹，据铭文内容起首的不同分为以下四组：

第一组　镜铭的起首为“日月心……”，其内容为“日月心勿夫毋之忠勿相忘”“日月心勿见之毋见日勿心长塞相”“日月心忽而扬忠然雍塞而不泄”等，铭文字数不等，且字铭较多（图44、图45-1）。

图43　日光铭文镜拓本
西汉中晚期（直径7.2、厚0.2～0.35厘米）

图44　日光连弧铭文镜拓本
西汉中晚期（直径12.3、厚0.2～0.6厘米）

第二组　镜铭均为八字，起首为“见日月……”，其内容为“见日月心勿不相忘”“见日月心勿夫毋相”“见日月心勿夫毋忘”“见日月之天下大明”等（图45-2、图45-3）。

第三组　镜铭为八字，起首为“见日之……”，内容为“见日之光，长不相忘”“见日之光，天下大明”等（图45-4、图46-1）。

第四组　镜铭的起首为“见”字，铭文内容为“见日夫日月忽长忠”“见长毋相忘久不相”“见之日月□心忽日夫扬忠见长毋不泄”等，铭文字数不等，铜镜也较为少见（图46-2、图46-3）。

日光圈带铭文镜，座外饰一周凸圈带，此种形制大致与日光连弧铭文镜相同，铭文比连弧铭文镜要简洁，据铭文内容以及起首的不同大致分为六组。

第一组　镜铭的起首为“日月心勿……”，其内容为“日月心勿夫毋勿相忘”“日月心勿毋之忠勿相忘”“日月心勿毋忘”等（图47）。

第二组　镜铭的起首为“日月心忽……”，其内容为“日月心忽而扬不然雍塞以而”“日月心忽而扬忠然雍塞不泄”“日月心忽而扬忠然雍塞而泄”等（图48）。

第三组　镜铭起首为“见日月心……”，其内容为“见日月心勿夫毋相忘”“见日月心

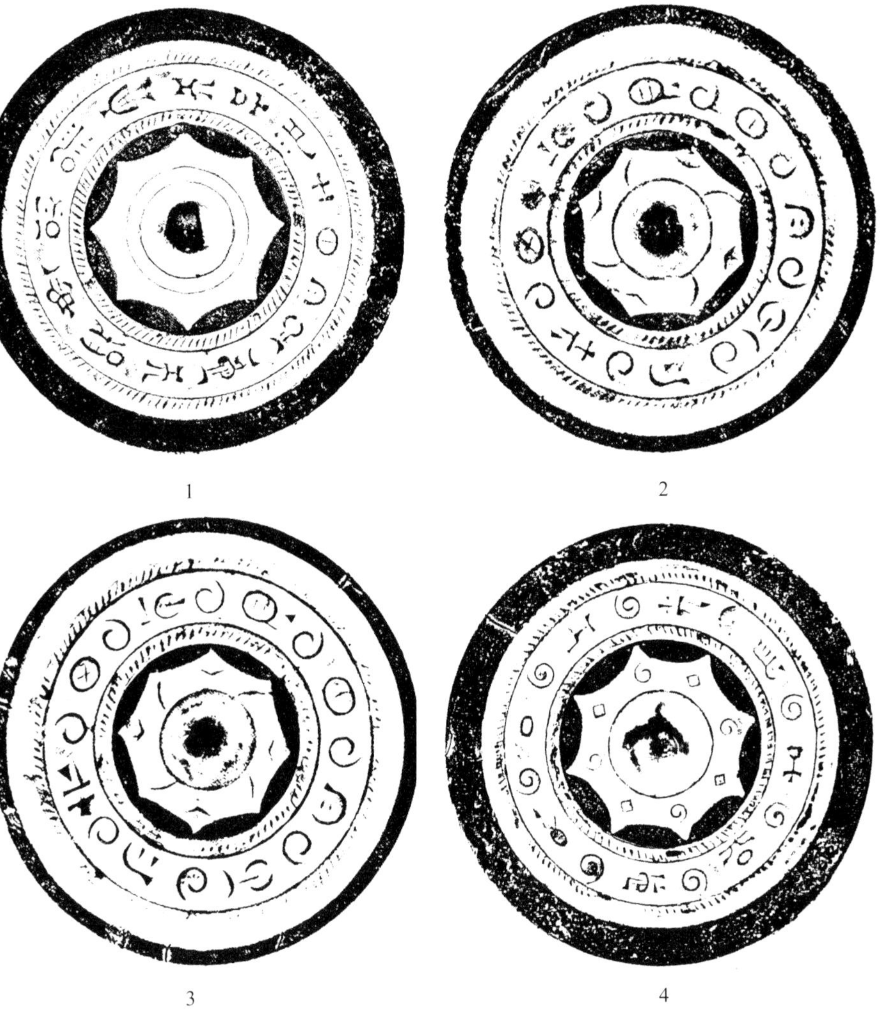

图45　日光连弧铭文镜拓本

1. 西汉中晚期（直径9.3、厚0.15～0.35厘米）　2. 西汉中晚期（直径6.8、厚0.2～0.5厘米）

3. 西汉中晚期（直径6.8、厚0.2～0.45厘米）　4. 西汉中晚期（直径8、厚0.2～0.4厘米）

忽夫毋勿相忘”“见日月心勿夫毋相”“见日月心忽而扬然雍塞不泄”等（图49）。

第四组　镜铭为八字，起首为“见日之光……”，铭文内容为“见日之光，长不相忘”“见日之光，天下大明”等（图50）。

第五组　镜铭的起首为“见日之夫……”，其内容为“见日之夫，长毋相忘”“见日之夫，长不相忘”等，铭文均为八字，比较少见（图51）。

第六组　镜铭的起首为“内日月心……”，其内容为“内日月心勿夫”“内日月心勿而不泄”等，这组铭文也较为少见（图52）。

日光铭文镜镜体一般较小，大多数铜镜镜背铭文带文字之间用符号相间隔。出现于西汉中期，流行于西汉中晚期。

（3）昭明铭文镜，是汉代最常见的镜类之一，也是临淄地区汉代墓葬内出土数量较多

1

2

3

图46　日光连弧铭文镜拓本

1. 西汉中晚期（直径7.5、厚0.15～0.4厘米）2. 西汉中晚期（直径7、厚0.15～0.4厘米）
3. 西汉中晚期（直径8.5、厚0.15～0.35厘米）

1

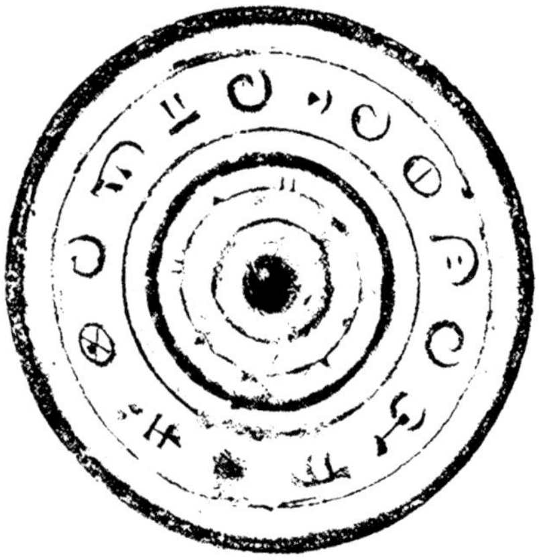

2

图47　日光圈带铭文镜拓本

1. 西汉中晚期（直径8、厚0.1～0.3厘米）2. 西汉中晚期（直径7.5、厚0.1～0.2厘米）

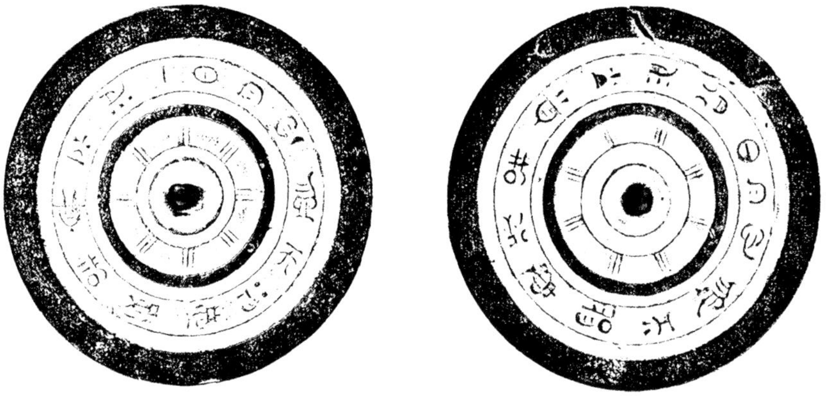

1　　2

图48　日光圈带铭文镜拓本

1. 西汉中晚期（直径9.8、厚0.15～0.3厘米）　2. 西汉中晚期（直径9.2、厚0.1～0.2厘米）

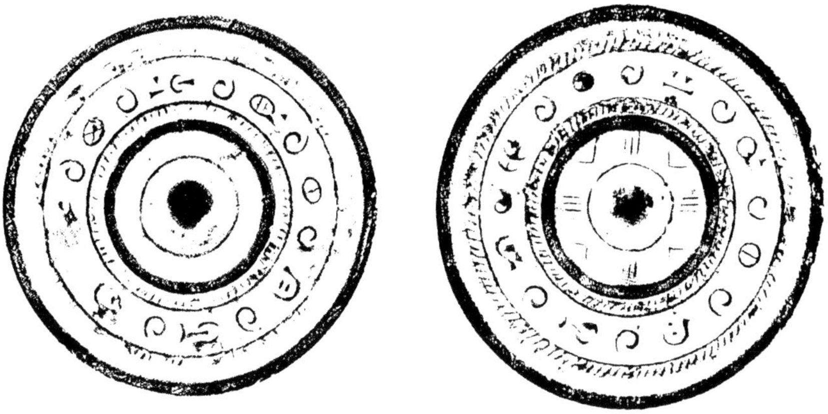

1　　2

图49　日光圈带铭文镜拓本

1. 西汉中晚期（直径6.8、厚0.15～0.4厘米）　2. 西汉中晚期（直径7、厚0.2～0.3厘米）

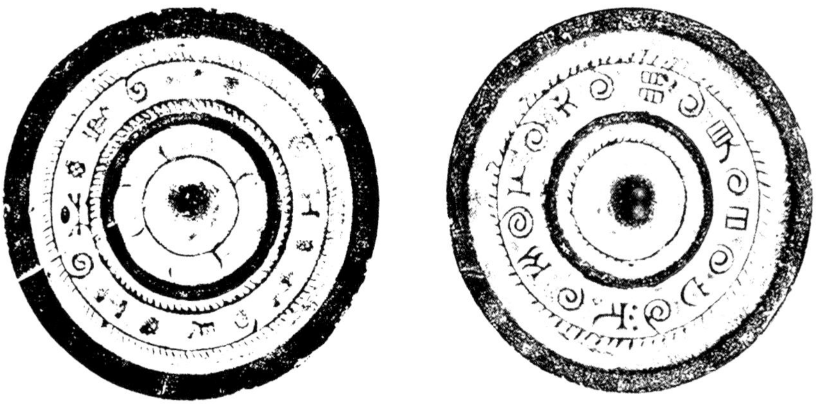

1　　2

图50　日光圈带铭文镜拓本

1. 西汉中晚期（直径7.5、厚0.2～0.4厘米）　2. 西汉中晚期（直径7.3、厚0.2～0.4厘米）

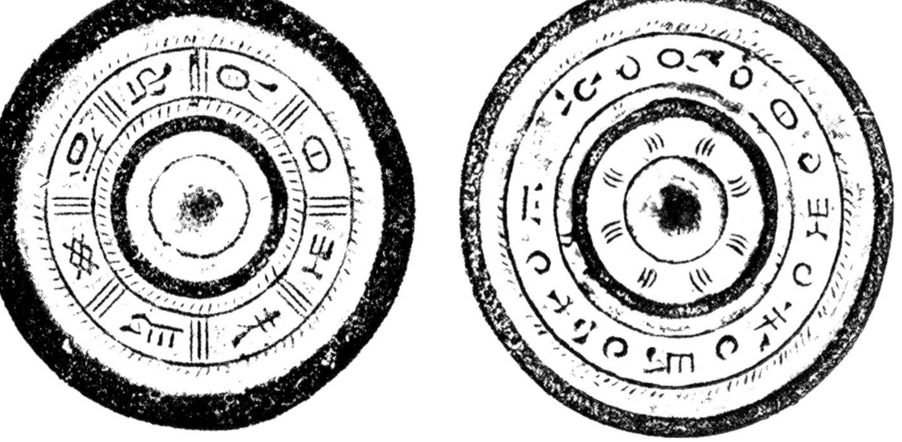

1　　2

图51　日光圈带铭文镜拓本

1. 西汉中晚期（直径7.2、厚0.2～0.4厘米）　2. 西汉中晚期（直径7.5、厚0.25～0.45厘米）

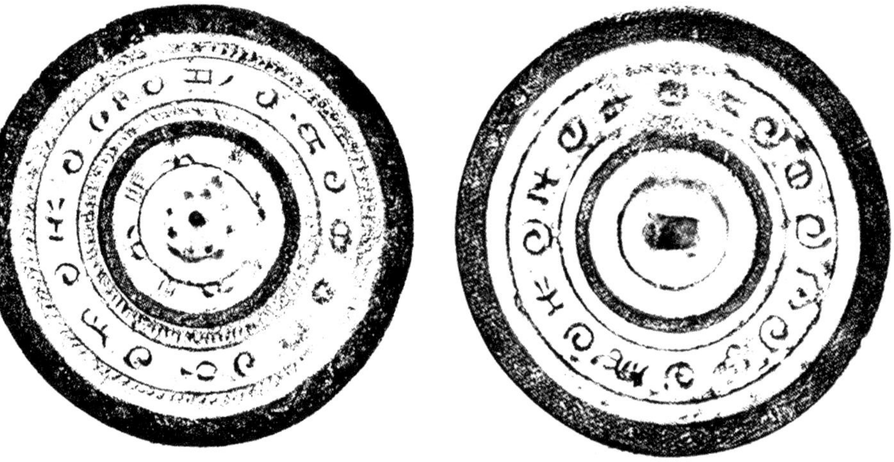

1　　2

图52　日光圈带铭文镜拓本

1. 西汉中晚期（直径7.4、厚0.15～0.3厘米）　2. 西汉中晚期（直径6.9、厚0.1～0.25厘米）

的铭文镜。镜体一般较日光铭文镜厚而大，制作较精，可分昭明连弧铭文镜和昭明圈带铭文镜。

昭明连弧铭文镜，多见半球形钮，少见圆柱形钮和连峰钮，圆钮座或少见并蒂联珠纹钮座及柿蒂纹钮座，座外一周内向连弧纹，连弧纹主要为八连弧，其次为十二连弧、十连弧，十六连弧纹较为少见，连弧纹与座之间多装饰有一周凸圈带、“の”和“⊗”符号、弧线、短直线等简单纹样，其外两周短斜线纹间为铭文带，多为宽素缘，少见窄素缘和双线三角形波折纹缘。据镜体和字体的不同分为三种形式：

第一种，铭文字体瘦长，似篆似隶，字体简化，笔画较细，有的文字间用“而”字间隔，此种铜镜的数量相对较少（图53-1）。

第二种，镜体较大，铭文一般右旋顺读，无字符间隔，变形篆体，字体较大，笔画较粗，出土数量较多（图53-2）。

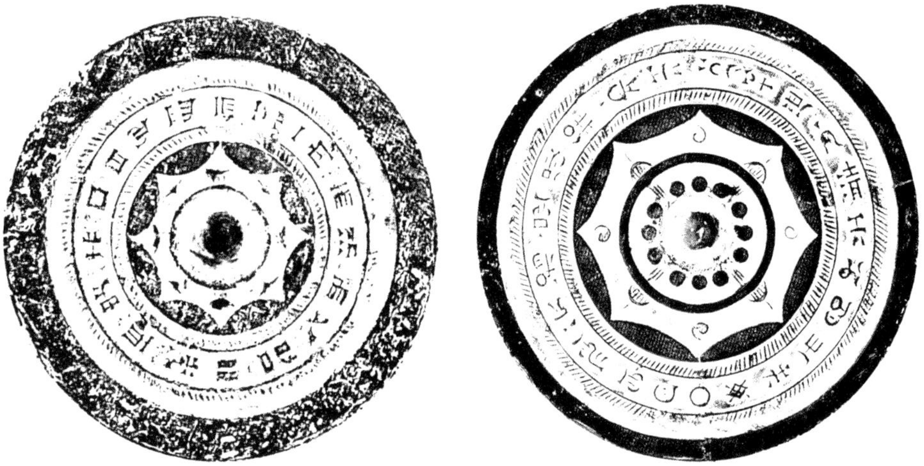

1　　2

图53　昭明连弧铭文镜拓本

1. 西汉中晚期（直径9.5、厚0.2～0.5厘米）　2. 西汉中晚期（直径15、厚0.2～0.5厘米）

第三种，镜体较大而且较厚，座外一周凸圈带，装饰的弧线、短直线也极为简洁，铭文字体方正，规整清秀，为隶体，铭文字间常用“而”字作间隔，此种形式的铜镜较为常见（图54）。

1　　2

图54　昭明连弧铭文镜拓本

1. 西汉晚期（直径12.7、厚0.35～0.6厘米）　2. 西汉晚期（直径12、厚0.25～0.8厘米）

在铭文中减笔、省字以及减句的现象常见，镜铭的起首主要有“内清质以……”“内清以……”“内清而以……”“内清之以……”“内清日月……”“内象日月……”“内不象夫 ……”“内日月心 ……”“以昭清忠……” 等。其内容为“内清质以昭明光辉夫象而长毋相忘日月心忽而扬忠然雍塞而不泄”“内清以昭明光象辉夫日月心忽而愿扬忠然雍塞而不泄”“内清而以昭之夫毋日月心忽而扬忠然雍塞而心不泄”“内清之以昭明光之象而日月心忽扬而□忠而不泄”“内清日月心忽扬忠然雍塞不泄”“以昭清忠而象光日月忽心扬而然雍塞泄”“内象日月心忽而扬忠然雍塞泄以而昭”“内不象夫日月心忽而扬忠然雍塞泄以而昭”“内日月心忽而不扬忠然雍塞而不泄”“内清昭明光象夫日月心不”“内清以昭光明日月”等。

昭明圈带铭文镜，出土的数量较昭明连弧铭文镜要少得多，镜体也相对较小。铜镜一般为半球形钮，圆钮座，少见连峰钮和并蒂联珠纹钮座或柿蒂形钮座，座外一周宽凸圈带或饰一周细弦纹，个别的饰两周凸圈带，有的座外装饰一至三条短直线或短弧线，也有的装饰“の”符号等简单纹样，其外两周短斜线纹间为铭文带，宽素缘。据镜体和字体的不同分三种，与昭明连弧铭文镜基本一致。镜铭的起首主要有“内清质以……内青质以……内以昭明……内清以昭明……内日月心……内以日月心……内夫日月心……内夫光日月……” 等。其内容为“内清质以昭明光日月忽不泄”“内以昭明光辉象夫日月心忽而扬忠然雍塞而不泄”“内以日月心忽而扬忠然雍塞不泄”“内日月心忽而扬然雍塞泄以而”“内清以昭明之心忽不泄”“内夫日月心忽而忠夫然雍塞而不泄”“内夫光日月心忽不泄”“内青质以昭光日月夫”等（图55、图56）。

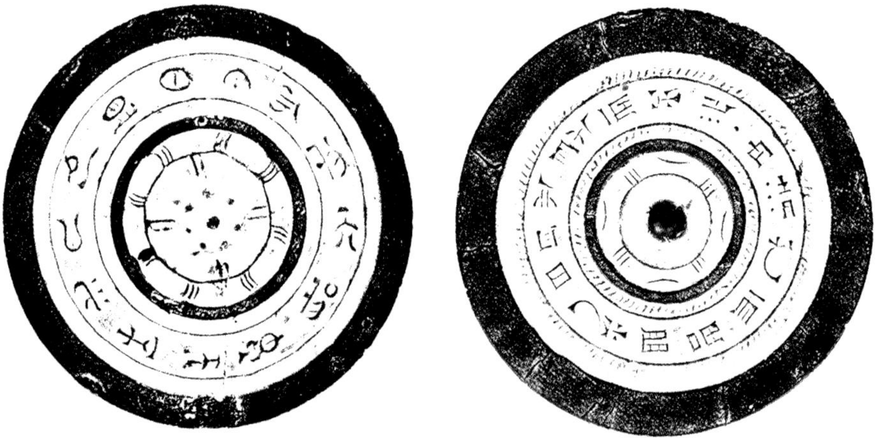

1　　　　2

图55　昭明圈带铭文镜拓本

1. 西汉中晚期（直径11、厚0.2～0.4厘米）2. 西汉中晚期（直径9、厚0.2～0.5厘米）

昭明铭文镜出现于西汉中期，第一、二种铜镜流行于西汉中晚期，第三种则主要流行于西汉晚期。

（4）日光昭明连弧铭文镜，半球形钮，并蒂联珠纹钮座，座外一周短斜线纹、凸圈带

1

2

图56　昭明圈带铭文镜拓本

1. 西汉中晚期（直径8.8、厚0.15～0.3厘米）2. 西汉中晚期（直径9.1、厚0.2～0.5厘米）

和内向八连弧纹，其间装饰双圈弧线、花草纹。两周短斜线纹间为铭文带，铭文为“见日之光长毋相忘以为信光内清明昭□忘□”。窄素缘。这类铜镜文字书写流畅、美观，较为少见，流行于西汉中晚期（图57）。

（5）清白连弧铭文镜，半球形钮，并蒂联珠纹钮座，座外一周凸圈带和内向八连弧纹，其间装饰简单纹样。两周短斜线纹间为铭文带，铭文为“洁清白而事君志愿之合明□玄□而日心□美之而忠然雍塞而不以”。宽素缘。发现极少，流行于西汉中晚期（图58）。

（6）重圈铭文镜，一般为半球形钮，并蒂联珠纹钮座，少见圆钮座或柿蒂形钮座，座外装饰两周凸起的宽体弦带纹，构成双圈铭文带，宽素缘。根据铭文的内容可分为日光昭

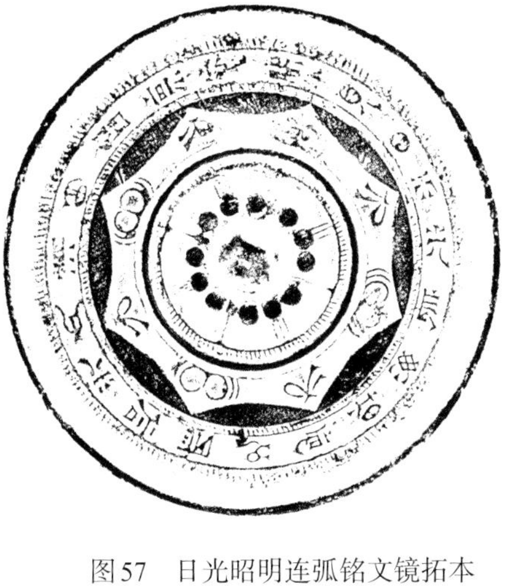

图57　日光昭明连弧铭文镜拓本

西汉中晚期（直径9.8、厚0.2～0.6厘米）

图58　清白连弧铭文镜拓本

西汉中晚期（直径12.8、厚0.2～0.5厘米）

明重圈铭文镜、昭明重圈铭文镜、昭明连弧重圈铭文镜。

日光昭明重圈铭文镜，座外凸起的两周弦纹间为内圈铭文带，两周短斜纹间为外圈铭文带。内圈铭文为“见日之光长勿或毋或不相忘”，文字之间多用“の ”符号间隔。外圈铭文的起首为“内清质以昭……”或“内清以……”，内容为“内清质以昭明日月心忽而愿忠然雍塞不泄而”“内清质以昭明光辉象而日月心忽而愿扬忠然雍塞而不泄”“内清以昭日月心忽而忠然雍塞而不泄”等。内外圈铭文均右旋顺读，镜铭中省字和减笔的现象常见，有的内外圈字体有所差别（图59）。

1

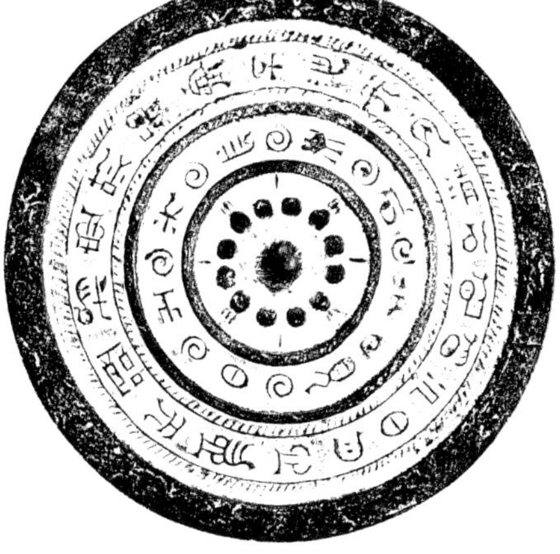

2

图59　日光昭明重圈铭文镜拓本

1. 西汉中晚期（直径12.8、厚0.2～0.5厘米）　2. 西汉中晚期（直径11、厚0.3～0.5厘米）

昭明重圈铭文镜，内圈铭文起首有“内清以昭……”“内清愿昭……”“内清以日月……”“内日月心忽……”“日月心忽……”等。内容有“内清以昭明光辉而象不质日月心忽而扬忠然雍塞泄”“内清愿昭日月心忽而愿扬忠然雍塞而不泄”“内清以日月心忽而扬忠然雍塞泄”“日月心忽夫扬忠然雍塞不泄”“内日月心忽而扬忠然雍塞泄”等，铭文间未见用符号间隔。外圈铭文起首多数为“内清以昭……”，也可见“内清质以……”“内清以象……”等。具体铭文有“内清以昭明光辉而象不质日月心忽而扬忠然雍塞泄”“内清质以昭明光而不象忠□□日月心忽而愿忠然雍塞而不泄”“内清以象而日月心忽而扬忠然雍塞泄”等（图60）。

昭明连弧重圈铭文镜，半球形钮，并蒂联珠纹钮座，凸圈带与内向十六连弧纹间为内圈铭文，铭文为“长毋相忘”。两周短斜线纹间为外圈铭文，铭文为“内清质以昭明光夫日月心忽夫扬忠然雍塞不泄”。宽素缘。内圈铭文左旋，字间有纹样间隔，纹样用弧线相连的两枚小乳丁，外圈铭文右旋顺读（图61）。

日光昭明重圈铭文镜、昭明重圈铭文镜在临淄地区墓葬内比较多见，而昭明连弧重圈铭文镜较为少见。三种不同的重圈铭文镜出现并流行于西汉中晚期。

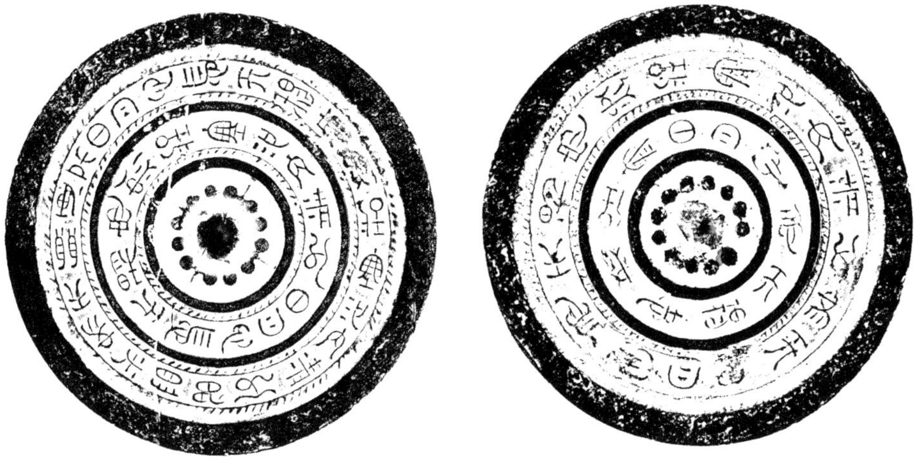

1　　2

图60　昭明重圈铭文镜拓本

1. 西汉中晚期（直径10.5、厚0.3～0.4厘米）　2. 西汉中晚期（直径12.5、厚0.2～0.5厘米）

（十三）禽兽纹镜

禽兽纹镜一般较为厚重，主要纹饰在乳丁之间排列龙、虎、朱雀、凤、禽鸟或瑞兽、羽人等组成，形成独具特色的镜类。据镜背禽兽以及纹饰的差异，可分为四乳四猴龙凤镜、四乳禽鸟镜、四乳龙虎镜、四乳四神镜、四乳四兽镜、四乳禽兽镜、四乳羽人禽兽镜、六乳羽人禽兽镜、树木龙凤镜、四乳四龙镜和四乳飞鸟镜。

图61　昭明连弧重圈铭文镜拓本

西汉中晚期（直径12.8、厚0.2～0.5厘米）

四乳四猴龙凤镜，兽首钮，为猴首形，主纹在圆涡状云雷地纹上由龙、凤、猴组成的纹饰，中间被一周凹弧面圈带弦断，四枚乳丁均匀叠压在圈带上，将纹饰分隔为相间环绕的四组。龙安排于每组的中部，龙口抵缘，身躯弯曲，前后四足弯曲前伸，尾回卷呈C形。龙两侧为相对的两凤，长喙，细长颈，扁尾，欲作起飞状。乳丁叠压在猴的身躯上面，猴首抵缘，立耳，圆眼、凸目，上肢弯曲怀抱乳丁，下肢屈肢站立。此种铜镜纹饰精美，较为少见（图62）。

四乳禽鸟镜，镜体较小，有四乳八鸟镜和四乳四鸟镜两种形式。四乳八鸟镜，较为常见，半球形钮，圆钮座，有的座外一周宽凸圈带，两周短斜线纹间为主纹，宽素缘。主纹由四枚圆座乳丁和八鸟组成，四乳间八只鸟相间环绕，两乳之间各有两鸟，两鸟相对而立，造型简单，尖喙，二岐冠或单岐冠，覆羽翼，翘尾（图63）。四乳四鸟镜，较为少见，半球形钮，圆钮座，两周细弦纹间或细弦纹与短线纹间饰主纹，宽缘，有的在缘内侧饰细

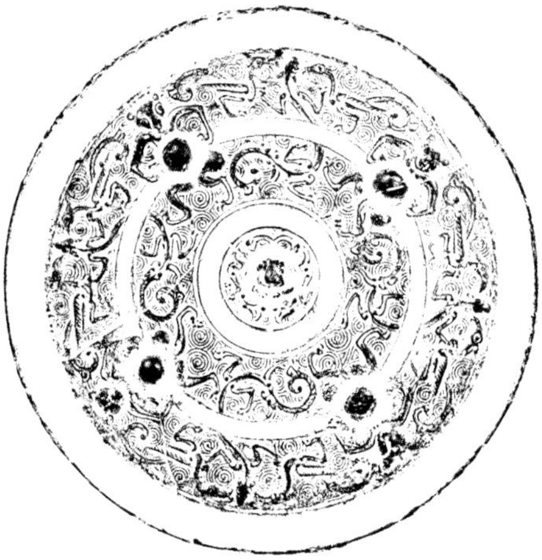

图62 四乳四猴龙凤镜拓本
西汉早中期（直径16、厚0.2～0.5厘米）

图63 四乳八鸟镜拓本
西汉中晚期（直径9.8、厚0.2～0.6厘米）

图64 四乳四鸟镜拓本
西汉中晚期（直径8.8、厚0.15～0.3厘米）

弦纹、锯齿状纹或波折纹。主纹由四枚圆座乳丁和四鸟组成，两乳间各有一鸟，鸟首同向相间环绕或两鸟隔乳相对，尖喙，两羽翼张开，作飞翔状（图64）。

四乳龙虎镜，临淄墓葬内出土较少，镜体大小不一，较为厚重，一般为半球形钮，圆钮座或少见四叶纹钮座，座外宽凸圈带，两周短斜线纹间饰主纹，宽素缘或少有的在缘上饰细弦纹、锯齿纹和波折纹。主纹由四枚圆座乳丁和两龙两虎构成，龙虎周围充填云气纹，四枚圆座乳丁均匀分布于四面，龙虎头向一致，一般左旋，交叉分布于乳丁之间。两龙形态一致，为蛇颈、龙首、张嘴、杏仁眼，有的头顶上长角，兽身，躯上有圆圈和短线条的斑纹，直尾后伸上翘或长尾后伸回卷，四肢粗壮作奔驰行走状。两虎造型逼真，昂首张口狂啸，身躯上有条形的斑纹，直尾上翘或长尾后伸或直立前伸，四肢前伸后蹬作奔跑状（图65-1）。另有一面铜镜四叶纹座间装饰“程”字和三个简单的纹样，龙和龙、虎和虎隔乳丁右旋排列，作行进状，前面的龙、虎张口回首，分别注视后面追赶的龙和虎，龙、虎排列特殊，制作精良（图65-2）。

四乳四神镜，四乳间有青龙、白虎、朱雀和玄武四神。青龙的颈和头部类似蛇形，兽身，躯上有圆点和短线条的斑纹，长尾后伸，四肢粗壮作奔驰行走状。虎首颌下有须，身上有条纹，长尾后伸，作奔跑状。朱雀头顶花冠，引颈长鸣，羽翼张开，拖着长尾，作飞翔状。玄武似蛇形，身躯卷曲细长，头尾回卷呈S形，身上有短条纹（图66）。

四乳四兽镜，一龙一玄武二虎相间环绕。龙为蛇首，头长吻有角，兽身有圆点纹，

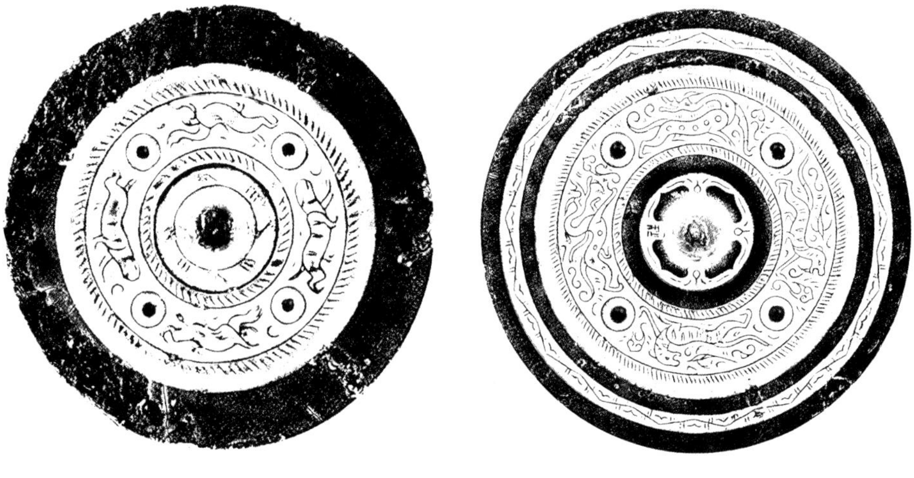

1　　2

图65　四乳龙虎镜拓本

1. 西汉中晚期（直径9.5、厚0.2～0.5厘米）　2. 西汉中晚期（直径14、厚0.3～0.5厘米）

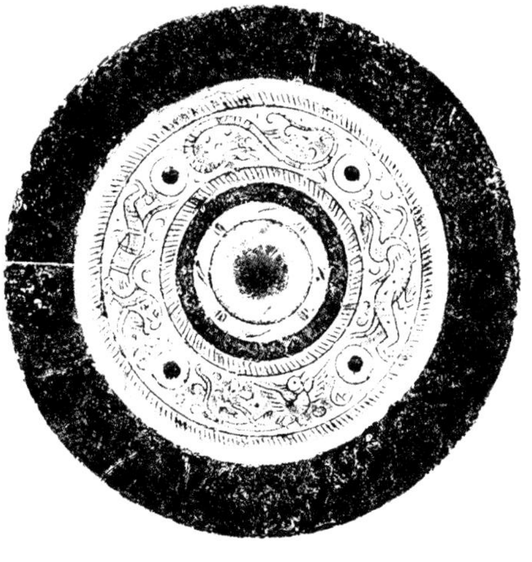

图66　四乳四神镜拓本

西汉中晚期（直径11.8、厚0.3～0.6厘米）

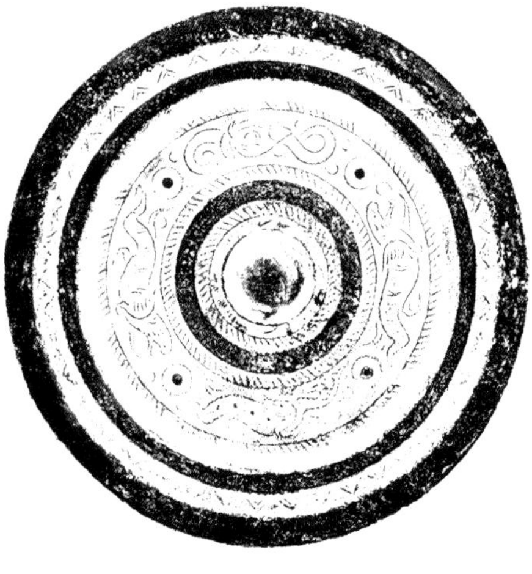

图67　四乳四兽镜拓本

西汉中晚期（直径12、厚0.2～0.5厘米）

四肢粗壮呈奔跑状，长尾后伸。玄武为龟蛇叠压相交，龟居于蛇的中部，伸颈回首，龟背装饰短线条和弧线纹；蛇回首，身细长，上有密集的短线斑纹，尾回卷与身相交（图67）。

四乳禽兽镜，有龙、虎、朱雀和瑞兽相间环绕。龙细长颈回卷前伸，头长吻有角，兽身有圆点和短条斑纹，长尾弯曲后伸，呈奔腾状。虎昂首，颌下有须，身上有短条斑纹，作奔跑状，长尾后伸。朱雀站立，引颈长鸣，羽翼丰满，长尾翼。瑞兽昂首，短颈，体态丰满，身上有圆圈和条形斑纹，长尾后伸，四肢粗壮，呈奔走状（图68）。

图68　四乳禽兽镜拓本
西汉中晚期（直径10、厚0.15～0.5厘米）

四乳羽人禽兽镜，镜体厚重，出土较少。据禽兽的不同，可分四乳羽人兽纹镜、四乳羽人禽兽镜两种形式。四乳羽人兽纹镜，四乳丁间各有两组羽人侧身回首，作射箭状（图69）。四乳羽人禽兽镜，四乳丁之间禽兽主要有朱雀和祥鸟、龙和虎，基本均昂首，作飞行或奔驰状。其中有一面铜镜四乳丁间分别为羽人对龙、羽人对虎、祥鸟对朱雀、祥鸟对玄武，羽人均与龙虎相对，羽人跪蹲，弯腰抬手向前，龙虎昂首，张口翘尾，形态威猛。一祥鸟体态虽小，但极为丰满，朱雀两翼张开，拖着长尾翼，伸出长颈与祥鸟双喙相交，富于亲切感。另一只祥鸟对玄武，祥鸟在前，曲颈回首，头顶花冠，玄武细长颈，昂首，奔跑追赶前面的祥鸟（图70）。

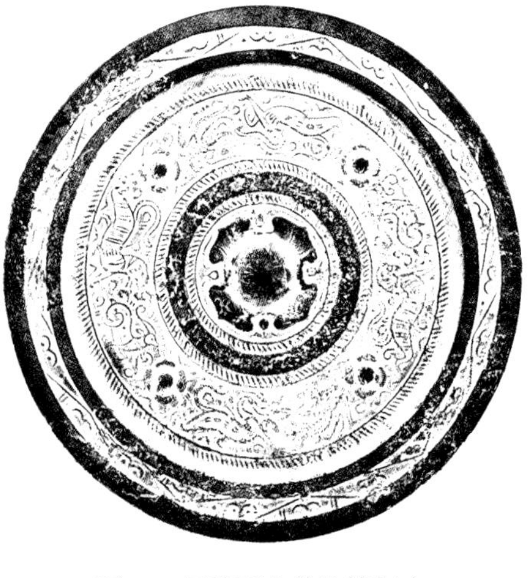

图69　四乳羽人兽纹镜拓本
东汉（直径16.3、厚0.3～0.6厘米）

图70　四乳羽人禽兽镜拓本
东汉（直径14.3、厚0.3～0.7厘米）

六乳羽人禽兽镜，较为少见，半球形钮，圆钮座，座外一周凸圈带，圈带外两周细弦纹间为主纹，其外各一周短斜线纹和两周锯齿纹，三角缘。主纹在六枚圆座乳丁间装饰浮雕式羽人禽兽相间环绕，羽人屈膝弯腰，双手抬起与肩齐平，鹿、朱雀等禽兽均作行走状，外两周细弦纹间铭文为“上方富贵大工长宜子孙”（图71）。

树木龙凤镜，较为少见，半球形钮，并蒂联珠纹钮座，座外一周短斜线纹和凸圈带，两周短斜线纹间为主纹，宽素缘。镜背四棵树均匀分布四面，分隔为四区，区间龙、凤、祥鸟以及云气纹相间环绕，树由树干和二叠卷云纹组成，龙、凤和祥鸟形态简化，身躯由两条不加修饰、弯曲的蛇形细线构成，祥鸟昂首，尖喙，两翼张开，双肢交叉分开，龙凤均为鸟首形，尖喙，圆眼，龙回首，长角，身躯弯曲，四足粗壮，凤曲颈昂首，头顶花冠，两翼张开，身躯两侧的长短线条似两翼和羽毛（图72）。

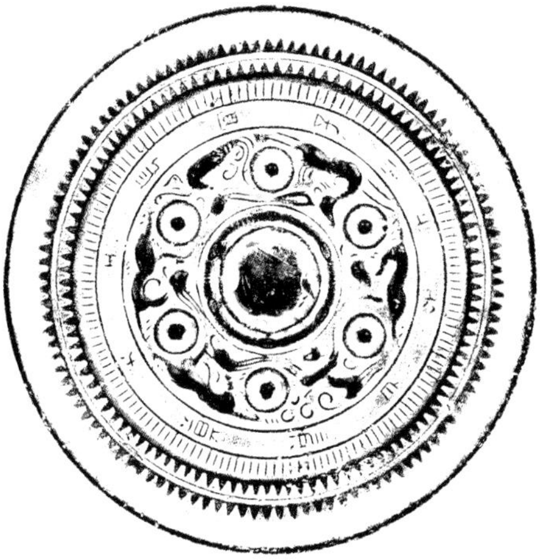

图71　六乳羽人禽兽镜拓本
东汉（直径12.7、厚0.2～0.5厘米）

图72　树木龙凤镜拓本
西汉中晚期（直径13.1、厚0.25～0.8厘米）

四乳四龙镜在临淄东汉时期墓葬中不多见，镜体较厚，镜背中间为半球形钮，钮座外一周凸圈带，圈带外两周短斜线纹间饰主纹，主纹为四乳四龙纹，宽平素缘（图73）。

四乳飞鸟镜，较为少见，半球形钮，圆钮座，座外与细凸弦纹间为主纹，其外一周细弦纹和锯齿状纹，三角缘。主纹由四枚圆座乳丁和飞鸟组成，钮和钮座叠压在飞鸟身躯上面，一侧露出鸟颈和头，另一侧露长尾，两侧为对称展开的翅膀（图74）。

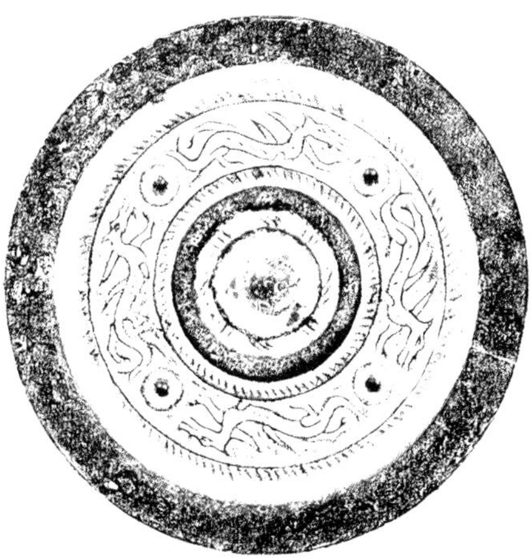

图73　四乳四龙镜拓本
东汉（直径11、厚0.2～0.6厘米）

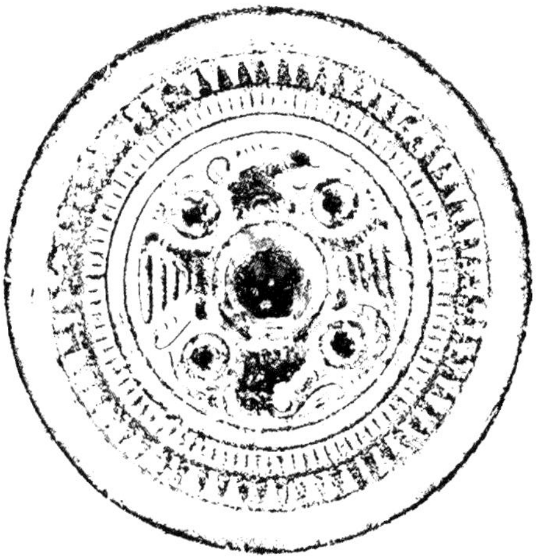

图74　四乳飞鸟镜拓本
东汉（直径8.8、厚0.25～0.6厘米）

四乳四猴龙凤镜年代为西汉早中期；四乳禽兽镜出现于西汉中期，流行于西汉中晚期；一直延续到东汉早期；四乳禽鸟镜、四乳龙虎镜、四乳四虎镜、树木龙凤镜出现并流行于西汉中晚期，四乳禽鸟镜一直延续到东汉早期；四乳羽人禽兽镜、六乳羽人禽兽镜、四乳四龙镜、四乳飞鸟镜时代稍晚，出现并流行于东汉时期。

（十四）博局镜

博局镜又称规矩镜、博局纹镜，临淄地区汉代墓葬内出土较少。这类镜镜体较厚，大小不一，依据禽兽纹饰的不同，可分四神博局镜、羽人禽兽博局镜、禽兽简化博局镜、八鸟博局镜、几何博局镜。

四神博局镜，一般为半球形钮，四叶形钮座或少见圆钮座，座外凹弧面方格或各一个细线小方格和凹弧面大方格，有的在大、小方格之间有十二枚小圆座乳丁间隔十二地支铭文，或有“见日月之光天下大明长乐未央”铭文，方格与近缘处一周短斜线纹间饰主纹，宽缘，有的缘上装饰锯齿纹、细弦纹和流云纹，或双线波折纹及流云纹。主纹在凹弧面方格四边中间向外伸出一T形符号与其外的L形符号相对，方格四角又与V形符号相对置，T、L、V形纹分为四方八区，四神和配置的禽鸟置于四方八区内。表现手法有两种，第一种，四方内分别配置青龙、白虎、朱雀、玄武四神，身躯都在T、L纹之间左旋环绕，添加羽人、禽鸟和鱼等，分别位于四神头尾斜下方，四神各部位描绘较为细致，青龙的发须、身躯的鳞纹及尾的骨节，白虎的斑纹，朱雀长长拖地的尾羽，玄武龟背的斑纹、伸颈张口与蛇对峙，均表现得生动逼真（图75-1）。第二种，四神分别位于八区L的右侧，多由青龙与羽人或独角兽或山羊，白虎与瑞兽或飞鸟，朱雀与禽鸟或羽人和小鸟，玄武与禽鸟或蟾蜍或羽人及瑞兽组配。有的在主纹外细弦纹与短斜线纹间饰一周铭文，铭文有“大哉孔子志也美哉厨□食也乐哉居无事好哉□人异也贤哉□掌吏也喜哉负□□□□□文字也”等（图75-2）。

1　　　　　　　　　　2

图75　四神博局镜拓本

1. 东汉（直径16.3、厚0.2～0.4厘米）　2. 东汉（直径16.5、厚0.3～0.5厘米）

羽人禽兽博局镜，半球形钮，四叶形钮座，座外凹弧面方格，方格四面与短斜线纹间饰八圆座乳丁和博局纹，四方八区配置分别为：青龙配以祥鸟，虎配以飞鸟，玄武配以飞鸟，羽人配以蟾蜍，各方隔L纹相背而立，隔V纹两两相对（图76）。

禽兽简化博局镜，半球形钮，四柿蒂形钮座，座外凹弧面方格，方格与短斜线纹间饰主纹，主纹为四圆座乳丁和博局纹，方格每边中间向外伸出一个T形，方格四角与四枚圆座乳丁相对置，四方配有禽鸟，有龙、虎、玄武、蟾蜍和祥鸟或虎、朱雀和各一个瑞兽，宽缘，缘上饰流云纹或勾连云纹（图77）。

图76　羽人禽兽博局镜拓本

东汉（直径12、厚0.2～0.5厘米）

图77　禽兽简化博局镜拓本

东汉（直径11.5、厚0.2～0.4厘米）

八鸟博局镜，半球形钮，四柿蒂形钮座，座外凹弧面方格，方格四边中间各伸出T形符号与其外的L形符号相对，方格四角与V形符号相对置，T、L、V形纹分为四方八区，各方配置二禽鸟，二禽鸟隔T、L相背，隔V相对，外一周短线纹和两周弦纹间饰云气纹。三角缘（图78）。

几何博局镜，半球形钮，圆钮座，座外凹弧面方格或细线方格和凹弧面大方格之间有十二乳丁与十二地支纹，凹弧面方格与短斜线纹间饰主纹，主纹由八圆座乳丁和博局纹组成，凹弧面方格四边中间均匀向外伸出一个T形或“—”形，与L形符号相对，四角又与V形符号相对置，分为四方八区，八枚乳丁各占一区，空间充填卷云纹，宽缘，缘上饰锯齿纹、细弦纹和双线波折纹（图79）。此类铜镜出现并流行于东汉时期。

图78　八鸟博局镜拓本

东汉（直径11.5、厚0.2～0.5厘米）

图79 几何博局镜拓本
东汉（直径8.6、厚0.1～0.3厘米）

三、临淄地区汉代铜镜的随葬

山东省文物考古研究院收藏出土的铜镜，齐文化博物馆收藏和展陈的铜镜绝大部分未做时代推断和类型划分。也有的铜镜锈蚀严重，有的破碎呈碎末状，纹饰不明，形制不清，无法辨识类型。本文主要对临淄区文物保护中心库房内收藏的铜镜，依据铜镜的形制、铭文和纹饰特征大致划分出时代和类型。现以墓地为单位介绍墓葬内随葬铜镜的情况（表1），以及铜镜的时代和类型（表2）。

表1 临淄汉代墓地随葬铜镜登记表

墓地	墓葬数量（座）	出土铜镜（面）	随葬位置		
			头端（面）	腰部（面）	脚端（面）
乙烯生活区墓地	1639	276	158	18	100
刘家村墓地	1135（不包括农业银行工地）	339	281	17	41
国家村墓地	477	96（包括采集14面）	63	3	16
张家村墓地	758	226	172	14	40
山王村墓地	400	97	80	2	15
商王村墓地	1077（不包括临淄水泥厂工地）	280	190	11	79
石鼓村墓地	1572（不包括临淄粮食局、外贸公司、财政局、市政公司、齐鲁事业公司停车场工地）	422	379	3	40
徐家村墓地	1576	386	350	6	30
南马村南墓地	2347（余座）	473	413	10	50
永流村墓地	3284	878	607	36	235
范家村北墓地	188	54	37	3	14
范家村南墓地	6500	1981	1320	84	577
西关村南墓地	367	154	125	7	22
赵家徐姚村北墓地	170	60	40	3	17
官道村墓地	398	77	47	6	24
东孙村墓地	517	140	80	6	54
合计	22408	5939	4342	229	1354

表2　临淄汉代铜镜类型一览表

（单位：面）

墓地	分类铜镜	形制不清	素面镜	四山镜	透雕镜	彩绘纹镜	弦纹镜	龙纹镜	蟠螭纹镜	蟠虺纹镜	连弧纹镜	云雷纹镜	花叶纹镜	联珠纹镜	铭文镜	草叶纹镜	星云纹镜	博局镜	禽兽纹镜
乙烯生活区墓地	262		28				5	4	39	11	6	1	5	1	64	44	50		4
刘家村墓地	131	14	12	1			2		8	6		1		1	59	14	13		
国家村墓地	96	4	2	1	3	2				4				1	60	1	14	1	3
张家村墓地	200	13	6	1		4	1		7	14		1			85	30	33		5
山王村墓地	63	2	9						9	3		2	1		12	12	11		2
商王村墓地	222	18	29	1		1	2		18	10					82	28	30	2	1
石鼓村墓地	320	16	27					1	39	21	2	2	1		123	49	33	1	5
徐家村墓地	368	35	13		1	1	1	2	14	19					218	12	46		6
南马村南墓地	333					1			1	30		1		1	241	5	34	6	13
永流村墓地	495	18	33	6	1	1		1	36	34	2	3	1		220	55	66	5	13
范家村北墓地	44		3						5	3					30	3			
范家村南墓地	1117		71	2	2	1		9	119	50	11	10	6		464	184	173	5	10
西关村南墓地	151		1		1					9					84	19	34	1	2
赵家徐姚村北墓地	60	5	5			1		1	7	1	3		1		22	6	7		1
官道村墓地	48	3	8		1				5	1					13	7	8		2
东孙村墓地	27		2		1		1		4	1		1			10	3	4		
合计	3937	128	249	12	10	12	12	18	311	217	24	22	15	4	1787	472	556	21	67

（一）乙烯生活区墓地

临淄乙烯生活区两次发掘古墓葬1639座，墓葬内随葬铜镜276面，全部出土于棺内，放置于墓主头部158面、脚端100面、腰部18面。276面铜镜中有14面极为破碎，纹饰不清，形制不明外。其余262面铜镜依据铭文和纹饰划分为：铭文镜64面、星云纹镜50面、草叶纹镜44面、蟠螭纹镜39面、素面镜28面、蟠虺纹镜11面、连弧纹镜6面、花叶纹镜和弦纹镜各5面、龙纹镜和禽兽纹镜各4面、联珠纹镜和云雷纹镜各1面。依据铜镜的形制及纹饰特征可判定，除云雷纹镜和5面桥形钮素面镜属于战国镜外，其余256面均属于汉代铜镜。

（二）刘家村墓地

山东省文物考古研究院对农业银行工地发掘清理的42座古墓葬，随葬铜镜3面，均置于棺内头端。

临淄区文物部门清理的1135座汉代墓葬中，墓葬内出土铜镜339面，放置头端281面、腰部17面、脚端41面。临淄文物保护中心库房内收藏铜镜131面，有14面类型不明，其余117面铜镜划分为：铭文镜59面、草叶纹镜14面、星云纹镜13面、素面镜12面、蟠螭纹镜8面、蟠虺纹镜6面、弦纹镜2面、云雷纹镜和联珠纹镜及四山镜各1面。依据铜镜形制和纹饰特征，除1面四山镜属于战国镜外，其余116面属汉代铜镜。

（三）国家村墓地

国家村墓地清理477座墓葬，墓地内出土铜镜共96面，其中采集的14面铜镜无确切出土位置，其余82面铜镜均随葬于棺内，置于头端63面、腰部3面、脚端16面。96面铜镜中有4面锈蚀严重，类型不明外，其余92面铜镜有：铭文镜60面、星云纹镜14面、蟠虺纹镜4面、透雕方镜3面、禽兽纹镜3面、彩绘纹镜2面、素面镜2面、联珠纹镜1面、博局镜1面、草叶纹镜1面、四山镜1面。彩绘纹镜、透雕方镜和四山镜，属于战国时期，素面镜也有属于战国的可能性外，其余铜镜均属汉代。

（四）张家村墓地

张家村墓地清理墓葬共758座，出土铜镜226面，放置于头端172面、脚端40面、腰部14面。临淄文物保护中心库房内存铜镜200面，其中有13面类型不明，其余187面铜镜包括：铭文镜85面、星云纹镜33面、草叶纹镜30面、蟠虺纹镜14面、蟠螭纹镜7面、素面镜6面、禽兽纹镜5面、彩绘纹镜4面、弦纹镜和云雷纹镜及四山镜各1面。彩绘纹镜和四山镜为战国时期，素面镜镜类中有个别的属于战国时期，其余176面均属于汉代铜镜。

（五）山王村墓地

山王村墓地清理墓葬400余座，出土铜镜97面，放置于头端80面、腰部2面、脚端15面。临淄文物保护中心库房内存63面，有2面类型不明外，其余61面铜镜包括：铭文镜12面、草叶纹镜12面、星云纹镜11面、蟠螭纹镜9面、素面镜9面、蟠虺纹镜3面、禽兽纹镜2面、云雷纹镜2面、花叶纹镜1面。依据铜镜的形制和纹饰特征，素面镜和云雷纹镜中除个别属于战国镜外，其余镜类均属于汉代。

（六）商王村墓地

淄博市博物馆和齐国故城遗址博物馆配合临淄水泥厂扩建工程，分两阶段发掘清理墓葬102座，墓葬内出土铜镜26面。彩绘纹镜4面和素面镜1面，随葬于战国晚期墓葬内。其余21面铜镜中有1面纹饰不清，类型不明外，其他铜镜包括：素面镜8面、蟠螭纹镜5面、铭文镜3面、星云纹镜3面、草叶纹镜1面，均出土于汉代墓葬内[2]。

临淄文物部门清理古墓葬1077座，出土铜镜共280面，放置头端190面、腰部11面、脚端79面。临淄区文物保护中心库房内铜镜222面，有18面纹饰类型不明，其余204面铜镜包括：铭文镜82面、星云纹镜30面、素面镜29面、草叶纹镜28面、蟠螭纹镜18面、蟠虺纹镜10面、弦纹镜2面、博局镜2面、禽兽纹镜和彩绘纹镜及四山镜各1面。除彩绘纹镜和四山镜属于战国时期，素面镜类中也有少数战国镜外，其余镜类均属于汉代铜镜。

（七）石鼓村墓地

山东省文物考古研究院配合城区建设工程，清理墓葬共307座，墓葬内出土铜镜68面，放置于头端42面、脚端18面、下肢处5面，上肢处2面、腰部1面。

临淄区文物部门在墓地范围内清理古墓葬1572座，出土铜镜共422面，随放头端379面、腰部3面、脚端40面。临淄区文物保护中心库房内的320面铜镜中，有16面铜镜纹饰类型不明外，其余304面铜镜包括：铭文镜123面、草叶纹镜49面、蟠螭纹镜39面、星云纹镜33面、素面镜27面、蟠虺纹镜21面、禽兽纹镜5面、云雷纹镜2面、连弧纹镜2面、龙纹镜1面、花叶纹镜和博局镜各1面。除素面镜和云雷纹镜镜类里面有少数属于战国时期外，其余镜类均属于汉代。

（八）徐家村墓地

徐家村墓地内清理古墓1576座，墓内出土铜镜386面，放置头端350面、腰部6面、脚端30面。临淄区文物保护中心库房内的368面铜镜中，有35面铜镜纹饰类型不明外，其余333面铜镜包括：铭文镜218面、星云纹镜46面、蟠虺纹镜19面、蟠螭纹镜14面、素面镜13面、草叶纹镜12面、禽兽纹镜6面、龙纹镜2面、透雕镜1面、弦纹镜1面、彩绘纹镜1面。透雕镜和彩绘纹镜属于战国时期，素面镜镜类中也有个别属于战国镜的可能，其余镜类均属于汉代。

（九）南马村南墓地

临淄区文物部门配合辛店城区项目建设，抢救性发掘清理古墓葬2350余座，墓内出土铜镜473面，放置头端413面、腰部10面、脚端50面。临淄区文物保护中心库房内的

333面铜镜中包括：铭文镜241面、星云纹镜34面、蟠虺纹镜30面、禽兽纹镜13面、博局镜6面、草叶纹镜5面、云雷纹镜1面、蟠螭纹镜1面、联珠纹镜1面、彩绘纹镜1面。除彩绘纹镜属于战国外，其余镜类均属于汉代。

（十）永流村墓地

永流村墓地清理古墓葬共3284座，墓内出土铜镜878面，放置头端607面、腰部36面、脚端235面。临淄区文物保护中心库房内存495面铜镜中，除18面铜镜纹饰锈蚀类型不明外，其余477面铜镜镜类包括：铭文镜220面、星云纹镜66面、草叶纹镜55面、蟠螭纹镜36面、蟠虺纹镜34面、素面镜33面、禽兽纹镜13面、四山镜6面、博局镜5面、云雷纹镜3面、连弧纹镜2面、透雕镜1面、彩绘纹镜1面、花叶纹镜和龙纹镜各1面。依据铜镜的形制和纹饰，四山镜、透雕镜和彩绘纹镜属于战国时期，素面镜类里面也有个别铜镜属于战国，其余镜类均属于两汉时期。

（十一）范家村北墓地

范家村北墓地抢救性清理古墓葬188座，墓葬内出土铜镜共54面，放置头端37面、腰部3面、脚端14面。临淄区文物保护中心库房内的44面铜镜中，镜类包括：铭文镜30面、蟠螭纹镜5面、蟠虺纹镜3面、草叶纹镜3面、素面镜3面。依据铜镜的形制和纹饰可断定，这44面铜镜属于两汉时期。

（十二）范家村南墓地

范家村南墓地抢救性清理古墓葬6500余座，大中型墓内出土铜镜6面，分别为秦汉初年的LFZDM5棺内出土3面，战国时期墓主椁室内2面、陪葬坑内1面。小型墓内出土1981面铜镜，分别放置于头端1320面、腰部84面、脚端577面。出土的这批铜镜有864面交由博物馆收藏以及展陈、锈蚀严重等原因，纹饰形制不明。临淄区文物保护中心库房内存铜镜1117面，依据形制和纹饰的不同划分为：铭文镜464面、草叶纹镜184面、星云纹镜173面、蟠螭纹镜119面、素面镜71面、蟠虺纹镜50面、连弧纹镜11面、禽兽纹镜10面、云雷纹镜10面、龙纹镜9面、花叶纹镜6面、博局镜5面、透雕镜2面、四山镜2面、彩绘纹镜1面。依据铜镜的形制和纹饰特征，透雕镜、彩绘纹镜和四山镜为战国时期，而云雷纹镜和素面镜两类中也有个别的铜镜属于战国，其余镜类均属于汉代。

（十三）西关村南墓地

西关村南墓地在施工基槽内清理了古代墓葬367座，墓葬内出土铜镜154面，放置头端125面、腰部7面、脚端22面。临淄区文物保护中心库房内存151面铜镜，依据形制和纹饰的不同划分为：铭文镜84面、草叶纹镜19面、星云纹镜34面、蟠虺纹镜9面、禽兽纹镜2面、博局镜1面、透雕镜1面、素面镜1面。依据铜镜的形制和纹饰特征，透雕镜为战国时期，其余类型的铜镜均属于汉代。

（十四）赵家徐姚村北墓地

临淄区文物部门配合基本建设工程，抢救性清理古墓共170座，墓葬内出土铜镜60面，放置头端40面、脚端17面、腰部3面。临淄区文物保护中心库房内存60面铜镜中，除5面极破碎呈粉末状，类型不明外，其余55面铜镜依据形制和纹饰的不同划分为：铭文镜22面、星云纹镜7面、蟠螭纹镜7面、草叶纹镜6面、素面镜5面、连弧纹镜3面、花叶纹镜1面、蟠虺纹镜1面、禽兽纹镜1面、龙纹镜1面、彩绘纹镜1面。依据铜镜的形制和纹饰特征，除彩绘纹镜为战国时期，素面镜中也有个别属战国外，其余镜类均属于汉代。

（十五）官道村墓地

官道村墓地抢救性清理了古墓398座，墓葬内出土铜镜共77面，放置于头部47面、脚端24面、腰部6面。临淄区文物保护中心库房内存48面铜镜中，有3面类型不明外，其余45面铜镜依据形制和纹饰的不同划分为：铭文镜13面、星云纹镜8面、蟠螭纹镜5面、草叶纹镜7面、素面镜8面、蟠虺纹镜1面、禽兽纹镜2面、透雕镜1面。依据铜镜的形制和纹饰特征，除透雕镜为战国时期，素面镜类中有个别属于战国时期外，其余镜类均属于汉代。

（十六）东孙村墓地

东孙村墓地抢救性清理古代墓葬共517座，墓葬内出土铜镜140面，放置头端80面、腰部6面、脚端54面。临淄区文物保护中心库房内存27面铜镜，依据形制和纹饰的不同划分为：铭文镜10面、星云纹镜4面、蟠螭纹镜4面、草叶纹镜3面、素面镜2面、蟠虺纹镜1面、弦纹镜1面、云雷纹镜1面、透雕镜1面。依据铜镜的形制和纹饰特征，除云雷纹镜和透雕镜为战国时期，素面镜类中也有可能为战国外，其余镜类均属于汉代。

临淄地区出土的这批汉代铜镜，除去个别的铜镜为墓地采集品或因墓葬盗扰严重随葬位置不明外，绝大多数铜镜有确切出土地点和随葬位置，从清理的这批墓葬资料可以看出，主要有以下几个方面的随葬习俗：一是除大中型贵族墓葬随葬的铜镜有的放置于器物坑内外，其余所有出土的铜镜均放置于棺内；二是从墓葬内出土铜镜的情况看，主要放置于墓主头端，约占墓葬总数的73.11%，其次是脚端，约占墓葬总数的22.7%，不多的铜镜置于腰部，约占墓葬总数的3.86%；三是有很大一部分铜镜出土时发现用布料包裹的痕迹，有的盛装于漆奁或漆盒内（因临淄特殊的地理环境，漆奁和漆盒腐朽成灰状，仅存有清晰的灰痕和红色漆皮）；四是有的墓葬中还随葬与铜镜伴出的镜刷柄、镜支架等文物。

四、临淄地区汉代铜镜的分期及特征

临淄墓葬内出土的这批铜镜，从其特征看有四山镜、透雕镜、彩绘纹镜共计34面，为战国时期；素面镜、弦纹镜、云雷纹镜共计283面，这三种镜类中，有数量不多的属于战国镜，其余绝大多数的铜镜属于汉代。蟠螭纹镜、蟠虺纹镜、龙纹镜、花叶纹镜、连弧纹镜、联珠纹镜、铭文镜、草叶纹镜、星云纹镜、禽兽纹镜、博局镜计十一种类型共3492面，均属于汉代。

临淄出土铜镜的这批墓葬资料，没有进行系统整理，只有参照山东其他地区的考古发掘报告和相关资料信息，依据铜镜自身的形制、纹饰特征及演变规律，对这十四种类型的铜镜年代，大致划分为三段大的时期。

（一）第一期：西汉早期

这一时期出土铜镜的墓葬资料有：山东临淄商王墓地M81、M36、M49、M62出土的素面镜和蟠螭纹镜[3]，山东临淄大武汉代齐王墓陪葬坑内的长方矩形龙纹镜[4]，山东临淄徐家村M24、M33、M45随葬的素面镜[5]，山东临淄范家村墓地M257、M670素面镜和连弧纹镜[6]等。

这个时期的铜镜基本承袭了战国晚期的风格特征，三弦钮，镜身较薄，镜背地纹与主纹巧妙配置，镜面平直，素卷缘。同时也发现了一些新的变化，铜镜的数量急剧增多，新的镜类不断出现，类型更加丰富，纹饰多样。主要有以下几方面特点，一是有的铜镜镜体较大，镜身稍厚，很大一部分铜镜无钮座，出现了内向连弧纹缘。二是增加了以突出主纹占主导地位的无地纹的连弧纹镜和花叶纹镜。三是蟠虺纹镜、草叶纹镜和龙纹镜出现用铭文作装饰。四是镜背纹饰更加丰富，以四乳丁均匀分为四区的布局方式，在精细圆窝状和短斜线地纹上用粗线条来表示主纹的蟠螭纹镜和蟠虺纹镜在这一时期数量最多，图案纹饰形式多样，成为当时盛行的主流镜类。龙纹镜基本以云雷纹为地，用浅浮雕的方法，以细线、宽粗线和双复线等多种手法勾勒出龙的形体。作为主纹的龙纹，有二龙、三龙、四龙或八龙，纹饰表现手法变化多样，龙首有凸起的双目，有的龙口大张，吐舌，露牙；有的首后部伸出犄角，身躯一般细长，多作S形弯曲，有的身躯盘曲交缠，构图流畅，造型突出，纹饰表现丰富生动，有明显的立体感，是西汉初期齐国独具特色的镜类。

战国时期的素面镜、云雷纹镜和弦纹镜继续流行，弦纹镜延续至西汉中晚期。三弦钮龙纹镜、连弧纹镜、花叶纹镜、蟠螭纹镜和蟠虺纹镜出现并流行。花叶纹镜出土相对较少，流行至西汉中期。蟠螭纹镜和蟠虺纹镜是最为常见的镜类，在这一时期出土数量最多。草叶纹镜在西汉早期出现，但并不多见，大量出现在西汉中期。蟠虺纹镜流行时间较长，流行于西汉早、中晚期，延续至西汉晚期。

（二）第二期：西汉中期

这一时期出土铜镜的资料有：山东章丘女郎山西坡墓葬M2、M3、M10、M11出土的草叶纹镜、日光镜、星云纹镜[7]，山东潍坊后埠下墓地M54、M59、M67随葬的日光镜和星云纹镜[8]，山东临淄国家墓地M4、M11内的昭明镜和四乳四虺镜[9]，山东章丘宁家埠墓地M3、M8出土的四乳四虺镜[10]等。

这一时期西汉初期流行三弦钮，素卷缘的龙纹镜、连弧纹镜和蟠螭纹镜在西汉中期已消失不见。而战国、西汉早期的弦纹镜、云雷纹镜、花叶纹镜、草叶纹镜和蟠虺纹镜在西汉中晚期继续流行。西汉中期铜镜在形制、纹饰题材以及布局方面发生了重大变化，铜镜的镜体、镜缘逐渐加厚，镜面微凸，镜背用来衬托主纹的地纹逐渐消失。镜钮由三弦钮变为半球形钮和独具特色的连峰式钮，也有个别的伏兽钮和兽首钮。钮座以圆钮座为主，新出现四叶形、柿蒂形和并蒂联珠形钮座，镜缘以素平缘或内向十六连弧纹缘居多，少见几何三角波折纹缘。这一时期铜镜出土的数量最多，纹饰题材也最为广泛，铜镜的制作逐渐趋于定制。西汉早期的以铭文带和草叶为主题纹饰的十六内连弧镜缘的草叶纹镜，由四枚乳丁和四钩形躯体虺纹构成主题纹饰的四乳四虺镜，其后又出现以多种形式的纹饰特征及镜铭作为主要装饰的铭文镜，四枚圆座大乳丁或联珠底座的乳丁之间，装饰数量不一的小乳丁，并用曲线连接，组成星云状图案连峰钮的星云纹镜，在西汉中晚期极为盛行，成为制作精美的主流镜类。新出现的禽兽纹镜，其中有一面铜镜镜体较薄，猴首钮，精细的云雷地纹上装饰龙、凤、猴图案，纹饰精美，形制特殊，年代为西汉中期偏早。四乳禽鸟镜、四乳龙虎镜、四乳四虎镜、四乳禽兽镜等多种形式的禽兽纹镜，在四乳间以禽鸟、瑞兽为主题纹饰，构图精巧，线条流畅，禽兽表现得生动活泼，栩栩如生，该类镜主要流行于西汉晚期。

联珠纹镜、星云纹镜、铭文镜和禽兽纹镜为西汉中期新出现的镜类。星云纹镜、铭文镜、禽兽纹镜和西汉早期出现的草叶纹镜流行于西汉中期、中晚期，星云纹镜、铭文镜、草叶纹镜沿用至西汉晚期，禽兽纹镜延续的时间更长，可至东汉晚期。这一时期铭文镜出土数量最多，其次为星云纹镜、草叶纹镜和蟠虺纹镜。

（三）第三期：东汉时期

这一时期出土铜镜的资料有：山东潍坊后埠下墓地M12随葬的简化规矩纹镜[11]，山东章丘宁家埠墓地M13出土的三虎镜[12]，山东枣庄市山亭区安岭汉代墓地M10、M16内的画像镜和神兽镜[13]，山东滕州东小宫墓地M108、M265、M323随葬的博局镜和飞鸟镜[14]，山东曲阜花山墓地M87八鸟简化博局镜[15]等。

西汉中晚期作为主流镜类的联珠纹镜、草叶纹镜、蟠虺纹镜、星云纹镜和铭文镜到东汉时期已消失不见，而战国时期出现的云雷纹镜和西汉中期禽兽纹镜类的四乳羽人禽兽镜、六乳羽人禽兽镜和飞鸟镜在东汉时期得以继续流行，新出现的博局镜有多种表现形式。这一时期的铜镜基本沿袭了西汉晚期的风格，但铜镜的形制和纹饰布局也发生了变化，镜背纹饰布局严谨，结构复杂，铸造雕镂都非常精致细腻，使得主体纹饰更加突出，并有明显的立体感，镜身变得更厚重，镜面较凸，钮更厚大结实，以柿蒂形和四叶形钮座为主，三角缘和宽缘上饰几何三角、波折、流云纹等。这一时期的铜镜主要在乳丁和T、L、V纹之间分别配置青龙、白虎、朱雀、玄武、山羊、蟾蜍、独角兽、瑞兽、祥鸟以及羽人，形成四乳四龙镜、四神博局镜、羽人禽兽博局镜、八鸟博局镜、几何博局镜等形式的镜类。博局镜中的T、L、V符号，到东汉晚期已简化为其中的一个或两个，演变为禽兽简化博局镜和几何简化博局镜。

战国时期出现的云雷纹镜和西汉中期禽兽纹镜类的四乳羽人禽兽镜、六乳羽人禽兽镜和飞鸟镜与新出现的博局镜在东汉时期得以继续流行。

附记：《山东临淄战国汉代墓葬与出土铜镜研究》一书，凡与本文不符之处，均以本文为准。本文在中国社会科学院考古研究所原副所长白云翔先生的悉心指导下顺利完成。图版编排由王涛完成，墓葬统计及铜镜随放位置、类型分类工作由常继文、刘敬伟、王德田完成。谨此一并致谢。

注　释

[1]　山东省淄博市博物馆：《西汉齐王墓随葬器物坑》，《考古学报》1985年第2期。
[2]　淄博市博物馆、齐故城博物馆：《临淄商王墓地》，齐鲁书社，1997年。
[3]　淄博市博物馆、齐故城博物馆：《临淄商王墓地》，齐鲁书社，1997年。
[4]　山东省淄博市博物馆：《西汉齐王墓随葬器物坑》，《考古学报》1985年第2期。
[5]　山东淄博市临淄区文化旅游局：《山东淄博市临淄徐家村战国西汉墓的发掘》，《考古》2006年第1期。
[6]　淄博市临淄区文物局：《山东临淄范家村墓地2012年发掘简报》，《文物》2015年第4期。
[7]　山东省文物考古研究所：《济青高级公路（章丘工段）考古发掘报告集》，齐鲁书社，1993年。
[8]　山东省文物考古研究所：《山东省高速公路考古报告集（1997）》，科学出版社，2000年。
[9]　山东淄博市临淄区文物局：《山东淄博市临淄区国家村战国及汉代墓葬》，《考古》2010年第11期。
[10]　山东省文物考古研究所：《海岱考古》第七辑，科学出版社，2014年。
[11]　淄博市临淄区文物局：《山东临淄范家村墓地2012年发掘简报》，《文物》2015年第4期。
[12]　山东省文物考古研究所：《山东省高速公路考古报告集（1997）》，科学出版社，2000年。
[13]　山东省文物考古研究院：《海岱考古》第十一辑，科学出版社，2018年。
[14]　山东省文物考古研究所：《鲁中南汉墓》（上），文物出版社，2009年。
[15]　山东省文物考古研究所：《鲁中南汉墓》（下），文物出版社，2009年。

临淄出土蟠螭纹镜及镜范类型的初步研究

韩　茗

（南京师范大学文博系）

蟠螭纹镜是以个体蜷曲或相互缠绕的龙蛇形象为主纹饰的镜类。战国秦汉铜镜所见龙蛇母题可分为以下三种：首、躯、足、尾各部分完备且刻画具体的“龙纹”或“螭龙纹”；首部可辨而躯体盘曲缠绕的“蟠螭纹”；首、足、尾几不可辨，躯体呈S形或C形的“虺纹”或“涡状虺纹”。本文主要研究的是后二者，即蟠螭纹镜和涡状虺纹镜及其镜范[1]。

蟠螭纹镜是战国秦汉时期的重要镜类，这里主要就其样式论研究进行介绍[2]。日本学者富冈谦藏最早根据纹饰特点划分出蟠螭镜类，因其纹饰与汉以前青铜器存在共通性，认为蟠螭纹镜可能出现于汉代以前[3]。20世纪20年代，淮河流域出土大量青铜器和蟠螭纹镜，瑞典人加尔贝克称之为“楚式镜”（后称“淮式镜”）[4]。20世纪40年代，瑞典汉学家高本汉对战国镜进行了集成和整理，将蟠螭纹镜分为E群和F群，由E群向F群演进，F群镜蟠螭纹采用双线勾勒，身饰密集的涡卷纹，以云雷纹或密集的平行线纹为地，或带有秦以后流行的小篆体铭文。高本汉以公元前2世纪作为E群镜和F群镜的分界[5]。这一分类在此后很长一段时间内没有变动。樋口隆康根据缘部及钮部形态将蟠螭纹镜划归战国镜类，按主纹饰表现分为平雕式和双线式两类，将平雕式定在战国中期至汉初，双线式定在西汉前期[6]。樋口氏将涡状虺纹镜分为连环式和分离式两类，冈村秀典对这一分类法进行补充，关注到地纹从三角雷纹到方格涡纹的变化[7]。20世纪80年代，冈村秀典对蟠螭纹镜进行再分类，以身躯整体为平雕表现的为Ⅰ式，以平雕躯体中央有一道凹线（躯体似由两道平行线构成）的为Ⅱ式，以身躯表现为两、三条凸线的为Ⅲ式，其演变方向为Ⅰ式→Ⅱ式→Ⅲ式。冈村氏认为蟠螭纹镜是秦帝国形成过程中的创新镜式，躯体涡纹较少的年代较早，而涡纹较多的则是受到秦汉时期云气纹的影响[8]。广川守在此基础上对蟠螭纹镜进行了细致的型式分析，其结论是：战国末期出现平雕式蟠螭纹镜，汉初蟠螭纹从单线身躯演变至中有凹线，分叉处从简单的羽纹、涡纹发展为连续涡卷，并出现菱纹，蟠螭纹镜在西汉前期最为发达，到西汉中期蟠螭纹不再表现头部，身躯由二三道突线构成或代之以菱纹[9]。中国学界对于蟠螭纹镜尚缺乏专门的系统研究，但也已形成相对统一的认识。本文主要从以下三个方面把握蟠螭纹镜的演变脉络：一是海外古镜样式论研究成果；二是战国秦汉考古发掘及其研究成果；三是战国秦汉铜镜的专门研究成果。

临淄是东周时期的齐国都城，是两汉时期的齐王城，是司马迁笔下著名的工商业都市。半个多世纪以来，临淄地区发现了数以千计的战国两汉铜镜[10]。根据已发表的资料，临淄出土蟠螭纹镜百余件，镜范35件。临淄所见蟠螭纹镜和镜范铸件，在形态上表现出相当的一致性——三弦钮、钮孔内残留范芯痕迹、钮座外宽凹带、平雕或线刻风格纹饰、匕形镜缘。这些特征既是时代性的，从战国延续至西汉早期；也是地域性的，临淄铸镜风格在蟠螭纹镜上有突出的体现。

本文采取的研究方法是：首先对已发表蟠螭纹镜进行型式分析并建立编年；然后比照蟠螭纹镜的类型，对临淄发现的蟠螭纹镜范进行观察和分类；最后综合铜镜和镜范风格，对临淄制镜特征进行把握，并对铸造年代等相关问题进行探讨。本文的年代划分主要参考《中国考古学·秦汉卷》的分期与断代研究成果[11]。

一、蟠螭纹镜的类型学研究

目前已发表资料中，可进行类型学研究的蟠螭纹镜有128件[12]。根据主纹饰形态及配置，可分为8型，即A～D型蟠螭纹镜和E～H型涡状虺纹镜。

A型　5件。缠绕式蟠螭纹镜。主纹区饰3组或4组蟠螭纹，躯体呈平雕效果，肢体勾连呈同向环绕。主纹区内外为斜向栉齿纹带。根据花苞的有无，可分为二亚型（图1）。

图1　A型缠绕式蟠螭纹镜

1. Aa型（官道墓地新村工地M346出土镜）2. Ab型Ⅱ式（乙烯生活区M91：2）
3、4. Ab型Ⅰ式（乙烯生活区M183：1、乙烯生活区M3：2）

Aa型　1件。官道墓地新村工地M346出土镜，蟠螭纹间无花苞。主纹区饰4组蟠螭，云雷纹地。钮座至宽凹带之间为两周斜向栉齿纹夹一周云雷纹。直径18.5厘米。

Ab型　4件。蟠螭纹间有花苞。根据纹饰组数的不同，可分为二式。

Ⅰ式：3件。主纹区3组纹饰。商王墓地M49：2和乙烯生活区M183：1蟠螭纹似Aa型，花苞形状较复杂；地纹细密，可能为云雷纹地。乙烯生活区M3：2蟠螭纹略简化呈S形，三角叶形花苞较小，涡卷地。

Ⅱ式：1件。乙烯生活区M91：2，主纹区4组蟠螭纹，云雷纹地，其间三角叶形花苞较小。钮座至宽凹带之间为涡卷纹和斜向栉齿纹。直径15.1厘米。

B型　8件。分离式蟠螭纹镜。主纹区饰3或4组蟠螭纹，相互分离呈同向环绕。直径不超过10厘米。根据乳丁的有无，可分为二亚型（图2）。

Ba型　6件。蟠螭纹间无乳丁。主纹区均饰3组或4组纹饰。根据地纹的不同，可分为二式。

图2　B型分离式蟠螭纹镜

1. Ba型Ⅰ式（永流墓地泰东城住宅区M39出土镜）2. Ba型Ⅱ式（刘家墓地齐都国际绿茵工地M103出土镜）
3、4. Bb型（石鼓墓地光明二期工地M95出土镜、乙烯生活区M11：1）

Ⅰ式：3件。粗疏的云雷纹地。蟠螭纹双线勾勒，呈C形和Y形组合，极为简化。主纹区内外均为窄凹带。

Ⅱ式：3件。涡纹地。蟠螭纹双线勾勒，呈C形和S形组合，线条流畅，或可见四足。主纹区内外均为斜向栉齿纹带。

Bb型　2件。蟠螭纹间有乳丁。主纹区均饰4组纹饰。主纹区内外无窄凹带或斜向栉齿纹带，地纹均为涡纹。石鼓墓地光明二期工地M95出土镜蟠螭纹呈S形，似后来所见四乳四虺镜，但表现出四足。乙烯生活区M11：1蟠螭纹由卷曲双线及两边小C形纹构成。

C型　26件。菱纹蟠螭纹镜。主纹区以菱纹表示蟠螭修长盘起的身躯，均为3组纹饰，首尾相连环绕。此型镜钮孔一端多对向菱纹。根据主纹饰配置的不同，可分为二亚型（图3）。

Ca型　11件。菱纹身躯蟠螭纹镜。主纹饰呈平雕效果，涡卷地纹，主、地纹层次鲜明。

Cb型　15件。菱纹花苞蟠螭纹镜。主纹饰菱纹呈平雕，其余部分为双线勾勒。火焰形花苞。根据地纹可分为二式。

图3　C型菱纹蟠螭纹镜

1. Ca型（齐鲁石化停车场工地M55：1）　2、3. Cb型Ⅰ式（乙烯生活区M19：1、永流墓地金鼎绿城M884出土镜）　4. Cb型Ⅱ式（乙烯生活区M23：1）

Ⅰ式：5件。云雷纹地。蟠螭纹似Ca型，较为蜷曲繁复，主纹区内外多有斜向栉齿纹带。此式镜中有直径超过15厘米的大型镜，如乙烯生活区M19：1，直径达16.3厘米，为C型镜中之最。

Ⅱ式：10件。涡纹地。蟠螭纹简化为双线弧线，主纹饰整体为程式化的三叶状。主纹区内外多为窄凹带。

D型　3件。连弧纹蟠螭纹镜。主纹区填以内向八连弧凹带，连弧凹带内外的蟠螭纹或分离或相连。地纹为涡纹。根据镜径大小，可分为二亚型（图4）。

1

2

图4　D型连弧纹蟠螭纹镜

1.Da型（范家墓地淄江花园D区M996出土镜）2.Db型（商王墓地瑞泉阳光工地M39出土镜）

Da型　2件。直径约20厘米或以上。范家墓地淄江花园D区M996出土镜，直径25.5厘米。钮座外在涡纹地上施以相向环绕双龙，其外为斜向栉齿纹及圆圈凹带。主纹区连弧纹内外为八蟠螭纹同向环绕排列，龙首在外侧，刻画较为细致；龙首下身躯分为两支，向两侧各伸出一足。身躯下肢体越过连弧凹带向内，其中四蟠螭向连弧内肢体演变为菱纹，间隔分布，其余四蟠螭肢体卷曲或叠压于顺时针一侧菱纹上部。蟠螭纹躯体为单线加栉齿纹条予以强化，纹饰较为繁复。临淄工作站采集镜010，直径22.6厘米。主纹饰与前一镜相似，因锈蚀纹饰模糊，依稀可辨连弧凹带内外相连的蟠螭纹躯体以及菱纹，但龙首部省略。

Db型　1件。商王墓地瑞泉阳光工地M39出土镜，直径在15厘米以下。该镜直径13厘米，主纹区8个反C形蟠螭纹同向环绕，越过连弧纹凹带相连，在躯干两侧分别伸出一小C形肢体，纹饰更为简化。蟠螭纹为双线，线条结束处呈突起状，躯干部也有若干处旋绕凸起。

E型　29件。四乳凹带涡状虺纹镜。主纹区以四乳和穿过四乳的凹带分为内外两部分，内外为一体相连的蟠螭纹。双线虺纹，线条结束处呈突起状；以C形或S形构成，多为正反相连的C形，带有程式化的特点。钮孔方向多对准两枚乳丁之间，对准乳丁的情况占近四分之一。主纹区内外均无斜向栉齿纹。此式镜虽绝大部分为涡纹地，但出现了1件斜线地纹镜例。根据乳丁形制，可分为二亚型（图5）。

图5　E型四乳凹带涡状虺纹镜

1～3. Ea型Ⅰ式（乙烯生活区M058：2、外贸工地M41出土镜、范家墓地淄江花园M993出土镜）　4. Ea型Ⅱ式（范家墓地淄江花园M271出土镜）　5. Eb型Ⅰ式（范家墓地淄江花园M965出土镜）　6. Eb型Ⅱ式（永流墓地金鼎绿城三期M362出土镜）

Ea型　27件。无座乳丁。根据主纹区外连弧纹的有无，可分为二式。

Ⅰ式：26件。无连弧纹带。此式镜的数量较多，根据C形与乳丁的位置关系还可进一步细分。最常见的一种是C形虺纹内包或外包乳丁，首尾四肢均抽象简化，镜径在7～10厘米。另一种为S形虺纹侧包乳丁环绕，纹饰表现似缠绕式蟠螭纹，头部可辨、身躯中部伸出肢体，镜径约10厘米或以上。比较特殊的是范家墓地淄江花园M993出土镜，四乳凹带外侧配置四组由正反S形组成的虺纹，内区对应四组S形配C形虺纹，内外虺纹相连。纹饰配置与D型连弧纹蟠螭镜相似。

Ⅱ式：1件。范家墓地淄江花园M271出土镜，有连弧纹带。主纹区外侧为内向二十连弧纹带，直径17.6厘米。主纹饰配置与Ⅰ式相似，虺纹内包乳丁环绕，环绕至凹带区刻画出龙首，身躯中部伸出肢体位于凹带外侧。蟠螭纹带部分较Ⅰ式略窄。

Eb型　2件。四叶座乳丁。乳丁外设圆圈座和L形凹面四叶。根据主纹区外连弧纹的有无，可分为二式。

Ⅰ式：1件。范家墓地淄江花园M965出土镜，无连弧纹带。主纹饰与范家墓地淄江花园M993出土镜（Ea型Ⅰ式）相似，四乳凹带内外的大小虺纹相接。直径14.3厘米。

Ⅱ式：1件。永流墓地金鼎绿城三期M362出土镜，有连弧纹带。主纹饰配置与Ⅰ式相似，表现稍显复杂。乳丁圆圈座外为四桃形花瓣和一单体桃形叶纹，叶尖直指连弧纹之间，将之四等分。直径23厘米。

F型　18件。圆形钮座连续式涡状虺纹镜。主纹饰进一步简化和程式化，为正反相连的C形，或可视作四组S形虺纹。因此有乳丁的情况下，C形虺龙与乳丁的位置关系为内包或外包两种。根据乳丁和连弧纹带的有无，可分为三亚型（图6）。

Fa型　5件。配置四乳丁，外无连弧纹带。

Fb型　4件。配置四乳丁，外有连弧纹带。

Fc型　9件。无乳丁，外有连弧纹带。根据地纹的不同，可分为二式。

Ⅰ式：7件。涡纹地。一种C形虺纹弧度较大，地纹空间充足，涡卷大而清晰，主纹区外的连弧纹较高。如乙烯生活区M38：1，直径12.7厘米。另一种C形虺纹较扁，地纹空间压缩，涡卷几不成形，主纹区外的连弧纹较矮。如永流墓地金鼎绿城工地M451出土镜，直径8.1厘米。

Ⅱ式：2件。斜线纹地。以密集斜线作地纹，呈折线状。主纹区外连弧纹较矮。

G型　28件。圆形钮座分离式涡状虺纹镜。此型镜纹饰及配置较程式化。钮座外宽凹带外有一周窄凹带。主纹区分为四区，每区有一S形虺纹。主纹区外为十六内向连弧纹带，其外为窄凹带和匕形镜缘。根据乳丁的有无，可分为二亚型（图7-1～图7-3）。

Ga型　7件。主纹区有四乳丁。

Gb型　21件。主纹区无乳丁。根据地纹的不同，可分为二式。

Ⅰ式：1件。涡纹地。

Ⅱ式：20件。斜线纹地。

H型　11件。方形钮座涡状虺纹镜。此型镜纹饰及配置较程式化。方形钮座外为一周窄凹带，其外为方格铭文框，内有8～12字铭文。方格外四边中央各有一枚乳丁（仅一例

图6　F型圆形钮座连续式涡状虺纹镜

1. Fa型（齐鲁石化停车场M34：1）　2. Fb型（范家墓地淄江花园M37出土镜）
3. Fc型Ⅰ式（乙烯生活区M38：1）　4. Fc型Ⅱ式（徐家墓地凤凰城M359出土镜）

位于方格内四角处），围绕乳丁各有一涡状虺纹（图7-4～图7-6）。根据主纹区外连弧纹带的有无，可分为二亚型。

Ha型　10件。无连弧纹带。根据地纹可分为二式。

Ⅰ式：2件。涡纹地。方铭框内每边4字，共12字，为“见日之光服者君王□□□□”。乳丁处地纹为交叉弧线和涡卷。乙烯生活区M48：1钮孔对准乳丁，指向首句铭文，铭文为右旋读；乙烯生活区M61：1钮孔对准乳丁之间，和首句铭文平行，铭文为左旋读。

Ⅱ式：8件。斜线纹地。乳丁处地纹为交叉斜线。方铭框内每边3字，共8字。

Hb型　1件。永流墓地金鼎绿城M448出土镜，有连弧纹带。钮座外方格凹带框内无铭文，外为窄凹带。主纹区为内环乳丁的4个C形虺纹，C形两边各伸出一反S形纹。斜线地纹，乳丁处地纹为交叉斜线。直径9.5厘米。

图7　G型圆形钮座分离式涡状虺纹镜、H型方形钮座涡状虺纹镜

1. Ga型（永流墓地泰东城小义乌商品城M182出土镜） 2. Gb型Ⅰ式（永流墓地金鼎绿城M355出土镜） 3. Gb型Ⅱ式（范家墓地淄江花园J组团M11出土镜） 4. Ha型Ⅰ式（乙烯生活区M61：1） 5. Ha型Ⅱ式（永流墓地金鼎绿城M270出土镜） 6. Hb型（永流墓地金鼎绿城M448出土镜）

二、蟠螭纹镜的年代学研究

基于既有蟠螭纹镜纹饰演变的研究成果，大致确定以下几点变化趋势。

一是主纹饰从繁复、缠绕的蟠螭纹向着简化、划一的虺纹转变。可以想定：蟠螭纹镜A～D型早于涡状虺纹镜E～H型。

二是主纹饰表现和镜背元素向着简化和程式化的方向变化。可以想定：蟠螭纹镜中，A型早于B型，Aa型早于Ab型，Ab型早于C型，Cb型Ⅰ式早于Ⅱ式，且有可能早于Ca型；涡状虺纹镜中，E型早于F型，F型早于G、H型。H型镜虺纹最为简化，新出现常见于草叶纹镜的“见日之光”铭，二者年代相去不远，H型镜应为涡状虺纹镜的最晚样式。

三是地纹的演进方向为云雷纹→涡卷纹→斜线地纹。可以想定：蟠螭纹镜中，Aa型和Ba型Ⅰ式早于Ba型Ⅱ式和Bb型，Cb型Ⅰ式早于Ⅱ式，Ca型与Cb型Ⅰ式可能并行，D型是蟠螭纹镜中最晚的；涡状虺纹镜中，E型早于F型，F型早于G、H型，Fa型和Fb型早于Fc型。

四是蟠螭纹镜主纹饰从平雕向双线风格变化。可以想定：蟠螭纹镜中，A型早于B型，Ca型早于B型，D型或与Cb型并行。

五是涡状虺纹镜主纹饰外连弧纹带从无到有。可以想定：E型Ⅰ式早于Ⅱ式，Fa型早于Fb和Fc型。

六是乳丁从无座到配以四叶座。可以想定：涡状虺纹镜Ea型早于Eb型。

以上是镜类演变的推定逻辑，未必完全符合实际情况，且不能忽视若干镜型或镜式并行的可能性。尽管总体趋势是简化和程式化，但也不是一概而论的，纹饰简化也可能是因尺寸限制，未必说明早晚关系。例如，蟠螭纹镜Ha型镜根据地纹可分为涡纹（Ⅰ式）和斜线（Ⅱ式），理论上Ⅰ式早于Ⅱ式，但仔细观察可知，地纹不同可能是由于尺寸或虺纹间空隙大小所致，制作时可自行选择。镜背可能同时出现新旧风格纹饰，各要素的变化未必同步，各镜式存续时间有长有短。本文将结合蟠螭纹镜所出墓葬情况，对各型式的演进进行考察。

A型缠绕式蟠螭纹镜最早见于战国楚墓。长沙战国楚墓出土铜镜显示出比较清晰的演变序列。缠绕式蟠螭纹镜见于战国晚期墓，报告中推测其铸造时间可早至战国中期晚段，羽状地纹镜（以山字纹镜为代表）与之并行一段时间后逐渐被取代，蟠螭纹镜成为战国晚期以来的最重要镜式[13]。Aa型镜与长沙楚墓M1062：1相近，Ab型Ⅰ式镜与长沙楚墓M494：1相近[14]。Ab型Ⅱ式镜花苞样式和布局可见于长沙月亮山战国墓[15]，但较月亮山M8出土镜更为小型和简化。Ab型Ⅱ式镜在益阳楚墓中也可见到，年代为战国晚期中段至晚段[16]。南阳理工大学M203出土有Ab型Ⅱ式镜，墓葬年代为西汉早期[17]。洛阳烧沟M155西汉中期墓发现1件Ab型Ⅱ式镜，从主纹饰和云雷点纹地来看可能是战国镜[18]。安徽淮南寿县、六安等地也发现有Aa型和Ab型Ⅰ式镜[19]。滕州东郑庄M153：1，属本文分类（后文略）Aa型，墓葬年代为西汉早期[20]。综上，A型缠绕式蟠螭纹出现于战国晚期的楚地并向北传播的同时或稍后东传至齐地。对比南阳、洛阳、淮南和临淄的镜例可知，临淄Ab型镜主纹饰多为三组（Ⅰ式），而南阳镜主纹饰多为四组（Ⅱ式），长沙楚墓Ab型镜也以四组纹饰为主，或许可以认为三组蟠螭纹为A型蟠螭纹镜的临淄风格。缠绕式蟠螭纹镜的年代约在战国末期至汉初，乙烯生活区M3：2（Ab型Ⅰ式）涡纹地且纹饰简化，年代可能稍晚。

Ba型Ⅰ式镜直径较小，蟠螭纹以双线表现，简化稚拙，收尾处没有凸起，云雷纹地粗疏，应为西汉早期镜。仪征张集团山汉墓M1、M2分别出土Ba型镜和Ca型镜各1件，该墓群年代不晚于汉武帝元狩五年（公元前118年）。西安范南村M49：7，属Bb型，该墓出土有半两钱，年代在西汉早期[21]。南阳市税局住宅小区M192出土镜，属Bb型，镜背主纹区为三乳丁和三组蟠螭纹，云雷纹地，墓葬年代为西汉早期[22]。值得注意的是，涡纹地分离式双线蟠螭纹镜（Ba型Ⅱ式）出土的墓葬年代或较晚，如襄阳王坡M156：3，墓葬年代为西汉昭宣时期[23]；西安雅荷城市花园M1：9，墓葬年代在东汉中期[24]。这种纹饰简化、制作粗疏的镜，制作年代可能较晚，不排除后世模仿的可能。

Ca型菱纹蟠螭镜在长沙战国晚期楚墓中有一定发现，但未见Cb型镜。报告认为三组菱纹出现时间稍早，后出现了两组和四组菱纹，此外还有三组成对菱纹镜[25]。云梦睡虎地M11：69为Ca型，据简牍可知墓主人死于始皇三十年（公元前217年）[26]，这也是目前所知出土三菱纹镜的最早纪年墓。长沙马王堆M3出土有Ca型四菱纹蟠螭镜，年代不晚于公元前168年[27]。长安汉墓仅见Ca型镜，西安尤家庄M167：6[28]与长沙楚墓M421：2相似，尤家庄M70：2[29]与云梦睡虎地M11：69相似，尤家庄M167和M70的年代均为西汉早期。南阳汉墓出土Ca型镜数量较多、种类丰富，但基本不见Cb型镜。临淄所见平雕菱纹蟠螭镜（Ca型镜）多为三组菱纹，此外还可见到四菱纹、六菱纹和双线菱纹样式，年代多在西汉早期。临沂银雀山M4：66为四菱纹镜，年代为西汉早期[30]。洛阳锻造厂ⅠM515出土镜，属Cb型，年代为西汉早期[31]。扬州刘毋智墓M1：12为双线菱纹蟠螭纹镜，云雷纹地、蟠螭纹蜷曲繁复，年代为公元前199～前154年[32]。阜阳双古堆M2出土有Ca型和Cb型Ⅰ式镜，该墓年代早于公元前165年[33]。贵县罗泊湾M2出土有Ca型和Cb型镜，年代下限在汉文帝时期（公元前179～前157年）[34]。Ca型镜在江淮地区西汉早期贵族墓中比较常见，如徐州狮子山楚王陵、盱眙大云山M14出土镜等[35]，但多以双线表现蟠螭身躯，涡卷较多、纹饰繁复，风格不同于临淄镜。综上，楚式Ca型镜与A型镜类似，在向北影响的过程中，襄阳、南阳、长安等地四菱纹镜的数量和种类增多；向东影响至淮南、临淄地区，则更偏好三菱纹镜，继而发展出Cb型镜。临淄镜不见楚镜那样繁复的纹饰风格。Ca型镜与云梦睡虎地M11：69时代相近或稍晚，Cb型Ⅰ式镜采用双线表现年代较晚在西汉早期前段，Cb型Ⅱ式镜更为简化和程式化，年代进入西汉早期后段。

D型连弧纹蟠螭镜，以横亘在主纹区的凹带连弧纹为特征，源于战国晚期云雷纹地连弧纹镜，多见于长沙地区楚墓，如长沙楚墓M694：1[36]；西汉初期出现涡纹地连弧纹镜，如成都羊子山汉墓出土镜[37]，纯地纹连弧纹镜多为七连弧，直径在15～20厘米。后增加龙纹或蟠螭纹，益阳楚墓出土2件八连弧纹蟠螭镜，M354：1直径22.8厘米，属Da型，与临淄范家墓地淄江花园D区M996出土镜以及传金村出土镜相似，年代在战国晚期[38]；

M92：3直径14.3厘米，属Db型，年代在战国末期[39]。蟠螭纹似与八连弧相伴而生，西汉初期还出现素面八连弧凹带镜[40]；纹饰增加使得镜的尺寸增大，连弧纹蟠螭镜成为战国镜中直径较大的镜类，但同时也分化出大镜（Da型）和小镜（Db型），前者表现出近似凤首的头部特征，而后者难以辨识。西安汉墓出土镜多为七连弧镜。范南村M48：9和方新村M9：9直径均在15厘米以下，属Db型，方新村M9出土有半两钱，墓葬年代为西汉早期[41]。西安雅荷城市花园M78：13，直径14.3厘米，属Db型，该墓出土有五铢钱，年代为西汉中期[42]。山东汉墓出土镜多为八连弧镜。临沂银雀山M3出土镜，直径22厘米，属Da型，年代为西汉早期[43]。银雀山M1出土镜，直径13.5厘米，属Db型。该墓伴出有半两钱以及建元元年（公元前140年）开铸的三铢钱，但未见汉武帝元狩五年（公元前118年）开铸的五铢钱，墓葬年代当在此之间[44]。结合南越国时期出土铜镜情况，全洪指出连弧纹蟠螭镜的年代在西汉文景时期，武帝以后基本不见[45]。综上，D型镜主要发现于战国晚期至西汉早期墓，Db型较Db型出现稍晚但更为常见，Da型在西汉早期以后基本不见，Db型在Da型衰落后直至西汉中期仍可见到。

铜镜坚固耐用，不易磨损腐蚀，在古代是珍贵的生活用具，能够长期使用乃至传世，后世亦有仿制。广州象岗南越王墓，墓主人是南越国第二代王赵胡，生于文帝末年（约公元前162年），死于元朔末元狩初（约公元前122年）[46]。该墓为西汉诸侯王墓“凿山为藏”的形式，平面布局大致沿袭战国楚制，随葬器物属于广州汉墓年代序列的南越国时期后段，包括大量铜镜（表1），其中以蟠螭纹镜最引人注目。根据全洪对于南越国铜镜的研究，南越王墓出土镜包括战国楚式镜，如山字纹镜、纯地纹连弧纹镜、细地纹镜（包括兽纹镜和菱纹镜）等。这些都是楚墓中常见镜类，出现在西汉中期的南越王墓且有一定数量，有三种可能：一是秦至汉初仍有制作；二是自战国、秦、汉初传世沿用；三是有意识地收藏并埋藏古物。汉镜则以蟠螭纹镜为主，与临淄蟠螭纹镜相比，南越王墓出土蟠螭纹镜有几点值得注意：一是缠绕式蟠螭纹镜占多数，即以楚式镜为主；二是菱纹蟠螭纹镜发现较少，且缺乏临淄镜中多见的Cb型；三是连弧纹蟠螭纹镜较少，且均为Da型；四是蟠螭纹镜中不见文帝末至武帝初的淮式蟠螭纹镜；五是特殊工艺镜的年代集中在战国晚期至西汉早期。上述几点既是地域差别所致，也反映出镜的制作年代较早，似是对南越国鼎盛时期或更早的器用更加珍视。同时也从侧面反映出缠绕式蟠螭纹镜（Aa型）早于菱纹蟠螭纹镜（Ca型）和连弧纹蟠螭纹镜（Da型），而Ca型和Da型可能并行一段时期，但应早于小型化、程式化、简约化的Cb型和Db型。

涡状虺纹镜（E～H型）主要发现于西汉早期墓，就临淄的发现而言，数量约为蟠螭纹镜（A～D型）的两倍。结合各地出土镜来看，E型镜是涡状虺纹镜中最早的，较蟠螭纹镜发生了较大的变化，根据其四乳凹带的配置，推测其与汉初南方地区圈带叠压蟠螭纹镜有一定关联，此后发展出Eb型和F型中的涡纹地镜，Fc型开始在镜背出现斜线地纹。G型、H型多与草叶纹镜、五铢钱同出，可至西汉中期，晚于E型、F型。涡状虺纹镜镜背演变趋势大致是由连续虺纹、涡卷地纹（E、F型）向分离虺纹、斜线地纹（G、H型）变化。西安窦氏墓M3出土Eb型Ⅰ式镜和Fc型镜各1件，伴出吕后时期八铢半两钱，年代在西汉文帝初年[47]。Fc型镜虺纹缠绕勾连，连弧纹较高且为不规则的十七连弧纹，处于F型镜

表1　南越王墓出土镜类一览表[48]

	山字纹镜	细地纹镜	纯地纹连弧纹镜	缠绕式蟠螭纹镜	菱纹蟠螭纹镜	连弧纹蟠螭纹镜	特殊工艺镜
名称及编号	四山镜（B35、F75）	细地纹菱纹四叶镜（F66）	素地细连弧纹镜（E94）	圈带叠压蟠螭纹镜（B9）	菱纹蟠螭纹镜（C170）（本文Ca型）	云雷纹地连弧纹蟠螭纹镜（B12、C234）（本文Da型）	彩绘镜（C213、C171、C145-73、E117-1）
	六山镜（F32）	云雷纹地四叶龙凤纹镜（E47、E101）	云雷纹地八连弧纹镜（B13）	云雷纹地蟠螭纹镜（E121等3件、F17、F31、F33）（本文Aa型）	四菱纹蟠螭纹镜（E24、E98）		嵌错镜（C231）
		菱格纹地三龙纹镜（E34）	涡卷地八连弧纹镜（B68）、涡纹地七连弧纹镜（E18）		三对菱纹蟠螭纹镜（E35）		
			素地凹带连弧纹镜（F68、F71）		菱纹蟠螭纹镜（F29）		
数量	3	4	6	7	5	2	5

早期阶段。湖北宜昌前坪M10：13属Ea型Ⅰ式[49]，临沂金雀山M1：43属Fa型[50]，扬州蜀岗南坡农科所M4：2[51]属Fb型，上述墓葬或伴出四铢半两钱，年代在西汉文景时期（公元前179～前141年），不晚于武帝开铸五铢钱的元狩五年（公元前118年）。广州麻鹰岗M1173：3和M1174：19属Ha型Ⅰ式，通过出土陶罐文字可知，墓葬年代在西汉景帝中元六年至武帝元鼎六年（公元前144～前111年）。H型镜纹饰及铭文与草叶纹镜有共通之处，年代应在淮式“修相思”铭蟠螭纹镜之后，即武帝前期或稍早，应不早于F型。西安南郊荆寺二村西汉早期墓M2：3属Fa型，钮两侧有篆书“千”“金”二字，与南阳理工大学M8西汉早期墓出土Cb型镜相似。乳丁间C形虺纹中有“长乐未央”铭[52]，从铭文字体和内容来看，镜的年代应早于H型镜。

西汉中期墓也经常发现早期流行的镜类。著名的满城汉墓窦绾墓M2：4129属Eb型，年代在公元前118～前104年[53]。涡状虺纹镜在南阳西汉中期墓的发现比较集中（表2）[54]。结合伴出镜类、钱币等情况可知：E型和Fa型镜带有斜线地纹，年代应晚于临淄所见该型的涡纹地镜，或与G、H型镜并存一段时间；E型和F型较少，昭宣时期以后不见；F型镜以斜线地纹为主，多与G型同出；G型多与草叶纹镜以及五铢钱伴出，年代在元狩五年（公元前118年）以后。据此能够梳理出涡状虺纹镜从E型到H型的发展脉络（表3）。

表2　南阳地区涡状虺纹镜出土情况

<table>
<tr><th>出土墓葬</th><th>镜式</th><th>直径（厘米）</th><th>特征</th><th>资料来源[①]</th><th>伴出钱币</th><th>时代推定</th></tr>
<tr><td rowspan="6">南阳市税务局住宅小区M116</td><td>Ea型</td><td>7.8</td><td>斜线地纹</td><td>150页</td><td rowspan="6">半两钱1、五铢钱13</td><td rowspan="6">西汉中期</td></tr>
<tr><td>Fa型</td><td>8</td><td>斜线地纹</td><td>126页</td></tr>
<tr><td>Fc型Ⅰ式</td><td>7.8</td><td>涡纹地</td><td>134页</td></tr>
<tr><td>Ga型</td><td>7.7</td><td>斜线地纹</td><td>127页</td></tr>
<tr><td>Ga型</td><td>9.2</td><td>斜线地纹</td><td>135页</td></tr>
<tr><td>连弧纹草叶纹镜</td><td>11.2</td><td>钮外方格内“见日之光天下大明”铭，单层草叶，圆形花叶</td><td>205页</td></tr>
<tr><td rowspan="3">南阳新光热电公司M12</td><td>Fb型</td><td>7.6</td><td>斜线地纹</td><td>121页</td><td rowspan="3">五铢钱1串</td><td rowspan="3">西汉中期</td></tr>
<tr><td>Fb型</td><td>7.8</td><td>斜线地纹</td><td>123页</td></tr>
<tr><td>Gb型Ⅱ式</td><td>7.4</td><td>斜线地纹</td><td>122页</td></tr>
<tr><td rowspan="2">南阳市税务局住宅小区M2</td><td>Ga型</td><td>9.1</td><td>斜线地纹</td><td>125页</td><td rowspan="2">五铢钱13</td><td rowspan="2">西汉中期</td></tr>
<tr><td>连弧纹草叶纹镜</td><td>11.1</td><td>四叶钮座，方格内“见日之光天下大明”铭，四角L形折线纹；单层草叶，圆形花叶</td><td>208页</td></tr>
<tr><td rowspan="2">南阳计生委住宅小区M8</td><td>Gb型Ⅱ式</td><td>8.4</td><td>斜线地纹</td><td>129页</td><td rowspan="2">半两钱10</td><td rowspan="2">西汉中期（武帝前期）</td></tr>
<tr><td>草叶纹镜</td><td>7.7</td><td>钮外方格，主纹区为四乳丁和四单层草叶，间隔“见日之光天下大明”铭</td><td>167页</td></tr>
<tr><td rowspan="3">南阳计生委住宅小区M39</td><td>Ha型Ⅱ式</td><td>7.2</td><td rowspan="3">同型，同向3C形虺纹，斜线地纹，方格铭文框，对角为斜线纹及重叠三角纹</td><td>118页</td><td rowspan="3"></td><td rowspan="3">西汉中期（昭宣时期）</td></tr>
<tr><td>Ha型Ⅱ式</td><td>7.2</td><td>119页</td></tr>
<tr><td>Ha型Ⅱ式</td><td>7.2</td><td>120页</td></tr>
<tr><td rowspan="2">南阳名门华府住宅小区M25</td><td>Gb型Ⅱ式</td><td>9.3</td><td>斜线地纹</td><td>145页</td><td rowspan="2">五铢钱2串</td><td rowspan="2">西汉晚期</td></tr>
<tr><td>连弧纹草叶纹镜</td><td>11.4</td><td>钮外方格内“见日之光天下大明”铭，双层草叶，长形花叶</td><td>212页</td></tr>
</table>

注：①南阳市文物考古研究所：《南阳出土铜镜》，文物出版社，2010年。

表3　临淄出土蟠螭纹镜编年

	蟠螭纹镜				涡状虺纹镜			
	A型	B型	C型	D型	E型	F型	G型	H型
战国末至汉初	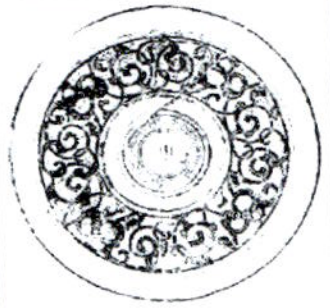 Aa							
西汉早期前段	 Ab	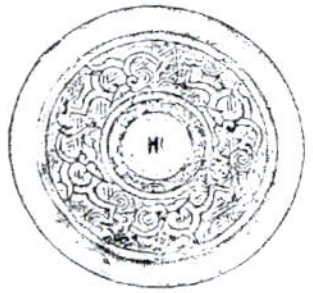 Ba Ⅰ	 Cb Ⅰ 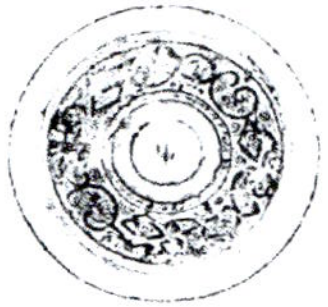 Ca	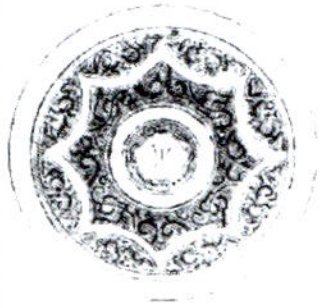 Da	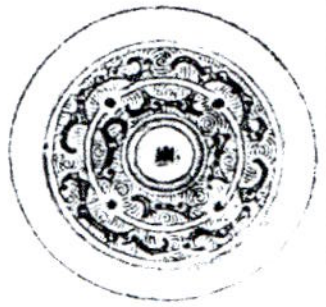 Ea Ⅰ	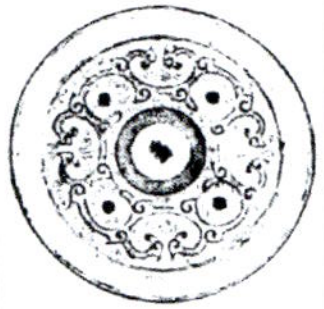 Fa		
西汉早期晚段		 Bb	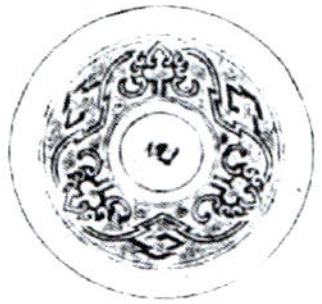 Cb Ⅱ	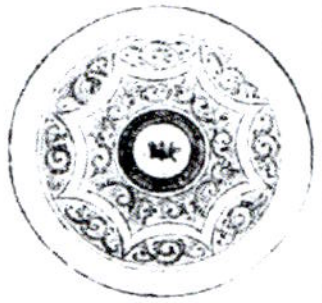 Db	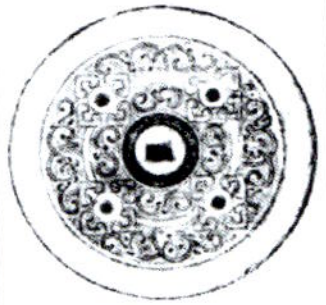 Eb Ⅰ	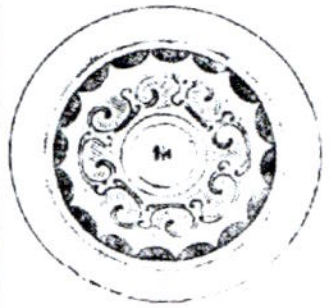 Fc Ⅱ		
西汉中期		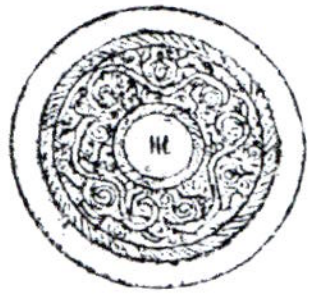 Ba Ⅱ					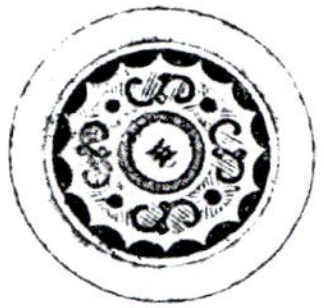 Gb Ⅱ	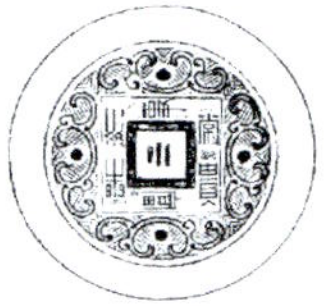 Ha Ⅱ

三、临淄所见蟠螭纹镜范及制镜特征

临淄出土、采集镜背范146件，能判明镜类的有110件，以草叶纹镜最多，37件，其次是蟠螭纹镜35件[55]，约占三分之一（表4）。蟠螭纹镜无疑是临淄制镜的重要产品。考古所见镜范均出自阚家寨B区第Ⅱ地点，遗迹年代为秦至西汉早期，下限至西汉中期[56]，正值蟠螭纹镜流行。对照蟠螭纹镜类型，可将镜范分为六类。

表4　临淄所见蟠螭纹镜范一览表

铸件型式	编号	复原径（厘米）	主纹区残存	出土/采集地	备注
Aa型	H82：5	19.24	不足1/8	阚家寨B区第Ⅱ地点	
Aa型	F13：1	10.5	约1/2	阚家寨B区第Ⅱ地点	
Ba型Ⅱ式	SLQJF：22	6.8	较完整	传出于苏家庙村西	
Ca型	BCJF27	10.61	约1/4	馆藏品	
C型	T3494⑤：3	11.66	不足1/8	阚家寨B区第Ⅱ地点	
C型	BCJF74	13.26	不足1/5	馆藏品	
C型	LQKJ：04	8.6	不足1/4	阚家寨村南	
D型	H5：60	12.13	约1/2	阚家寨B区第Ⅱ地点	
D型Ⅱ式	BCJF26	13.76	约1/2	馆藏品	
Ea型	H115：2	11.82	约1/2	阚家寨B区第Ⅱ地点	
Ea型	H146：3	12.08	约1/2	阚家寨B区第Ⅱ地点	
Ea型	M11填土：11	8.68	主纹区近缘处部分	阚家寨B区第Ⅱ地点	
Eb型Ⅰ式	BCJF39	19.26	不足1/5	馆藏品	
Fa型	BCJF19	9	约1/4	馆藏品	
Fa型	H115：8	9.14	约1/2	阚家寨B区第Ⅱ地点	
Fa型	H146：1	8.96	约3/5	阚家寨B区第Ⅱ地点	
Fa型	LQKJ：02	9.5	约1/2	阚家寨村南	
Fa型	LQKJ：03	10.2	约1/4	阚家寨村南	
Fa型	BCJF20	13.44	不足1/5	馆藏品	两面范，另一面为四乳弦纹镜背范
Fa型	BCJF52	12.28	不足1/5	馆藏品	
Fc型	H81：19	8.78	约1/4	阚家寨B区第Ⅱ地点	
Fc型	T3897②：1	11.23	约1/4	阚家寨B区第Ⅱ地点	
Fc型	SLQJF：29	8.2	不足1/3	传出于刘家寨村南	
Fc型	SLQJF：77	10	约1/2	传出于苏家庙村西	

续表

铸件型式	编号	复原径（厘米）	主纹区残存	出土/采集地	备注
F型	LQKJ：01	9.5	不足1/4	阚家寨村南	
Fb或Fc型	H5：14	8.74	不足1/4	阚家寨B区第Ⅱ地点	
E型或Fa型	T3494②：3	12.1	不足1/4	阚家寨B区第Ⅱ地点	
Fc或G型	SLQJF：62	8	不足1/4	传出于刘家寨村南	
Fc或G型	BCJF22	9.68	不足1/5	馆藏品	
G型?	SLQJF：71	9.8	不足1/4	传出于刘家寨村南	
不明	H82：2	15.32	约1/3	阚家寨B区第Ⅱ地点	云雷纹地
不明	H5：38	9.86	不足1/4	阚家寨B区第Ⅱ地点	
不明	T3493②：14	10.06	不足1/4	阚家寨B区第Ⅱ地点	主纹区外复原为十内向连弧纹带
不明	SLQJF：35	9.8	约1/2	传出于刘家寨村南	
不明	SLQJF：72	8.6	不足1/5	传出于刘家寨村南	

A类缠绕式蟠螭纹镜范，2件。H82：5，铸件为本文（下同）Aa型，无花苞。钮座云雷纹，向外依次为顺时针斜向栉齿纹、凸宽带、逆时针斜向栉齿纹。主纹区残存缠绕式蟠螭纹，涡纹地（图8-1）。

B类分离式蟠螭纹镜范，1件。SLQJF：22，铸件为Ba型Ⅱ式，涡纹地，无乳丁。三弦钮，钮孔方向对准蟠螭纹。主纹区为三组蟠螭纹，首尾相接，互不相连，涡纹地（图8-3）。

C类菱纹蟠螭纹镜范，4件。BCJF27，铸件为Ca型，无花苞。三弦钮，钮孔一端对准蟠螭纹之间，另一端应对准菱纹。主纹区残存一组菱纹和蟠螭纹，推测原有三组纹饰（图8-4）。

D类连弧纹蟠螭纹镜范，2件。BCJF26，铸件为D型Ⅱ式，涡纹地。主纹区残存五组连弧纹，内外饰以蟠螭纹，外部蟠螭纹为中间C加两边倒置小c形；内部蟠螭纹不清楚，内外纹饰似有一道联结。匕形缘（图8-5）。

E类四乳凹带涡状虺纹镜范，4件。H115：2，铸件为Ea型，无座乳丁。主纹区残存两枚乳丁及凸圈带，内外分布5组C型虺纹，呈内包乳丁，涡纹地。BCJF39（图8-6），铸件为Eb型Ⅰ式，四叶座乳丁，无连弧纹。主纹区残存1枚四叶乳丁，叶瓣呈V形，两侧有阴刻蟠螭纹（图8-7）。

F类圆座连续型涡状虺纹镜范，13件。H115：8，铸件为Fa型，无连弧纹，有乳丁。主纹区残存虺纹和两枚乳丁，涡纹地，虺纹外包乳丁，匕形缘。H146：1，铸件为Fa型，无连弧纹，有乳丁。三弦钮，钮孔大致在乳丁之间。主纹区残存虺纹和两枚乳丁，虺纹外包或侧包乳丁（图8-8）。H81：19，铸件为Fc型镜，有连弧纹，无乳丁。主纹区残存3组C形虺纹，涡纹地。SLQJF：77，铸件为Fc型，有连弧纹，无乳丁。主纹区残存3组C形虺纹，斜线地（图8-9）。

临淄蟠螭纹镜范铸件基本不超出临淄镜的样式，且与相应镜式的发现大抵呈正相关。

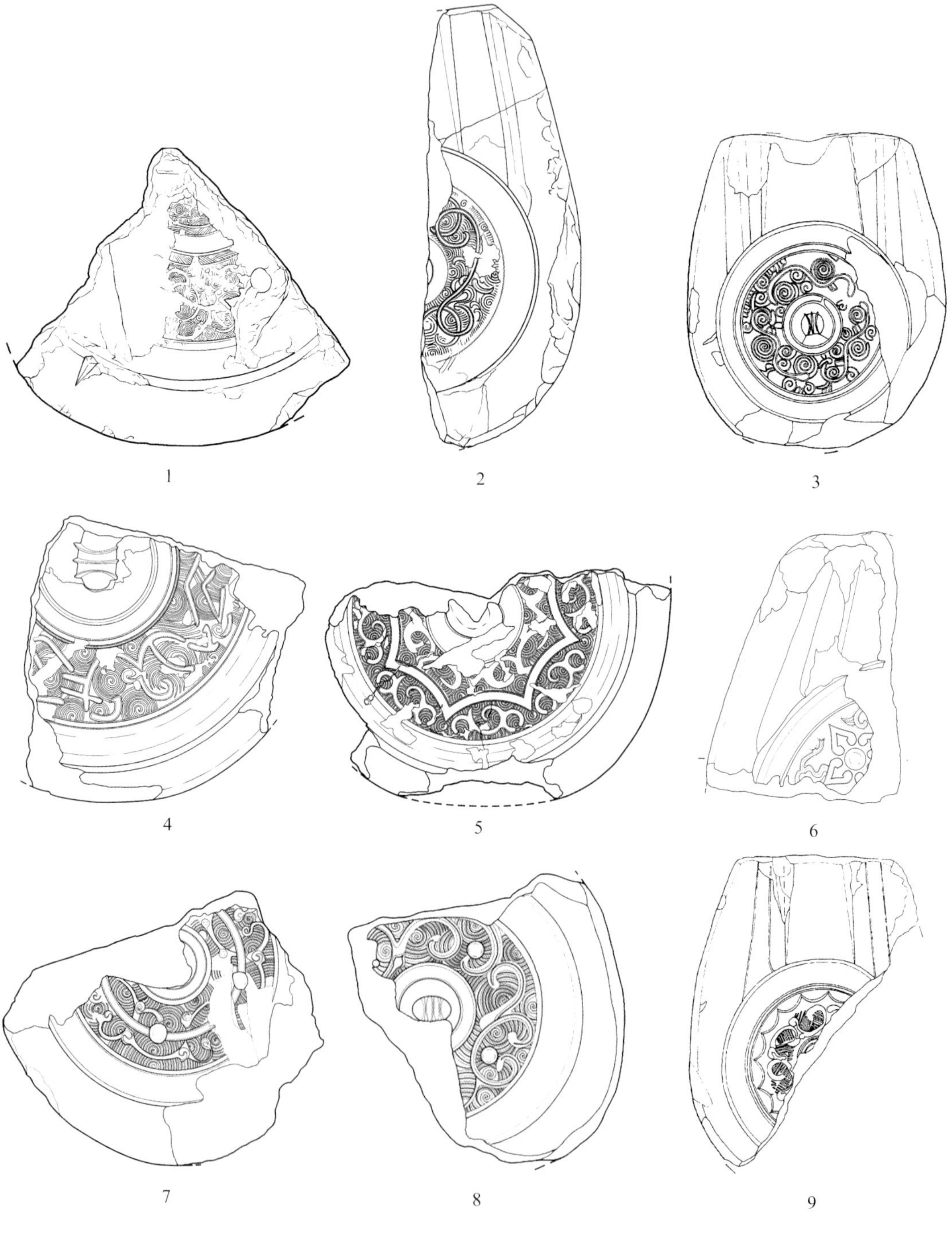

图8　临淄所见蟠螭纹镜范

1、2. Aa型（H82：5、F13：1）3. Ba型Ⅱ式（SLQJF：22）4. Ca型（BCJF27）
5. D型Ⅱ式（BCJF26）6. Eb型Ⅰ式（BCJF39）7. Ea型（H115：2）8. Fa型（H146：1）9. Fc型（SLQJF：77）

从临淄所见蟠螭纹镜范可以提取出临淄铸镜的风格。

第一，Aa型镜范H82：5的发现，说明临淄生产云雷纹地缠绕式蟠螭纹镜，而该镜类多见于战国晚期楚墓，该镜范的发现确证楚式蟠螭纹镜在齐地生产。H82：5主纹区似有乳丁痕迹，直径超过1厘米，若确为乳丁坑，可在馆藏镜中找到相似镜例[57]。F13：1的型腔面则与龙纹镜范H118：2更为接近。

第二，B型镜范发现1件，SLQJF：22型腔面与刘家墓地齐都国际绿茵工地M103出土镜纹饰非常接近。

第三，C型菱纹蟠螭镜可以确定为临淄铸镜镜类之一，但镜范过于残损，主纹饰不详，难以辨识纹饰组数和有无花苞。可以明确的是，临淄Ca型镜和镜范型腔面菱纹均为平雕风格，Cb型镜菱纹上半截为单线、下半截为双线，其他地区则发现有双线菱纹。虽然镜范型腔面纹饰组数不清楚，但是C型镜均为三菱纹镜，即三组纹饰。平雕菱纹和三组纹饰可能是菱纹蟠螭纹镜的临淄风格。

第四，D型连弧纹蟠螭纹镜发现3件，镜范发现2件，镜范在临淄发现的概率较大。铸件涡纹地，复原尺寸约13厘米，均为Db型。

第五，E型和F型是西汉早期临淄镜的代表性风格，镜与镜范型式多样、序列完整。E型和F型关系密切，与临淄出土镜范铸件风格匹配，且与本地所见相关镜类如四乳弦纹镜、龙纹镜、草叶纹镜风格一致。从E型镜开始，与此前的缠绕式蟠螭纹镜发生了很大变化。这一变化发生在临淄，铸镜数量较多且持续时间较长，继而产生变体，Ea型和Eb型镜及其镜范在临淄发现，且其他地区尚未有如此集中的E、F型镜的发现，可以支撑这一点。

第六，临淄尚未确认有铸件为G型镜的镜范，这与镜的发现不相匹配。目前发现一些铸件可能为G型镜的镜范，型腔面近似F型镜，G型镜自F型镜演变而来，也是临淄风格的延续。南阳地区也出土有不少G型镜，多伴出有五铢钱，年代可能晚于临淄镜。

第七，H型镜范目前尚未发现。临淄H型镜铭文字体统一，内容有“常贵乐未央”和“见日之光”两种，左右旋读数量相当，虺纹为C形两侧各有一倒置小c形，涡纹地或斜线纹地，主纹区外多有连弧纹带，而细节中蕴含着多样性。临淄以外出土H型镜基本不超出临淄所见[58]。从镜的数量以及镜类演变关系来看，H型镜在临淄铸造的可能性很大，还有待新资料的发现。

四、结　语

通过对临淄所见蟠螭纹镜与镜范的对照研究，可以确定临淄地区西汉前期铸造多种风格的蟠螭纹镜，最初受到楚式蟠螭纹镜的影响，传入齐地后就地生产，蟠螭纹镜的铸造持续久、样式多、产量大。自西汉早期，临淄铸造的E型四乳凹带涡状虺纹镜独树一帜，不仅在汉帝国统治中心区多有发现，还远播至蜀地和岭南[59]。由E型镜发展而来的G型镜和H型镜，稍后出现在北方草原地区[60]。临淄蟠螭纹镜及镜范中尚未见到叠压缠绕式蟠螭纹镜、草叶或博局蟠螭纹镜等同时期的变体，由此可以勾勒出临淄蟠螭纹镜的产地风格。临淄蟠螭纹镜的传播向南跨过泰沂山脉，在鲁中南汉墓中仍可见到。徐州簸箕山宛朐侯刘埶墓出土2件蟠螭纹镜，其中菱纹蟠螭镜M3：56钮座外有鱼纹和“修相思”铭，蟠螭身躯采用双线表现；缠绕式蟠螭纹镜M3：52为楚式风格，蟠螭身躯采用双线表现，涡卷小而密集，十分繁缛[61]，二镜均为西汉早期的淮式蟠螭纹镜。刘埶是楚元王刘交之子，死于景帝初年，初封宛朐、后居彭城，北距齐地不远，但铜镜风格有所不同。透过蟠螭纹镜，或许可以窥见自楚迁都寿春至秦统一期间的齐楚往来，而西汉郡国并行时期齐楚在物质文化上一度隔绝的历史侧面。

注　释

［1］龙纹镜的界定比较明确，突出特征是具象化龙首及肢体表现。但其中仍有部分难以与蟠螭纹镜、虺纹镜截然分开，或可称之为“螭龙纹镜”。本文主要视其纹饰表现决定是否纳入研究范围，不完全采纳图录或报告定名。因此，本文包含少数介于龙纹镜和蟠螭纹（涡状虺纹）镜之间的镜例。

［2］日本和欧美学界蟠螭纹镜研究史，参见岡村秀典：《蟠螭紋鏡の文化史》，《泉屋博古館紀要 旧山本コレクション鏡鑑特集号》第十四卷，1998年。

［3］富岡謙蔵：《蟠螭鏡考》，《古鏡の研究》，1920年。

［4］Karlbeck O. Notes on Some Early Chinese Bronze Mirrors. Chinese Journal of Science and Art，1926，4（1）.

［5］Karlgren B. Huai and Han. Bulletin of the Museum of Far Eastern Antiquities，1941，（7）.

［6］樋口隆康：《古镜》，（日本）新潮社，1979年，（蟠螭纹镜）第64～71页，（涡状虺纹镜）第85～87页。

［7］岡村秀典：《前漢鏡の編年と様式》，《史林》第67卷第5号，1984年。

［8］a. 岡村秀典：《前漢鏡の編年と様式》，《史林》第67卷第5号，1984年。
b. 岡村秀典：《戦国から秦漢への文様の展開》，《泉屋博古館紀要》第七卷，1991年。

［9］广川守：《蟠螭文鏡の分類と変遷》，《泉屋博古館紀要》，2007年。

［10］据《山东临淄战国汉代墓葬与出土铜镜研究》介绍，目前已发掘的26000余座战国汉代墓葬中，出土6100余面铜镜。

［11］中国社会科学院考古研究所：《中国考古学·秦汉卷》，中国社会科学出版社，2010年，第18页。西汉早期（公元前208～前141年），秦朝灭亡至汉景帝末年；西汉中期（公元前140～前49年），汉武帝、昭帝、宣帝时期；西汉晚期（公元前48～公元8年），汉元帝至汉孺子婴时期。

［12］a. 淄博市临淄区文物管理局：《山东临淄战国汉代墓葬与出土铜镜研究》，文物出版社，2017年，（蟠螭纹镜、蟠虺纹镜）第179～290页，（龙纹镜）第143～156页。
b. 山东省文物考古研究所：《鉴耀齐鲁》，文物出版社，2009年，第158～191页。

［13］在《长沙楚墓》报告中共整理分类了2048座楚墓，其中485件铜镜出土于481座墓葬，进行类型学研究的近270件，据此可知战国中期以来楚国中心区楚式镜的演变情况。关于长沙楚墓出土镜的讨论，参见《长沙楚墓》，第500～513页。

［14］长沙楚墓出土镜例，参见湖南省博物馆等：《长沙楚墓》，文物出版社，2000年，第250～259页。

［15］湖南省博物馆：《湖南出土铜镜图录》，文物出版社，1960年，第65页。

［16］益阳市文物管理处、益阳市博物馆：《益阳楚墓》，文物出版社，2008年，第172～174页。

［17］南阳市文物考古研究所：《南阳出土铜镜》，文物出版社，2010年，第23页图三七，第144、145页。

［18］霍宏伟、史家珍主编：《洛镜铜华：洛阳铜镜发现与研究》，科学出版社，2013年，第50页。

［19］安徽淮南、六安地区蟠螭纹镜例参见：

a. 淮南市博物馆：《淮南市博物馆藏镜》，文物出版社，2011年。
b. 安徽省文物考古研究所、六安市文物局：《六安出土铜镜》，文物出版社，2008年。
［20］山东省文物考古研究所、滕州市博物馆：《滕州东郑庄墓地》，《鲁中南汉墓》，文物出版社，2009年，第153页图五三。
［21］程林泉、韩国河：《长安汉镜》，陕西人民出版社，2002年，第49页图六-4，第194～195页。
［22］南阳市文物考古研究所：《南阳出土铜镜》，文物出版社，2010年，第27页图五二，第162～163页。
［23］湖北省文物考古研究所等：《襄阳王坡东周秦汉墓》，科学出版社，2005年，第292、297页。
［24］程林泉、韩国河：《长安汉镜》，陕西人民出版社，2002年，第49页图六-9，第196～197页。
［25］长沙银盆岭M31战国墓出土镜，参见湖南省博物馆：《湖南出土铜镜图录》，文物出版社，1960年，第63页。
［26］《云梦睡虎地秦墓》编写组：《云梦睡虎地秦墓》，文物出版社，1981年，第45～46页。
［27］湖南省博物馆、湖南省文物考古研究所：《长沙马王堆二、三号汉墓》，文物出版社，2004年，第233页，图版九四-3。
［28］程林泉、韩国河：《长安汉镜》，陕西人民出版社，2002年，第49页图六-1，第194～195页。
［29］程林泉、韩国河：《长安汉镜》，陕西人民出版社，2002年，第49页图六-2，第192～193页。
［30］山东省博物馆、临沂文物组：《临沂银雀山四座西汉墓葬》，《考古》1975年第6期。
［31］霍宏伟、史家珍主编：《洛镜铜华：洛阳铜镜发现与研究》，科学出版社，2013年，第49页。
［32］扬州市文物考古研究所：《江苏扬州西汉刘毋智墓发掘简报》，《文物》2010年第3期。
［33］安徽省文物工作队、阜阳地区博物馆、阜阳县文物局：《阜阳双古堆西汉汝阴侯墓发掘简报》，《文物》1978年第8期。
［34］广西壮族自治区文物工作队：《广西贵县罗泊湾二号汉墓》，《考古》1982年第4期。
［35］a. 狮子山楚王陵考古发掘队：《徐州狮子山西汉楚王陵发掘简报》，《文物》1998年第8期。
b. 南京博物院：《长毋相忘：读盱眙大云山江都王陵》，译林出版社，2013年，第281～283页。
c. 淮安市博物馆：《江苏淮安王庄村汉墓群发掘简报》，《东南文化》2016年第5期。
［36］湖南省博物馆等：《长沙楚墓》，文物出版社，2000年，第249页。
［37］孔祥星：《中国铜镜图典》，文物出版社，1992年，第134页。
［38］霍宏伟、史家珍主编：《洛镜铜华：洛阳铜镜发现与研究》，科学出版社，2013年，第57～58页。
［39］益阳市文物管理处、益阳市博物馆：《益阳楚墓》，文物出版社，2008年，（M354：1）第173页、（M92：3）第174页。
［40］成都洪家包汉墓出土镜，见孔祥星：《中国铜镜图典》，文物出版社，1992年，第132页。
［41］程林泉、韩国河：《长安汉镜》，陕西人民出版社，2002年，（范南村M48：9）第49页图六-3，第192～193页。
［42］程林泉、韩国河：《长安汉镜》，陕西人民出版社，2002年，第50页图七-1，第192～193页。
［43］山东省博物馆、临沂文物组：《临沂银雀山四座西汉墓葬》，《考古》1975年第6期。
［44］山东省博物馆、临沂文物组：《山东临沂西汉墓发现〈孙子兵法〉和〈孙膑兵法〉等竹简的简报》，《文物》1974年第2期。
［45］全洪：《南越国铜镜论述》，《考古学报》1998年第3期。
［46］广州市文物管理委员会：《西汉南越王墓》，文物出版社，1991年，第325页。
［47］西安市文物保护考古所：《西安东郊西汉窦氏墓M3发掘报告》，《文物》2004年第6期。
［48］该表根据《西汉南越王墓》发掘报告整理而成。东耳室（B）放置宴乐用具，出土铜镜7件；西耳室（C）储藏生活器具，出土铜镜6件；东侧室（E）葬有4个从殉夫人，出土铜镜14件；西侧室（F）葬有7个殉葬仆从，出土铜镜10件。表中仅记可确定镜类的镜例。

［49］ 湖北省博物馆：《宜昌前坪战国两汉墓》，《考古学报》1976年第2期。

［50］ 临沂文物组：《山东临沂金雀山一号墓发掘简报》，《考古学集刊》1，科学出版社，1981年。

［51］ 江苏省扬州博物馆：《扬州地区农科所汉代墓葬群清理简报》，《文物资料丛刊》9，文物出版社，1985年。

［52］ 西安市文物保护考古所：《西安南郊荆寺二村西汉墓发掘简报》，《考古与文物》2009年第4期。

［53］ 中国社会科学院考古研究所、河北省文物管理处：《满城汉墓发掘报告》，文物出版社，1980年，第262～266页。

［54］ 南阳地区涡状虺纹镜例，参见南阳市文物考古研究所：《南阳出土铜镜》，文物出版社，2010年，第35～39页。

［55］ 关于临淄出土和采集镜范的数据统计，已发表资料来源主要有三。一是2004年中日合作研究临淄齐国故城出土镜范时，对此前采集镜范的整理数据。二是2005年7月临淄区文物管理局对阚家寨南铸镜作坊遗址调查时的采集品，参见王会田《临淄齐故城阚家寨铸镜作坊址调查》。上述收录于《山东省临淄齐国故城汉代镜范的考古学研究》中。三是2013年以来阚家寨铸镜遗址发掘以来的出土和采集品，参见《临淄齐故城冶铸业考古》。

［56］ 中国社会科学院考古研究所等：《临淄齐故城冶铸业考古》，科学出版社，2020年，第521页。

［57］ 杨桂荣：《馆藏铜镜选辑（一）》，《中国国家博物馆馆刊》1992年第2期图37。

［58］ 河南南阳计生委住宅小区汉墓M39出土的3件H型镜，与临淄镜的风格一致。但其虺纹形态和斜线地纹的施纹方向与临淄镜略有不同，铭文框方格四角施有斜线纹，从这一点来看年代应在西汉中期。该墓根据陶器来看年代在昭宣时期。这3件既同出一墓，且从尺寸、纹饰和铭文来看，似为同型镜。

［59］ 成都羊子山汉墓和广州汉墓西汉前期墓中均有发现。参见：
a.《四川省出土铜镜》，文物出版社，1960年，第20页。
b. 广州市文物管理委员会、广州市博物馆：《广州汉墓》，文物出版社，1981年，第152～154页。

［60］ 吉林东辽县彩岚乌桓墓葬和辽宁西丰县西岔沟匈奴墓地均有发现。参见：
a.《吉林出土铜镜》，文物出版社，1990年，图8。
b. 孙守道：《“匈奴西岔沟文化”古墓群的发现》，《文物》1960年第Z1期。

［61］ 徐州博物馆：《徐州西汉宛朐侯刘埶墓》，《文物》1997年第2期。

临淄出土汉代博局草叶纹镜初论

王晓莲
（齐文化博物院）

铜镜是临淄出土器物中极有特色的种类，尤其是战国、汉代的铜镜，不仅数量众多，而且品种齐全，近20种。这些铜镜以其精益的铸造工艺，繁缛的纹饰种类而著称。从整体看，这些铜镜的铸工精巧，以蟠螭纹、龙纹、弦纹、草叶纹、星云纹等纹饰为特色种类。临淄地区出土的铜镜及镜范数量较多，尤其博局草叶纹镜是一种颇具临淄特色的铜镜。博局草叶纹镜将草叶纹与博局纹巧妙结合在一起，构成精美的铜镜图案，既表现出了齐国工匠高超的技艺水平，也从侧面反映了当时人们平和富足的社会生活状态，透露出汉代临淄发达的经济文化及其恢宏气势，展现了齐文化的大气、包容之风。

一、博局草叶纹镜分类

20世纪90年代，临淄齐国故城内出土了大量汉代铜镜铸范，博局草叶纹镜就是其中一种。就目前的考古发现来看，临淄地区出土的草叶纹铜镜数量较多，博局草叶纹镜较为稀有，目前登记在册的有6面。本文仅对山东省文物考古研究所编著的《鉴耀齐鲁——山东省文物考古研究所出土铜镜研究》一书中所记载的临淄地区出土的1面博局草叶纹镜、临淄区文物管理局编著的《山东临淄战国汉代墓葬与出土铜镜研究》一书中所记载的5面博局草叶纹镜，结合山东省文物考古研究所、日本奈良县立橿原考古学研究所共同编著的《山东省临淄齐国故城汉代镜范的考古学研究》一书中所记载的4件博局草叶纹镜范进行探讨研究。

本文收录研究的博局草叶纹镜共计6面，根据铜镜纹饰、铭文等细部特征，分为三型。A型，博局草叶无框铭文镜3面；B型，博局草叶方框铭文镜1面；C型，博局草叶纹镜2面。

1. A型：博局草叶无框铭文镜

A型镜纹饰特征与其他博局草叶纹镜一样，叠层草叶、桃形花苞、“TLV”博局纹饰等，唯有不同之处是所见汉代草叶纹镜的铭文均在方框之内，A型镜铭文无方框，铭文分布在钮座四面方框中间伸出的T形纹饰左右两边，分饰两字铭文。

淄江花园M312出土镜[1]。圆钮，柿蒂形钮座，座外饰有一周凹弧面方框，方框外主纹区饰宽体凹弧面“TLV”形纹和叠层草叶纹。方框四角对称向外伸出一凹弧面桃形花苞，花苞顶部为V形纹，V形纹两侧饰叠层草叶纹。方框四边中点向外伸出T形纹，T形纹外侧饰L形纹，T形纹与L形纹之间有3条细直线相连，L纹中点位置饰有一凹弧面桃形花苞，T形纹两侧各有一字铭文，右旋读铭文为“见日之光，天下大阳”。内向十六连弧纹缘。直径为11.7、厚0.2～0.4厘米（图1）。

淄江花园M392出土镜[2]。圆钮，柿蒂形钮座，座外饰有一周凹弧面方框，方框外主纹区饰宽体凹弧面“TLV”形纹和叠层草叶纹。方框四角对称向外伸出一凹弧面桃形花苞，花苞顶部为V形纹，V形纹两侧饰叠层草叶纹。方框四边中点向外伸出T形纹，T形纹外侧饰L形纹，T形纹与L形纹之间有3条细直线相连，L形纹中点位置饰有一凹弧面桃形花苞，T形纹两侧各有一字铭文，右旋读铭文为“见日之光，天下大阳”。内向十六连弧纹缘。直径11.8、厚0.15～0.35厘米（图2）。

图1　淄江花园M312出土镜

图2　淄江花园M392出土镜

乙烯生活区出土镜[3]。伏兽钮，钮外饰有一周凹弧面方框，方框与一周凸线弦纹之间为主纹区，主纹区饰宽体凹弧面“TLV”形纹和叠层草叶纹。方框四角对称向外伸出一枚乳丁，乳丁上部为V形纹，V形纹两侧饰叠层草叶纹。方框四边中点向外伸出T形纹，T形纹外侧饰L形纹，T形纹两侧各有一字铭文，右旋读铭文为“见日之光，天下大明”。内向十六连弧纹缘，直径11.62厘米（图3）。

2. B型：博局草叶方框铭文镜

B型镜，铭文规整排列在钮座四周方框内，不同之处是博局为“ILV”纹饰，从纹饰图案布局分析此镜铭文较多，可能当时工匠在加工镜范排列铭文时，铭文将钮座四角伸出的桃形花苞和T形垂直线都占用了，形成博局“ILV”纹饰。

如盛世豪庭M232出土镜[4]。圆钮，柿蒂形钮座，座外凹弧面小方框和细线大方框之间为铭文区，右旋读铭文为“长富贵，乐毋事，日有喜，宜酒食”。细线大方框外主纹区饰宽体凹弧面"ILV"形纹和叠层草叶纹，细线大方框四边中点向外伸出I形纹，I形纹外侧饰L形纹，T形纹与L形纹之间有7条细直线相连，中间3条，两侧各有2条。细线大方框四角各伸出直角V形。内向十六连弧纹缘。直径13.8、厚0.2～0.4厘米（图4）。

图3　乙烯生活区汉墓出土镜

图4　盛世豪庭M232出土镜

3. C型：博局草叶纹镜

C型镜纹饰图案布局简洁，不同之处为其他铜镜L纹饰上方饰有桃形花苞，C型镜饰有一长两短直线，不知有何寓意。C型博局草叶纹镜与其他几面铜镜相比较，相同之处是草叶、花苞、花叶、钮及钮座都相同，唯有L形纹上方的纹饰略有不同，A、B型铜镜方框中间伸出的基本是花苞，而C型镜伸出的是垂直线，是否因博局的关系另有深意，还待后期研究考证。

金鼎绿城M1017出土镜[5]。圆钮，柿蒂形钮座，座外饰有一周细线方框，方框外主纹区饰宽体凹弧面"TLV"形纹和单层草叶纹。方框四角对称向外饰有一细线菱形小方框，方框内饰有一凹弧面桃形花苞，菱形小方框上部为V形纹，V形纹两侧饰单层草叶纹。方框四边中点向外伸出T形纹，T形纹外侧饰L形纹，T形纹与L形纹之间有3条细直线相连，L形纹中间位置饰有一长两短3条直线。T形纹两侧各饰有2条直线与钮外方框相连。内向十六连弧纹缘。直径11.6、厚0.15～0.35厘米（图5）。

淄江花园方正2009M402出土镜[6]。圆钮，柿蒂形钮座，座外饰有一周凹弧面方框，方框外主纹区饰宽体凹弧面"TLV"形纹和单层草叶纹。方框四角对称向外饰有一凹弧面桃形花苞，花苞上部为V形纹，V形纹两侧饰单层草叶纹。方框四边中点向外伸出T形纹，T形纹外侧饰L形纹，T形纹与L形纹之间有3条细直线相连，L形纹中间位置饰有一长两短3条直线。T形纹两侧各饰有2条直线与钮外方框相连。内向十六连弧纹缘。直径11.5、厚0.15～0.3厘米（图6）。

图5　金鼎绿城M1017出土镜

图6　淄江花园方正2009M402出土镜

二、博局草叶纹镜与镜范的对比研究

2004～2006年，中日学者开展了为期两年的临淄齐国故城汉代镜范合作研究，于2007年举办了“齐都临淄与汉代铜镜铸造业国际学术研讨会”，中日学者共同研究编著的《山东省临淄齐国故城汉代镜范的考古学研究》一书正式出版，全面记录和反映了临淄齐国故城铸镜作坊的田野调查工作以及学界对于镜范研究的最新成果。书中收录临淄齐国故城出土镜范78件，其中博局草叶纹镜范3件；同书中白云翔先生《临淄齐国故城汉代镜范及相关问题研究》一文收录日本东京国立博物馆收藏博局草叶纹镜范1件，共计4件镜范，均是残件。从残存纹饰中可知都是十六内向连弧纹缘，饰单层或叠层草叶，内区的方框四外角饰V形纹，方框四边居中饰T形纹和L形纹和花苞。因镜范多为残块，结合国内现有资料收录的铜镜，暂将镜范分为四种类型。即：A型，博局单层草叶纹；B型，博局铭文单层草叶纹（日本东京国立博物馆藏）；C型，博局叠层草叶纹；D型，博局铭文叠层草叶纹。

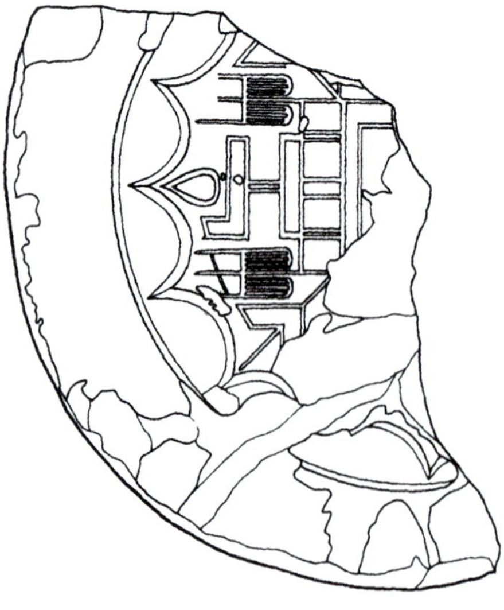

图7　A型博局单层草叶纹镜背范

1. A型：博局单层草叶纹镜背范

博局单层草叶纹镜背范主纹区为阴线刻出的博局草叶纹，每组纹样中由外向内依次为桃形花苞、L形纹、T形纹、四个小方格，L和T形纹之间由双线相连，两侧均为单层草叶，草叶纹外侧为射线和V形纹（图7）。铸件复原直径为11.8厘米，与铸件相对应的铜镜，如临淄淄江花园方正

2009M402出土镜（见图6）、临淄金鼎绿城M1017出土镜（见图5）纹饰都是连弧纹缘、单层草叶、桃形花苞、无铭文。

2. B型：博局铭文单层草叶纹镜背范

博局铭文单层草叶纹镜背范主纹区可见单层草叶纹、花苞和“TLV”形纹，以及残存的右旋读“……光天……”二字铭文（图8）。铸件复原直径为11.7厘米，与此镜范铸件相似的铜镜有3面，如《历代铜镜纹饰》一书收录的河北省博物馆旧藏右旋读“见日之光，天下大明”铭文镜[7]（图9），《旅顺博物馆藏铜镜》一书收录的博局草叶纹右旋读“见日之光，长毋见忘”铭文镜[8]（图10-1），《鉴耀齐鲁——山东省文物考古研究所出土铜镜研究》一书中收录的青州戴家楼M95墓出土的右旋读“见日之光，天下大明”铭文镜[9]（图10-2）。这几面博局铭文单层草叶纹镜的纹饰都是连弧纹缘、叠层草叶、铭文，T形纹位于方格框四边正中，方格框四边四角放射线上是V形纹，L形纹在T形纹之上，或有桃形花苞，或有简化草叶纹。

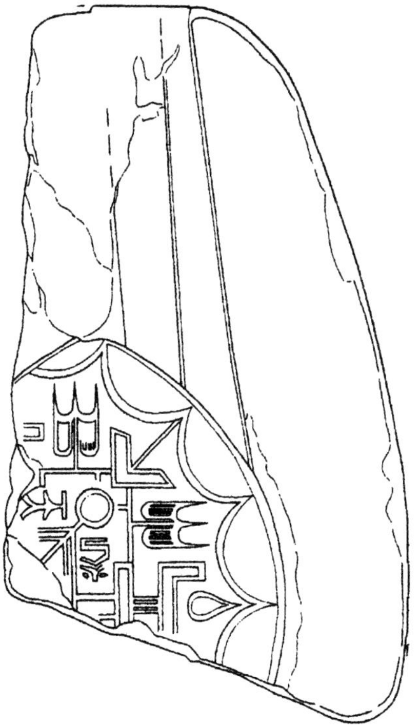

图8　B型博局铭文单层草叶纹镜背范

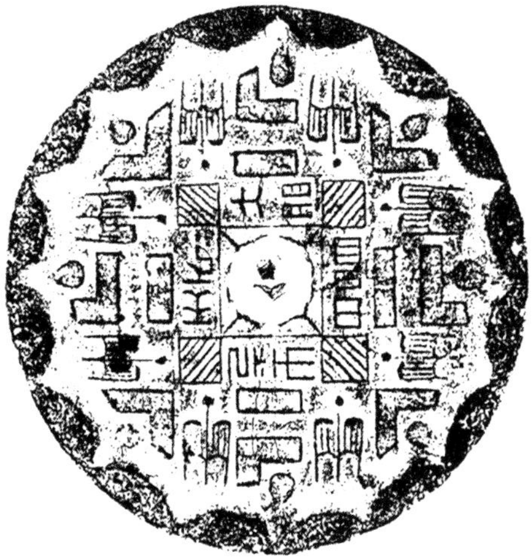

图9　B型博局铭文单层草叶纹镜（河北省博物馆旧藏）

3. C型：博局叠层草叶纹镜背范

博局叠层草叶纹镜背范主纹区残存纹饰为阴线刻出的叠层草叶纹、V形纹、双线方格框及内角的桃形花苞（图11）。与此镜背范纹饰大致相似的铜镜有《论长沙西汉墓出土的草叶纹铜镜》内收录的1面长沙牛角塘M18博局叠层草叶纹铜镜[10]（图12）。铜镜纹饰为

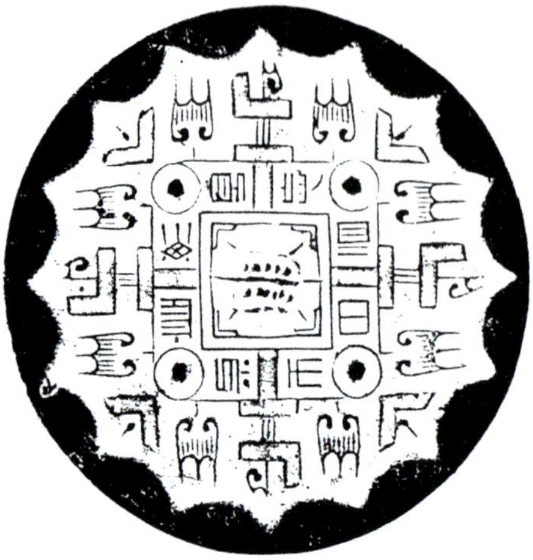

1

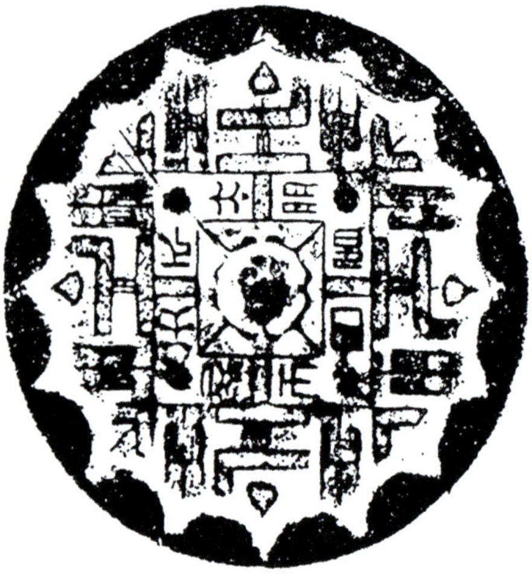

2

图10　B型博局铭文单层草叶纹镜

1. 旅顺博物馆藏镜　2. 青州戴家楼M95出土镜

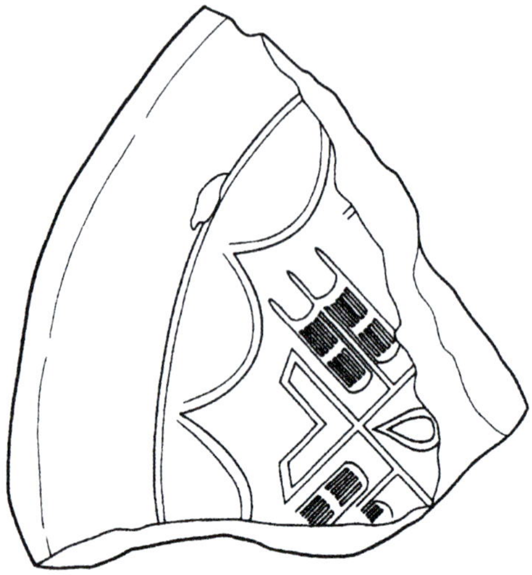

图11　C型博局叠层草叶纹镜背范

图12　C型博局叠层草叶纹镜（长沙牛角塘M18出土镜）

连弧纹缘、叠层草叶，无铭文。T形纹位于方格框四边正中，方格框四角外侧是V形纹，L形纹在T形纹之上。

4. D型：博局铭文叠层草叶纹镜背范

博局铭文叠层草叶纹镜背范，主纹区为阴线刻出的草叶纹，每组纹样中由外向内依次为双瓣枝叶、L形纹、双线方框，L形纹外侧饰火焰纹，左侧为叠层草叶，草叶纹外侧纹样不详。双线方框纹内角饰对称三角回纹，方格框内侧铭文残存“之光”二字（图13）。

此镜范铸件复原直径为15厘米左右，与此型相似的博局铭文叠层草叶纹镜数量较其他镜范要多，有11面铜镜。如临淄乙烯生活区出土镜（见图3），临淄淄江花园M312出土镜（见图1），临淄淄江花园M392出土镜（见图2），临淄盛世豪庭M232出土镜（见图4），前文有介绍。在《洛阳西汉石椁墓》文章中收录的右旋读“见日之光，天下大阳”铭文铜镜[11]，直径11.4厘米（图14-1）。《中国铜镜图典》一书中收录的陕西长安西汉中叶墓出土“见日之光，长毋相忘”铜镜[12]，铭文为右旋读，直径13厘米（图14-2）。河北海兴县小山东村出土“见日之光，天下大阳”铜镜[13]，铭文左旋读，直径11厘米，T形纹被铭文所占用形成I形纹（图15-1）。《罗州城与汉墓》一书中收录的湖北鲫鱼咀墓地M23出土的左旋读“长乐未央，长毋相忘”铭文镜[14]（图15-2），直径11.6厘米。陈静的文章《试论汉代博局纹镜的流变》中收录的洛阳史家屯M17出土“见日之光，天下大明”铜镜[15]，铭文为右旋读（图16-1）。汪鹏飞的硕士学位论文《安徽地区出土汉代铜镜研究》中收录“长乐未央，长毋相忘”铜镜[16]，右旋读铭文镜（图16-2）。孙守道的《西岔沟古墓群西汉铜镜断代研究》文章中收录的“见日之光，服者君王，幸毋见忘”铜镜[17]（图17），共计11面铜镜。铜镜纹饰为连弧纹缘、叠层草叶，也有简化的草叶纹饰，篆书铭文。T形纹位于方格框四边正中，方格框四角外侧是V形纹，L形纹在T形纹之上。

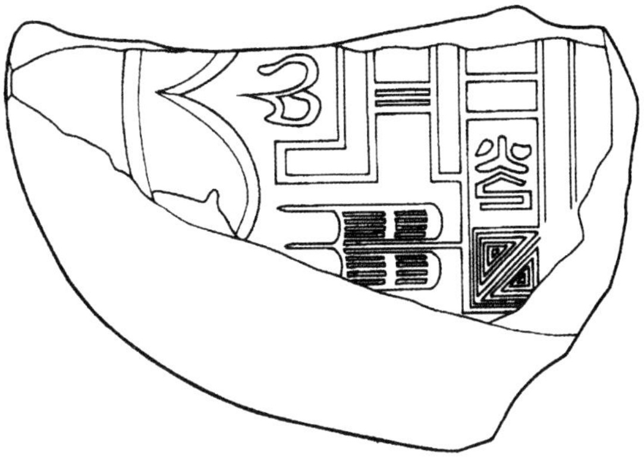

图13　D型博局铭文叠层草叶纹镜背范

1

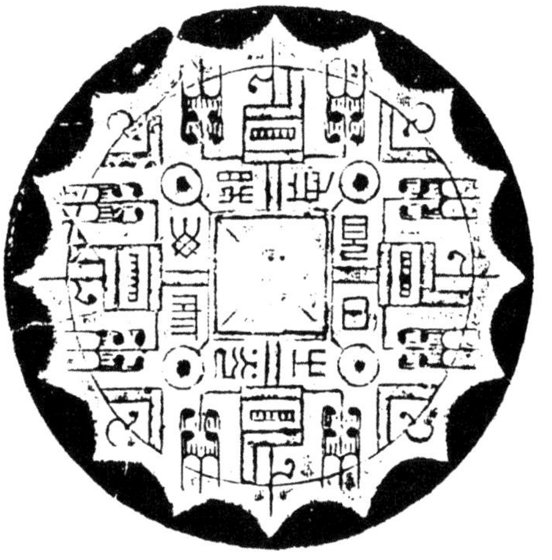

2

图14　D型博局铭文叠层草叶纹镜

1. 洛阳西汉石椁墓出土镜　2. 长安西汉中叶墓出土镜

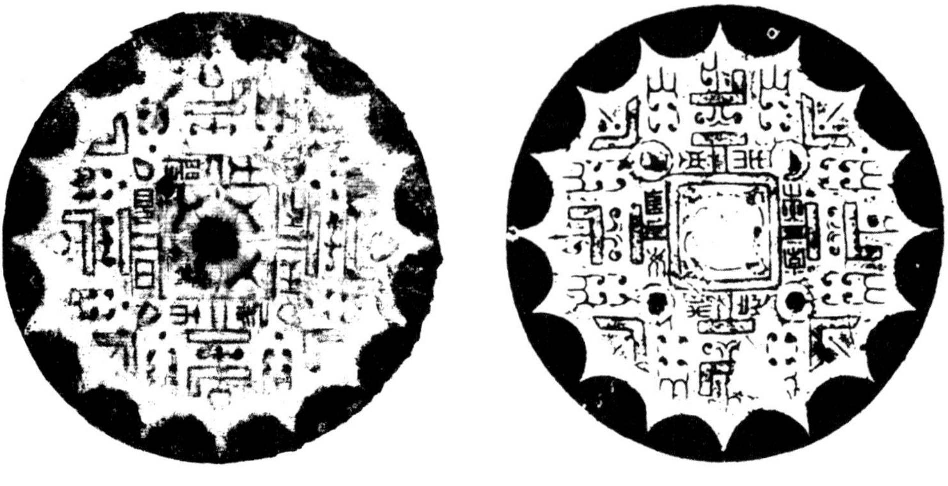

1 2

图15 C型博局铭文叠层草叶纹镜

1. 河北海兴县小山东村出土镜 2. 湖北鲫鱼咀墓地出土镜

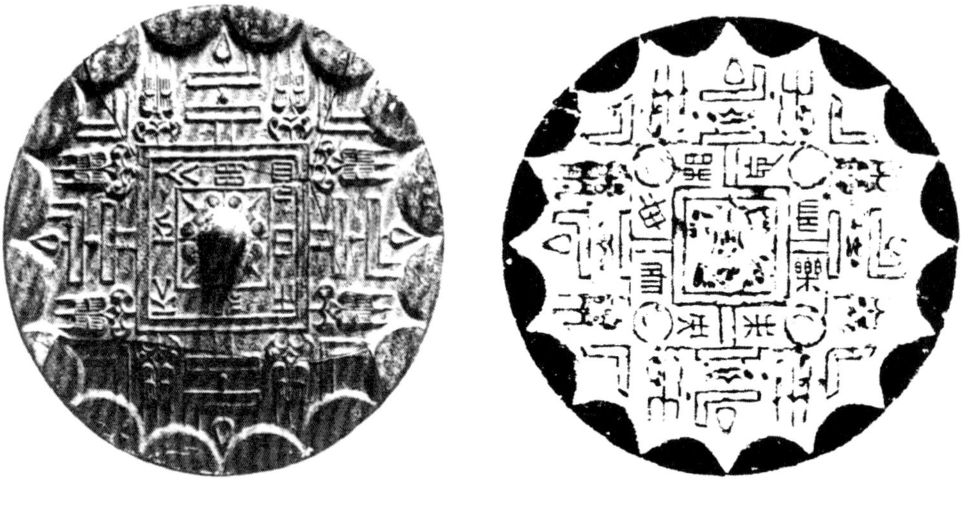

1 2

图16 D型博局铭文叠层草叶纹镜

1. 洛阳史家屯M17出土镜 2.《安徽地区出土汉代铜镜研究》收录镜

本文将临淄出土的博局草叶纹镜和镜范进行了对比，结果表明，无论从大小和图案上看，镜范都不能与临淄所出土的博局草叶纹镜完全吻合，而与之相对应的草叶、花苞和“TLV”等图案均符合，表明临淄所出土的博局草叶纹铜镜的纹饰远不止这些，仍有大量的铜镜图案有待发掘、研究。查阅汉代铜镜研究相关资料，通过与现有记载镜范资料相比较，发现博局草叶纹镜流传范围较广，分布地区遍及南北。在对临淄出土的铜镜与其他地区出土的博局草叶纹镜进行综合比对的基础上，发现铜镜纹饰整体图案风格相近，细部纹饰略有变化（分别表现为单层与叠层草叶，有铭文与无铭文）。再与临淄出土的镜范比对，博局草叶纹镜“临淄风格”明显，草叶加支脉、花苞、“TLV”极具临淄特征，它们共有的主题元素：圆形、连弧镜缘、四乳乳丁、铭文篆书、十字放射设计线、制造工艺等近似特征，也说明其他地区出土的类似铜镜应是在齐都临淄铸造。

综上所述，笔者认为最早的博局记载《战国策·齐策》中描述的是齐都临淄，迄今发现的博局草叶纹铜镜范也在临淄出土，推测博局草叶纹铜镜可能源出汉代齐都临淄。

图17　D型博局铭文叠层草叶纹镜
（西岔沟古墓群出土镜）

三、博局与草叶的图式关系

西汉时期，洛阳、邯郸、临淄、宛、成都为五都（《汉书·食货志下》）。作为“五都”之一的临淄，汉王刘邦将他的庶长子刘肥封为齐王。当时的齐都临淄仍然延续了战国时期的繁荣昌盛，地位十分显赫，常以天子之礼称制，国力强盛。《史记·齐悼惠王世家》记载：“齐临淄十万户，市租千金，人众殷富，巨于长安。此非天子亲弟爱子不得王此。”繁荣的经济、稳定的时局、手工业技艺的高速发展，为铜镜的制造提供了有力支撑。汉代社会的大繁荣和经济的大发展，汉文化初步形成的大一统封建帝国大环境，给汉代铜镜的发展奠定了政治、经济和文化基础。此时的铜镜纹饰主题已不再是战国时期青铜礼器纹饰，出于对大自然以及宇宙的认识，齐国工匠铸出了外圆内方的草叶纹镜，意寓天圆地方，从而也形成了极具齐国特色的主题纹饰。繁荣的汉代经济又催生了娱乐博彩业的发展，草叶纹与博局纹完美组合出现了有铭文和无铭文的博局草叶纹镜。

（一）关于博局纹饰

1918年，一直关注研究博局纹镜的日本学者中山平次郎在《古代支那镜鉴沿革》中提到：“规矩纹是西汉中、后期草叶纹镜、叶纹镜的草叶纹变化的产物。”博局镜纹饰，外国学者最早称其为“TLV”形纹，后在中国学者梁上椿编撰的《岩窟藏镜》一书里，将此纹饰称为规矩纹，将此类镜定名为规矩镜[18]。此外，又有中外学者将其定名为博局镜，直至周铮在依据原中国历史博物馆旧藏新莽时期铜镜拓本中“刻具博局去不羊”[19]的铭文奠定了“博局镜”的说法，此后，国内学者就“规矩镜”“博局镜”的定名一直纷争不断，笔者认为博局镜“TLV”形纹与汉画像石上的“六博”棋盘纹样相同，赞同博局镜的说法。

博局草叶纹镜范及铜镜在临淄出现并不是偶然，春秋战国时期，六博就成为当时比较盛行的娱乐游戏。历史文献记载中称博局为六博，《说文·竹部》载："簙、古戏也，六箸十二棋。"故也称六博。《战国策·齐策》记载："临淄甚富而实，其民无不吹竽、鼓瑟、击筑、弹琴、斗鸡、走犬、六博、蹹鞠者"，可见战国时期齐都临淄博戏场面热闹非凡。

一个时代的器物，往往能体现出那个时代的工艺水平、审美观念和社会思想。至西汉中期社会稳定，博戏已不专属于统治阶级，社会各层人民都很喜爱，博戏成为一种时尚的娱乐游戏。在意识形态方面，此时，人的思想从崇尚神仙鬼怪的幻想中走出，去体会大自然，从生产、生活中汲取创作元素，将花草、日常娱乐（六博棋盘上的行棋路线图）艺术化，并且呈现在生活日用品——铜镜之上。镜圆为天盘，模拟天地宇宙，从而知天意、占吉凶。镜子就是天道的一部分，它可以模拟出宇宙的运行轨迹，模仿着宇宙天地格局，也就是时间与空间的统一。因此，我们看到典型的草叶与博局图案，实际上凝聚了汉代的美学与哲学，临淄出土的汉代博局草叶纹镜范也印证了这一点。

（二）关于草叶纹饰

草叶纹饰的产生显然是和汉代审美情趣及社会文化背景密切相关的。在汉初，"清静无为"思想在社会上根深蒂固，体现在人民为了摆脱战争，获得稳定发展的方方面面。同时，儒家思想一统天下，阴阳五行、预言神学的兴起，将这类与自然紧密结合的铜镜画法带入另外一个方向，草叶装饰的圆形镜面就是在这样的大背景下产生的。至文景之时，民众在长期的颠沛流离中，对社会的现实生活和社会政治斗争有了切身体验，开始从神仙鬼怪的幻想中脱离出来，从自己所从事的实际劳动和社会政治斗争中去寻找属于自己的现实乐趣。与之相应的是在铜镜铸造中，铜镜的装饰是把以前复杂而又神秘的蟠螭纹图案进行简化，用自然界的花叶、草叶和五谷来进行装饰，"见日之光""与天相寿"等词句正是人们在处理与自然的关系时，从内心深处发出的感叹。恰好当时博戏兴起，草叶纹与博局纹在齐国工匠的巧妙设计下，抽象了植物原有形态，用夸张的几何图案构成"草叶"的造型，又将博局"TLV"原版与草叶糅合，产生了博局草叶纹饰，图案风格更偏近几何化。博局草叶的出现既符合当时人们祈求上天神灵保佑的愿望，又充满生活气息，符合人们对美好生活的向往。工匠们在细致观察草叶的基础上设计出了特征鲜明的卓叶纹饰，从单个草叶纹图饰来看，它有中间和左右两边共三条主叶脉，在三条主叶脉之间分别饰有小竖线组成的支脉，每片草叶的竖线支脉都不是一致的，根据竖线的条数分为四至十条支脉，也就是说，草叶纹有四支脉、六支脉、八支脉和十支脉这几种类型[20]。如临淄乙烯生活区出土镜是四支脉，临淄淄江花园方正2009M402出土镜是六支脉，临淄盛世豪庭M232出土镜是八支脉，A型博局单层草叶纹镜背范是十支脉。临淄出土的草叶纹镜范和草叶纹镜种类繁多，已经有一些学者对其作了详尽的考证，笔者不再赘述。

（三）关于图式设计

博局草叶纹镜均以十字交叉图式为主体[21]，外部厚实的圆形与中心正方形为核心标出的四等分图案式样，以镜钮为视觉中心展开并形成多样的构图格局，这在汉镜的方圆格局之间得到充分展现。以圆形镜、纹饰区内的四方格代表天圆地方的宇宙观，圆形的外观是天体的象征，以连弧喻示太阳，以方框喻示大地。自然界植物的生长，人们的一切劳作、生活都体现在天地之中，在平静有序的天地之间是生物与植物繁茂生长的无限空间，充满了生机、节奏与韵律。在具体工艺上，古人用规进行镜背纹饰的设计，如内向连弧纹镜的连弧纹数量为16，就是用圆规分出来的；博局草叶纹镜的四个乳丁，亦是采用圆规分出来的[22]；镜钮、内区、中区、外区、圈带都是用圆规来划分的，临淄出土的铜镜范和铜镜在外区边缘明显地显现圆弧形，镜钮位置有放射十字形的设计线；洛阳西汉石椁墓出土铜镜（图14-1）外区边缘有一周明显的圆规设计线及类似“井”字的图案分区设计线，陕西长安西汉中叶墓出土铜镜外区既有圆规设计线，镜钮向外又有十字放射设计线（图14-2）。

临淄金鼎绿城M1017出土铜镜（参见图5），严格按照十字交叉直线位置进行刻画，且全部是外圆内方的构图，从里至外依次为圆形镜钮、柿蒂纹钮座、方框、主题纹饰内区、连弧纹镜缘外区。中心凸出的镜钮与十字交叉线上四个花苞、V形纹相互呼应，呈放射状将花苞、V形纹连成一线，又将镜背纹饰分为四等分，形成四个纹饰区，每个区内包含了“TL”形纹和草叶，铜镜边缘的圆形与中心正方形遥相呼应，利用几何化的时空结构表达人们对于宇宙模式的描绘，使得铜镜整体更加有层次感。

（四）关于乳丁设计

乳丁纹在玉器、青铜器、陶瓷器上都可探寻到它的踪影。关于乳丁纹的代表意义目前有三种说法：一是生殖崇拜说；二是鸟卵象征说；三是太阳崇拜说。更有外国学者诠释了博局镜上乳丁的含义，把位于内区方框四角之内的“乳丁”称为“撑天柱”[23]，钮座外的方格代表大地，圆形镜子代表天，方形四角外的四乳丁或八乳丁则代表支撑天盖的柱子，T形纹象征四方之间，四隅的V形纹象征四海，L形纹则象征防止恶魔进入大地的门。学界对乳丁纹的种种释读也是各持己见，众说纷纭。

从博局草叶纹铜镜的纹饰图案布局分析，以镜钮为中心呈放射状的十字交叉设计线，将乳丁、V形纹连成一线，如青州戴家楼M95出土的铜镜（见图10-2），我们可以看到，在这个原本属于花苞的位置上，工匠们用乳丁纹替代了原本的花苞，而原本设计乳丁纹饰的位置被T形纹替代。那为什么工匠们要煞费苦心地将与草叶配比的花苞去掉换成乳丁呢？难道仅仅是因为乳丁纹饰与草叶有相似之处吗？或许从铭文镜中可以找到答案。

如湖南长沙出土了一面东汉中期的“鲁氏六乳仙人兽纹铜镜”，外区铭文为：“鲁氏作竟大毋伤，浮云连结（卫）四方，六子大吉。”内区所饰的乳丁纹数量为六枚，与铭文中的“六子”相符，说明这面铜镜的乳丁纹是代表“子”的意思。

又如广西贵港市铁路新村M10出土的“汉有八乳博局禽兽纹铜镜”。圆钮座外侧的圈带内饰九枚小乳丁，内区方框博局纹间饰八枚大乳丁，铭文为“新有善铜出丹阳，和已（以）银锡青（清）且明，左龙右虎主（四)沮（方），八子九孙治中央，千秋万世”。铜镜铭文“八子九孙治中央”，与镜上所饰的八枚大乳丁和九枚小乳丁正好相符。

再如河南洛阳东汉早期墓出土的“福意八乳博局四神纹铜镜”。内区方框内饰十二枚小乳丁，博局纹间饰八枚大乳丁，铭文为“福憙进兮日以萌，食玉英兮饮澧泉，贺文龙兮乘浮云，白虎囗兮上泰山，凤凰舞兮见神仙，保长命兮寿万年，周复始兮八子十二孙”。与镜上所饰的八枚大乳丁和九枚小乳丁数量一致。

将这三面铜镜的乳丁纹饰和铭文结合分析：内区主纹饰的八枚较粗的乳丁称为“子”，较小的九枚乳丁称为“孙”。整个图像和铭文联系起来，可以说是表达了祈盼长生不老的美好愿望，体现了古代人朴素的生殖崇拜观，表示置身于宇宙中央、与宇宙一起运行、长生不死、子孙蕃昌。

四、结　语

草叶纹铜镜是最早表现“天圆地方”宇宙观寓意的镜种，博局纹铜镜亦是如此，汉代齐国工匠们将博局与草叶纹相结合，从一面小小的铜镜之中体现了当时社会的审美趣味、民俗风情和宗教信仰。临淄齐国故城出土的草叶纹镜范、草叶纹铜镜无论是数量还是种类都十分突出，极具临淄地域特色。通过博局草叶纹镜背范与出土铜镜的比对分析，笔者推测博局草叶纹铜镜可能源出汉代齐都临淄。西汉时期，在手工业制造方面，工匠们已经熟练地利用工具制造器物，使用工具进行器物纹饰的图式设计，将形制美与纹饰美、实用性与写实性统一体现在铜镜的方圆之间。总之，有关博局草叶纹镜的研究，因笔者水平有限只进行了初步的归类分析，解读的深度不够，期待更多的学者去科学归类、深入研究。

注　释

[1] 淄博市临淄区文物管理局：《山东临淄战国汉代墓葬与出土铜镜研究》，文物出版社，2017年，第394页。

[2] 淄博市临淄区文物管理局：《山东临淄战国汉代墓葬与出土铜镜研究》，文物出版社，2017年，第393页。

[3] 山东省文物考古研究所：《鉴耀齐鲁——山东省文物考古研究所出土铜镜研究》，文物出版社，2009年，第321页。

[4] 淄博市临淄区文物管理局：《山东临淄战国汉代墓葬与出土铜镜研究》，文物出版社，2017年，第338页。

[5] 淄博市临淄区文物管理局：《山东临淄战国汉代墓葬与出土铜镜研究》，文物出版社，2017年，第405页。

[6] 淄博市临淄区文物管理局：《山东临淄战国汉代墓葬与出土铜镜研究》，文物出版社，2017年，第406页。

[7] 河北省文物考古研究所：《历代铜镜纹饰》，河北美术出版社，1996年，图24。

[8] 旅顺博物馆：《旅顺博物馆藏铜镜》，文物出版社，1997年，第22页。

[9] 山东省文物考古研究所：《鉴耀齐鲁——山东省文物考古研究所出土铜镜研究》，文物出版社，2009年，第231页。

[10] 邓秋玲：《论长沙西汉墓出土的草叶纹铜镜》，《收藏家》2007年第12期。

[11] 洛阳市文物工作队：《洛阳西汉石椁墓》，《考古》1984年第9期。

[12] 孔祥星、刘一曼：《中国铜镜图典》，文物出版社，1992年，第204页。
[13] 河北省文物研究所：《历代铜镜纹饰》，河北美术出版社，1996年，第23页。
[14] 黄冈市博物馆、湖北省文物考古研究所、湖北省京九铁路考古队：《罗州城与汉墓》，科学出版社，2000年，第186页。
[15] 陈静：《试论汉代博局纹镜的流变》，《首都博物馆丛刊》，北京燕山出版社，2007年。
[16] 汪鹏飞：《安徽地区出土汉代铜镜研究》，安徽大学硕士学位论文，2014年，第40页。
[17] 孙守道：《西岔沟古墓群西汉铜镜断代研究》，《辽海文物学刊》1995年第1期。
[18] 梁上椿：《岩窟藏镜》第一集，八〇图后说明文字，影印本，1942年。
[19] 周铮：《"规矩镜"应改称"博局镜"》，《考古》1987年第12期。
[20] 邓林：《别具风格的西汉草叶纹镜》，《收藏界》2009年第1期。
[21] 董亚巍、郭永和：《从汉代铜镜纹饰看圆规在制图中的应用》，《江汉考古》2003年第4期。
[22] 董亚巍、郭永和：《从汉代铜镜纹饰看圆规在制图中的应用》，《江汉考古》2003年第4期。
[23] 陈小波：《"乳钉纹"铜镜应称"子孙纹"镜》，《中国古代铜鼓研究通讯》2002年第17期。

临淄出土汉代铭文镜研究

吕承佳
（山东省文物保护修复中心）

铜镜作为古人的生活用具，早在战国甚至更早时期就已出现。但受金属冶炼技术限制，当时的产量和社会保有量不多，只能作为达官贵人的奢侈品使用。西汉时期的青铜冶炼技术和铸造工艺水平进一步提升，铜镜铸造业日渐兴盛。铜镜逐渐走进百姓生活，数量日益增多，类型也更趋多样化。从战国至西汉早期的透雕龙纹镜、彩绘镜、蟠螭（虺）纹镜到西汉中期前后的草叶纹镜、星云纹镜，再到西汉中晚期的圈带铭文镜等，类型之多，做工之精美，无不反映出当时高超的铸造工艺水平。

从目前发现的石佛堂东、阚家寨南、刘家寨东、苏家庙西等铜镜铸造遗址及出土的大量镜范来看，西汉时期临淄的铜镜铸造业已初具规模，并发展成为我国重要的铜镜铸造中心之一。

临淄地区出土的汉代铜镜中，西汉时期铜镜数量较多，带铭铜镜较为丰富。1985年前后，山东省文物考古研究院在临淄发掘出土的528件战国至汉代铜镜中，铭文镜有226件，占出土总量的42.8%，其中圈带铭文镜141件、草叶纹铭文镜68件、带铭蟠螭（虺）纹镜5件、带铭花叶纹镜4件、“家常贵富”镜6件、博局纹镜2件（图1）。临淄区齐文化发展研究中心公开发表的684件战国至汉代铜镜中，铭文镜有440件，约占铜镜总量的64%。其中圈带铭文镜327件、草叶纹铭文镜79件（图2）。

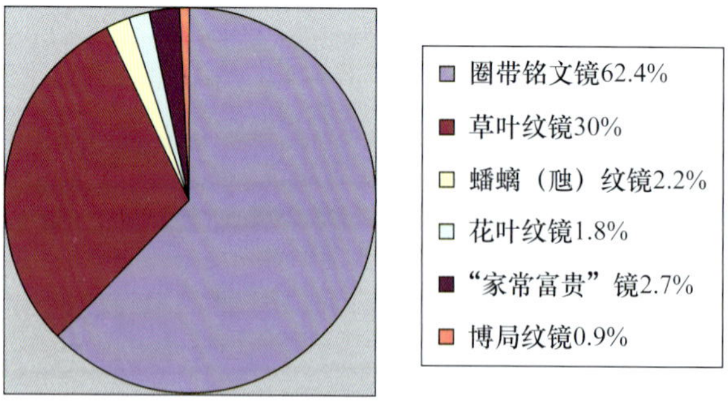

图1　山东省文物考古研究院20世纪80年代前后在临淄地区发掘出土各类铭文镜占比图

因已发表铜镜多为精品，此数据只能作为参考，但也能从侧面反映出一定的规律性。星云纹镜在出土铜镜数量中所占比例较高，但均未见铭文。另外，弦纹镜、彩绘镜、镂空龙纹镜、四乳四虺纹镜中也没有铭文出现。在西汉中期前后的云雷纹镜和龙纹镜中有少量

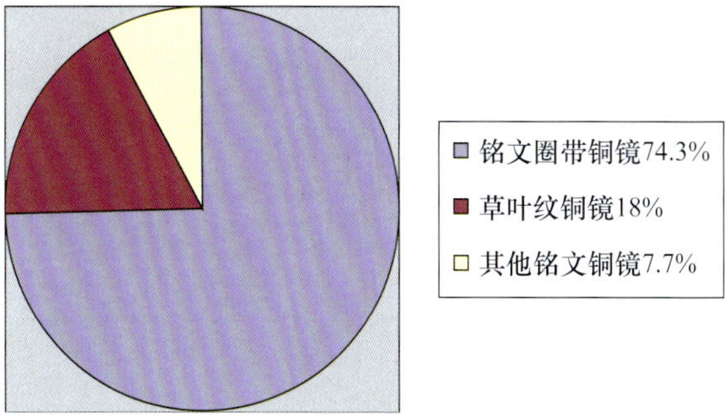

图2　临淄区齐文化发展研究中心发掘并已公开发表的各类铭文镜占比图

铸有铭文。博局纹镜虽出土数量不多，但多数带有铭文。

先人之所以将文字铸造在铜镜之上，大概有两方面的原因：一是从审美的角度出发，将文字之美与纹饰之美有机结合。汉代字体由汉初的篆书（小篆）逐步向隶书转变，西汉时期篆书（小篆）、隶书并存。小篆体的婉转精妙与隶书的厚重朴拙无不给人以美的观感。匠人们将多种书写风格的文字与各式各样精美纹饰完美融合，相互映衬，设计铸造出一件件各具特色的精美铜镜。二是铜镜铸造者或委托人将吉祥语或祝福语铸造于铜镜背面，向铜镜使用者表达美好的祝愿。汉代铜镜的铭文内容较丰富，或简或繁，但主题基本一致，多以吉祥语为主。

西汉早期的蟠螭纹镜中已经出现铭文，中期的草叶纹镜中铭文已非常普遍，晚期的圈带铭文镜更是广泛流行。临淄出土铜镜中，战国、西汉铜镜数量占绝大多数，而东汉时期的铜镜数量较少。这与当时的社会经济发展状况有一定的联系。本文所研究的铭文镜主要围绕临淄出土西汉铜镜分类展开。

一、蟠螭（虺）纹铭文镜

螭是一种没有角的龙。多条螭盘旋环绕组成的繁密纹饰叫蟠螭纹。虺也是一种小龙，虺纹多以C形或S形为表现形式。蟠螭（虺）纹作为西汉早期流行的一种纹饰，在铜镜中比较多见。临淄出土的蟠螭（虺）纹镜数量较多，但铸有铭文的不多。山东省文物考古研究院临淄工作站发掘出土的88件蟠螭（虺）纹镜中仅有5件铸有铭文。蟠螭（虺）纹镜多数直径在10厘米以内，镜体较薄，多为三弦钮、匕形缘。镜缘外侧面稍斜。主纹区与匕形缘之间一般有凹弧面圈带。铭文字数不多，主要有“富乐未央长毋相忘”“常贵乐未央毋相忘”“常贵富乐毋事”“见日之光长毋相忘”“见日之光服者君王长毋相忘”等。文字方向都是按读写顺序纵向排列，其中4件铜镜的铭文为右旋读，1件为左旋读。

山东省文物考古研究院临淄工作站采集的013号四乳蟠虺纹镜，面径8.7厘米，重32克。镜体较薄，三弦钮。钮外宽凹弧面方框与外侧双凸弦纹方框间为铭文区。铭文区填以右旋读“富乐未央长毋相忘”八字铭文。每面二字。文字方向按读写顺序纵向排列。铭文方框与缘内侧凹弧面圈带间为主纹区。铭文框四边外侧中部对称分布四枚乳丁，四角外侧饰多层反向三角形纹饰。乳丁周围及两侧饰反向C形蟠虺纹。主纹饰间填以线段纹。匕形缘，缘边稍斜（图3）。

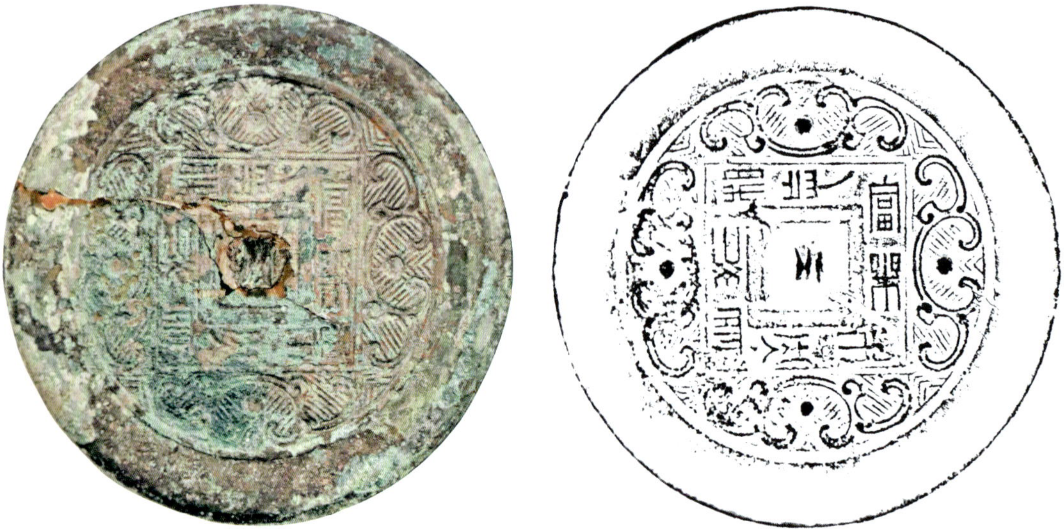

1　　2

图3　四乳蟠虺纹镜

1. 照片　2. 拓本

乙烯生活区T803M06出土的四乳蟠虺纹镜，面径9.9厘米，重73克。镜体较薄，三弦钮。钮外宽凹弧面方框与主纹区间为铭文区。铭文区填以左旋读“见日之光服者君王长毋相忘”十二字铭文，每面三字。文字方向按读写顺序纵向排列。铭文区与缘内侧窄凹弧面圈带间为主纹区。铭文框四边外侧中部对称分布四枚乳丁。乳丁周边饰相互连接的复线反向C形蟠虺纹。匕形缘，缘边稍斜（图4）。

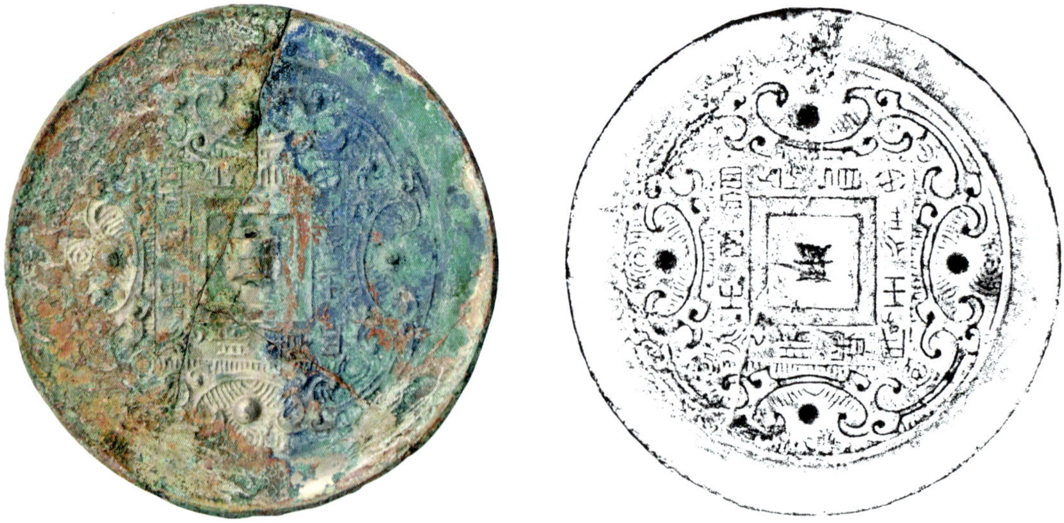

1　　2

图4　四乳蟠虺纹镜

1. 照片　2. 拓本

金茵小区M102出土的四乳蟠虺纹镜，面径8.7厘米，重44克。镜体较薄，三弦钮。钮外双重凹弧面方框间为铭文区。内侧凹弧面方框较宽，外侧凹弧面方框较窄。铭文区填以右旋读“常贵乐未央毋相忘”8字铭文，每面2字。文字方向按读写顺序纵向排列。铭文区与缘内侧凹弧面圈带间为主纹区。铭文框四边外侧中部对称分布四枚乳丁，四角外侧饰反向多重三角形纹饰。乳丁周边饰正反相连的C形蟠虺纹。主纹饰间饰线段纹和三角纹。匕形缘，缘边稍斜（图5）。

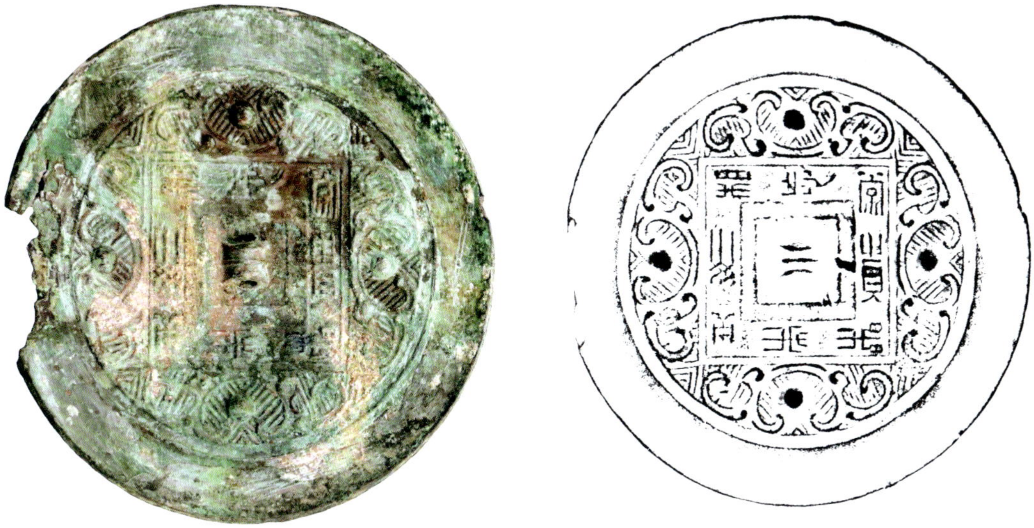

1　　2

图5　四乳蟠虺纹镜

1. 照片　2. 拓本

二、花叶纹铭文镜

花叶纹镜出现在西汉中期前后，数量不多。镜体较薄。匕形缘、三弦钮的花叶纹镜时代偏早。内向连弧纹缘、半球形钮的花叶纹镜时代稍晚。山东省文物考古研究院在临淄发掘出土的8件花叶纹镜中有6件带有铭文。临淄区齐文化发展研究中心已整理发表的13件花叶纹镜中有4件带有铭文。这10件花叶纹铭文镜的边缘皆为内向连弧纹缘，其中4件为三弦钮，6件为半球形钮。由此可以初步断定，临淄出土的花叶纹铭文镜的时代为西汉中期或偏早。花叶纹镜铭文区的布局与草叶纹镜基本一致。方形铭文区位于钮座四周。铭文为“镜生清明如日之光服者君卿幸至未央长毋相忘”“长相思毋相忘常贵富乐未央”“愿长相思幸毋见忘”“见日之光长乐未央”“天下大阳服者君卿长毋相忘”“见日之光天下大阳服者君卿长乐未央毋相忘”“日出大阳服者君卿所言必当”“见日之光服者君卿”“见日之明天下大明”等。山东省文物考古研究院发掘出土的6件花叶纹铭文镜有5件铭文为右旋读，文字方向按读写顺序纵向排列。1件铭文为左旋读，文字方向为外向，即由镜钮向镜缘方向。

临淄建委M3出土的花叶纹铭文镜，面径10.3厘米，重137克。三弦钮。钮外宽凹弧面方框与外侧单凸线弦纹带方框间为铭文区。铭文区填以右旋读“长相思毋相忘常贵富乐未央”十二字铭文，每面四字。文字方向按读写顺序纵向排列。铭文框四边外侧中部对称分布四枚乳丁。乳丁周围饰四瓣心形花叶。铭文区四角外侧各伸出一单层草叶纹，草叶纹两侧饰花叶纹。十六内向连弧纹缘，缘边稍斜（图6）。

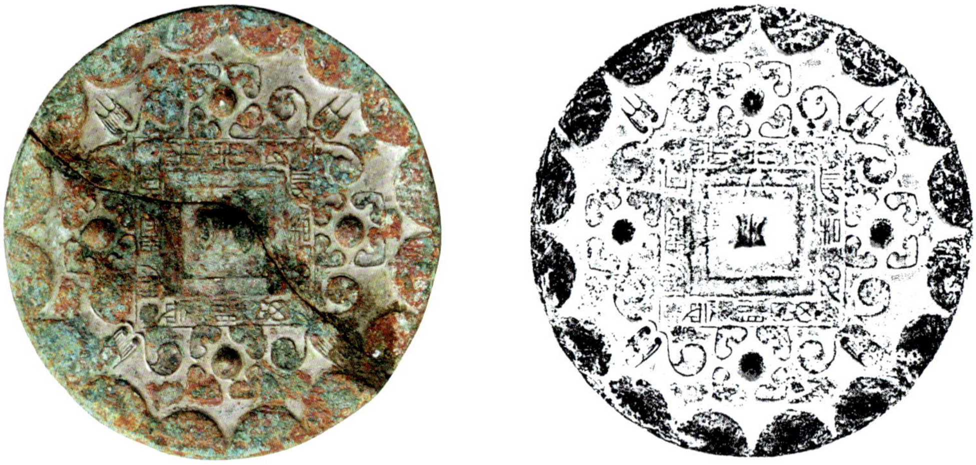

1　　　　2

图6　花叶纹铭文镜

1. 照片　2. 拓本

临淄造纸厂M8出土的花叶纹铭文镜，面径10.5厘米，重127克。半球形钮，柿蒂形钮座。钮座外宽凹弧面方框与外侧单线凸弦纹方框间为铭文区。铭文区填以右旋读“天下大阳服者君卿长毋相忘”十二字铭文。铭文排列不甚规整，文字方向按读写顺序纵向排列。铭文框四边外侧中部对称分布四枚圆台座乳丁，四角外侧饰枝叶花苞。十六内向连弧纹缘，缘边稍斜（图7）。

1　　　　2

图7　花叶纹铭文镜

1. 照片　2. 拓本

天齐小区T401M17出土的花叶纹铭文镜，面径10.2厘米，重125克。三弦钮。钮外侧为宽凹弧面方框。其外侧一周单凸弦纹方框与双凸弦纹方框间为铭文区。铭文区填以左旋读“见日出光天下大阳服者君卿长乐未央毋相忘”十九字铭文。文字外向排列，即由镜钮向镜缘方向。铭文框四面外侧中部对称分布四枚乳丁，四角外侧饰双瓣花叶纹。乳丁外侧饰桃形花苞。十六内向连弧纹缘（图8）。

1　　2

图8　花叶纹铭文镜

1. 照片　2. 拓本

金鼎绿城三期M695出土的“日光”花叶纹镜，面径7厘米，重76克。半球形钮，半圆形钮孔。钮外宽凹弧面方框与外侧单线凸弦纹方框间为铭文区。铭文区填以右旋读小篆体“见日之光长乐未央”八字铭文，每面二字。铭文框四边外侧中部对称分布四枚圆座乳丁。铭文区四角内侧饰有桃形花苞，外侧饰花叶纹。十六内向连弧纹缘，缘边稍斜（图9）。

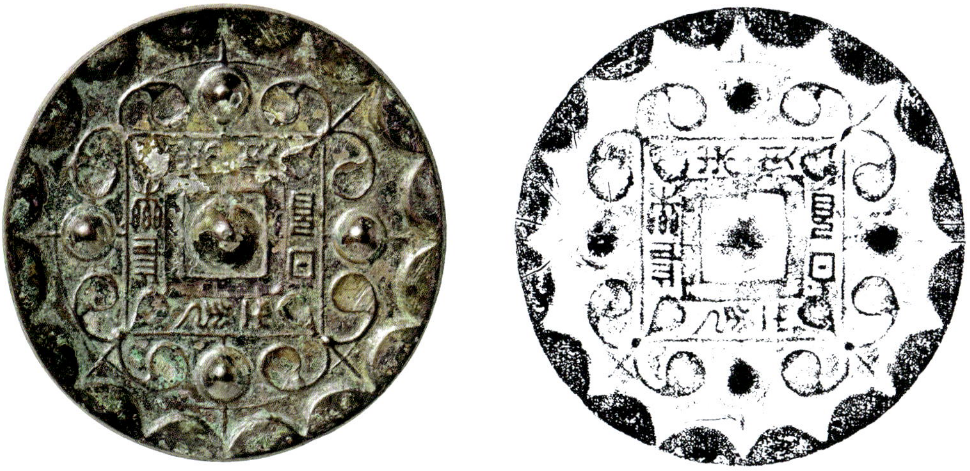

1　　2

图9　“日光”花叶纹镜

1. 照片　2. 拓本

三、“家常贵富”镜

“家常贵富”镜出现在西汉中晚期。山东省文物考古研究院临淄工作站发掘出土了6件、临淄区齐文化发展研究中心整理发表了18件“家常贵富”镜。此类铜镜一般铸有“家常贵富”或“家常富贵”四字铭文。铭文左旋读的很少，右旋读的数量较多，个别铜镜铭文为十字交叉读写顺序。几乎所有“家常贵富”镜的铭文都是外向的，即由钮座向镜缘方向。四字之间以圆台座乳丁或联珠座乳丁间隔，少数铭文间饰鸟形纹饰。铭文区内外两侧多有单线斜向栉齿纹带。

1991年，齐鲁石化停车场M28出土的“家常贵富”镜，面径10.4厘米，重131.6克。连峰钮。钮外单线凸弦纹方框四角各饰有1枚圆圈座乳丁，四边中间部位各饰有1枚八联珠座乳丁。方框四角内侧分别铸有外向“家”“常”“贵”“富”四字铭文，读写顺序为十字交叉。缘内侧饰有一周单线斜向栉齿纹带。十六内向连弧纹缘（图10）。此镜与临淄塑编厂T181M17出土铜镜相似。

1

2

图10　“家常贵富”镜

1. 照片　2. 拓本

1992年，勇士生活区一期出土的“家常贵富”镜，面径6.8厘米，重59.2克。半球形钮，圆台形钮座。钮座外一周宽凸弦纹圈带。凸弦纹圈带外侧两周单线斜向栉齿纹带间对称分布4枚圆台座乳丁。乳丁间填以右旋读“家”“常”“贵”“富”四字铭文。文字方向为外向，即由镜钮向镜缘方向。窄素缘，缘边稍斜（图11）。此镜与临淄张家庄M4出土铜镜相似。

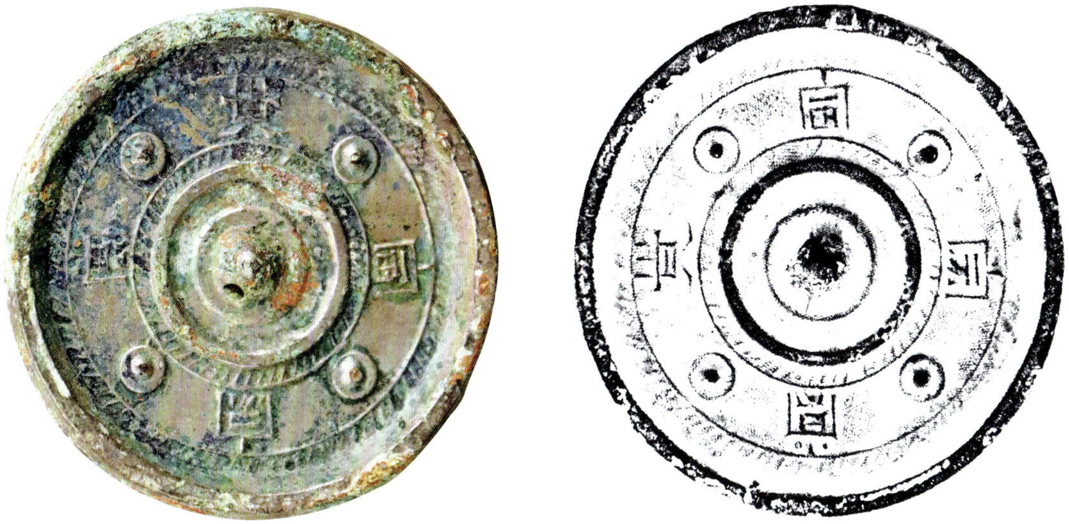

1　　2

图11　“家常贵富”镜

1. 照片　2. 拓本

四、草叶纹铭文镜

草叶纹镜出现在西汉中期前后，主纹饰以单层、双层、三层草叶纹饰为主。单层、双层草叶纹镜多见，三层草叶纹镜较少。草叶纹镜镜体较早期铜镜偏厚，多为半球形钮。镜钮外侧一般有方框形铭文框。草叶纹对称分布于铭文框四周，每面饰有圆台座或圆圈座乳丁间隔草叶纹，乳丁外侧一般饰有桃形花苞。少数简化草叶纹镜铭文框四边外侧无乳丁，而是以单层或双层草叶纹替代。铭文框四角外一般饰有枝叶花苞，少数饰有花叶纹。绝大多数草叶纹镜为十六内向连弧纹缘。临淄出土草叶纹镜数量较多，且绝大多数有铭文，其中日光镜最多见。铭文以“见日之光天下大明”为主，另外还有“见日之光长毋相忘”“见日之光长乐未央”“日有熹长贵富宜酒食乐毋事”“服者君卿作镜甚明”“见日之光服者君卿”“见日之光君见之明所言必当”等内容。

石鼓小区丝织厂M2出土的草叶纹铭文镜，面径14.2厘米，重288克。镜钮残缺，形制不清，柿蒂形钮座。钮座外单线凸弦纹方框与外侧宽凹弧面方框间为铭文区。铭文区填以右旋读“日有熹宜酒食长贵富乐毋事”十二字铭文，每侧三字。文字方向按读写顺序纵向排列。宽凹弧面方框外侧为主纹区。方框四角外侧饰枝叶花苞，四边外侧中部对称分布四枚圆台座乳丁。乳丁内侧有三条短线纹与方框连接，外侧饰桃形花苞，两侧饰双层草叶纹。十六内向连弧纹缘（图12）。

乙烯生活区T608M03出土的草叶纹铭文镜，面径13.9厘米，重358克。半球形钮。钮外两周宽凹弧面方框间为铭文区。铭文区填以左旋读“见日之光君见之明所言必当”十二字铭文。文字方向按读写顺序纵向排列，文字分布不均匀。铭文方框外侧一周单线凸弦纹

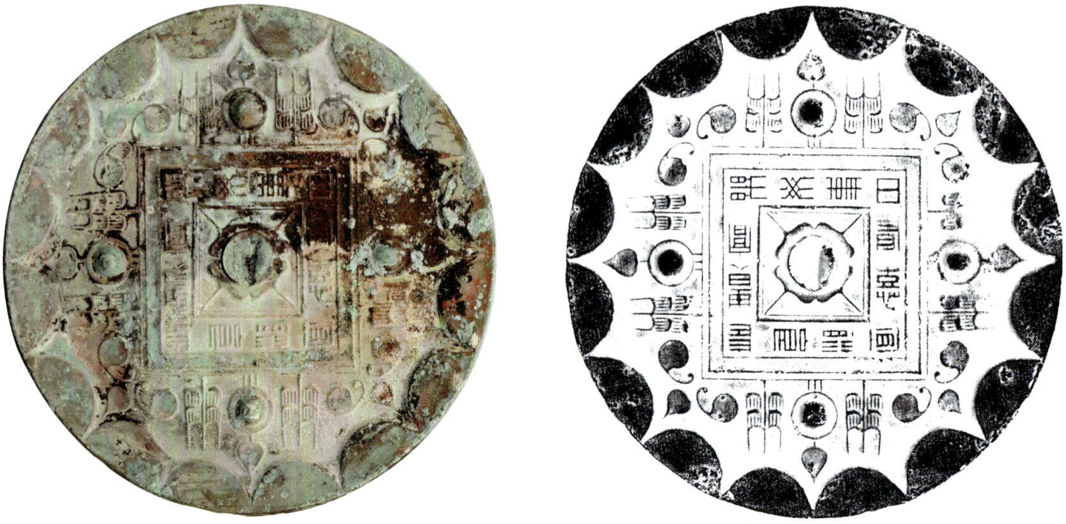

1　　2

图12　草叶纹铭文镜

1. 照片　2. 拓本

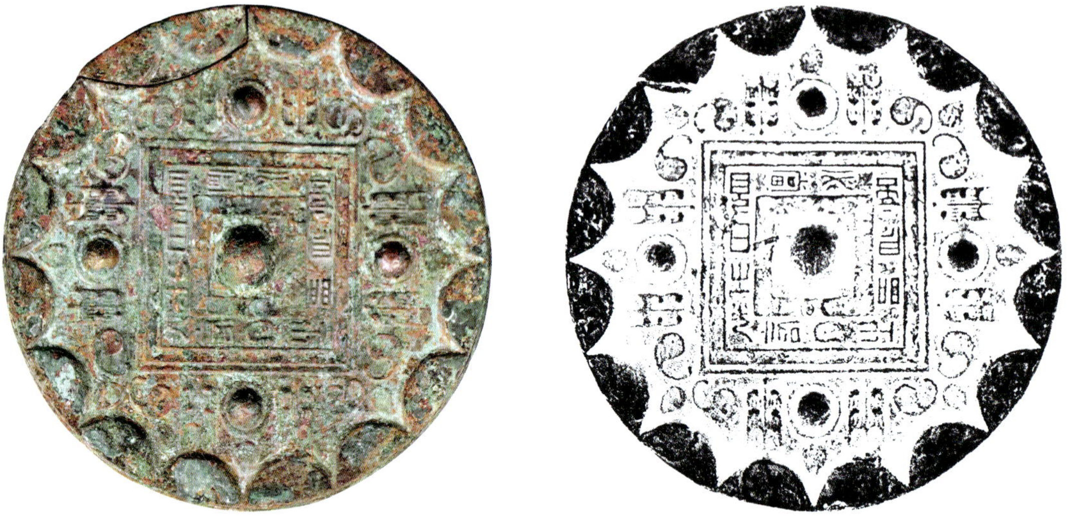

1　　2

图13　草叶纹铭文镜

1. 照片　2. 拓本

方框。其外侧为主纹区。方框四角外侧饰枝叶花苞，四边外侧中部对称分布四枚圆台座乳丁。乳丁外侧饰桃形花苞，两侧饰双层草叶纹。十六内向连弧纹缘（图13）。

乙烯生活区T706M003出土的草叶纹铭文镜，面径6.6厘米，重80克。半球形纽，圆台形钮座。钮座外两周单线凸弦纹方框间为铭文区。铭文区填以右旋读“长毋相忘”四字铭文，每面一字。文字方向按读写顺序纵向排列。铭文框四角内饰圆台座乳丁。乳丁外侧饰枝叶花苞。铭文方框四边外侧中部对称分布单层草叶纹。十六内向连弧纹缘（图14）。

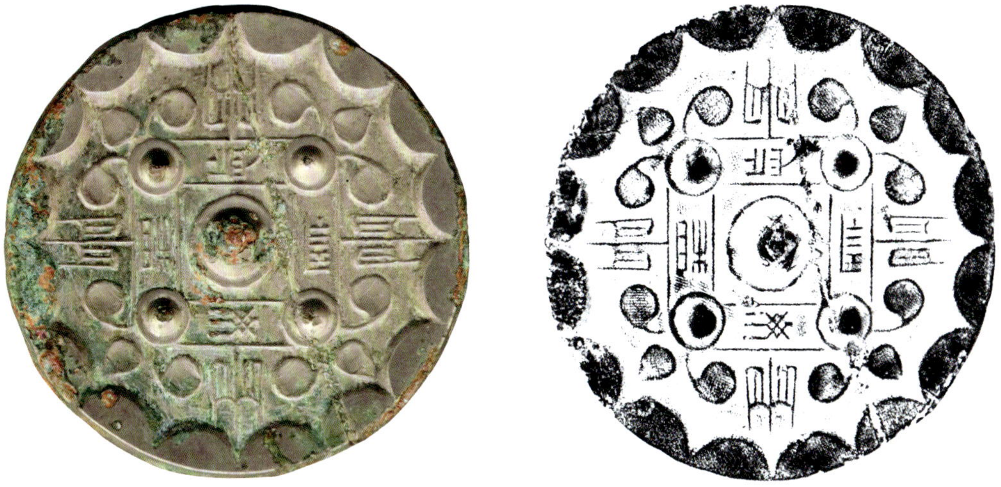

1 2

图14 草叶纹铭文镜

1. 照片 2. 拓本

乙烯生活区T909M105出土的草叶纹铭文镜，面径11.5厘米，重200克。半球形钮，柿蒂形钮座。钮座外单线凸弦纹方框与外侧宽凹弧面方框间为铭文区。铭文区内填以右旋读“仙镜甚明服者君卿”八字铭文，每面二字。文字方向按读写顺序纵向排列。铭文框四角内饰桃形花苞，外侧饰枝叶花苞，四边外侧中部对称分布四枚圆台座乳丁。乳丁内侧饰半椭圆形纹饰连接铭文方框，外侧饰桃形花苞，两侧饰双层草叶纹。十六内向连弧纹缘（图15）。

1 2

图15 草叶纹铭文镜

1. 照片 2. 拓本

五、圈带铭文镜

西汉中晚期流行圈带铭文镜。因铭文带为圆圈形故被称为圈带镜。圈带铭文镜主要有单圈铭文镜和双圈铭文镜两类，其中单圈铭文镜最多见。圈带铭文镜多为宽素缘，少数为窄素缘。窄素缘镜的时代明显要早于宽素缘镜。铭文带内外两侧多为单线斜向栉齿纹带，少数为凸弦纹带。钮座与铭文带之间一般饰有内向连弧纹或凸线圈带。所铸文字数量较其他类型铭文镜偏多。铭文内容以“内清质以昭明光辉象夫日月心忽夫愿扬忠然雍塞而不泄”为主，尤其是宽素缘镜，文字或多或少，但主题基本一致。早期窄素缘镜的铭文内容以“见日之光天下大明”“见日之光长毋相忘”等为主，文字相对较少，字体也更趋简化。双圈铭文镜比单圈铭文镜数量偏少。山东省文物考古研究院在临淄发掘出土的66件圈带铭文镜中，双圈铭文镜只有6件，占圈带镜的9%。其中，3件铜镜内、外圈铭文均为“内清质以昭明光象夫日月心忽夫扬忠然雍塞不泄”（外圈铭文有文字遗漏现象，内圈铭文的文字均有删减）。

乙烯生活区T706M047出土的单圈铭文镜，面径7.5厘米，重73克。连峰钮。钮外单线凸弦纹带与其外侧宽凸圈带间对称分布四组三线斜弧线纹，每两组弧线相对。凸圈带外侧两周单线斜向栉齿纹带间为铭文圈带。铭文圈带填以右旋读“见日之光毋长相忘”八字铭文。文字方向按读写顺序纵向排列。文字之间饰涡卷纹。窄素缘（图16）。

1

2

图16　单圈铭文镜

1. 照片　2. 拓本

乙烯生活区T508M13出土的单圈铭文镜，面径11厘米，重220克。半球形钮，圆台形钮座。钮座与外侧宽凸圈带间均匀分布四组弧线纹，其中单线弧线为括号形，三线弧线统一为逆时针方向。宽凸圈带与外侧八内向连弧纹带间对称间隔分布四组涡卷纹、单弧线纹、指甲纹加三线段纹。缘内两周单线斜向栉齿纹带间为铭文圈带。铭文圈带内填以右旋读“内清质以昭明之光象日月心忽难忠然塞不泄”十九字铭文。文字方向按读写顺序纵向排列。窄素缘，缘边稍斜（图17）。

1

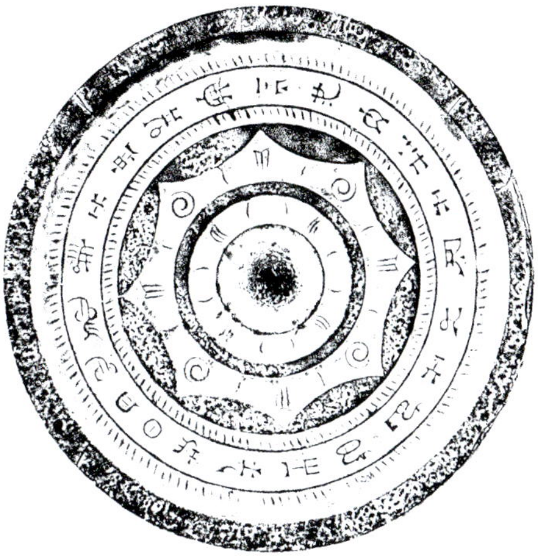

2

图17　单圈铭文镜

1. 照片　2. 拓本

勇士生活区T202M13出土的双圈铭文镜，面径15.5厘米，重467克。半球形钮，联珠钮座。四条对称射线将12枚联珠均匀分为四组。钮座外有两周宽凸圈带和四周单线斜向栉齿纹带。由内而外第一周凸圈带外侧两周栉齿纹带间为内区铭文圈带，填以右旋读小篆体“见日之光长毋相忘”八字铭文。铭文间有涡卷纹间隔。第二周凸圈带外侧两周栉齿纹带间为外区铭文圈带，填以右旋读“内清以昭明光象辉日月心忽愿扬忠然拥塞不泄”二十字铭文。两重铭文文字方向均按文字读写顺序纵向排列。宽素缘，缘边稍斜（图18）。

1

2

图18　双圈铭文镜

1. 照片　2. 拓本

金茵小区M108出土的双圈铭文镜，面径15.0厘米，重431克。半球形钮，联珠钮座。四条线段将12枚联珠均匀分为四组。每组联珠外侧中间饰有一组三线短线段纹。钮座外侧两周宽凸圈带间为内区铭文圈带，填以右旋读“内清质以昭明光象夫日月心忽夫忠不泄”十七字铭文。凸圈带外侧两周单线斜向栉齿纹带间为外区铭文圈带，填以右旋读小篆体“清白而事君怨驩之合明彼玄锡之泽恐疏远日忘慎美之交”二十四字铭文。两重铭文方向皆按文字读写顺序纵向排列。宽素缘，缘边稍斜（图19）。

1

2

图19　双圈铭文镜

1. 照片　2. 拓本

六、博局纹铭文镜

临淄地区出土的西汉晚期至东汉早期的博局纹镜数量虽然不多，但多数带有铭文。山东省文物考古研究院在临淄发掘出土的3件该类型铜镜都铸有铭文。铜镜镜面尺寸较大，镜体较为厚重，纹饰细致繁复。镜缘宽大，一般饰有枝蔓纹、鸟兽纹、锯齿纹、波线纹等纹饰。勇士小区T301M43出土的博局纹镜，面径14.4厘米，重573克。T301M48出土的博局纹镜面径14.2厘米，重472克。

天齐小区T401M19出土的博局纹铭文镜，面径18.5厘米，重818克。半球形钮，柿蒂形钮座。柿蒂纹有四大四小间隔分布的八组柿蒂叶。钮座外细凸弦纹方格和外侧宽凹弧面方格间为铭文区。铭文区填以右旋读“子丑寅卯辰巳午未申酉戌亥”十二地支，每面三字。文字方向为内向，即由镜缘向镜钮方向。字与字之间有小圆台乳丁间隔。凹弧面方格外侧为主纹区。方格四边外侧中部饰有宽凹弧面T形纹，与其外侧的宽凹弧面L形纹相对应。方格四角外侧饰有宽凹弧面V形纹。T形纹两侧各饰有一枚圆台座乳丁。T、L、V纹将主纹区均匀分为八部分，饰有四神、羽人、神鸟等纹饰。主纹区外侧单线凸弦纹圈与单线栉齿纹带间为铭文带，填以右旋读“尚方作镜大毋伤巧工刻之成……”等铭文。主纹区外区饰锯齿纹带和流云纹等纹饰（图20）。

1

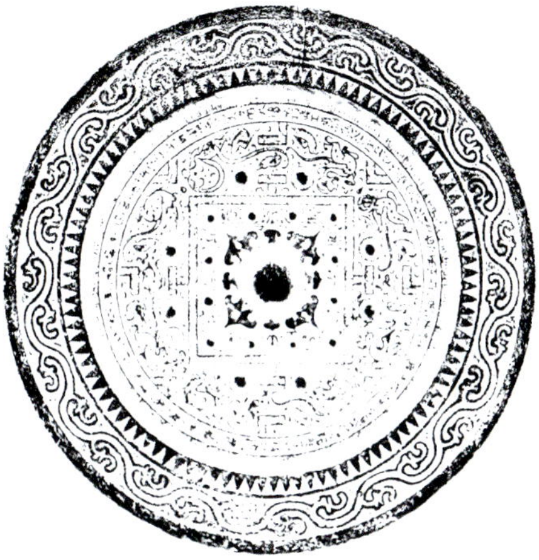

2

图20　博局纹铭文镜
1. 照片　2. 拓本

七、云雷纹铭文镜

凤凰城四期M349出土的云雷纹铭文镜，面径7.2厘米，重84克。桥形钮，半圆形钮孔。钮外两周单线凸弦纹方框间为铭文区。铭文区填以右旋读小篆体“常贵富乐未央长相思毋相忘”十二字铭文，每面三字。文字按读写顺序纵向排列。二十内向连弧纹缘，缘边稍斜。连弧纹缘与铭文框之间饰有云雷纹（图21）。

1

2

图21　云雷纹铭文镜
1. 照片　2. 拓本

八、龙纹铭文镜

2009年，方正小区M340出土的龙纹铭文镜，面径11.8厘米，重199克。三弦钮，半圆形钮孔。钮外一周宽凹弧面方框。方框外侧为铭文区。铭文区外侧隐约可见细凸线方框。铭文区内填以右旋读小篆体“愿长相思幸毋见忘”八字铭文，每侧二字。文字按读写顺序纵向排列。主纹区覆盖铭文区四角，饰龙纹。四条龙分列四圆座乳丁之间。龙首在乳丁左上近缘，身躯细长盘绕，四足。十六内向连弧纹缘。缘内隐约可见一圈细凸线（图22）。

1　　2

图22　龙纹铭文镜

1. 照片　2. 拓本

九、铭文镜的文字特点

（一）铭文字体的特点

秦代将小篆作为汉字的标准字体加以推广。西汉初期继续沿用小篆体，但隶书逐渐发展。东汉时，隶书的发展进入鼎盛期。在这个篆书（小篆）向隶书转变的特殊时期，工匠们在铸造铜镜时，充分利用篆书本身的婉转，结合隶书的朴拙，对文字进行艺术化加工，形成一种特殊的字体，有专家称其为篆隶体，也有专家称其为讹篆体。

汉代铜镜中的铭文字体没有统一的规范，而是趋于多样化。西汉早期的蟠螭（虺）纹镜、花叶纹镜，中期的草叶纹镜中的文字不多，但篆书的元素多一点，又与篆书有明显区别。西汉中晚期“家常贵富”镜中的铭文则更接近隶书的特点。圈带铭文镜中的文字不但多，而且字体更趋多样化。有的接近篆书，有的接近隶书，有的篆隶兼有，为典型的篆隶体。还有部分铭文为简化字体，只用简单笔画替代文字。汉代铜镜铭文字体的多样化，为研究汉代书法艺术的发展演变及时代特点提供了较为丰富的资料。

（二）铭文的读写规律

临淄出土汉代铜镜铭文的读写有一定规律，基本可以分为左旋读、右旋读和十字交叉读写三类。山东省文物考古研究院临淄工作站存放的40件草叶纹铭文镜中有33件铭文为右旋读，占总数的82.5%，另外7件为左旋读，占总数的17.5%。6件花叶纹铭文镜中有5件为右旋读，占总数的83.3%。5件蟠螭（虺）纹铭文镜有4件铭文为右旋读，占80%。66件圈带铭文镜中有65件为右旋读，占总数的98.5%，1件为左旋读，占总数的1.5%。天齐小区T401M19出土的新莽时期的博局纹镜，外侧圈带铭文为右旋读，内侧方形铭文区为右旋读，文字方向是内向的，即由镜缘向镜钮方向。十字交叉读写顺序的铜镜一般为“家常贵富”镜，数量不多。文字方向多数按读写顺序纵向排列，铭文多为外向，即由镜钮向镜缘方向。

从以上的统计数字不难看出，汉代铜镜铭文右旋读的占有较大比例。但是，从目前山东日照、青岛、临沂等地出土的部分汉代竹简及木牍来看，当时文字的书写顺序应为自上而下、从右往左排列。如果铜镜铭文的排列顺序是按顺时针方向右旋读，那么，铜镜铸造者在加工镜范时，应该是从左向右按逆时针雕刻文字的，这是符合汉代文字的读写规律的。至于少数左旋读、十字交叉排列铜镜铭文以及文字内向、外向、纵向排列方式等现象，个人认为应该是铜镜铸造者从版面编排等美学因素去考虑的。

（三）铜镜铭文的缺字及别字现象

汉代铜镜铭文的缺字、别字和简化字现象比较普遍，尤其是字数较多的圈带铭文镜。早期的蟠螭（虺）纹镜、中期的草叶纹镜以及中晚期的“家常贵富”镜，基本不存在缺字现象，别字现象也不多见。像乙烯生活区T809M020出土的单圈铭文镜，面径9.9厘米，重120克。铭文为“以日月心忽夫扬忠然拥塞不泄”，读写顺序为右旋读，文字方向按读写顺序纵向排列。其铭文内容明显出现了落字或删节现象，其完整内容及语序应该是“内清质以昭明光辉象夫日月心忽扬而愿忠然拥塞而不泄”（图23）。

汉语言自身具有完善的读写规律，能够准确表达出所要表达的含义。汉代铜镜之所以会出现缺字、别字及简化字现象，可能由于以下几方面的因素。一是铸造工匠知识水平和认知水平的因素。在当时的社会环境中，铜镜制作者作为手工业阶层，其社会地位决定了他们不可能接受到良好的教育。文化水平和认知水平低下，在铜镜镜范的加工制作过程中出现错字、别字现象就不足为奇了。二是镜范制作过程中版面设计的原因。铜镜制作的前期工作是镜范的制作。镜范制作的好与坏直接影响到铜镜的铸造加工。铭文圈带铜镜中缺字、别字现象较多，应该与镜范制作时版面编排有关。铜镜的直径有大有小，而表达完整意义的文字是基本固定的。在制作镜范尤其是雕刻铭文时就会出现版面过剩或版面不足的问题。版面过剩，工匠们可以通过加刻符号予以补充，而版面不足只有通过减少字数来解

1

2

图23　单圈铭文镜

1. 照片　2. 拓本

决了。这也是铜镜缺字的主要原因。三是工匠在镜范制作过程中刻意追求文字的美感，有意将文字的字体予以美化或用简化字予以替代。虽然有的铜镜中存在缺字、错字或简化字现象，但是都能完整表达出铭文所含的赠答、祝福、宗教神话等基本含义。

十、铜镜铭文的布局特点

铜镜铭文是与镜背纹饰完美融合进行布局的。铜镜纹饰随着时代的变化出现不同的特点，铭文的布局也因纹饰的差异而存在明显不同。铭文的分布大体分为方框形、文字与纹饰间隔分布、圈带形等形式。其中，圈带形铭文又可分为单圈和双圈两种形式。双圈铭文镜内圈文字数量要明显少于外圈。蟠螭（虺）纹镜的铭文字数较少。一般分布于镜钮外侧的正方形铭文框内。铭文框外侧饰有四组对称的蟠螭（虺）纹。花叶纹镜的铭文位于镜钮外侧的正方形铭文框内。铭文框四面外侧饰有乳丁，四角外侧分别饰有花叶纹。“家常贵富”镜四字铭文一般对称分布于镜钮外侧，间饰圆台座或联珠座乳丁等纹饰。草叶纹镜铭文数量不多，以“见日之光天下大明”最多见。铭文框为正方形，位于镜钮与主纹区之间。铭文框外侧中部一般对称分布四枚乳丁。乳丁两侧饰草叶纹。草叶纹或单层或双层，少数为三层。圈带铭文镜的铭文数量较多，铭文成为铜镜的主要装饰，兼具美观和祝愿的双重意义。多数铭文带由单线斜向栉齿纹带环绕，少数以宽凸弦纹带环绕。博局纹镜镜体较大，铭文数量较多，一般有两重文字。内重铭文框位于镜钮外侧，为方形，多数填以十二地支或十二属相。外重为铭文圈带，不但文字数量多，内容也更丰富。博局纹镜纹饰更繁复，铸造工艺更复杂，文字与纹饰搭配得更完美。

临淄作为山东历史文化底蕴最深厚的地区之一，不但拥有优秀的传统历史文化，同时也拥有丰富的地下文物资源。在多年的田野考古发掘工作中，先后出土了数千件汉代铜镜。这批铜镜的铸造工艺精湛，文化信息浓厚，是研究临淄地区汉代铜镜铸造工艺及青铜冶炼技术不可多得的珍贵实物资料。其中的铭文镜不仅能反映出当时的高超铸造工艺，也为我们研究汉代文字的发展演变提供了重要佐证。随着田野考古发掘工作的不断开展，将会有更多的汉代铜镜出土，我们的铜镜研究资料将会越来越丰富，铜镜研究工作也将越来越深入。

临淄出土西汉单圈铭带镜研究

于　焱
（淄博市文物保护和考古研究院）

近年来，淄博市临淄区文物管理局抢救性发掘的中小型墓葬中出土了大量铜镜。本文对经过清理、修补、除锈的铜镜进行了整理，挑选出保存状况较好的302面西汉时期的单圈铭带铜镜进行比较研究。现将比较研究分析结果整理汇总成文，以便铜镜研究者参考。

单圈铭带镜，即在铜镜中心区域以外至镜缘有明显的铭文圈带，并在铭文内外两侧装饰以连续不断的纹饰，从而形成一条环状的铭文带。自西汉中期，圈带铭文镜开始成为铜镜的主流样式之一。存在一周铭文带的铜镜为单圈铭带镜，存在两圈或两圈以上铭文带的为重圈铭带镜。

一、研究方法及路径

以镜钮为中心由内向外采集每面铜镜的详细要素信息，信息采集的主要要素由以下六部分组成：①铜镜的尺寸，主要以直径和厚度的数据为主；②镜钮样式；③铜镜中心区域，钮外侧的纹样特征；④铭文圈带的纹样样式；⑤辨识铜镜镜铭的内容、铭字间的间隔符号样式和特征、铭文读序及铭文字体特征；⑥镜缘的样式特征。

对采集的信息进行分类整理，第一以铭文内容为区分要素，分为日光镜、日月心镜、昭明镜等；第二以镜钮及钮座样式为区分要素分为圆台钮座镜和联珠钮座镜；第三以中心纹饰为区分要素，分为连弧纹镜和圈带纹镜等；第四以铭文字间的间隔符号不同和间隔规律不同为区分要素分为单字间隔镜和多字间隔镜及无间隔镜；第五以铭文字体不同为区分要素分为圆转篆书和方正篆书及方正篆隶书等；第六以镜缘占比不同为区分要素分为宽素缘镜和窄素缘镜及匕形缘镜。

二、日　光　镜

因铜镜铭文以“见日之光天下大明”“见日之光长毋相忘”“见日之光长不相忘”居多，偶见“见日夫长毋相忘之”且前四字都为“见日之光”，故取铭文中“日”及“光”字为此镜命名“日光镜”。本文收录日光镜59面，根据该类铭文不同分为三型。

A型　21面，铭文为“见日之光天下大明”。直径最大8.3厘米（编号RGA9），最小5.8厘米（编号RGA20），平均直径7.195厘米，平均厚度0.433厘米（附表1）。

钮座式样绝大多数为圆钮、圆台钮座，有20面；只有1面为圆钮，并蒂十二联珠纹钮座。铭文带纹饰绝大多数（16面）在铭文内外两侧有两圈短斜线纹（或称栉齿纹），有5面在铭文外侧有一圈短斜线纹。中心区的纹饰12面为连弧纹，其中11面中心饰有内向八连弧纹，1面饰有内向十二连弧纹；8面饰有一圈凸圈带，为圈带镜；仅有1面中心素，饰有两周细凸弦纹。在铭文字间隔方面，14面每单字间以“の”和斜“田”字符交替间隔；1面每单字间以“の”和短弧线字符号交替间隔；1面每单字间以“の”间隔；每两字间隔的有5面，有“の”、斜“田”、单弧线、双弧线4类。从铭文读序看，20面右旋读法，仅1面左旋读法。铭文字体方面，20面都是圆体草化的篆书，行笔流畅、圆润；1面为横竖直隶的篆书，撇捺仍然圆转飘逸。在镜缘样式上，11面为略宽的素缘；10面为窄素缘，其中5面为镜缘边上卷的类似“匕”形缘（图1）。

1

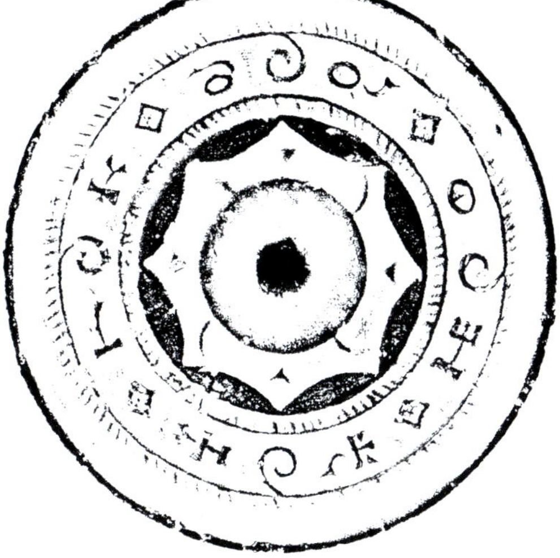

2

图1　日光镜RGA5（金鼎绿城三期M613出土镜）

1. 照片　2. 拓本

B型　23面，铭文多为“见日之光长毋相忘”，1面铭文为“见日夫长毋相忘之”，1面铭文为“长毋相忘久不相见”。直径最大8.3厘米（编号RGA2），最小5.6厘米（编号RGA18），平均直径7.191厘米，平均厚度0.341厘米（附表2）。

绝大多数为圆钮、圆台钮座，有20面；只有3面为八连峰钮座。铭文带纹饰上，绝大多数（19面）在铭文内外两侧有两圈短斜线纹（或称栉齿纹）；有2面在铭文外侧有一圈短直线纹；有1面在铭文内侧有一圈短斜线纹；有2面在铭文内外两侧有两圈细凸弦纹；有1面在铭文内外两侧有两周细凸弦纹，并且在最外侧饰一圈短线纹。中心区纹饰，有8面连弧镜，中心饰有内向八连弧纹；13面饰有一周细凸弦纹并配合一圈凸圈带，为圈带镜；仅有1面中心素，饰有两周细凸弦纹。在铭文字间隔方面，21面每单字间以“の”（19面）或斜“田”字符号（1面）或三竖线（1面）间隔；2面铭文间无间隔。从铭文读序看，全部右旋读法。铭文字体全部都是圆体草化的篆书，行笔流畅、圆润。在镜缘样式上，16面为宽素缘，7面为窄素缘（图2）。

图2　日光镜RGB16（方正2009M191出土镜）

1.照片　2.拓本

C型　15面，铭文多为“见日之光长不相忘”，仅2面铭文为“见日之夫长不相忘”。直径最大9.4厘米（编号RGA14），最小5.8厘米（编号RGA9），平均直径7.327厘米，平均厚度0.41厘米（附表3）。

绝大多数为圆钮、圆台钮座，有13面；1面为圆钮，并蒂十二联珠纹钮座；1面为圆钮，并蒂八联珠纹钮座。铭文带纹饰：绝大多数（11面）在铭文内外两侧有两圈短斜线纹（或称栉齿纹）；有3面在铭文外侧有一圈短斜线纹。中心区纹饰，有12面连弧镜，中心饰有内向八连弧纹，个别配饰有四の符号或四组莲瓣纹带小乳丁或三短弧线纹饰；3面饰有一圈凸圈带，为圈带镜。在铭文字间隔方面，12面每单字间以“の”和斜“田”字符号交替间隔或以“の”间隔；3面铭文以每两字间隔，间隔以斜“田”字符。从铭文读序看，全部右旋读法。铭文字体全部都是圆体草化的篆书，行笔流畅、圆润。镜缘6面为宽素缘，9面为窄素缘（图3）。

由以上分式统计可得知：日光镜中绝大多数为圆钮和圆台钮座，偶见并蒂联珠钮座；中心区纹饰以连弧纹和凸圈带居多，偶见一周或两周细凸弦纹；铭文字间隔以“见日之光长毋相忘”镜最为单纯，字间绝大多数以“の”符号间隔，每单字或两字相间；“见日之光天下大明”“见日之光长不相忘”两式铜镜多出现斜“田”字符号间隔，或与“の”符号交替间隔铭文；镜缘或宽或窄，占比近半，都为素缘。

1　　2

图3　日光镜RGC2（泰东城住宅M101出土镜）
1.照片　2.拓本

三、日月心镜

此类铜镜因铭文中“日”“月”“心”三字组合出现，且以此为铭文开头，故此类铜镜命名为“日月心”镜。此类铜镜铭文长短不一，最少有“日月心勿”四字铭文，多则有“日月心忽夫毋之忠行长□毋勿相忘”十五字铭文。铭文多以怀念、勿忘为主要内容和含义。本文收录日月心镜88面，根据该类铜镜中心区纹饰和铭文字间隔规律分为四型。

A型　或称“连弧日月心镜”，计23面，铭文以“日月心勿长毋相见”为主。直径最大8.2厘米（编号RYX4），最小5.6厘米（编号RYX1），平均直径7.026厘米，平均厚度0.385厘米（附表4）。

全部为圆钮、圆台钮座。中心区纹饰全部为钮座外一周细凸弦纹，再向外为内向八连弧。铭文带纹饰绝大多数（21面）在铭文内外两侧有两圈短斜线纹（或称栉齿纹），仅1面为短直线纹，有1面在铭文内外侧有两圈短细凸弦纹。在铭文字间隔方面，16面每单字间以“の”形符号交替间隔；7面每两字间以“の”形符号间隔。铭文全部右旋读法。铭文全部都是圆体草化的篆书，行笔流畅、圆润。镜缘样式上，18面窄素缘，仅5面为宽素缘（图4）。

B型　或称“凸圈带日月心镜”，计34面，铭文以“日月心勿夫毋忘见”为主。直径最大8厘米（编号RYXB2），最小6.2厘米（编号RYXB16），平均直径7.153厘米，平均厚度0.309厘米（附表5）。

绝大多数为圆钮、圆台钮座，仅2面为八连峰钮座。中心区纹饰有33面钮座外饰一周

1　　2

图4　日月心镜RYXA5（博物院工地M235出土镜）
1. 照片　2. 拓本

细凸弦纹，再向外为一周凸圈带。从铭文带纹饰看，大多数（23面）在铭文内外两侧有两圈短斜线纹（或称栉齿纹）；有10面在铭文内外侧有两圈细凸弦纹。在铭文字间隔方面，26面每单字间以“の”形符号间隔；8面每两字间以“の”形符号间隔。铭文全部为右旋读法。铭文全部都是圆体草化的篆书，行笔流畅、圆润。镜缘全部为素平缘，以窄素缘为主，26面为窄素缘，仅8面为宽素缘（图5）。

1　　2

图5　日月心镜RYXB1（淄江花园K区M601出土镜）
1. 照片　2. 拓本

C型　或称“素纹日月心镜”，5面，中心纹饰简洁，仅饰一周细凸弦纹，铭文以“日月心勿……”为主。直径最大9.1厘米（编号RYXC1），最小6.4厘米（编号RYXC5），平均直径7.14厘米，平均厚度0.34厘米（附表6）。

全部为圆钮、圆台钮座。中心区纹饰简洁，仅饰一周细凸弦纹。全部在铭文内外两侧有两圈短斜线纹（或称栉齿纹），为铭文带纹饰。在铭文字间隔方面，4面每单字间以“の”形符号间隔；1面每三字间以“の”形符号间隔。铭文全部为右旋读法。铭文全部都是圆体草化的篆书，行笔流畅、圆润。在镜缘样式上，2面窄素缘，2面宽素缘，1面为匕形素缘。

D型　或称“日月心镜”，有26面，可分Da亚型和Db亚型，各13面。中心饰一周细凸弦纹＋内向八连弧、一周细凸弦纹＋凸圈带为Da亚型，饰凸圈带＋内向八连弧的为Db亚型。Da亚型直径最大8.5厘米（编号RYXDa7），最小7.5厘米（编号RYXDa3），平均直径7.846厘米，平均厚度0.388厘米（附表7-1）。Db亚型直径最大15.7厘米（编号RYXDb8），最小10厘米（编号RYXDb13），平均直径10.931厘米，平均厚度0.415厘米（图6；附表7-2）。此型铜镜铭文以“日月心勿夫毋之忠勿相忘”为主，铭文字间除间隔符号外，大比例地出现头尾铭文有单弧线或双弧线作为起止间隔。

1　　2

图6　日月心镜RYXC3（太公苑M9出土镜）
1.照片　2.拓本

钮座式样上，Da亚型全部为圆钮、圆台钮座。Db亚型有2面为圆钮，并蒂十二联珠纹钮座。铭文圈带内外两侧有9面为两圈短斜线纹，5面为两圈短直线纹，1面为三圈短斜线纹，11面在铭文内外两侧有两圈细凸弦纹。在铭文字间隔方面，多以每两字间以“の”形符号间隔，少数以每单字或三字间隔以“の”形符号，22面铭文起止字间出现了符号间隔，多以单弧线或者双弧线为主，另有“÷”“：”“＝”“—”等符号作为铭文首尾的间隔。铭文全部为右旋读法。铭文字体全部都是圆体草化的篆书，行笔流畅、圆润，由于铭文字数增多，在横或竖的写法上出现了方直的写法。在镜缘样式上，25面为窄素缘，仅Da亚型里出现1面宽素缘（图7）。

1

2

图7　日月心镜RYXDa1（棠悦小区M652出土镜）
1. 照片　2. 拓本

四、昭　明　镜

此类铜镜因铭文中有“昭明”二字，故命名为“昭明”镜。一般字数较多的大多十字以上，字数少的有“内清以昭明光日”等七字铭文，多则有“内清质以昭明广光辉夫象而长毋相忘日月心忽而扬忠然雍塞而不泄”二十九字铭文。铭文多是赞扬铜镜的质量或以明镜自喻，也有表达怀念、勿忘等主要内容和含义。本文收录昭明镜155面，根据该类铜镜中心区纹饰和铭文字间隔规律分为三型。

A型　共71面，分为Aa亚型46面和Ab亚型25面。铭文字间无符号或文字进行间隔，Aa亚型平均直径9.94厘米，平均厚度0.43厘米（附表8-1）；Ab式平均直径11.90厘米，平均厚度0.45厘米（附表8-2）；Ab亚型体量大于Aa亚型。

钮座式样方面，Aa亚型46面，钮式以圆钮座为主；Ab亚型25面，钮式以圆钮、（并蒂）十二联珠钮座为主，少见连峰钮；中心区纹饰多数为一周凸圈带配以内向八连弧纹为主，或有以一周或两周细凸弦纹配合内向八连弧。铭文带纹饰以两圈短斜线纹为主，零星有两周细凸弦纹为铭文带纹饰。铭文字间无符号或文字进行间隔。铭文全部为右旋读序。在铭文字体方面，Aa亚型以篆书为主，零星见隶书字样；Ab亚型全部为篆书。从镜缘样式看，宽素缘占比九成以上，窄素缘仅见5面（图8）。

B型　36面，铭文头尾以符号“+”“の”“=”“—”“:”等进行间隔，平均直径10.13厘米，平均厚度0.396厘米（附表9）。

1　　2

图8　昭明镜ZMAb6（棠悦小区M1171出土镜）

1. 照片　2. 拓本

钮座式样以圆钮、圆钮座为主，占比近九成，近一成为圆钮，并蒂十二联珠座钮座。中心区纹饰半数为一周凸圈带配以内向八连弧纹，半数为一周或两周细凸弦纹配合内向八连弧。铭文带纹饰半数为两圈短斜线纹，半数为两周细凸弦纹为铭文带纹饰。铭文字间多无符号或文字间隔，但是铭文头尾以符号“+”“の”“=”“—”“：”或小乳丁（圆钉）等进行间隔。铭文全部右旋读序。铭文字体方面，篆书字样超九成，隶书字样近一成。从镜缘样式看，宽素缘为主，窄素缘少见（图9）。

1　　2

图9　昭明镜ZMB5（淄江花园高阳M270出土镜）

1. 照片　2. 拓本

C型　48面，出现了铭文字间以“而”字进行间隔的样式，平均直径9.87厘米，平均厚度0.525厘米（附表10）。

钮座式样绝大多数为圆钮、圆钮座，柿蒂形钮座仅见2面。中心区纹饰以内向八连弧或凸圈带＋内向八连弧组合样式占多数、开始出现内向十二连弧、内向十六连弧及配合凸圈带的组合样式。铭文带纹饰全部为两圈短斜线纹。铭文字间以“而”字进行间隔，有的头尾以符号“：”“＋”“÷”“I”为间隔标记。铭文全部为右旋读序。铭文字体绝大部分为隶书字样，篆书字样仅见5面。在镜缘样式上，绝大部分为宽素缘，有2面缘内有凹圈带并饰有三角形波折纹；窄素缘仅见5面（图10）。

1　　　2

图10　昭明镜ZMC6（齐兴花园二期M51出土镜）

1.照片　2.拓本

五、几 点 推 论

综上所述，通过横向对比和纵向对比，初步判断临淄出土的西汉单圈铭带镜主要以日光镜、日月心镜、昭明镜为主，且昭明镜占比最大，少见洛阳[1]、西安[2]等其他地区出土的清白镜。从此次统计比较来看（附表11），日光镜、日月心镜、昭明镜这一系列单圈铭带镜呈现出较为明显的变化趋势：铜镜制作尺寸逐渐加大，厚度略有增加；中心区纹饰组合的样式越来越多；铭文字数越来越多，铭文区域成为铜镜的主要纹饰，铭文字样开始逐步向隶书转变，笔画逐渐变得粗细均匀，字体开始变得方正，基本接近通行的书写文字；镜缘也逐渐变宽。通过数据统计和比对研究，笔者有以下几个推论。

关于流行年代。从本文统计的单圈铭带镜铭文大致可以看出：日光镜铭文书写几乎全部是篆书；日月心镜铭文书写中开始出现了“缪篆”“垂针篆”等变化的书写方式，在Db

亚型中的笔画开始出现“方”和“直”等书写隶化的趋势；昭明镜中的铭文书写中隶书的占比已经达到了一定的比例，B型隶书占比超一成，C型几乎全为隶书。国内书法研究者认为：汉代铜镜铭文中的篆隶体在书法史上有着重要意义，镜铭书法文字经历了“篆体→篆隶体→隶体”的嬗变过程。从最初始的常态篆体，到新的亦篆亦隶，而后的似篆非篆的篆隶体到最终新的常态的形成——隶体[3]。从铭文书写的变化来看，推测西汉单圈铭带镜流行年代的先后顺序为：日光镜→日月心镜→昭明镜。

关于间隔符号的使用。从本文统计的单圈铭带镜铭文内容来看，除昭明A型没有铭文间隔外，其他类型全部存在铭文间隔的情况，“而”字间隔仅出现在昭明C型。根据铭文间隔符号出现的规律统计，推测其主要有两方面的作用：一为填补版面用，比如：“の”形符号、斜“田”字形、“而”字，规律性的单字间隔或双字甚至三字间隔；二为标记符号用，比如“÷”“：”“＝”“－”“＋”“I”等形状的符号或者小乳丁（圆钉），在铭文的首或尾出现，以便于书写构图。日光镜、日月心镜的A型、B型、C型，铭文中的间隔都为“の”形符号、斜“田”字形。日月心镜的D型、昭明镜的B型、C型则多以“÷”“＝”“－”“＋”“：”“I”等形状的符号标识铭文的起止。

关于镜范设计制作。在研究过程中我们注意到，汉镜中铭文出现缺字、别字、简字的情况十分常见。与此同时，单圈铭带镜中又大量存在间隔字符，依照西汉镜范版面的设计控制水平来看，控制字间距、均匀分布铭文并非难事。除部分学者认为与工匠知识水平参差不齐有关外，笔者推测可能存在以下三种情况：一是铭文镜从镜范的版面设计开始，单圈铭带镜的铭文圈带虽为镜体的主要内容之一，但可能不是设计者最看重的设计元素，因此在镜范的版式设计上并未对铭文的详细布局进行规划设计，只是预留了铭文圈带。二是镜范的制作中，铭文的刻画可能由专门的匠人负责，或者说由作坊内为数不多的“识文断字”之人负责，镜范在版面图案设计和文字具体书写上并非同一人所为，因而导致镜范设计中的“信息不对称”，不得不出现铭文缺字或由间隔符号进行补版。三是推测西汉的镜范制作开始出现了明确的协作分工，或称“流水线作业”。单圈铭带镜的镜范制作可能是“模制法”与“刻制法”相结合的产物，主纹饰区通过“模制法”先期制作，预留铭文圈带区，铭文通过“刻制法”后期制作。

六、结　　语

临淄地区汉代墓葬出土的铭文镜是铜镜的重要组成部分，其中单圈铭带镜又是铭文镜中数量最多的一类，本文试图通过比较研究窥探西汉临淄铜镜铸造业的面貌之一二。临淄齐国故城是两周时期的齐国都城，西汉时“五都”之一，工商业极其繁荣，冶铸制造业基础雄厚，临淄出土铜镜数量之巨恰恰是临淄富庶、经济发达的实证。

至2020年9月，临淄齐国故城发现并见于记述的出土镜范总数为325件。其中白云翔先生在《临淄齐国故城汉代镜范及相关问题研究》一文中记录“迄今临淄齐国故城内发现并见于记述的汉代镜范已达95件”[4]；中国社会科学院哲学社会科学创新工程项目“临淄齐故城冶铸遗存考古发掘与研究”项目组在阚家寨遗址调查和勘探中采集镜范

7件[5]，在阚家寨遗址B区第Ⅱ地点发掘出土镜范180件[6]；另外《临淄齐故城冶铸业考古》中还收录了齐国故城新征集镜范43件。这些镜范的发现都集中在齐国故城内，主要发现于石佛堂、阚家寨、刘家寨、苏家庙等村子附近的农田中，即大城中部偏北处东西向古道路的南、北两侧。考古成果表明，临淄铸镜业西汉前期已相当发达，作坊分散在大城中北部多地，并通过调查确认了3处[7]汉代铸镜作坊遗址。临淄齐国故城出土的镜范类型以西汉早期的草叶纹镜为主，未见西汉中期以后流行的单圈铭带镜镜范，但以临淄汉墓近年来出土单圈铭带镜数量之巨推测，这些单圈铭带镜应为临淄本地生产。临淄冶铸制造业基础雄厚，具备大规模生产此类铜镜的产业基础，由此推断西汉中期临淄铜镜铸造作坊与已知的齐国故城内冶铸遗址区域有较大区别，这有待于田野考古的进一步发现和证实。

注　释

[1]　程林泉、韩国河：《长安汉镜》，陕西人民出版社，2002年，第117～120页。

[2]　a. 洛阳区考古发掘队：《洛阳烧沟汉墓》，科学出版社，1959年。
b. 洛阳市文物工作队：《洛阳金谷园车站11号汉墓发掘简报》，《文物》1983年第4期。

[3]　马小丁：《汉代铜镜铭文中的篆隶体研究》，广西师范大学硕士学位论文，2020年。

[4]　白云翔、清水康二主编：《临淄齐国故城汉代镜范及相关问题研究》，《山东省临淄齐国故城汉代镜范的考古学研究》，科学出版社，2007年，第101页。

[5]　中国社会科学院考古研究所等：《临淄齐故城冶铸业考古》，科学出版社，2020年，第139页。

[6]　中国社会科学院考古研究所等：《临淄齐故城冶铸业考古》，科学出版社，2020年，第664页。

[7]　杨勇：《临淄齐故城冶铸业考古的收获与进展》，《南方文物》2021年第2期。

附表1　A型日光镜统计表

编号	直径（厘米）	厚度（厘米）	钮	中心纹饰	铭文带纹饰	铭文内容	铭文间隔	读序	字体	缘
RGA1	8	0.5	圆钮，圆台钮座	一周细凸弦纹+凸圈带	两圈短斜线纹	见日之光天下大明	每单字以の、斜田间隔	右旋读	篆书	宽素缘
RGA2	8	0.5	圆钮，圆台钮座	一周细凸弦纹+凸圈带	两圈短斜线纹	见日之光天下大明	每单字以の、斜田间隔	右旋读	篆书	窄素缘
RGA3	6.5	0.2	圆钮，圆台钮座	一周细凸弦纹+内向八连弧	两圈短斜线纹	见日月之天下大明	每单字以の、斜田间隔	右旋读	篆书	窄缘，“匕”形缘
RGA4	6.4	0.4	圆钮，圆台钮座	十二联珠+一周细凸弦纹+内向八连弧	外圈短斜线纹	见日之光天下大明	每两字双短弧线间圆座乳丁间隔	右旋读	篆书	窄缘，“匕”形缘
RGA5	7.2	0.45	圆钮，圆台钮座	一周细凸弦纹+内向八连弧	两圈短斜线纹	见日之光天下大明	每单字以の、斜田间隔	右旋读	篆书	窄缘，“匕”形缘
RGA6	7.3	0.7	圆钮，圆台钮座	一周细凸弦纹+内向八连弧	两圈短斜线纹	见日之光天下大明	每单字以の、斜田间隔	右旋读	篆书	宽素缘
RGA7	7.5	0.4	圆钮，圆台钮座	一周细凸弦纹+内向八连弧	两圈短斜线纹	见日之光天下大明	每单字以の、斜田间隔	右旋读	篆书	窄缘，“匕”形缘
RGA8	7.7	0.5	圆钮，圆台钮座	一周细凸弦纹+内向十二连弧	两圈短斜线纹	见日之光天下大明	每单字以の、斜田间隔	右旋读	篆书	窄缘，“匕”形缘
RGA9	8.3	0.6	圆钮，圆台钮座	一周细凸弦纹+内向八连弧	两圈短斜线纹	见日之光天下大明	每单字以の、申间隔	右旋读	篆书	宽素缘
RGA10	8.2	0.5	圆钮，圆台钮座	一周细凸弦纹+内向八连弧	两圈短斜线纹	见日之光天下大明	每单字以の、斜田间隔	右旋读	篆书	宽素缘
RGA11	8	0.45	圆钮，圆台钮座	一周细凸弦纹+内向八连弧	两圈短斜线纹	见日之光天下大明	每单字以の、斜田间隔	右旋读	篆书	宽素缘
RGA12	8.1	0.5	圆钮，圆台钮座	一周细凸弦纹+内向八连弧	两圈短斜线纹	见日之光天下大明	每单字以の、斜田间隔	左旋读	篆书	宽素缘

续表

编号	直径（厘米）	厚度（厘米）	钮	中心纹饰	铭文带纹饰	铭文内容	铭文间隔	读序	字体	缘
RGA13	7.3	0.3	圆钮，圆台钮座	一周细凸弦纹+内向八连弧	两圈短斜线纹	见日之光天下大明	每单字以の、斜田间隔	右旋读	篆书	宽素缘
RGA14	7.3	0.4	圆钮，圆台钮座	一圈短斜线纹+凸圈带	外圈短斜线纹	见日之光天下大明	每单字以の间隔	右旋读	隶书	窄素缘
RGA15	7.5	0.5	圆钮，圆台钮座	一周细凸弦纹+凸圈带	两圈短斜线纹	见日之光天下大明	每单字以の或短弧线间隔	右旋读	篆书	窄素缘
RGA16	6.8	0.5	圆钮，圆台钮座	一周细凸弦纹+凸圈带	两圈短斜线纹	见日之光天下大明	每单字以の、斜田间隔	右旋读	篆书	宽素缘
RGA17	5.8	0.2	圆钮，圆台钮座	两周细凸弦纹	外圈短斜线纹	见日之光天下大明	每两字以单弧线间隔	右旋读	篆书	窄素缘
RGA18	6	0.3	圆钮，圆台钮座	一周细凸弦纹+凸圈带	两圈短直线纹	见日之光天下大明	每两字以の间隔	右旋读	篆书	宽素缘
RGA19	6.2	0.4	圆钮，圆台钮座	一周细凸弦纹+凸圈带	外圈短斜线纹	见日之光天下大明	每两字以斜田间隔	右旋读	篆书	宽素缘
RGA20	5.8	0.3	圆钮，圆台钮座	一周细凸弦纹+凸圈带	外圈短斜线纹	见日之光天下大明	每两字以斜田间隔	右旋读	篆书	宽素缘
RGA21	7.2	0.5	圆钮，十二并蒂联珠纹钮座	内向八连弧	两圈短斜线纹	见日之光天下大明	每单字以の、斜田间隔	右旋读	篆书	窄素缘

附表2　B型日光镜统计表

编号	直径（厘米）	厚度（厘米）	钮	中心纹饰	铭文带纹饰	铭文内容	铭文间隔	读序	字体	缘
RGB1	8.1	0.6	圆钮，圆台钮座	八の符号间双短弧线+内向八连弧	两圈短斜线纹	见日之光长毋相忘	每单字以の间隔	右旋读	篆书	窄素缘
RGB2	8.3	0.35	圆钮，圆台钮座	一周细凸弦纹+内向八连弧	两圈短斜线纹	见日之光长毋相忘	每单字以の间隔	右旋读	篆书	宽素缘

续表

编号	直径（厘米）	厚度（厘米）	钮	中心纹饰	铭文带纹饰	铭文内容	铭文间隔	读序	字体	缘
RGB3	8	0.3	圆钮，圆台钮座	一周细凸弦纹＋内向八连弧	两圈短斜线纹	见日之光长毋相忘	每单字以の间隔	右旋读	篆书	宽素缘
RGB4	7.5	0.3	圆钮，圆台钮座	一周细凸弦纹＋内向八连弧	两圈短斜线纹	见日之光长毋相忘	每两字以斜田间隔	右旋读	篆书	宽素缘
RGB5	7.6	0.6	圆钮，圆台钮座	一周细凸弦纹＋内向八连半圆弧	两圈短斜线纹	见日之光长毋相忘	每单字以の间隔	右旋读	篆书	宽素缘
RGB6	7.6	0.25	圆钮，圆台钮座	一周细凸弦纹＋内向八连弧	两周细凸弦纹	见日之光长毋相忘	每单字以の间隔	右旋读	篆书	宽素缘
RGB7	7	0.3	圆钮，圆台钮座	一周细凸弦纹＋内向八连弧	两圈短斜线纹	见日之光长毋相忘	每单字以の间隔	右旋读	篆书	窄素缘
RGB8	6	0.3	圆钮，圆台钮座	一周细凸弦纹＋内向八连弧	两圈短斜线纹	见日之光长毋相忘	每单字以の间隔	右旋读	篆书	窄素缘
RGB9	7.2	0.4	圆钮，圆台钮座	一周细凸弦纹＋凸圈带	两圈短斜线纹	见日之夫长毋相忘	每字以三竖线间隔	右旋读	篆书	宽素缘
RGB10	6.8	0.35	圆钮，圆台钮座	一周细凸弦纹＋凸圈带	两圈短斜线纹	见日之光长毋相忘	每单字以の间隔	右旋读	篆书	宽素缘
RGB11	7.5	0.5	圆钮，圆台钮座	一周细凸弦纹＋凸圈带	两圈短斜线纹	见日之光长毋相忘	每单字以の间隔	右旋读	篆书	窄素缘
RGB12	7	0.3	圆钮，圆台钮座	一周细凸弦纹＋凸圈带	两圈短斜线纹	见日之光长毋相忘	每单字以の间隔	右旋读	篆书	宽素缘
RGB13	6.8	0.3	圆钮，圆台钮座	一周细凸弦纹＋凸圈带	两圈短斜线纹	见日之夫长毋相忘	每单字以の间隔	右旋读	篆书	窄素缘
RGB14	7	0.3	圆钮，圆台钮座	一周细凸弦纹＋凸圈带	两圈短斜线纹	见日之光长毋相忘	每单字以の间隔	右旋读	篆书	窄素缘
RGB15	6.8	0.25	圆钮，圆台钮座	一周细凸弦纹＋凸圈带	两圈短斜线纹	见日之光长毋相忘	每两字以の间隔	右旋读	篆书	宽素缘
RGB16	6.2	0.4	圆钮，圆台钮座	一周细凸弦纹＋凸圈带	两圈短直线纹	见日之夫长毋相忘	每两字以の间隔	右旋读	篆书	窄素缘
RGB17	6	0.3	圆钮，圆台钮座	一周细凸弦纹＋凸圈带	外圈短直线纹	见日之光长毋相忘	无	右旋读	篆书	宽素缘
RGB18	5.6	0.25	圆钮，圆台钮座	两周细凸弦纹	外圈短直线纹	见日之光长毋相忘	无	右旋读	篆书	宽素缘
RGB19	7.6	0.25	八连峰钮	一周细凸弦纹＋凸圈带	两周细凸弦纹＋似有外圈短线纹	见日之光长毋相忘	每两字以の间隔	右旋读	篆书	宽素缘
RGB20	7.5	0.3	八连峰钮	一周细凸弦纹＋凸圈带	内周圈短斜线纹	见日之光长毋相忘	每单字以の间隔	右旋读	篆书	宽素缘
RGB21	7.6	0.35	八连峰钮	一周细凸弦纹＋凸圈带	两周细凸弦纹	见日之光长毋相忘	每单字以の间隔	右旋读	篆书	宽素缘
RGB22	8.5	0.35	圆钮，圆台钮座	一周细凸弦纹＋内向八连弧	两圈短斜线纹	长毋相忘久不相见	每单字以の间隔	右旋读	篆书	宽素缘
RGB23	7.2	0.25	圆钮，圆台钮座	一周细凸弦纹＋凸圈带	两圈短斜线纹	见日夫长毋相忘之	每单字以の间隔	右旋读	篆书	宽素缘

附表3　C型日光镜统计表

编号	直径（厘米）	厚度（厘米）	钮	中心纹饰	铭文带纹饰	铭文内容	铭文间隔	读序	字体	缘
RGC1	7.6	0.3	圆钮，圆台钮座	四组莲瓣纹带小乳丁＋内向八连弧	两圈短斜线纹	见日之光长不相忘	每单字以の、斜田间隔	右旋读	篆书	窄素缘
RGC2	7.8	0.5	圆钮，圆台钮座	四の符号间双短弧线＋内向八连弧	两圈短斜线纹	见日之光长不相忘	每单字以の、申间隔	右旋读	篆书	窄素缘
RGC3	8	0.4	圆钮，圆台钮座	周细凸弦纹＋内向八连弧（以の、斜田）饰一周	两圈短斜线纹	见日之光长不相忘	每单字以の间隔	右旋读	篆书	宽素缘
RGC4	7	0.4	圆钮，圆台钮座	周细凸弦纹＋内向八连弧	两圈短斜线纹	见日之夫长不相忘	每单字以の间隔	右旋读	篆书	窄素缘
RGC5	8.3	0.6	圆钮，圆台钮座	周细凸弦纹＋内向八连弧	两圈短斜线纹	见日之光长不相忘	每单字以の、申间隔	右旋读	篆书	宽素缘
RGC6	7.2	0.3	圆钮，圆台钮座	周细凸弦纹＋内向八连弧	外一圈短斜线纹	见日之光长不相忘	每单字以の、斜田间隔	右旋读	篆书	宽素缘
RGC7	7.3	0.4	圆钮，圆台钮座	周细凸弦纹四の符号间＋内向八连弧	两圈短斜线纹	见日之光长不相忘	每单字以の、申间隔	右旋读	篆书	窄素缘
RGC8	7.1	0.5	圆钮，圆台钮座	周细凸弦纹＋内向八连弧（三短弧线）	两圈短斜线纹	见日之光长不相忘	每单字以の间隔	右旋读	篆书	窄素缘
RGC9	5.8	0.3	圆钮，圆台钮座	凸圈带＋内向八连弧	外圈短斜线纹	见日之光□长不	每两字以斜田间隔	右旋读	篆书	宽素缘
RGC10	6.4	0.4	圆钮，圆台钮座	周细凸弦纹＋内向八连弧	两圈短斜线纹	见日之光长不而忘	每两字以斜田间隔	右旋读	篆书	窄素缘
RGC11	6	0.3	圆钮，圆台钮座	周细凸弦纹＋内向八连弧	外圈短斜线纹	见日之光长不而忘	每两字以斜田间隔	右旋读	篆书	窄素缘
RGC12	7.5	0.45	圆钮，圆台钮座	周细凸弦纹＋凸圈带	两圈短斜线纹	见日之夫长不相忘	每单字以の间隔	右旋读	篆书	宽素缘
RGC13	7.5	0.4	圆钮，圆台钮座	周细凸弦纹＋凸圈带	两圈短斜线纹	见日之光长不相忘	每单字以の、申间隔	右旋读	篆书	窄素缘
RGC14	9.4	0.5	圆钮，并蒂八联珠纹钮座	周细凸弦纹＋内向八连弧	两圈短斜线纹	见日之光长不相忘	每单字以斜田、の交替间隔	右旋读	篆书	窄素缘
RGC15	7	0.4	圆钮，并蒂十二联珠钮座	凸圈带	外圈短斜线纹	见日之光长不相忘	每单字以の、斜田间隔	右旋读	篆书	宽素缘

附表4　A型日月心镜统计表

编号	直径（厘米）	厚度（厘米）	钮	中心纹饰	铭文带纹饰	铭文内容	铭文间隔	读序	字体	缘
RYXA1	5.6	0.3	圆钮，圆台钮座	一周细凸弦纹＋内向八连弧	两圈短斜线纹	日月心勿夫毋忘见	每两字以の间隔	右旋读	篆书	窄素缘
RYXA2	5.6	0.4	圆钮，圆台钮座	一周细凸弦纹＋内向八连弧	两圈短斜线纹	日月心勿长毋忘见	每两字以の间隔	右旋读	篆书	窄素缘
RYXA3	7.8	0.3	圆钮，圆台钮座	一周细凸弦纹＋内向八连弧	两周细凸弦纹	内日月心忽而不泄	每单字以の间隔	右旋读	篆书	宽素缘
RYXA4	8.2	0.4	圆钮，圆台钮座	一周细凸弦纹＋内向八连弧	两圈短斜线纹	日夫日月中忽长忠见	每单字以の间隔	右旋读	篆书	窄素缘
RYXA5	8	0.5	圆钮，圆台钮座	一周细凸弦纹＋内向八连弧	两圈短斜线纹	日月心勿而毋之忠毋日勿相	每两字以の间隔	右旋读	篆书	窄素缘
RYXA6	7.6	0.5	圆钮，圆台钮座	一周细凸弦纹＋内向八连弧	两圈短斜线纹	日月心勿夫毋之忠勿相忘	每两字以の间隔	右旋读	篆书	窄素缘
RYXA7	7.6	0.5	圆钮，圆台钮座	一周细凸弦纹＋内向八连弧	两圈短斜线纹	日月心忽夫毋勿相忘	每两字以の间隔	右旋读	篆书	窄素缘
RYXA8	7.5	0.5	圆钮，圆台钮座	一周细凸弦纹＋内向八连弧	两圈短斜线纹	日月心忽夫毋勿相忘	每两字以の间隔	右旋读	篆书	窄素缘
RYXA9	7.1	0.4	圆钮，圆台钮座	一周细凸弦纹＋内向八连弧	两圈短斜线纹	日月心忽而扬忠然	每单字以の间隔	右旋读	篆书	宽素缘
RYXA10	7.2	0.3	圆钮，圆台钮座	一周细凸弦纹＋内向八连弧	两圈短斜线纹	日月心勿夫毋勿	每单字以の间隔	右旋读	篆书	宽素缘
RYXA11	6.8	0.3	圆钮，圆台钮座	一周细凸弦纹＋内向八连弧	两圈短斜线纹	日月心勿长毋相见	每单字以の间隔	右旋读	篆书	窄素缘
RYXA12	6.7	0.5	圆钮，圆台钮座	一周细凸弦纹＋内向八连弧（单短弧线）	两圈短斜线纹	日月心勿夫毋忘见	每单字以の间隔	右旋读	篆书	窄素缘
RYXA13	6.7	0.3	圆钮，圆台钮座	一周细凸弦纹＋内向八连弧	两圈短直线纹	日月心勿夫毋相见	每单字以の间隔	右旋读	篆书	窄素缘
RYXA14	6.8	0.5	圆钮，圆台钮座	一周细凸弦纹＋内向八连弧	两圈短斜线纹	日月心勿夫毋忘见	每单字以の间隔	右旋读	篆书	窄素缘
RYXA15	6.7	0.3	圆钮，圆台钮座	一周细凸弦纹＋内向八连弧	两圈短斜线纹	日月心勿夫毋相见	每单字以の间隔	右旋读	篆书	窄素缘
RYXA16	6.8	0.5	圆钮，圆台钮座	一周细凸弦纹＋内向八连弧	两圈短斜线纹	日月心勿夫毋忘见	每单字以の间隔	右旋读	篆书	窄素缘
RYXA17	7.4	0.4	圆钮，圆台钮座	一周细凸弦纹＋内向八连弧	两圈短斜线纹	日月心勿夫毋□	每单字以の间隔	右旋读	篆书	宽素缘
RYXA18	7.4	0.4	圆钮，圆台钮座	一周细凸弦纹＋内向八连弧	两圈短斜线纹	日月心勿夫毋勿忘	每两字以の间隔	右旋读	篆书	宽素缘
RYXA19	6.8	0.45	圆钮，圆台钮座	一周细凸弦纹＋内向八连弧	两圈短斜线纹	日月心勿夫毋忘见	每单字以の间隔	右旋读	篆书	窄素缘
RYXA20	6.8	0.3	圆钮，圆台钮座	一周细凸弦纹＋内向八连弧	两圈短斜线纹	日月心勿夫毋相见	每单字以の间隔	右旋读	篆书	窄素缘
RYXA21	6.8	0.3	圆钮，圆台钮座	一周细凸弦纹＋内向八连弧	两圈短斜线纹	日月心勿夫毋相见	每单字以の间隔	右旋读	篆书	窄素缘
RYXA22	6.9	0.3	圆钮，圆台钮座	一周细凸弦纹＋内向八连弧	两圈短斜线纹	日月心勿夫毋相见	每单字以の间隔	右旋读	篆书	窄素缘
RYXA23	6.8	0.2	圆钮，圆台钮座	一周细凸弦纹＋内向八连弧	两圈短斜线纹	日月心勿夫毋相见	每单字以の间隔	右旋读	篆书	窄素缘

附表5 B型日月心镜统计表

编号	直径（厘米）	厚度（厘米）	钮	中心纹饰	铭文带纹饰	铭文内容	铭文间隔	读序	字体	缘
RYXB1	8	0.25	圆钮，圆台钮座	一周细凸弦纹＋凸圈带	两周细凸弦纹	日月心勿长毋夫毋日勿相	每两字以の间隔	右旋读	篆书	窄素缘
RYXB2	8	0.3	圆钮，圆台钮座	弧边宽十字纹＋凸圈带	两周细凸弦纹	日月心勿而忠毋长之日勿相	每两字以の间隔	右旋读	篆书	窄素缘
RYXB3	7.8	0.3	圆钮，圆台钮座	两周细凸弦纹＋凸圈带	两周细凸弦纹	日月心勿夫毋勿相忘	每两字以の间隔	右旋读	篆书	窄素缘
RYXB4	7.8	0.5	圆钮，圆台钮座	一周细凸弦纹＋凸圈带	两圈短斜线纹	日月心忽夫毋勿相忘	每两字以の间隔	右旋读	篆书	宽素缘
RYXB5	7.8	0.3	圆钮，圆台钮座	一周细凸弦纹＋凸圈带	两周细凸弦纹	日月心勿夫毋之忠勿相忘	每两字以の间隔	右旋读	篆书	窄素缘
RYXB6	7.8	0.3	圆钮，圆台钮座	一周细凸弦纹＋凸圈带	两周细凸弦纹	日月心勿夫毋之忠勿相忘	每两字以の间隔	右旋读	篆书	窄素缘
RYXB7	7.8	0.4	圆钮，圆台钮座	一周细凸弦纹＋凸圈带	两圈短斜线纹	日月心勿夫毋忘见	每两字以の间隔	右旋读	篆书	宽素缘
RYXB8	6.8	0.4	圆钮，圆台钮座	一周细凸弦纹＋凸圈带	两圈短斜线纹	日月心勿夫毋忘见	每单字以の间隔	右旋读	篆书	窄素缘
RYXB9	7	0.3	圆钮，圆台钮座	一周细凸弦纹＋凸圈带	两圈短斜线纹	日月心勿夫毋相见	每单字以の间隔	右旋读	篆书	窄素缘
RYXB10	7.3	0.25	圆钮，圆台钮座	一周细凸弦纹＋凸圈带	内周圈短斜线纹	日月心勿百不相见	每单字以の间隔	右旋读	篆书	窄素缘
RYXB11	7.5	0.3	圆钮，圆台钮座	一周细凸弦纹＋凸圈带	两圈短斜线纹	日月心夫长不相忘见	每单字以の间隔	右旋读	篆书	窄素缘
RYXB12	7.3	0.3	圆钮，圆台钮座	一周细凸弦纹＋凸圈带	两周细凸弦纹	日月心勿而长毋见	每单字以の间隔	右旋读	篆书	素平缘
RYXB13	7.5	0.25	圆钮，圆台钮座	一周细凸弦纹＋凸圈带	两周细凸弦纹	日月心勿而□毋见	每单字以の间隔	右旋读	篆书	窄素缘
RYXB14	7.4	0.3	圆钮，圆台钮座	一周细凸弦纹＋凸圈带	两圈短斜线纹	日月心勿而不泄内	每单字以の间隔	右旋读	篆书	宽素缘
RYXB15	6.8	0.3	圆钮，圆台钮座	一周细凸弦纹＋凸圈带	两圈短斜线纹	日月心勿夫毋相见	每单字以の间隔	右旋读	篆书	窄素缘
RYXB16	6.2	0.3	圆钮，圆台钮座	一周细凸弦纹＋凸圈带	两圈短斜线纹	日月心勿而长毋见	每单字以の间隔	右旋读	篆书	宽素缘
RYXB17	6.8	0.4	圆钮，圆台钮座	一周细凸弦纹＋凸圈带	两圈短斜线纹	日月心勿夫	每单字以の间隔	右旋读	篆书	窄素缘
RYXB18	6.8	0.2	圆钮，圆台钮座	一周细凸弦纹＋凸圈带	两圈短斜线纹	日月心勿夫见	每单字以の间隔	右旋读	篆书	窄素缘
RYXB19	6.7	0.3	圆钮，圆台钮座	一周细凸弦纹＋凸圈带	两圈短斜线纹	日月心勿夫见	每单字以の间隔	右旋读	篆书	窄素缘
RYXB20	6.8	0.3	圆钮，圆台钮座	一周细凸弦纹＋凸圈带	两圈短斜线纹	日月心勿夫见	每单字以の间隔	右旋读	篆书	窄素缘
RYXB21	6.9	0.35	圆钮，圆台钮座	一周细凸弦纹＋凸圈带	两圈短斜线纹	日月心勿夫毋相见	每单字以の间隔	右旋读	篆书	窄素缘

续表

编号	直径（厘米）	厚度（厘米）	钮	中心纹饰	铭文带纹饰	铭文内容	铭文间隔	读序	字体	缘
RYXB22	6.7	0.3	圆钮，圆台钮座	一周细凸弦纹＋凸圈带	两圈短斜线纹	日月心勿夫毋相	每单字以の间隔	右旋读	篆书	窄素缘
RYXB23	6.5	0.25	圆钮，圆台钮座	一周细凸弦纹＋凸圈带	两圈短斜线纹	日月心勿夫见相	每单字以の间隔	右旋读	篆书	窄素缘
RYXB24	6.9	0.25	圆钮，圆台钮座	一周细凸弦纹＋凸圈带	两圈短斜线纹	日月心勿夫毋相见	每单字以の间隔	右旋读	篆书	窄素缘
RYXB25	6.7	0.3	圆钮，圆台钮座	一周细凸弦纹＋凸圈带	两圈短斜线纹	日月心勿夫毋相见	每单字以の间隔	右旋读	篆书	窄素缘
RYXB26	6.8	0.3	圆钮，圆台钮座	一周细凸弦纹＋凸圈带	两圈短斜线纹	日月心勿夫毋相见	每单字以の间隔	右旋读	篆书	窄素缘
RYXB27	7	0.25	圆钮，圆台钮座	一周细凸弦纹＋凸圈带	两圈短斜线纹	日月心勿夫毋相见	每单字以の间隔	右旋读	篆书	窄素缘
RYXB28	6.8	0.3	圆钮，圆台钮座	一周细凸弦纹＋凸圈带	两圈短斜线纹	日月心勿夫毋相见	每单字以の间隔	右旋读	篆书	窄素缘
RYXB29	6.8	0.3	圆钮，圆台钮座	一周细凸弦纹＋凸圈带	两圈短斜线纹	日月心勿夫毋忘见	每单字以の间隔	右旋读	篆书	宽素缘
RYXB30	7	0.4	圆钮，圆台钮座	一周细凸弦纹＋凸圈带	两圈短斜线纹	日月心勿夫毋忘见	每单字以の间隔	右旋读	篆书	宽素缘
RYXB31	6.9	0.25	圆钮，圆台钮座	一周细凸弦纹＋凸圈带	两周细凸弦纹	日月心忽而不泄内	每单字以の间隔	右旋读	篆书	宽素缘
RYXB32	7.2	0.3	八连峰钮	一周细凸弦纹＋凸圈带	两周细凸弦纹	日月心勿百千忘见	每单字以の间隔	右旋读	篆书	宽素缘
RYXB33	7.4	0.3	八连峰钮	一周细凸弦纹＋凸圈带	两周细凸弦纹	日月心勿夫忘百见	每单字以の间隔	右旋读	篆书	宽素缘
RYXB34	7.7	0.4	圆钮，圆台钮座	一周细凸弦纹＋凸圈带	两圈短斜线纹	见日心忽夫毋勿相忘	每两字以の间隔	右旋读	篆书	宽素缘

附表6　C型日月心镜统计表

编号（厘米）	直径（厘米）	厚度（厘米）	钮	中心纹饰	铭文带纹饰	铭文内容	铭文间隔	读序	字体	缘
RYXC1	9.1	0.4	圆钮，圆台钮座	一周细凸弦纹	两圈短斜线纹	日月心□毋忘□	每三字以の间隔	右旋读	篆书	宽素缘
RYXC2	7.2	0.35	圆钮，圆台钮座	一周细凸弦纹	两圈短斜线纹	日月心勿而不泄内	每单字以の间隔	右旋读	篆书	宽素缘
RYXC3	6.5	0.25	圆钮，圆台钮座	一周细凸弦纹	两圈短斜线纹	日月心勿夫□	每单字以の间隔	右旋读	篆书	窄素缘
RYXC4	6.5	0.5	圆钮，圆台钮座	一周凸弦纹	两圈短斜线纹	日心月勿	每单字以の间隔	右旋读	篆书	窄素缘
RYXC5	6.4	0.2	圆钮，圆台钮座	一周细凸弦纹	两圈短斜线纹	日月心勿	每单字以の间隔	右旋读	篆书	素缘，匕形

附表 7-1　Da型日月心镜统计表

编号	直径（厘米）	厚度（厘米）	钮	中心纹饰	铭文带纹饰	铭文内容	铭文间隔	读序	字体	缘
RYXDa1	8.1	0.5	圆钮，圆台钮座	一周细凸弦纹＋内向八连弧	两圈短斜线纹	日月心毋而毋见毋长日日见	每两字以の间隔，首尾以：间隔	右旋读	篆书	窄素缘
RYXDa2	7.7	0.6	圆钮，圆台钮座	一周细凸弦纹＋内向八连弧	两圈短直线纹	日月心勿夫毋勿相忘	每两字以の间隔，首尾以双弧线间隔	右旋读	篆书	窄素缘
RYXDa3	7.5	0.4	圆钮，圆台钮座	一周细凸弦纹＋内向八连弧	两圈短直线纹	日月心勿夫毋之忠勿相忘	每两字以の间隔，首尾以单弧线间隔	右旋读	篆书	窄素缘
RYXDa4	7.5	0.5	圆钮，圆台钮座	一周细凸弦纹＋内向八连弧	两圈短斜线纹	日月心忽夫毋勿相	每两字以の间隔，首尾以单弧线：间隔	右旋读	篆书	窄素缘
RYXDa5	7.6	0.5	圆钮，圆台钮座	一周细凸弦纹＋凸圈带	两圈短斜线纹	日月心忽夫毋勿	每两字以の间隔，首尾以双弧线间隔	右旋读	篆书	宽素缘
RYXDa6	7.7	0.3	圆钮，圆台钮座	一周细凸弦纹＋凸圈带	两周细凸弦纹	日月心勿夫毋之忠勿相忘	每两字以の间隔，首尾以双弧线间隔	右旋读	篆书	窄素缘
RYXDa7	8.5	0.3	圆钮，圆台钮座	一周细凸弦纹＋凸圈带	两周细凸弦纹	日月心勿长见日之心勿毋而相	每六字以の间隔，首尾以 ÷ 间隔	右旋读	篆书	窄素缘
RYXDa8	7.9	0.3	圆钮，圆台钮座	凸圈带	两周细凸弦纹	日月心勿夫毋勿相忘	每两字以の间隔，首尾以单弧线间隔	右旋读	篆书	窄素缘
RYXDa9	7.8	0.5	圆钮，圆台钮座	一周细凸弦纹＋凸圈带	两圈短斜线纹	日月心忽夫毋勿相忘	每两字以の间隔，首尾以双弧线间隔	右旋读	篆书	窄素缘
RYXDa10	8	0.25	圆钮，圆台钮座	圈短斜线纹＋凸圈带	两周细凸弦纹	日月心勿夫毋忠毋长百日相	每两字以の间隔，首尾以：间隔	右旋读	篆书	窄素缘
RYXDa11	7.8	0.4	圆钮，圆台钮座	一周细凸弦纹＋凸圈带	两圈短斜线纹	日月心勿夫毋相忘见	每两字以の间隔，首尾以单弧线间隔	右旋读	篆书	宽素缘
RYXDa12	7.9	0.2	圆钮，圆台钮座	一周细凸弦纹＋凸圈带	两周细凸弦纹	日月心勿夫毋勿相忘	每两字以の间隔，首尾以单弧线间隔	右旋读	篆书	窄素缘
RYXDa13	8	0.3	圆钮，圆台钮座	一周细凸弦纹＋凸圈带	两周细凸弦纹	日月心勿夫毋之忠勿相忘	每两字以の间隔，首尾以双弧线间隔	右旋读	篆书	窄素缘

附表 7-2　Db型日月心镜统计表

编号	直径（厘米）	厚度（厘米）	钮	中心纹饰	铭文带纹饰	铭文内容	铭文间隔	读序	字体	缘
RYXDb1	10.8	0.4	圆钮，圆台钮座	凸圈带＋内向八连弧	两圈短斜线纹	日月□心忽日夫扬忠见长毋不泄见之	每两字以の间隔，首尾以短竖线间隔	右旋读	篆书	窄素缘
RYXDb2	10.6	0.5	圆钮，圆台钮座	凸圈带＋内向八连弧	两圈短直线纹	日月心勿见日心毋长之勿心见相□	单字双字或三字以の间隔，首尾以 ÷ 间隔	右旋读	篆书	窄素缘
RYXDb3	10.5	0.3	圆钮，圆台钮座	凸圈带＋内向八连弧	两圈短直线纹	日月心勿见之毋见日勿心长塞相□	单字双字或三字以の间隔，首尾以 ÷ 间隔	右旋读	篆书	窄素缘
RYXDb4	10	0.35	圆钮，圆台钮座	凸圈带＋内向八连弧	两周细凸弦纹	日月心勿夫毋之忠勿相忘	每两字以の间隔，首尾以细竖线间隔	右旋读	篆书	窄素缘
RYXDb5	10	0.3	圆钮，圆台钮座	凸圈带＋内向八连弧	两周细凸弦纹	日月心勿夫毋之忠□长勿相忘	每两字以の间隔，首尾以双弧线间隔	右旋读	篆书	窄素缘
RYXDb6	10	0.5	圆钮，圆台钮座	凸圈带＋内向八连弧	两圈短斜线纹	日月心忽夫毋之忠勿相	每两字以の间隔，首尾以单弧线间隔	右旋读	篆书	窄素缘
RYXDb7	10	0.3	圆钮，圆台钮座	凸圈带＋内向八连弧	两周细凸弦纹	日月心勿夫毋之忠□长勿相忘	每两字以の间隔，首尾以双弧线间隔	右旋读	篆书	窄素缘
RYXDb8	15.7	0.6	圆钮，并蒂十二联珠纹钮座	凸圈带＋内向八连弧	三圈短斜线纹	日月心忽夫毋之忠行长□毋勿相忘	每两字以の间隔，首尾以双弧线间隔	右旋读	篆书	窄素缘
RYXDb9	13.7	0.5	圆钮，并蒂十二联珠纹钮座	凸圈带＋内向八连弧	两圈短斜线纹	日月心忽夫毋之忠行长勿相忘毋	每两字以の间隔，首尾以单弧线和细直线间隔	右旋读	篆书	窄素缘
RYXDb10	10.3	0.25	圆钮，圆台钮座	凸圈带＋内向八连弧	两周细凸弦纹	日月心勿而勿忠见毋勿长□日相	每两字或单字以の间隔	右旋读	篆书	窄素缘
RYXDb11	10.3	0.5	圆钮，圆台钮座	凸圈带＋内向八连弧	两圈短直线纹	日月心勿夫□之忠毋勿忘	每两字或单字以の间隔	右旋读	篆书	窄素缘
RYXDb12	10.2	0.6	圆钮，圆台钮座	凸圈带＋内向八连弧	两圈短斜线纹	日月心忽夫□之忠勿相忘	每两字或三字以の间隔	右旋读	篆书	窄素缘
RYXDb13	10	0.3	圆钮，圆台钮座	凸圈带＋内向八连弧	两周细凸弦纹	日月心勿夫毋之忠勿相忘	每两字以の间隔	右旋读	篆书	窄素缘

附表 8-1 Aa型昭明镜统计表

编号	直径（厘米）	厚度（厘米）	钮	中心纹饰	铭文带纹饰	铭文内容	铭文间隔	读序	字体	缘
ZMAa1	12.5	0.4	圆钮，圆钮座	凸圈带＋内向八连弧	两圈短斜线纹	内清以昭明光愿辉日月心忽而忠然雍塞不泄	无	右旋读	篆书	宽素缘
ZMAa2	12	0.4	圆钮，圆钮座	凸圈带＋内向八连弧	两圈短斜线纹	内清质以昭明光象日月心忽夫扬忠然雍塞而不泄	无	右旋读	篆书	宽素缘
ZMAa3	12	0.4	圆钮，圆钮座	凸圈带＋内向八连弧	两圈短斜线纹	内清以昭明光象辉日月心忽而扬忠然雍塞而不泄	无	右旋读	篆书	宽素缘
ZMAa4	12	0.5	圆钮，圆钮座	凸圈带＋内向八连弧	两圈短斜线纹	内清以昭明光夫辉夫象日月心忽而扬忠然雍塞而不泄	无	右旋读	篆书	宽素缘
ZMAa5	10.5	0.5	圆钮，圆钮座	凸圈带＋内向八连弧	两圈短斜线纹	内清以昭明光辉象日月心忽而扬忠然雍塞不泄	无	右旋读	篆书	宽素缘
ZMAa6	10.5	0.4	圆钮，圆钮座	凸圈带＋内向八连半圆弧	两圈短斜线纹	内清以昭明光扬忠然而日月心忽然雍塞泄	无	右旋读	篆书	宽素缘
ZMAa7	10.5	0.3	圆钮，圆钮座	凸圈带＋内向八连弧	两圈短斜线纹	内清以日月心忽而扬忠然雍塞不泄	无	右旋读	篆书	宽素缘
ZMAa8	10.6	0.4	圆钮，圆钮座	凸圈带＋内向八连弧	两圈短斜线纹	内清以昭明光日月心忽而扬忠然雍不泄	无	右旋读	篆书	宽素缘
ZMAa9	10.5	0.5	圆钮，圆钮座	凸圈带＋内向八连弧	两圈短斜线纹	内清以昭明光山日月心忽而扬忠然雍塞而不泄	无	右旋读	篆书	宽素缘
ZMAa10	10.5	0.35	圆钮，圆钮座	凸圈带＋内向八连弧	两圈短斜线纹	内清以昭明日月心忽而扬忠然雍塞而不泄	无	右旋读	篆书	宽素缘
ZMAa11	10.5	0.4	圆钮，圆钮座	凸圈带＋内向八连弧	两圈短斜线纹	内清以昭明日月心忽而愿忠然雍塞不泄而	无	右旋读	篆书	宽素缘
ZMAa12	10.8	0.4	圆钮，圆钮座	凸圈带＋内向八连弧	两圈短斜线纹	内清质以昭明光而象夫日月心忽而不泄	无	右旋读	篆书	宽素缘
ZMAa13	10	0.4	圆钮，圆钮座	凸圈带＋内向八连弧	两圈短斜线纹	内清以昭明光辉象夫日月心忽而扬忠然雍塞而不泄	无	右旋读	篆书	宽素缘

续表

编号	直径（厘米）	厚度（厘米）	钮	中心纹饰	铭文带纹饰	铭文内容	铭文间隔	读序	字体	缘
ZMAa14	10.5	0.5	圆钮，圆钮座	凸圈带＋内向八连弧	两圈短斜线纹	内清以昭明光日月心忽而扬忠然雍塞而不泄	无	右旋读	篆书	宽素缘
ZMAa15	9	0.5	圆钮，圆钮座	凸圈带＋内向八连弧	两圈短斜线纹	内之以昭明光之象夫日月心□□□□	无	右旋读	篆书	宽素缘
ZMAa16	9	0.5	圆钮，圆钮座	凸圈带＋内向八连弧	两圈短斜线纹	内光忘之日月心勿而忠然雍塞而不泄	无	右旋读	篆书	窄素缘
ZMAa17	9.8	0.6	圆钮，圆钮座	凸圈带＋内向八连弧	两圈短斜线纹	内清昭明光象夫日月心忽扬而不泄	无	右旋读	篆书	宽素缘
ZMAa18	7.8	0.5	圆钮，圆钮座	凸圈带＋内向八连弧	两圈短斜线纹	内清而昭日月心忽而忠然雍塞而不泄	无	右旋读	篆书	窄素缘
ZMAa19	10.3	0.4	圆钮，圆钮座	一周细凸弦纹＋内向八连弧	两圈短斜线纹	内清以昭日月心忽而扬忠然雍塞而不泄	无	右旋读	篆书	宽素缘
ZMAa20	10.5	0.4	圆钮，圆钮座	两周细凸弦纹＋内向八连弧	两圈短斜线纹	内清以昭明光日月心忽而扬忠然雍塞而不泄	无	右旋读	篆书	宽素缘
ZMAa21	10.5	0.5	圆钮，圆钮座	两周细凸弦纹＋内向八连弧	两圈短斜线纹	内清以昭明日月心忽而扬忠然雍塞不泄而	无	右旋读	篆书	宽素缘
ZMAa22	10	0.5	圆钮，圆钮座	一周细凸弦纹＋内向八连弧	两圈短斜线纹	内清日月心忽夫忠然雍塞夫不泄	无	右旋读	篆书	宽素缘
ZMAa23	9.3	0.4	圆钮，圆钮座	一周细凸弦纹＋内向八连弧	两圈短斜线纹	内清以昭明日月心忽而扬然雍塞而不泄	无	右旋读	篆书	宽素缘
ZMAa24	9.5	0.5	圆钮，圆钮座	两周细凸弦纹＋内向八连弧	两圈短斜线纹	内清以昭明光日月心忽而扬忠然雍塞而不泄	无	右旋读	篆书	宽素缘
ZMAa25	9.9	0.4	圆钮，圆钮座	一周细凸弦纹＋内向八连弧	两圈短斜线纹	内清以日月心忽而扬忠然雍塞而不泄	无	右旋读	篆书	宽素缘
ZMAa26	9.8	0.3	圆钮，圆钮座	一周细凸弦纹＋内向八连弧	两圈短斜线纹	内清以日月心忽而扬忠然雍塞而不泄	无	右旋读	篆书	宽素缘
ZMAa27	9.5	0.4	圆钮，圆钮座	一周细凸弦纹＋内向八连弧	两圈短斜线纹	内清以昭日月心忽而扬忠然雍塞而不泄	无	右旋读	篆书	宽素缘
ZMAa28	9.3	0.7	圆钮，圆钮座	一周细凸弦纹＋内向八连弧	两圈短斜线纹	内清质以昭明光日象夫日月心忽而泄	无	右旋读	隶书	宽素缘
ZMAa29	9	0.7	圆钮，圆钮座	一周细凸弦纹＋内向八连弧	两圈短斜线纹	内清质以昭明光而日忠而不泄	无	右旋读	隶书	宽素缘

续表

编号	直径（厘米）	厚度（厘米）	钮	中心纹饰	铭文带纹饰	铭文内容	铭文间隔	读序	字体	缘
ZMAa30	9.8	0.4	圆钮，圆钮座	两周细凸弦纹+内向八连弧	两圈短斜线纹	内清以昭明日月心忽而扬忠然雍塞而不泄	无	右旋读	篆书	宽素缘
ZMAa31	9.8	0.5	圆钮，圆钮座	一周细凸弦纹+内向八连弧	两圈短斜线纹	内清日月心忽而扬忠然雍塞而不泄	无	右旋读	篆书	宽素缘
ZMAa32	9.5	0.4	圆钮，圆钮座	一周细凸弦纹+内向八连弧	两圈短斜线纹	内清以昭日月心忽而扬忠然雍塞而不泄	无	右旋读	篆书	宽素缘
ZMAa33	10.5	0.5	圆钮，圆钮座	两周细凸弦纹+内向八连弧	两圈短斜线纹	内清以日月心忽而扬忠然雍塞而不泄	无	右旋读	篆书	宽素缘
ZMAa34	8.3	0.35	圆钮，圆钮座	一周细凸弦纹+内向八连弧	两圈短斜线纹	内清以昭明光日月心忽而扬不泄	无	右旋读	篆书	宽素缘
ZMAa35	8.5	0.4	圆钮，圆钮座	内向八连弧	两圈短斜线纹	内清以日月心忽夫扬忠然雍塞而不泄	无	右旋读	篆书	宽素缘
ZMAa36	8.3	0.4	圆钮，圆钮座	内向八连弧	两圈短斜线纹	内清以日月心忽而扬忠雍塞不泄	无	右旋读	篆书	宽素缘
ZMAa37	8.8	0.25	圆钮，圆台钮座	两周细凸弦纹+凸圈带	两周细凸弦纹	日月心忽而□の之忠毋□忘不泄	无	右旋读	篆书	宽素缘
ZMAa38	9.2	0.26	圆钮，圆台钮座	两周细凸弦纹+凸圈带	两周细凸弦纹	日月心忽而扬忠然雍塞不泄□	无	右旋读	篆书	宽素缘
ZMAa39	10.5	0.4	圆钮，圆钮座	两周细凸弦纹+凸圈带	两圈短斜线纹	内清以昭明光日月心忽而扬忠然雍塞泄	无	右旋读	篆书	宽素缘
ZMAa40	8.8	0.2	圆钮，圆钮座	一周细凸弦纹+凸圈带	两周细凸弦纹	内日月心忽而扬忠然雍塞而不泄	无	右旋读	篆书	宽素缘
ZMAa41	8.5	0.4	圆钮，圆钮座	一周细凸弦纹+凸圈带	两圈短斜线纹	内而清质以昭明光而象夫日月心不	无	右旋读	隶书	宽素缘
ZMAa42	9.8	0.3	圆钮，圆钮座	一周细凸弦纹+凸圈带	两周细凸弦纹	内以日月心忽而扬忠然雍塞而不泄	无	右旋读	篆书	宽素缘
ZMAa43	10.5	0.4	圆钮，圆钮座	两圈凸圈带夹一周の纹	两圈短斜线纹	内以昭明光辉象夫日月心忽而扬忠然雍塞而不泄	无	右旋读	篆书	宽素缘
ZMAa44	10	0.3	圆钮，圆钮座	两圈凸圈带夹一周三竖线纹	两圈短斜线纹	内以日月心忽而扬忠然雍塞不泄	无	右旋读	篆书	宽素缘
ZMAa45	8.5	0.4	圆钮，圆钮座	凸圈带	两圈短斜线纹	内以昭日月心忽而扬忠雍塞不泄	无	右旋读	篆书	宽素缘
ZMAa46	11.5	0.6	圆钮，圆钮座	凸圈带+内向八连弧	两圈短斜线纹	内清质以昭明光辉象而夫日月心忽而愿忠雍塞不泄	无	右旋读	篆书	宽素缘

附表 8-2　Ab型昭明镜统计表

编号	直径（厘米）	厚度（厘米）	钮	中心纹饰	铭文带纹饰	铭文内容	铭文间隔	读序	字体	缘
ZMAb1	15	0.5	圆钮，十二联珠座钮座	凸圈带＋内向八连弧	两圈短斜线纹	内清质以昭明广光而辉象而日月心忽而愿扬忠然雍塞而不泄	无	右旋读	篆书	宽素缘
ZMAb2	15	0.4	圆钮，十二联珠座钮座	凸圈带＋内向八连弧	两圈短斜线纹	内清质以昭明广光辉夫象而长毋相忘日月心忽而扬忠然雍塞而不泄	无	右旋读	篆书	宽素缘
ZMAb3	15.2	0.5	圆钮，十二联珠座钮座	凸圈带＋内向八连弧	两圈短斜线纹	内清以昭明广光象辉夫日月心忽而愿扬忠然雍塞而不泄	无	右旋读	篆书	宽素缘
ZMAb4	15	0.5	圆钮，十二联珠座钮座	凸圈带＋内向八连弧	两圈短斜线纹	内清以昭明广光夫辉象□日月心忽而□□□□ 雍塞而不泄	无	右旋读	篆书	宽素缘
ZMAb5	14	0.5	圆钮，十二联珠座钮座	凸圈带＋内向八连弧	两圈短斜线纹	内清质以昭明愿质辉夫象□扬光日月心忽而扬忠然雍塞而不泄	无	右旋读	篆书	宽素缘
ZMAb6	13.2	0.5	圆钮，十二联珠座钮座	凸圈带＋内向八连弧	两圈短斜线纹	内清而以昭之 夫毋日月 心忽而扬忠然雍塞而心不泄	无	右旋读	篆书	宽素缘
ZMAb7	13.3	0.5	圆钮，十二联珠座钮座	凸圈带＋内向八连弧	两圈短斜线纹	内清质以昭明 光辉象日月 心忽而愿忠 然雍塞而不泄	无	右旋读	篆书	宽素缘
ZMAb8	13	0.5	圆钮，十二联珠座钮座	凸圈带＋内向八连弧	两圈短斜线纹	内清以昭明 光象辉是日月 心忽而扬忠 然雍塞而不泄	无	右旋读	篆书	宽素缘
ZMAb9	12.7	0.5	圆钮，十二联珠座钮座	凸圈带＋内向八连弧	两圈短斜线纹	内清以昭明日月心忽夫扬忠然雍塞不泄	无	右旋读	篆书	宽素缘
ZMAb10	12.3	0.65	七连峰钮	凸圈带＋内向八连弧	两圈短斜线纹	内清之以昭明光之象夫日月心忽扬而雍塞不泄	无	右旋读	篆书	宽素缘
ZMAb11	12.8	0.4	圆钮，十二联珠座钮座	凸圈带＋内向八连弧	两圈短斜线纹	内清以昭明光辉象日月心忽而扬愿忠然雍塞泄	无	右旋读	篆书	宽素缘
ZMAb12	12.3	0.3	圆钮，并蒂十二联珠座钮座	凸圈带＋内向八连弧	两圈短斜线纹	内清以昭明光象日月心忽而扬忠然雍塞不泄	无	右旋读	篆书	宽素缘

续表

编号	直径（厘米）	厚度（厘米）	钮	中心纹饰	铭文带纹饰	铭文内容	铭文间隔	读序	字体	缘
ZMAb13	11.5	0.6	圆钮，十二联珠座钮座	凸圈带＋内向八连弧＋符号饰圈	两圈短斜线纹	内清质以昭明广光辉象而夫日月心忽而愿忠雍塞不泄	无	右旋读	篆书	宽素缘
ZMAb14	11	0.5	七连峰钮	凸圈带＋内向八连弧	两圈短斜线纹	内清而以昭明光忘日月心忽夫忠然雍塞而不泄	无	右旋读	篆书	宽素缘
ZMAb15	10.6	0.5	圆钮，十二联珠座钮座	凸圈带＋内向八连弧	两圈短斜线纹	以昭清忠而象光日月忽心扬而然雍塞泄	无	右旋读	篆书	宽素缘
ZMAb16	10.7	0.4	圆钮，柿蒂形钮座	凸圈带＋内向八连弧	两圈短斜线纹	内象日月心忽而扬忠然雍塞泄以而昭	无	右旋读	篆书	宽素缘
ZMAb17	9.8	0.6	圆钮，并蒂十二联珠钮座	一周短斜线纹＋周凸圈带＋内向八连弧，其间以一周花苞花叶装饰	两圈短斜线纹	见日之光长毋相忘以为信光内清明昭□忘□	无	右旋读	篆书	窄素缘
ZMAb18	10.5	0.3	圆钮，柿蒂形钮座	一周细凸弦纹＋内向八连弧	两圈短斜线纹	内不象夫日月心忽而扬忠然雍塞泄以而昭	无	右旋读	篆书	宽素缘
ZMAb19	10	0.4	圆钮，并蒂八联珠钮座	内向八连弧	两圈短斜线纹	内清以日月心忽而扬忠然雍塞而不泄	无	右旋读	篆书	宽素缘
ZMAb20	9.7	0.3	圆钮，并蒂十二联珠钮座	内向八连弧	两圈短斜线纹	内清以日月心忽夫扬忠然雍塞夫不泄	无	右旋读	篆书	宽素缘
ZMAb21	9.8	0.3	圆钮，柿蒂形钮座	一周细凸弦纹＋凸圈带夹一周三竖线纹	两周细凸弦纹	内以日月心忽而扬然雍塞以而	无	右旋读	篆书	宽素缘
ZMAb22	8.8	0.3	连峰钮	周细凸弦纹＋凸圈带	两周细凸弦纹	内以明日月心勿而扬忠而不泄	无	右旋读	篆书	宽素缘
ZMAb23	10	0.4	圆钮，并蒂十二联珠钮座	两圈凸圈带夹一周短斜线纹	两圈短斜线纹	内清质以昭明光辉象夫日月心忽而愿忠然雍塞而不泄	无	右旋读	篆书	窄素缘
ZMAb24	11	0.4	圆钮，并蒂十二联珠钮座	一周短斜线纹＋凸圈带	两圈短斜线纹	内清以昭明光夫辉象质而夫乎不日月心忽夫雍塞而不泄	无	右旋读	篆书	窄素缘

续表

编号	直径（厘米）	厚度（厘米）	钮	中心纹饰	铭文带纹饰	铭文内容	铭文间隔	读序	字体	缘
ZMAb25	10.2	0.6	圆钮，并蒂十二联珠钮座	凸圈带	两圈短斜线纹	内清以昭明 光象辉日月心扬之忠雍塞不泄	无	右旋读	篆书	宽素缘

附表9　B型昭明镜统计表

编号	直径（厘米）	厚度（厘米）	钮	中心纹饰	铭文带纹饰	铭文内容	铭文间隔	读序	字体	缘
ZMB1	9.3	0.35	圆钮，圆台钮座	一周细凸弦纹＋内向八连弧	两圈短斜线纹	日月心忽而扬忠然雍塞而不泄出	头尾以“士”间隔	右旋读	篆书	宽素缘
ZMB2	10	0.3	圆钮，圆钮座	两周细凸弦纹＋内向八连弧	两圈短斜线纹	日月心忽而扬忠然雍塞清而不泄	头尾以单竖线间隔	右旋读	篆书	宽素缘
ZMB3	9.8	0.3	圆钮，圆钮座	一周细凸弦纹＋内向八连弧	两圈短斜线纹	日月心忽而扬忠然雍塞而不泄内清以昭	头尾以双竖线间隔	右旋读	篆书	宽素缘
ZMB4	9.3	0.4	圆钮，圆钮座	一周细凸弦纹＋内向八连弧	两圈短斜线纹	日月心忽而扬忠然雍塞而不泄内清以昭	头尾以双竖线间隔	右旋读	篆书	宽素缘
ZMB5	9	0.6	圆钮，连峰钮	两周细凸弦纹＋内向八连弧	两周细凸弦纹	日月心忽而扬忠然雍塞不泄	头尾以单竖线间隔	右旋读	篆书	宽素缘
ZMB6	9.3	0.4	圆钮，圆钮座	两周细凸弦纹＋内向八连弧	两圈短斜线纹	日月心忽而不扬忠然然雍塞而不泄内	头尾以双竖线间隔	右旋读	篆书	宽素缘
ZMB7	8	0.25	圆钮，圆钮座	内向八连弧	两圈短斜线纹	日月心而不泄内清之以昭明光之	头尾以“干”间隔	右旋读	篆书	宽素缘
ZMB8	10.8	0.6	圆钮，并蒂十二联珠座钮座	内向八连弧	两圈短斜线纹	内而清而以昭而明光而象夫日月心而忽不泄	头尾以双小乳丁间隔	右旋读	篆书	宽素缘
ZMB9	12.7	0.6	圆钮，圆台钮座	凸圈带＋内向八连弧	两圈短斜线纹	日月心忽夫扬忠然雍塞而不泄内清以昭明光	头尾以“＋”符号间隔	右旋读	篆书	宽素缘

续表

编号	直径（厘米）	厚度（厘米）	钮	中心纹饰	铭文带纹饰	铭文内容	铭文间隔	读序	字体	缘
ZMB10	12.3	0.5	圆钮，圆台钮座	凸圈带+内向八连弧	两圈短斜线纹	日月心忽而愿忠然雍塞不泄内清以昭明光	头尾以小乳丁间隔	右旋读	篆书	宽素缘
ZMB11	12.3	0.66	圆钮，圆钮座	凸圈带+内向八连弧	两圈短斜线纹	日月心忽而扬忠然雍塞不泄内清以昭明光辉象	头尾以の间隔	右旋读	篆书	宽素缘
ZMB12	12	0.4	圆钮，圆钮座	凸圈带+内向八连弧	两圈短斜线纹	日月心忽而扬忠然雍塞而不泄内清以昭明光辉象	头尾以双短线间隔	右旋读	篆书	宽素缘
ZMB13	11.5	0.7	圆钮，圆钮座	凸圈带+内向八连弧+符号饰圈	两圈短斜线纹	内清之以昭明光之象夫日月心忽扬而忠然雍	头尾以单竖线间隔	右旋读	篆书	宽素缘
ZMB14	10.8	0.5	圆钮，圆钮座	凸圈带+内向八连弧	两圈短斜线纹	日月心忽而愿忠然雍塞不泄而内清以昭明光辉夫	头尾以s线间隔	右旋读	篆书	宽素缘
ZMB15	10.3	0.45	圆钮，圆钮座	凸圈带+内向八连弧	两圈短斜线纹	日月心忽而扬忠然雍塞而不泄内清以	头尾以の间隔	右旋读	篆书	宽素缘
ZMB16	10.5	0.3	圆钮，圆钮座	凸圈带+内向八连弧	两圈短斜线纹	日Ⅰ月心Ⅱ忽而不泄内而清而以昭而明光而象而	以竖线符号和而字间隔	右旋读	篆书	窄素缘
ZMB17	13.7	0.4	圆钮，八并蒂联珠纹钮座	凸圈带+内向八连弧	两圈短斜线纹	日月心 忽而□ 扬毋□ □忠之长日雍相毋忘□塞而不泄	每三字以の间隔	右旋读	篆书	窄素缘
ZMB18	13	0.5	圆钮，十二联珠座钮座	凸圈带+内向八连弧	两圈短斜线纹	日月心忽夫扬忠然雍塞不泄内清以昭明	头尾以“+”符号间隔	右旋读	篆书	宽素缘
ZMB19	12.7	0.4	圆钮，十二联珠座钮座	凸圈带+内向八连弧	两圈短斜线纹	日月心忽夫扬忠然□塞不泄内清以昭明	头尾以の间隔	右旋读	篆书	宽素缘
ZMB20	10.5	0.4	圆钮，十二联珠座钮座	凸圈带+内向八连弧	两圈短斜线纹	日月心忽扬忠然雍塞不泄内清	头尾以小乳丁间隔	右旋读	篆书	宽素缘

续表

编号	直径（厘米）	厚度（厘米）	钮	中心纹饰	铭文带纹饰	铭文内容	铭文间隔	读序	字体	缘
ZMB21	10	0.3	圆钮，圆台钮座	一周细凸弦纹+凸圈带	两周细凸弦纹	日月心忽而扬不然雍塞□以而	首尾以圆钉间隔	右旋读	篆书	宽素缘
ZMB22	9.8	0.3	圆钮，圆台钮座	一周细凸弦纹+凸圈带	两周细凸弦纹	日月心忽而扬忠然雍塞不泄	首尾以短横间隔	右旋读	篆书	宽素缘
ZMB23	8.7	0.2	圆钮，圆台钮座	两周细凸弦纹+凸圈带	两周细凸弦纹	日月心忽の□相忘光之清□不	头尾以双竖线间隔	右旋读	篆书	宽素缘
ZMB24	8.3	0.2	圆钮，圆台钮座	两周细凸弦纹+凸圈带	两周细凸弦纹	日月心忽而扬忠然雍塞而不泄	头尾以单竖线间隔	右旋读	篆书	宽素缘
ZMB25	8.3	0.2	八连峰钮	一周细凸弦纹+凸圈带	两周细凸弦纹	日月心忽而扬忠然雍塞而泄	头尾以单竖线间隔	右旋读	篆书	宽素缘
ZMB26	9.5	0.2	圆钮，圆钮座	一周细凸弦纹+凸圈带夹一周三竖线纹	两周细凸弦纹	日月心忽而扬忠然雍塞而不泄内清	首尾以圆钉间隔	右旋读	篆书	宽素缘
ZMB27	8.5	0.2	圆钮，圆钮座	一周细凸弦纹+凸圈带	两周细凸弦纹	日月心忽而忠然雍塞而不泄内清	首尾以の间隔	右旋读	篆书	宽素缘
ZMB28	8.6	0.3	圆钮，圆钮座	一周细凸弦纹+凸圈带	两周细凸弦纹	日月心忽而忠然雍塞不泄内	头尾以=间隔	右旋读	篆书	宽素缘
ZMB29	8.3	0.2	圆钮，圆钮座	一周细凸弦纹+凸圈带	两周细凸弦纹	日月心忽而忠然雍塞而不泄内夫	首尾以の间隔	右旋读	篆书	宽素缘
ZMB30	10.3	0.5	圆钮，圆钮座	一周细凸弦纹+凸圈带	两圈短斜线纹	内清质以昭明光象日月心忽而不泄	首尾以圆钉间隔	右旋读	隶书	宽素缘
ZMB31	10	0.3	圆钮，圆钮座	一周细凸弦纹+凸圈带	两周细凸弦纹	日月心忽夫扬忠然雍塞夫不泄内	头尾以单竖线间隔	右旋读	篆书	宽素缘

续表

编号	直径（厘米）	厚度（厘米）	钮	中心纹饰	铭文带纹饰	铭文内容	铭文间隔	读序	字体	缘
ZMB32	9.8	0.35	圆钮，并蒂十二联珠钮座	一周短斜线纹＋周凸圈带	两圈短斜线纹	日月心忽扬忠质雍然而塞不而泄内清质以昭明光辉象夫而	头尾以：I间隔	右旋读	篆书	宽素缘
ZMB33	9.2	0.5	圆钮，圆钮座	一周凸圈带	两圈短斜线纹	内清而以昭明日月心忽而不泄	首尾以圆钉间隔	右旋读	隶书	宽素缘
ZMB34	9.1	0.5	圆钮，圆钮座	一周凸圈带	两圈短斜线纹	内清而质以昭明□而日忽而不泄	首尾以圆钉间隔	右旋读	隶书	宽素缘
ZMB35	9	0.5	圆钮，圆钮座	一周凸圈带	两圈短斜线纹	内清以而昭明光日月心忽而不泄	首尾以圆钉间隔	右旋读	隶书	宽素缘
ZMB36	9.3	0.5	圆钮，圆钮座	一周凸圈带	两圈短斜线纹	内清而以昭明日之□□忽而不泄	首尾以圆钉间隔	右旋读	隶书	宽素缘

附表10　C型昭明镜统计表

编号	直径（厘米）	厚度（厘米）	钮	中心纹饰	铭文带纹饰	铭文内容	铭文间隔	读序	字体	缘
ZMC1	8.7	0.4	圆钮，圆钮座	凸圈带＋内向八连弧	两圈短斜线纹	而象而而日□而心内而□而之	以而字间隔	左旋读	隶书	宽素缘
ZMC2	12.6	0.5	圆钮，柿蒂形钮座	凸圈带＋内向八连弧	两圈短斜线纹	内清质以昭明光象夫日月	每单字以“而”间隔；头尾以：间隔	右旋读	隶书	宽素缘
ZMC3	12.7	0.6	圆钮，圆钮座	凸圈带＋内向八连弧	两圈短斜线纹	内清以昭明光象日月	每单字以“而”间隔；头尾以：间隔	右旋读	隶书	宽素缘
ZMC4	12	0.8	圆钮，圆钮座	凸圈带＋内向八连弧	两圈短斜线纹	内清以昭明光象夫日之月日不泄	每单字以“而”间隔；头尾以I间隔	右旋读	隶书	宽素缘
ZMC5	12	0.7	圆钮，圆钮座	凸圈带＋内向八连弧	两圈短斜线纹	内清日以昭明光象夫日月忽	每单字以“而”间隔	右旋读	隶书	宽素缘

续表

编号	直径（厘米）	厚度（厘米）	钮	中心纹饰	铭文带纹饰	铭文内容	铭文间隔	读序	字体	缘
ZMC6	11	0.6	圆钮，圆钮座	凸圈带＋内向八连弧	两圈短斜线纹	内清以昭明光夫日月	每单字以“而”间隔；头尾以：间隔	右旋读	隶书	宽素缘
ZMC7	11	0.7	圆钮，圆钮座	凸圈带＋内向八连弧	两圈短斜线纹	内清以昭明光象夫日之月心忽日不泄	每单字以“而”间隔；头尾以乳丁间隔	右旋读	隶书	宽素缘
ZMC8	10.8	0.5	圆钮，圆钮座	凸圈带＋内向八连弧	两圈短斜线纹	内清日以昭明光象夫日月	每单字以“而”间隔	右旋读	隶书	宽素缘
ZMC9	10.8	0.5	圆钮，圆钮座	凸圈带＋内向八连弧	两圈短斜线纹	内清以昭明光象夫日之月心忽日不泄	每单字以“而”间隔；头尾以 ÷ 间隔	右旋读	隶书	宽素缘
ZMC10	10.5	0.6	圆钮，圆钮座	凸圈带＋内向八连弧	两圈短斜线纹	内清以昭明光象夫日月	每单字以“而”间隔	右旋读	隶书	宽素缘
ZMC11	9	0.4	圆钮，圆钮座	凸圈带＋内向八连弧	两圈短斜线纹	内清以昭明光象日月扬忽不泄	以而字间隔	右旋读	篆书	窄素缘
ZMC12	10.5	0.3	圆钮，圆钮座	凸圈带＋内向八连弧	两圈短斜线纹	内清以昭明光象日一月心二忽不泄	以而字间隔	右旋读	篆书	窄素缘
ZMC13	14.3	0.6	圆钮，柿蒂形钮座	一圈短斜线纹＋凸圈带＋内向八连弧	两圈短斜线纹	内青日以昭明光象夫日月之不泄	每单字以“而”间隔；头尾以：间隔	右旋读	隶书	宽素缘
ZMC14	10.7	0.6	圆钮，圆钮座	凸圈带＋内向十二连弧	两圈短斜线纹	内清质以昭明光象夫日月	每单字以“而”间隔；头尾以：间隔	右旋读	隶书	宽素缘
ZMC15	10	0.7	圆钮，圆钮座	凸圈带＋内向十二连弧	两圈短斜线纹	内清质昭明光象夫日月	每单字以“而”间隔	右旋读	隶书	宽素缘
ZMC16	10	0.5	圆钮，圆钮座	凸圈带＋内向十二连弧	两圈短斜线纹	内清以昭明光象夫日月不泄	每单字以“而”间隔	右旋读	隶书	宽素缘
ZMC17	10.7	0.5	圆钮，圆钮座	凸圈带＋内向十二连弧	两圈短斜线纹	内清以昭明光夫日月不泄	每单字以“而”间隔	右旋读	隶书	宽素缘
ZMC18	10.5	0.6	圆钮，圆钮座	凸圈带＋内向十六连弧	两圈短斜线纹	内清以昭明光夫象日月	每单字以“而”间隔	右旋读	隶书	宽素缘

续表

编号	直径（厘米）	厚度（厘米）	钮	中心纹饰	铭文带纹饰	铭文内容	铭文间隔	读序	字体	缘
ZMC19	10.8	0.6	圆钮，圆钮座	凸圈带＋内向十六连弧	两圈短斜线纹	内清以昭明光日月夫象心忽不泄之	每单字以“而”间隔	右旋读	隶书	宽素缘
ZMC20	7.4	0.3	圆钮，圆钮座	一周细凸弦纹＋内向八连弧	两圈短斜线纹	内而清而□之昭明而光而象而夫日Ⅰ月	无规律以“而”间隔	右旋读	篆书	窄素缘
ZMC21	6.6	0.25	圆钮，圆钮座	一周细凸弦纹＋内向八连弧	两圈短斜线纹	内而以而昭而明光而象夫日月Ⅰ心而不	无规律以“而”间隔	左旋读	篆书	窄素缘
ZMC22	9.5	0.6	圆钮，圆钮座	一周细凸弦纹＋内向八连弧	两圈短斜线纹	内青以昭明光夫象日月	每单字以“而”间隔	右旋读	隶书	宽素缘
ZMC23	9.1	0.5	圆钮，圆钮座	内向八连弧	两圈短斜线纹	内清以昭明光象夫日月之月不泄	每单字以“而”间隔	右旋读	隶书	宽素缘
ZMC24	9.8	0.7	圆钮，圆钮座	内向八连弧	两圈短斜线纹	内青以昭光象日月之	每单字以“而”间隔	右旋读	隶书	宽素缘
ZMC25	9.5	0.7	圆钮，圆钮座	内向八连弧，隔角连线成方形	两圈短斜线纹	内清以昭明光象夫日之月心不泄	每单字以“而”间隔；头尾以S间隔	右旋读	隶书	宽素缘
ZMC26	9	0.6	圆钮，圆钮座	内向八连弧，隔角连线成方形	两圈短斜线纹	内清以昭明光象夫日之月心不泄	每单字以“而”间隔；头尾以＋间隔	右旋读	隶书	宽素缘
ZMC27	9.6	0.6	圆钮，圆钮座	内向八连弧	两圈短斜线纹	内青以昭明夫象日月泄	每单字以“而”间隔	右旋读	隶书	宽素缘
ZMC28	9	0.5	圆钮，圆钮座	内向八连弧	两圈短斜线纹	内清以昭明光象夫日之月心不泄	每单字以“而”间隔	右旋读	隶书	宽素缘
ZMC29	9.8	0.7	圆钮，圆钮座	内向八连弧	两圈短斜线纹	内青以昭光明日月	每单字以“而”间隔；头尾以：间隔	右旋读	隶书	宽素缘
ZMC30	9.5	0.5	圆钮，圆钮座	内向八连弧	两圈短斜线纹	内清以昭明光象夫日月心忽不	无规律以“而”间隔；头尾以Ⅰ间隔	右旋读	隶书	宽素缘
ZMC31	9	0.45	圆钮，圆钮座	内向八连弧	两圈短斜线纹	内清以昭明光象日月泄	单字以“而”间隔	右旋读	隶书	宽素缘

续表

编号	直径（厘米）	厚度（厘米）	钮	中心纹饰	铭文带纹饰	铭文内容	铭文间隔	读序	字体	缘
ZMC32	8.8	0.3	圆钮，圆钮座	内向八连弧	两圈短斜线纹	内清以昭明光日泄	单字以“而”间隔	右旋读	隶书	宽素缘
ZMC33	8.5	0.3	圆钮，圆钮座	内向八连弧	两圈短斜线纹	内清以昭明光日月	每单字以“而”间隔；头尾以：间隔	右旋读	隶书	宽素缘
ZMC34	10	0.5	圆钮，圆钮座	内向十二连弧	两圈短斜线纹	内清明象以夫昭日月	每单字以“而”间隔	右旋读	隶书	宽素缘
ZMC35	9.1	0.6	圆钮，圆钮座	内向十二连弧	两圈短斜线纹	内清以昭明光象夫日月	每单字以“而”间隔；头尾以I间隔	右旋读	隶书	宽素缘
ZMC36	9.5	0.6	圆钮，圆钮座	内向十二连弧	两圈短斜线纹	内清以昭明光夫日月之	每单字以“而”间隔	右旋读	隶书	宽素缘
ZMC37	9.3	0.45	圆钮，圆钮座	内向十二连弧	两圈短斜线纹	内清以昭明光日	每单字以“而”间隔；头尾以I间隔	右旋读	隶书	宽素缘
ZMC38	9.8	0.6	圆钮，圆钮座	内向十二连弧	两圈短斜线纹	内清以昭明光日月	每单字以“而”间隔；头尾以＝间隔	右旋读	隶书	宽素缘
ZMC39	9.8	0.5	圆钮，圆钮座	内向十二连弧	两圈短斜线纹	内清以昭明光象日月	每单字以“而”间隔；头尾以：间隔	右旋读	隶书	宽素缘
ZMC40	9.8	0.6	圆钮，圆钮座	内向十二连弧	两圈短斜线纹	内清质以昭明光象夫日月心忽不泄	每单字以“而”间隔	右旋读	隶书	宽素缘
ZMC41	9.8	0.5	圆钮，圆钮座	内向十二连弧	两圈短斜线纹	内清夫以昭明光夫日月之	每单字以“而”间隔	右旋读	隶书	宽素缘
ZMC42	8.3	0.35	圆钮，圆钮座	内向十二连弧	两圈短斜线纹	内清昭以光明日月	单字以“而”间隔	右旋读	隶书	宽素缘
ZMC43	9.8	0.4	圆钮，圆钮座	内向十连弧纹	两圈短斜线纹	内清质以象日日月	每单字以“而”间隔	右旋读	隶书	宽缘缘内有凹圈带并饰有三角形波折纹

续表

编号	直径（厘米）	厚度（厘米）	钮	中心纹饰	铭文带纹饰	铭文内容	铭文间隔	读序	字体	缘
ZMC44	9.8	0.4	圆钮，圆钮座	内向十连弧纹	两圈短斜线纹	内清质以象日日月	每单字以“而”间隔	右旋读	隶书	宽缘缘内有凹圈带并饰有三角形波折纹
ZMC45	9	0.6	圆钮，圆钮座	一周凸圈带	两圈短斜线纹	内而清而以而昭而明光 而象夫日月不	首尾以圆钉间隔，前段每字以而间隔；前后段中以I间隔	右旋读	隶书	宽素缘
ZMC46	8.3	0.5	圆钮，圆钮座	一周细凸弦纹	两圈短斜线纹	日月心忽不泄内夫光	头尾以（间隔，单字以而间隔	右旋读	隶书	宽素缘
ZMC47	8.8	0.4	圆钮，圆钮座	凸圈带	两圈短斜线纹	内青质以昭明日月夫	单字以而间隔	右旋读	隶书	宽素缘
ZMC48	9	0.5	圆钮，圆钮座	凸圈带＋内向八连弧	两圈短斜线纹	日月心不泄内而清而□而昭而明而象夫	头尾以单竖线间隔；部分每字以而字间隔	右旋读	篆书	窄素缘

附表11　各类型铜镜对比一览表

镜类	日光镜			日月心镜					昭明镜			
镜型	A	B	C	A	B	C	Da	Db	Aa	Ab	B	C
直径（厘米）	7.195	7.191	7.327	7.026	7.153	7.14	7.846	10.931	9.94	11.90	10.13	9.87
厚度（厘米）	0.433	0.341	0.41	0.385	0.309	0.34	0.388	0.415	0.43	0.45	0.396	0.525
钮式	圆钮、圆台钮座	圆钮、圆台钮座	圆钮、圆台钮座	圆钮、圆台钮座	圆钮、圆台钮座	圆钮、圆台钮座	圆钮、圆台钮座		圆钮、圆台钮座	圆钮、（并蒂）十二联珠钮座	圆钮，圆钮座	圆钮，圆钮座

续表

镜类	日光镜			日月心镜					昭明镜			
镜型	A	B	C	A	B	C	Da	Db	Aa	Ab	B	C
中心纹式	两圈短栉齿纹	两圈短栉齿纹	两圈短栉齿纹	两圈短栉齿纹	两圈短栉齿纹或细凸弦纹	两圈短栉齿纹	两圈短栉齿纹或细凸弦纹		两圈短栉齿纹		两圈短栉齿纹或细凸弦纹	两圈短栉齿纹
铭带纹饰	八连弧纹	细凸弦纹并配合一圈凸圈带	内向八连弧纹	周细凸弦纹，再向外为内向八连弧	周细凸弦纹，再向外为一周凸圈带	一周细凸弦纹	周细凸弦纹＋内向八连弧	凸圈带＋内向八连弧	凸圈带或周细凸弦纹配以内向八连弧纹		凸圈带或周细凸弦纹配以内向八连弧纹	
铭文内容	见日之光天下大明	见日之光长毋相忘	见日之光长不相忘	日月心勿长毋相见	日月心勿夫毋忘见	日月心勿……	日月心勿夫毋之忠勿相忘		内清以日月心忽而扬忠然雍塞不泄		日月心忽而扬忠然雍塞清而不泄	内青日以昭明光象夫日月之不泄
铭文间隔	每单字间以“の”和斜“田”字符号交替间隔	单字间隔间以“の”	单字间隔间以“の”或斜“田”符号	每单字或两字以“の”符号间隔	每单字或两字以“の”符号间隔	单字间隔间以“の”	铭文起止出现了符号间隔，多以单弧线或者双弧线为主，另有“÷”“：”“＝”“一”等符号作为铭文首尾的间隔。每两字间以“の”形符号间隔		铭文字间无符号或文字进行间隔		铭文头尾以符号“＋”“の”“＝”“一”“：”或小乳丁（圆钉）等进行间隔	字间以“而”字进行间隔，有的头尾以符号“：”“＋”“÷”“I”为间隔标记
读序	右旋读	右旋读	右旋读	右旋读	右旋读	右旋读	右旋读		右旋读		右旋读	右旋读
字体	圆化篆书	圆化篆书	圆化篆书	圆化篆书	圆化篆书	圆化篆书	篆书，部分笔划开始方直		篆书为主，零星见隶书		篆书字样超九成，隶书字样近一成	隶书
缘式	多窄素缘	多宽素缘	有宽有窄，素缘	窄多宽少，素缘	窄多宽少，素缘	有宽有窄，素缘	多窄素缘		多宽素缘		多宽素缘	多宽素缘

临淄出土汉代家常贵富镜及相关问题

杨　勇

（中国社会科学院考古研究所）

家常贵富镜指镜背带“家常贵富”四字铭文的铜镜，多见于汉代，铭文亦有写作“家常富贵”的。这类铜镜过去在各地时有发现，但从公布的材料看，较之其他一些镜类，数量相对较少。关于家常贵富镜及其相关问题，以往研究不多，特别是就其做专门考察的基本未见。近年来，山东临淄陆续出土一批家常贵富镜，其中有部分已集中发表，为深化此类铜镜的研究提供了难得的资料。本文拟据此对临淄地区出土的汉代家常贵富镜做一梳理，进而与其他地区出土的同类镜进行比较，来总结此类铜镜的特征、风格，探讨其起源以及产地和流通等问题。

一、临淄汉代家常贵富镜的发现及类型

临淄，为两周时期的齐国都城，也是秦代临淄郡郡治和汉代齐郡郡治及诸侯国齐国的都城。齐国重工商，战国时临淄已发展为声名远扬的东方大都会[1]。进入西汉，临淄繁华不衰，其经济之发达、人口之众多，甚至超过都城长安[2]。在临淄齐国故城附近，分布有数量惊人的古代墓葬，其中尤以汉墓较为多见。据有关资料，截至2017年，临淄地区已发掘两汉时期的墓葬约24000座，出土包括6000余面铜镜在内的大量随葬品[3]。目前已发表的汉镜只占出土总数的少部分，其中含家常贵富镜24面[4]（表1）。铜镜铭文绝大部分为“家常贵富”，个别为“家常富贵”，字均呈外向环绕状分布，即字的上部朝镜缘方向，下部朝镜钮方向。根据铜镜形制以及纹饰、铭文布局的不同，可将这些家常贵富镜大致分为三类，每类根据形制、纹饰及字体等方面的细节特征，又可分为若干型式。

甲类　3面。十六内向连弧纹缘；连峰钮；主纹区四面各有一字，有“家常贵富”和“家常富贵”两种，笔画多较方折，似汉印中的缪篆书风，左旋读或十字交叉读；每字外侧各对应一乳丁，乳丁之间以凸线相连，形成方框，方框四边中间又各饰1枚八联珠四叶纹座乳丁；主纹区外为一周单线斜向栉齿纹带（图1-1～图1-3）。发现于范家、齐鲁石化停车场、乙烯塑编厂等墓地。

乙类　1面。发现于南马墓地棠悦M199。平缘较窄；圆钮，圆圈钮座，钮座外为一周八内向连弧纹；“家常贵富”四字铭文笔画略显方折，对称分布于主纹区，右旋读，无乳丁；主纹区内外各有一周单线斜向栉齿纹带（图1-4）。

表1　临淄出土汉代家常贵富镜一览表

序号	出土地点	类型	铭文	读字方向	直径（厘米）	年代	资料出处
1	范家淄江花园方正2009M35	甲	家常富贵	左旋读	10.5	西汉中晚期	《山东临淄战国汉代墓葬与出土铜镜研究》；另见于《山东临淄出土汉代铜镜》
2	1991齐鲁石化停车场M28	甲	家常贵富	交叉读，上下右左	10.42	西汉中晚期	《鉴耀齐鲁》
3	1992区乙烯塑编厂T101M17	甲	家常贵富	左旋读	9.44	西汉中晚期	同上
4	南马棠悦M199	乙	家常贵富	右旋读	7.8	西汉中晚期	《山东临淄战国汉代墓葬与出土铜镜研究》
5	1986区乙烯生活区T806M029	丙AaⅠ	家常贵富	右旋读	6.75	西汉中晚期	《鉴耀齐鲁》
6	1992勇士区	丙AaⅠ	家常贵富	右旋读	6.83	西汉中晚期	同上
7	1992张家庄M4	丙AaⅠ	家常贵富	右旋读	6.8	西汉中晚期	同上
8	1997金茵小区M99	丙AaⅠ	家常贵富	右旋读	7.87	西汉中晚期	同上
9	单家墓地方正尚城M16	丙AaⅠ	家常贵富	右旋读	6.8	西汉中晚期	《山东临淄战国汉代墓葬与出土铜镜研究》
10	范家墓地淄江花园方正2009M106	丙AaⅠ	家常贵富	右旋读	7.8	西汉中晚期	同上
11	范家墓地淄江花园方正2009M2	丙AaⅠ	家常贵富	右旋读	8.8	西汉中晚期	同上
12	南马墓地棠悦M938	丙AaⅠ	家常贵富	右旋读	6.8	西汉中晚期	同上
13	永流墓地金鼎绿城三期M664	丙AaⅠ	家常贵富	右旋读	6.8	西汉中晚期	同上
14	南马棠悦M216	丙AaⅡ	家常贵富	右旋读	10.3	西汉中晚期	同上
15	西关南临淄中学M108	丙AaⅡ	家常贵富	右旋读	7.8	西汉中晚期	同上
16	永流金鼎绿城三期M168	丙AaⅡ	家常贵富	右旋读	7.7	西汉中晚期	同上；另见于《山东临淄出土汉代铜镜》
17	国家墓地新村M61	丙Ab	家常贵富	右旋读	6.5	西汉中晚期	《山东临淄战国汉代墓葬与出土铜镜研究》
18	刘家墓地棕榈城二期M74	丙Ab	家常贵富	右旋读	6.7	西汉中晚期	同上
19	刘家墓地棕榈城三期M118	丙Ab	家常贵富	右旋读	6.7	西汉中晚期	同上
20	刘家棕榈城三期M300	丙Ba	家常贵富	右旋读	7.5	西汉中晚期	同上

续表

序号	出土地点	类型	铭文	读字方向	直径（厘米）	年代	资料出处
21	商王墓地齐银北区M128	丙Ba	家常贵富	右旋读	7.6	西汉中晚期	同上
22	西高新村C组团M18	丙Ba	家常贵富	右旋读	7.8	西汉中晚期	同上
23	南马墓地堂悦M679	丙Bb	家常贵富	右旋读	7.6	西汉中晚期	同上
24	相家墓地区技术监督局M4	丙Bb	家常贵富	右旋读	7.8	西汉中晚期	同上

图1　甲类和乙类家常贵富镜

1～3. 甲类（范家淄江花园方正2009M35 ： 1、1991齐鲁石化停车场M28 ： 1、1992区乙烯塑编厂T101M17 ： 1）
4. 乙类（南马棠悦M199出土镜）

丙类　20面。平缘；圆钮，圆圈钮座，钮座外一般有一周凸起的圈带；铭文均为“家常贵富”，四字与四枚乳丁相间分布于主纹区，右旋读，乳丁多带圆座；主纹区内外一般各有一周单线斜向栉齿纹带。根据镜缘宽窄不同，分二型。

丙A型　15面。镜缘较窄。按铭文字体风格不同，又分为二亚型。

丙Aa型　12面。除个别镜子上的个别字外，铭文多方折笔画，偏缪篆书风。根据主纹区有无鸟纹，又分为二式[5]。

Ⅰ式：9面。主纹区无鸟纹（图2）。发现于乙烯生活区、单家、范家、南马、永流、张家庄、勇士区、金茵小区等墓地。

Ⅱ式：3面。主纹区除乳丁和铭文外，还施鸟纹，2只或4只（图3）。发现于南马、西关南临淄中学、永流等墓地。

丙Ab型　3面。铭文特别是“家”“常”“富”三字笔画圆转委婉，偏小篆书风（图4）。

1　2　3　4

图2　丙Aa型Ⅰ式家常贵富镜

1. 1986区乙烯生活区T806M029 ∶ 1　2. 单家墓地方正尚城M16出土镜
3. 范家墓地淄江花园方正2009M2出土镜　4. 范家墓地淄江花园方正2009M106出土镜

5

6

图2　丙Aa型Ⅰ式家常贵富镜（续）

5. 南马墓地棠悦M938出土镜　6. 永流墓地金鼎绿城三期M664出土镜

1

2

3

图3　丙Aa型Ⅱ式家常贵富镜

1. 南马棠悦M216出土镜　2. 西关南临淄中学M108出土镜　3. 永流金鼎绿城三期M168出土镜

1　2

3

图4　丙Ab型家常贵富镜

1. 国家墓地新村M61出土镜　2. 刘家墓地棕榈城二期M74出土镜　3. 刘家墓地棕榈城三期M118出土镜

发现于国家、刘家等墓地。

丙B型　5面。镜缘较宽。按铭文字体风格不同，又分二亚型。

丙Ba型　3面。铭文多方折笔画，偏缪篆书风（图5-1～图5-3）。发现于刘家、商王、西高新村等墓地，其中刘家棕榈城三期M300出土的一面较特别，铭文“家”字笔画较圆转，明显不同于其他三字，而与丙Bb型家常贵富镜上的铭文相接近。

丙Bb型　2面。铭文特点是“家”“常”“富”三字笔画圆转委婉，偏小篆书风（图5-4、图5-5）。发现于南马、相家等墓地。

上述这些家常贵富镜均出自临淄齐国故城南郊的汉墓中，但相关墓葬的发掘资料尚未正式发表。目前，有关单位或学者在公布这批铜镜资料时，主要是根据铜镜形制、纹饰等，判定其年代多在西汉中晚期。从全国考古发现以及汉代铜镜的发展脉络看，这样的断代应大体不误。至于此类家常贵富镜自身是否存在发展演变，即它们的型式变化是否与年

1

2

3

4

5

图5　丙B型家常贵富镜

1～3. 丙Ba型（刘家棕榈城三期M300出土镜、商王墓地齐银北区M128出土镜、西高新村C组团M18出土镜）

4、5. 丙Bb型（南马墓地堂悦M679出土镜、相家墓地区技术监督局M4出土镜）

代早晚有关，还有待将来对相关墓葬资料做系统整理后方可确定。

总的来看，临淄出土的汉代家常贵富镜体量都偏小，直径以6～8厘米的居多，最大的10.5厘米。它们虽然可分出多个类型，但整体风格还是比较接近的。其中，甲类家常贵富镜因镜缘为内向连弧纹，主纹区饰联珠座乳丁，钮为连峰状，故显得较为清秀脱俗；乙类和丙类家常贵富镜因镜缘较厚，圆钮近半球形，主纹区以对称乳丁为主要装饰，故一般显得较为质朴；丙B型家常贵富镜由于镜缘较宽，更显敦厚。

二、其他地区发现的汉代家常贵富镜

全国其他地区也出土或发现过一些汉代家常贵富镜，分布范围较广，西至新疆，北至内蒙古和吉林，南至两广[6]（表2）。但从公布的资料看，除西安出土数量稍多外，一般都为零星发现。此外，各地尤其是北方地区，还发现不少宋金元时期的仿汉家常贵富镜[7]。这些仿汉镜在外形特征及材质等方面，与汉代家常贵富镜有一定区别，但也不排除有少部分以假乱真者，需具体辨识。同临淄出土的汉代家常贵富镜进行比较，各地所见汉代家常贵富镜大致可分为三类：

表2　其他地区出土汉代家常贵富镜一览表

序号	发现（收藏）地点	与临淄家常贵富镜的比较	铭文	读字方向	直径（厘米）	具体年代	资料出处
1	1981年山东沂水征集	属临淄丙Aa型Ⅱ式	家常贵富	右旋读	11	不详	《山东沂水县征集的古代铜镜》
2	1954年陕西西安西郊枣园出土	大致同临淄甲类	家常贵富	左旋读	13	不详	《陕西省出土铜镜》
3	陕西西安出土	大致同临淄甲类	家常贵富	左旋读	13	不详	《中国铜镜图典》
4	1998年陕西西安西航公司M34：4	大致同临淄甲类	家常贵富	左旋读	11.2	西汉中期	《长安汉镜》
5	陕西旬阳县博物馆藏	大致同临淄甲类	家常贵富	左旋读	13.2	不详	《中国铜镜图典》
6	山西右玉大川出土	大致同临淄甲类	家常贵富	左旋读	18	不详	《中国青铜器全集·16·铜镜》
7	河南南阳凤凰城M66	大致同临淄甲类	家常贵富	左旋读	11	西汉中期	《南阳出土铜镜》
8	内蒙古包头市金属回收公司征集	大致同临淄甲类	家常贵富	右旋读	15.9	不详	《内蒙古中南部近年出土汉代铜镜浅析》
9	三槐堂藏	大致同临淄甲类	家常贵富	左旋读	13.5	不详	《三槐堂藏镜》
10	1955年广西贵港火车站M53出土	大致同临淄乙类	家常贵富	右旋读	6.8	不详	《广西铜镜》
11	1993年陕西西安市政枣园住宅小区M18：4	大致同临淄丙Aa型Ⅰ式	家常贵富	左旋读	7.9	西汉中晚期	《长安汉镜》

续表

序号	发现（收藏）地点	与临淄家常贵富镜的比较	铭文	读字方向	直径（厘米）	具体年代	资料出处
12	1993年陕西西安市政枣园住宅小区M22：23	大致同临淄丙Aa型Ⅰ式	家常贵富	右旋读	7.85	西汉中晚期	《长安汉镜》
13	1991年陕西西安西北医疗设备厂福利区M82：10	大致同临淄丙Aa型Ⅰ式	家常贵富	不详	7.1	西汉中晚期	《长安汉镜》
14	河南洛阳烧沟M99：18	大致同临淄丙Ba型	家常富贵	右旋读	9	西汉晚	《洛阳烧沟汉墓》《洛阳出土古镜》《洛阳出土铜镜》
15	河南洛阳烧沟M6.14.11出土	大致同临淄丙Ba型	家常贵富	左旋读	10.6	西汉晚	《洛阳出土古镜》
16	江苏扬州出土	大致同临淄丙Ba型	家常富贵	右旋读	8.2	不详	《扬州出土的汉代铭文铜镜》
17	江苏扬州出土	大致同临淄丙Ba型	家常贵富	左旋读	9.5	不详	《扬州出土的汉代铭文铜镜》
18	湖南长沙博物馆藏	大致同临淄丙Ba型	家常贵富	右旋读	8.8	不详	《楚风汉韵——长沙市博物馆藏镜》
19	1956年吉林洮南城四家子古城出土	大致同临淄丙Ba型	家常贵富	右旋读	10	不详	《吉林出土铜镜》
20	天津静海蔡公庄出土	大致同临淄丙Ba型	家常贵富	右旋读	10	不详	《天津地区出土的古代铜镜》
21	内蒙古包头召湾M46	大致同临淄丙Ba型	家常贵富	右旋读	11.1	不详	《内蒙古中南部近年出土汉代铜镜浅析》
22	内蒙古包头麻池乡征集	大致同临淄丙Ba型	家常贵富	右旋读	10	不详	《内蒙古中南部近年出土汉代铜镜浅析》
23	1999年陕西西安陕西交通学校M281：2	临淄未见与之相同或相近的类型	家常贵富	右旋读	9.1	西汉中期	《长安汉镜》
24	南阳苑检察院M47	临淄未见与之相同或相近的类型	家常贵富	左旋读	6.5	西汉中期	《南阳出土铜镜》
25	辽宁旅顺博物馆藏	临淄未见与之相同或相近的类型	家常富贵	左旋读	10.85	不详	《旅顺博物馆藏铜镜》
26	新疆洛浦山普拉墓地出土	临淄未见与之相同或相近的类型	家常贵富（原报告误读为“宜家常贵”）	右旋读	6.2	不详	《洛浦县山普拉古墓发掘报告》

第一类是与临淄出土的家常贵富镜外形、风格都非常接近，属相同类型。这类铜镜目前发现很少，仅见于山东沂水[8]。该县1981年征集1面汉代家常贵富镜，“家常贵富”四字铭文右旋读，直径11厘米（图6-1）。按形制、纹饰，属临淄出土的丙Aa型Ⅱ式家常贵富镜；从尺寸及钮座外短弧线纹等特征看，和临淄南马棠悦M216出土的一面家常贵富镜尤为相似。

第二类是与临淄出土的部分类型家常贵富镜大体相似，但风格不同，细部形制以及纹饰、字体等均存在一定差异。这类铜镜数量相对较多，下面分别举例介绍。

（1）与临淄甲类家常贵富镜相近者。见于陕西西安[9]、旬阳[10]以及山西右玉[11]、河南南阳[12]、内蒙古包头[13]等地，三槐堂亦藏1件[14]。例一，1954年西安西郊枣园出土1面，“家常贵富”四字铭文左旋读，直径13厘米（图6-3）。与临淄同类型镜不同处主要在于：镜体稍大；圆钮，并蒂联珠纹钮座；钮座外有一周凸起的圈带和一周单线斜向栉齿纹带；主纹区只有4个八联珠四叶纹座乳丁，而无另外4个单体乳丁以及连接单体乳丁的方框状凸线，且四叶纹座的四叶方向与铭文一致，而非朝向镜钮；铭文略显清瘦，“家”“常”“富”三字宝盖头笔画绵长，下部外撇。例二，1998年西安西航公司M34：4，“家常贵富”四字铭文左旋读，直径11.2厘米（图6-2）。与临淄同类型镜不同处主要在于：圆钮，圆圈钮座；钮座外有一周十六内向连弧纹带；主纹区只有4个八联珠四叶纹座乳丁，而无另外4个单体乳丁以及连接单体乳丁的方框状凸线，且四叶纹座的四叶方向与铭文一致，而非朝向镜钮；铭文略显清瘦。

（2）与临淄乙类家常贵富镜相近者。1955年广西贵港火车站M53出土1面[15]，“家常贵富”四字铭文右旋读，直径6.8厘米（图6-6）。与临淄同类型镜不同处主要在于：主纹区有4个带圆座的乳丁，与四字铭文相间环列；铭文笔画不甚规整，略带隶意。

（3）与临淄丙Aa型Ⅰ式家常贵富镜相近者。见于西安[16]。例一，1993年西安市政枣园住宅小区M18：4，“家常贵富”四字铭文左旋读，直径7.9厘米（图6-5）。与临淄同类型镜不同处主要在于：钮座与其外凸起的圈带之间，饰短弧线、折线等纹饰；铭文字体略显纤瘦。例二，1993年西安市政枣园住宅小区M22：23，“家常贵富”四字铭文右旋读，直径7.85厘米（图6-4）。与临淄同类型镜不同处主要在于：钮座与其外凸起的圈带之间，施短弧线、短直线等纹饰；镜缘极窄。

（4）与临淄丙Ba型家常贵富镜相近者。见于河南洛阳[17]、天津静海[18]、吉林洮南[19]、内蒙古包头[20]、江苏扬州[21]、湖南长沙[22]等地。例一，洛阳烧沟M99：18，“家常富贵”四字铭文右旋读，直径9.2厘米（图7-1）。与临淄同类型镜不同处主要在于：镜体稍大；钮座与其外栉齿纹带之间，饰短弧线、双直线等纹饰；每个铭文两侧有牛角状对称弧线纹。例二，扬州出土1面，“家常贵富”四字铭文左旋读，直径9.5厘米（图7-2）。与临淄同类型镜不同处主要在于：镜体较大；主纹区铭文和乳丁之间，饰8只鸟纹，鸟双歧冠，卷尾，鸟首均朝向铭文；铭文字体较小。

第三类是与临淄出土的家常贵富镜差异较大，临淄未见与之相同或相近的类型。这类铜镜发现亦不是很多，主要见于陕西西安[23]、河南南阳[24]、辽宁旅顺[25]、新疆洛浦[26]等地。例一，1999年西安陕西交通学校M281：2，“家常贵富”四字铭文右旋读，

图6　其他地区出土汉代家常贵富镜（一）

1. 沂水征集　2. 西安西航公司M34：4　3. 西安西郊枣园出土镜　4. 西安市政枣园住宅小区M22：23
5. 西安市政枣园住宅小区M18：4　6. 贵港火车站M53出土镜

直径9.1厘米。十六内向连弧纹缘；圆钮，圆圈钮座，钮座外依次为一周凸弦纹和十六内向连弧纹带；四字铭文笔画方折，与四枚带圆座乳丁相间分布于主纹区；主纹区内外各有一周单线斜向栉齿纹带（图7-3）。例二，南阳苑检察院M47出土1面，“家常贵富”四字铭文左旋读，直径6.5厘米。十六内向连弧纹缘；圆钮，钮外为放射状车轮形粗凸线纹；四字铭文笔画方折、饱满，与四枚带圆座乳丁相间分布于主纹区；主纹区外有一周弦纹（图7-4）。

图7 其他地区出土汉代家常贵富镜（二）

1. 洛阳烧沟M99：18 2. 扬州出土镜 3. 西安陕西交通学校M281：2 4. 南阳苑检察院M47出土镜

上述各地发现的汉代家常贵富镜，除少数是出土品并且出土背景明确外，多是馆藏文物，或发表时具体出土背景表述不详，因此只能按相关资料视之为汉代或西汉铜镜，具体年代无法进一步分析。洛阳、南阳和西安等地发现的部分家常贵富镜，其出土背景较为清楚。上述洛阳烧沟M99：18，平缘较宽，与临淄丙Ba型家常贵富镜相近，所属墓葬年代为西汉晚期。上述出土家常贵富镜的南阳苑检察院M47，为长方形砖室墓，年代在西汉中期[27]。南阳凤凰城M66出土1面铜镜，与临淄甲类家常贵富镜相近，该墓为长方形竖穴土坑墓，年代亦在西汉中期[28]。20世纪90年代西安西航公司等工地发掘的一些汉墓中，出土多件家常贵富镜。根据墓葬及其他共出器物的特征，结合这些铜镜的纹饰变化，研究者推断十六内向连弧纹缘的家常贵富镜流行于西汉中期，平缘的家常贵富镜相对较晚，可能是由前者发展而来，相关墓葬年代多在西汉中晚期或西汉晚期[29]。这一看法，与洛阳、南阳等地的发现情况大致相符。广州汉墓M3020出土1件家常贵富镜[30]，残甚，具体形制不明，但墓葬属西汉后期。总的来看，全国各地出土的汉代家常贵富镜其流行时间与临淄大致相同，都在西汉中晚期。

三、初步认识及相关问题

汉代家常贵富镜在全国都有发现，但各地所出在风格上有一定差异。就临淄出土的家常贵富镜而言，其不仅数量多，而且本地特征和风格很突出。除上文对比所揭示的一些不同外，从临淄所出家常贵富镜的角度来看，丙Aa型Ⅱ、丙Ab、丙Bb等型式在山东以外的地方都尚未见到。另外，临淄家常贵富镜的铭文也很有特色。如字体，丙Aa和丙Ba等型铜镜上的方折笔画较其他地区要明显刚劲饱满；丙Ab和丙Bb型铜镜上的圆转委婉书风，在其他地区则基本不见。又如铭文排列，大部分都为“家常贵富”，且以右旋读的居多，左旋读的很少，另偶见交叉读法，其他地区的铭文排列规律则不甚明显，左旋读和右旋读的均有，不见交叉读法。还有，临淄丙Aa型Ⅱ式家常贵富镜上的鸟纹无双歧冠和卷尾，造型完全不同于其他地区所出，而且数量只有2只或4只，而非其他地区常见的8只。再有，临淄出土的家常贵富镜很注意铭文排列与镜钮的方向关系。大多数镜子上，开头的“家”字都对着镜钮的钮孔。而在其他地区出土的家常贵富镜上，这一点并不很严格。考古发现及研究显示，西汉时，临淄是全国主要铜镜铸造中心之一[31]。尽管迄今为止，齐国故城内尚未发现家常贵富镜的铸范，但根据基于风格与分布的考古遗物产地推定法[32]，有理由推断临淄出土的家常贵富镜基本都为本地所产。山东沂水发现的家常贵富镜与临淄所出风格相同，估计属临淄产品。至于全国其他地区出土的家常贵富镜，当另有产地，且可能不止一处。要指出的是，西安及其附近地区出土的家常贵富镜数量也不少，风格亦较接近，故当时的长安很可能是此类铜镜的又一重要产地。总的来说，从考古发现看，在汉代，家常贵富镜并不是很常见的镜类，产量应当不大，但仍然有多个铸造地。而且，此类铜镜当时在全国各地流通很广，甚至通过丝绸之路传入西域诸国[33]。

从年代看，全国出土的汉代家常贵富镜大体相近，多在西汉中晚期，临淄亦不例外。可以认为，这一时期是汉代家常贵富镜的主要流行时段；而其最初出现，推测大致在西汉中期。根据铜镜基本形制及铭文布局，一般将家常贵富镜归入四乳铭文镜这一大类。在西安等地，除家常贵富镜外，还可见到“长乐未央”“见日之光”等四乳铭文镜类。因过去发现较多，有学者推测当时的京城长安是四乳铭文镜制作的起源之地[34]。临淄及其附近区域很少见到其他种类的四乳铭文镜，但从近年公布的材料看，当地家常贵富镜不仅类型多样，特色鲜明，而且出土数量远超其他地方，包括西安，再考虑到西汉时临淄经济文化的繁荣程度[35]，不得不让人产生联想：这里不单是家常贵富镜的重要产地之一，而且不排除是其起源地的可能。如众所知，“家常贵富”或“家常富贵”四字铭文，是一种吉祥语。所谓“贵富”，即显贵、富裕之意；“家常贵富”则是追求“贵富”，且祈望长久。在当时，类似的吉祥语还有很多，除镜铭外，常见于瓦当、砖、铜器、印章等物之上。结合文献记载可知，这种“富贵”观念是秦汉时期一种普遍的社会意识[36]，也是汉代人幸福观的重要内涵之一[37]。因此，家常贵富镜的流行，是当时社会思潮的一种反映。要说明的是，就镜铭而言，在西汉早期的不少草叶纹镜上，已有“富贵”一类的铭文，如“日有熹，宜酒食，长贵富，乐毋事”“常富贵、乐未央、长相思、毋相忘”等。还有少数蟠螭纹或蟠虺纹铜镜上，也见诸如“常贵，乐未央，毋相忘”一类的铭文。所以，西汉中期家常贵富镜的出现并不突然。在形制和纹饰方面，家常贵富镜也借用了草叶纹镜以及星云纹镜等镜类的一些元素，如内向连弧纹缘、对称四乳丁、连峰钮等。这些元素特征，在西汉中期即较早出现的家常贵富镜类型上，尤为多见。由此不难看出，家常贵富镜的产生，既与社会意识形态及其变迁有关，也是铜镜自身发展的结果。较之先前，“家常贵富”或“家常富贵”四字铭文简单而直白，更能凸显祈求长久富贵的思想观念。值得注意的是，从西汉早期至西汉中晚期，带“富贵”铭文的铜镜尤其是草叶纹镜，虽然在其他地区也有发现，但均不及临淄盛行。这似乎也暗示，家常贵富镜很可能起源于临淄。当然，汉代是大一统社会，全国政治、经济、文化联系紧密，人员流动频繁，某些事物或文化因素出现后，会迅速风行全国，因此要探讨它们的最初起源地，往往并不容易。家常贵富镜及四乳铭文镜同样如此，要最终确定其起源地，还有待更多发现，另外研究的深入特别是对铜镜的细致断代也非常关键。

过去一些材料及研究，多称家常贵富镜为“家常富贵镜”。事实上，西汉时的很多器物包括草叶纹镜上，类似铭文也常写作“富贵”，而非“贵富”，如“长相思，勿相忘，常富贵，乐未央”“安乐富贵”“大乐富贵”“富贵且昌”“富贵吉羊 ”“富贵延年 ”等。但从各地发现的家常贵富镜看，铭文大多写作“家常贵富”，而“家常富贵”很少。临淄出土的24面家常贵富镜中，仅1面为“家常富贵”铭文。这显然不是偶然的，而是有意而为之。就字义而言，“家常贵富”和“家常富贵”并无太大差异。那么当时这么做，很可能是出于整体布局和审美的考虑。仔细观察铭文的字体结构及写法可以发现，家、常、富三字都带宝盖头，且宝盖两边笔画下垂较低，基本与字的底部持平，形如口朝下的框；而贵字结构及写法与其他三字明显不同。所以，在四个字的情况下，当排成“家常贵富”时，无论左旋读还是右旋读，贵字都在下边，另外三个外形相近的字居上边和左右两边。这样，不仅看起来较为对称，而且在使用时也很容易辨别出铭文及镜子的上下方向。相反，若排为“家常富贵”，贵字便会出现在左边或右边，另外三个字居上、下和另一侧边，看起来明显就不那么自然了。古代铜镜上的装饰，很讲究对称、协调，铭文亦是如此。

在朝鲜半岛，也有家常贵富镜出土。据有关研究，这些家常贵富镜大致可分为三类，分别是“家常贵富”四乳八鸟纹镜、“家常贵富”连弧纹镜以及“家常贵富”异体字铭带镜。结合上文可知，前两类在国内较多见，第三类则很少发现。正因如此，研究者结合尺寸、铭文等其他方面的分析，将属第三类的两件铜镜判定为仿古镜或仿制镜，年代偏晚[38]。不过，仔细观察这两件家常贵富镜，可以发现，与它们风格相近者在临淄都有出土。第一件家常贵富镜出自庆北朝阳洞，铭文左旋读，直径6.5厘米[39]（图8-1），被认为是“家常贵富镜”和“日光镜”相结合的仿古汉镜。此镜铭文从照片和拓本看均不甚清楚，但形制、纹饰和临淄南马墓地棠悦M199出土的铜镜非常相似，后者直径7.8厘米，属临淄乙类家常贵富镜。相似者还有上文提到的广西贵港火车站M53出土的一件，直径6.8厘米。第二件家常贵富镜出自昌原茶户里，铭文右旋读，直径8厘米（图8-2），被认为是伽倻时代的仿汉镜。此镜与临淄丙Ba型家常贵富镜很相似，尤其是铭文中“家”字笔画较圆转的特征，完全同于刘家棕榈城三期M300出土的一件，后者直径7.5厘米。所以可推断，这两件家常贵富镜并非所谓的仿制镜，而是由中国内地输入的西汉铜镜，且其产地很可能就在临淄，是通过水路即“环黄海之路”传入朝鲜半岛南部的[40]。至于这两件铜镜所在遗迹（墓葬）的年代是否偏晚，与铜镜本身并无关系。两汉时期，中国与朝鲜半岛的关系，既有政治上的联系，也有文化和经济上的交流。在此期间，大量汉朝文物流入朝鲜半岛，其中就包括家常贵富镜等各种铜镜。它们是汉代中国与朝鲜半岛之间联系和交流以及汉文化向东北亚地区传播扩散的实物见证[41]。

1

2

图8　朝鲜半岛出土家常贵富镜

1. 庆北朝阳洞出土镜　2. 昌原茶户里出土镜

注　释

［1］《战国策·齐策》记苏秦说齐宣王：“临淄之中七万户……甚富而实……临淄之途，车毂击，人肩

摩，连衽成帷，举袂成幕，挥汗成雨，家敦而富，志高而扬。”

[2] 对此文献多有记载，如《汉书·高五王传》记主父偃进言汉武帝：“齐临淄十万户，市租千金，人众殷富，钜于长安，非天子亲弟爱子不得王此。”

[3] 淄博市临淄区文物管理局：《山东临淄战国汉代墓葬与出土铜镜研究》，文物出版社，2017年，第14页。

[4] a. 山东省文物考古研究所：《鉴耀齐鲁》，文物出版社，2009年。
b. 淄博市临淄区文物管理局：《山东临淄战国汉代墓葬与出土铜镜研究》，文物出版社，2017年。
c. 王会田：《山东临淄出土汉代铜镜》，《文物》2017年第4期。

[5] 此处所划分的式别不代表年代早晚关系。

[6] 这方面，本文只收集国内已发表的资料，因此可能不是很全面。另外，国外尤其是日本的一些资料上也有家常贵富镜的纪录，但出土地点多不明确，或是与国内资料相重复，故未收集。

[7] a. 天津市历史博物馆：《天津地区出土的古代铜镜》，《北方文物》2006年第1期。
b. 蔡航：《金代仿古铜镜研究》，陕西师范大学硕士学位论文，2013年。
c. 王欢：《两宋时期仿古铜镜研究》，西北大学硕士学位论文，2015年。

[8] 孔繁刚：《山东沂水县征集的古代铜镜》，《文物》1991年第7期。

[9] a. 陕西省文物管理委员会：《陕西省出土铜镜》，文物出版社，1959年，第31页。
b. 孔祥星、刘一曼：《中国铜镜图典》，文物出版社，1992年，第221页。
c. 程林泉、韩国河：《长安汉镜》，陕西人民出版社，2002年，第80～81页。

[10] 孔祥星、刘一曼：《中国铜镜图典》，文物出版社，1992年，第222页。

[11] 中国青铜器全集编辑委员会：《中国青铜器全集·16·铜镜》，文物出版社，1998年，第53页。

[12] 南阳市文物考古研究所：《南阳出土铜镜》，文物出版社，2010年，第58～59页。

[13] 郭丽：《内蒙古中南部近年出土汉代铜镜浅析》，《内蒙古文物考古》2004年第2期。

[14] 王纲怀：《三槐堂藏镜》，文物出版社，2004年，第104页。

[15] 广西壮族自治区博物馆：《广西铜镜》，文物出版社，2004年，第81页。

[16] 程林泉、韩国河：《长安汉镜》，陕西人民出版社，2002年，第80～81页。

[17] a. 洛阳区考古发掘队：《洛阳烧沟汉墓》，科学出版社，1959年。
b. 洛阳市文物管理委员会：《洛阳出土古镜》，文物出版社，1959年，第28～29页。
c. 洛阳博物馆：《洛阳出土铜镜》黑白版16，文物出版社，1988年。

[18] 天津市历史博物馆：《天津地区出土的古代铜镜》，《北方文物》2006年第1期。

[19] 张英：《吉林出土铜镜》，文物出版社，1990年，图版11。

[20] 郭丽：《内蒙古中南部近年出土汉代铜镜浅析》，《内蒙古文物考古》2004年第2期。

[21] 王勤金、李久海、徐良玉：《扬州出土的汉代铭文铜镜》，《文物》1985年第10期。

[22] 长沙市博物馆：《楚风汉韵——长沙市博物馆藏镜》，文物出版社，2010年，第90页。

[23] 程林泉、韩国河：《长安汉镜》，陕西人民出版社，2002年，第80～81页。

[24] 南阳市文物考古研究所：《南阳出土铜镜》，文物出版社，2010年，第58～59页。

[25] 旅顺博物馆：《旅顺博物馆藏铜镜》，文物出版社，1997年，第26页。

[26] 新疆博物馆：《洛浦县山普拉古墓发掘报告》，《新疆文物》1989年第2期。按：报告称墓地出土1件带“宜家常贵”四字铭文的四乳铜镜，十六内向连弧纹缘。由于铜镜磨损、锈蚀严重，笔者推测铭文可能属误读（把“富”字错辨为“宜”了），实际应是右旋读的“家常贵富”。

[27] 南阳市文物考古研究所：《南阳出土铜镜》，文物出版社，2010年，第266～267页。

[28] 南阳市文物考古研究所：《南阳出土铜镜》，文物出版社，2010年，第268～269页。

[29] 程林泉、韩国河：《长安汉镜》，陕西人民出版社，2002年，第81页。

［30］ 广州市文物管理委员会、广州市博物馆：《广州汉墓》，文物出版社，1981年，第286页。

［31］ a. 白云翔、清水康二主编：《山东省临淄齐国故城汉代镜范的考古学研究》，科学出版社，2007年。

b. 白云翔：《汉代临淄铜镜制造业的考古学研究》，《探古求原——考古杂志社成立十周年纪念学术文集》，科学出版社，2007年。

c. 杨勇、白云翔：《临淄齐故城镜范与汉代铸镜技术》，《中原文物》2020年第1期。

d. 中国社会科学院考古研究所、山东省文物考古研究院、淄博市临淄区齐文化发展研究中心：《临淄齐故城冶铸业考古》，科学出版社，2020年。

［32］ 白云翔：《论基于风格与分布的考古遗物产地推定法》，《考古》2016年第9期。

［33］ 在新疆，出土家常贵富镜的洛浦县山普拉墓地，和于阗有关。另外，若羌县楼兰古城附近的平台墓地也曾发现过1件疑似家常贵富镜（新疆楼兰考古队：《楼兰城郊古墓群发掘简报》，《文物》1988年第7期）。

［34］ 程林泉、韩国河：《长安汉镜》，陕西人民出版社，2002年，第79页。

［35］《汉书·高五王传》记主父偃进言汉武帝，云“齐临淄十万户，市租千金，人众殷富，钜于长安，非天子亲弟爱子不得王此”。

［36］ 王子今：《秦汉人的富贵追求》，《浙江社会科学》2008年第3期。

［37］ 白云翔：《汉代人的幸福观及其表达之考古学管窥》，《江汉考古》2022年第6期。

［38］ 尹泳实：《韩国昌原茶户里119号“家常贵富”镜》，《古籍整理研究学刊》2015年第3期。

［39］ 中国社会科学院考古研究所编《中国考古学·秦汉卷》（中国社会科学出版社，2010年）第975～976页收入1件韩国庆州市朝阳洞38号墓出土的家常贵富镜，根据照片判断，与此件铜镜应为同一件器物，但从文字描述及插图比例尺看，直径为7.5厘米。

［40］ 关于古代中韩之间交流往来的“环黄海之路”，参见白云翔《公元前一千纪后半中韩交流的考古学探究》，《中国国家博物馆馆刊》2018年第4期。

［41］ a. 白云翔：《汉代中国与朝鲜半岛关系的考古学观察》，《北方文物》2001年第4期。

b. 白云翔：《汉代中韩交流的最新实物例证——韩国庆山阳地里汉镜及相关问题》，《文物》2022年第1期。

汉代四乳四虺镜研究

韩　茗

（南京师范大学文博系）

四乳四虺镜是指主纹区以四乳丁区隔、其间配置一组细线式S形虺纹的镜类，又称"四乳虺纹镜""四螭镜"等。四乳四虺镜多出土于西汉晚期至东汉早期墓，动物母题与几何构图相结合，与同时期的圈带铭文镜、规矩镜等都对东汉镜的样式产生了深远影响。四乳四虺镜广泛见于各地汉墓，显示出一定的地域性，由此切入有助于探讨铸镜产地及传播问题。本文旨在全面收集已发表出土镜资料，运用类型学、年代学研究和产地因素分析法，考察其年代、产地和传播情况。

一、类型学研究

据笔者统计，目前已发表的出土或馆藏四乳四虺镜超过400件，其中可供类型学研究的出土镜有342件。根据虺纹两侧纹饰的不同，可分为两类。

甲类　29件。四神首四乳四虺镜。虺纹一侧（多为外侧近缘部）分别饰龙首、虎首、凤首等，头部清晰可辨，另一侧为鸟纹。此型不乏直径18厘米以上的大型镜，平缘部厚0.5～0.7厘米。镜背构图规整、纹饰精美，钮座外一周宽凸圈带有明显的分隔作用。根据钮座样式的不同，可分为二型。

A型　14件。联珠钮座。直径多在14厘米以上，以青岛土山屯M6椁2：2-2[1]为典型（图1-2）。此型镜在细节上各有差异，如大葆台汉墓出土镜[2]（图1-1），四神首位于虺纹内侧；扬州邗江甘泉姚庄M101出土镜，虺纹下部正中各有一字，合为"长乐未央"（图1-3）；日照五莲张家仲崮M3：11[3]，虺纹呈逆时针环绕（图1-4）；南阳万家园M244出土镜[4]（图1-5）和赣榆金山乡出土镜[5]乳丁带有联珠座；仪征新集镇前庄砖瓦厂M12：86[6]（图2-1）通体鎏金。

B型　15件。四叶钮座。此型近半为18厘米以上的大型镜。各圈带比例较为统一（表1），构图更为规整。钮座四叶方向对准四乳丁，钮座外凸圈带内侧多有一道栉齿纹带，如图1-6。绍兴陂塘公社芳泉大队出土镜凸圈带外还有一圈"昭明"镜铭（图2-2）。虺纹外侧饰以龙、虎、凤首等，内侧饰以鸟纹，虺纹尾部与乳丁间填以具象鸟纹。此型镜中有四叶乳丁座镜例[7]和联珠乳丁座镜例[8]。

乙类　313件。禽纹四乳四虺镜。虺纹内外饰以鸟纹或简化鸟纹。直径16厘米以下。根据钮座样式的不同，可分为三型。

图1　甲类镜拓本

1～5. 甲A型（北京大葆台汉墓出土镜、青岛土山屯M6棺2：2-2、扬州邗江甘泉姚庄M101出土镜、日照五莲张家仲崮M3：11、南阳万家园M244出土镜）　6. 甲B型（扬州平山养殖场M4出土镜）

1

2

图2　甲类镜

1. 甲A型（仪征新集镇前庄砖瓦厂M12：86）　2. 甲B型（绍兴陂塘公社芳泉大队出土镜）

表1　各类型镜背各圈带比例（占镜背直径百分比）

	圈带以内	主纹区（含内外栉齿纹带）	主纹带	外区至缘部
甲A型	40%～50%	约20%	12%～16%	7%～10%
甲B型	40%～45%	15%～20%	12%～14%	10%～12%
乙A型	40%	16%～21%	12%～14%	9%～11%
乙B型	35%～40%	16%～21%	11%～14%	10%～15%
乙Ca型	30%～40%	16%～21%	10%～15%	8%～16%
乙Cb型	35%	16%～21%	11%～13%	10%～14%
乙Cc型	30%	16%～25%	10%～15%	8%～16%

A型　15件。联珠钮座（图3-1、图3-2）。直径12～14厘米。虺纹内外鸟纹细致，虺纹尾部和乳丁间的鸟纹也较为具体。虺纹尾部近半呈三角S形弧线（图3-1），其余为半圆或略凸弧线（图3-2）。

B型　21件。四叶钮座（图3-3、图3-4）。直径12～16厘米。此型镜较甲B型和乙A型有所简化，表现在：钮座四叶与乳丁不对齐的情况增多；虺纹内侧鸟纹稍有简化；虺纹尾部弧线多呈半圆或略凸。此型镜中有圈带铭文镜[9]和联珠乳丁座镜[10]。

C型　277件。圆形钮座。直径集中在8～12厘米。圆圈钮座外或有一周短线纹。根据钮座外圈带形制的不同，可分为三亚型。

Ca型　124件。钮座外有宽凸圈带（图4-1、图4-2）。直径集中在10～12厘米。凸圈带宽度缩窄，与外侧栉齿纹带宽度差缩小，分隔效果变弱。虺纹内侧多数鸟纹仅表现出翅羽，少部分为双线勾勒的鸟纹或仅以弧线表现；虺纹尾部与乳丁之间饰以简化鸟纹或

图3　乙A型、B型镜拓本

1、2. 乙A型（盱眙小云山陈临墓出土镜、青岛土山屯M148：15）

3、4. 乙B型（临淄刘家墓地棕榈城工地M67出土镜、仪征市仪化工地出土镜）

“﹀”形纹；虺纹尾部多为半圆弧线。外区宽窄不一，近一半外区宽度超过12%。

Cb型　4件。钮座外有内向连弧纹带（图4-3、图4-4）。直径约10厘米。各圈带比例与Ca型相近，较为规整，而纹饰表现简化。虺龙外侧鸟纹较为具体，内侧为简化鸟纹，虺纹尾部多为半圆弧线，乳丁四周饰弧线或涡卷。

Cc型　149件。钮座外有一周细凸圈带（图4-5、图4-6）。直径集中在8～10厘米。钮座和外区宽窄不一，内外区之间的高差也各有不同。纹饰明显简化，表现在：虺纹外侧的简化鸟纹比例增加；虺纹内侧鸟纹以弧线或涡卷纹替代的情况增多，约占三分之一；虺纹

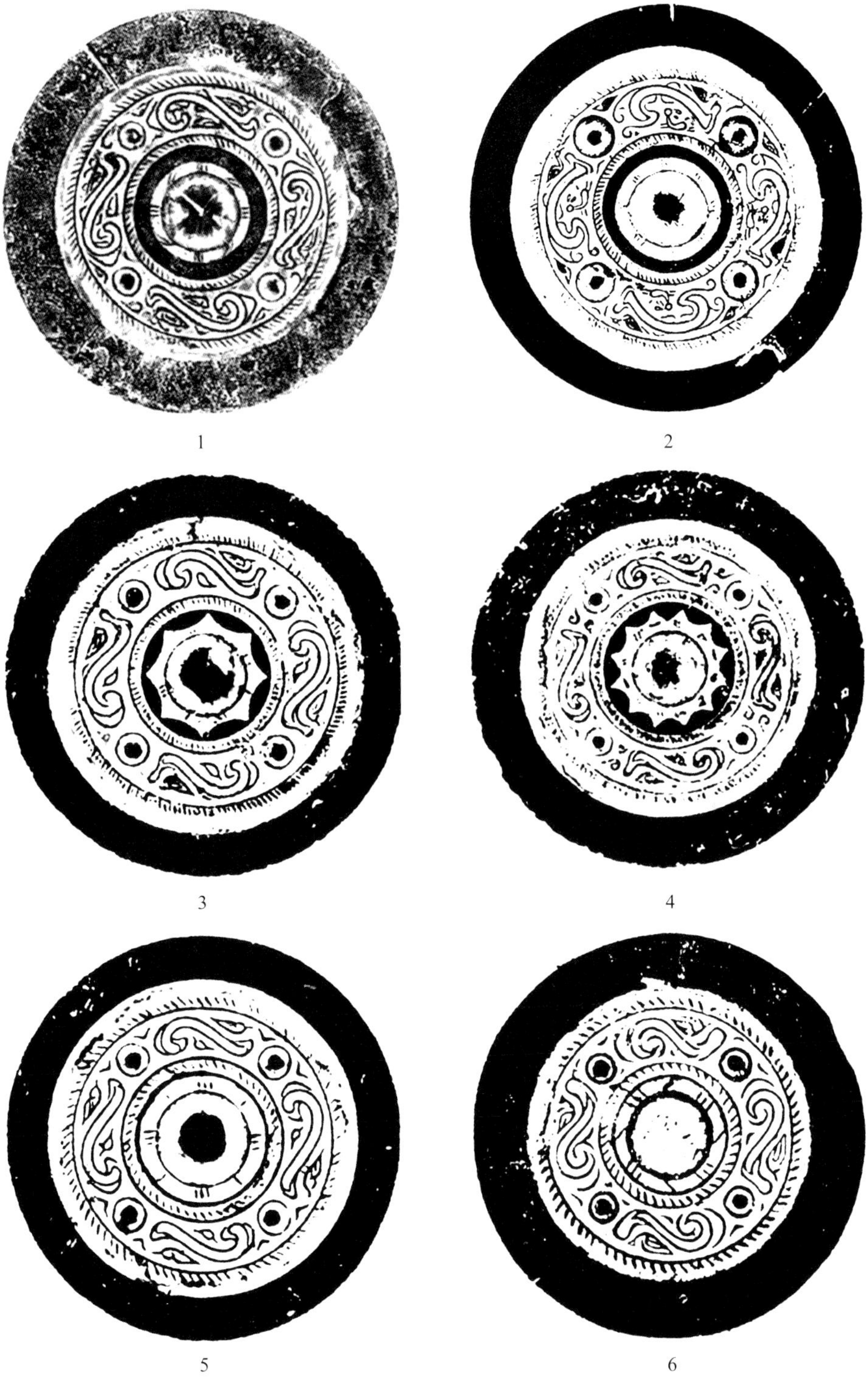

图4　乙C型镜拓本

1、2. 乙Ca型（西安电信局第二长途通信大楼M110：21、扬州槐泗镇雷塘出土镜）

3、4. 乙Cb型（临淄南马墓地棠悦二期工地M16出土镜、临淄石鼓墓地光明二期工地M48出土镜）

5、6. 乙Cc型（临淄范家墓地淄江花园J组团工地M97出土镜、广州汉墓M3019：22）

尾部多为半圆弧线；乳丁周围多饰以“﹀”形纹。此型镜中出现了超过10件S形虺纹镜，是通常所见逆S形虺纹的镜像。这些镜例直径约9厘米，纹饰简化，制作粗疏，显示出制作的随意性或技术差别。

二、四乳四虺镜的年代与纹饰源流

本文对于年代的探讨主要基于两点：一是通过有确切年代信息墓葬的出土镜锁定镜的年代特征；二是联立起四乳四虺镜同时期镜类关系，探讨其演变，究明镜类间横向并行关系，这有助于理解四乳四虺镜在汉镜发展脉络中的位置。

首先是有明确纪年信息的出土镜例。北京大葆台M1：43，属本文甲A型，直径19厘米。根据该墓所见黄肠题凑形制、出土五铢钱的特征以及龙首陶魁等宣帝以后新器形的出现，推定墓主人是广阳顷王刘建[11]。据此可以认为公元前1世纪中叶已出现甲A型四乳四虺镜。大葆台M1还出土有1件星云纹镜和2件昭明镜。星云纹镜是武帝时期的新镜类，少与四乳四虺镜同出。若非传世镜，则说明该镜与同出的四乳四虺镜年代相近。

连云港东海尹湾汉墓群年代在西汉晚期至东汉初年，其中M6男棺和女棺各出土1件乙Ca型镜。根据出土木牍（YM6D11）所见元延三年五月历谱，推定该墓年代上限应为公元前10年，墓主人是东海郡功曹史师饶夫妇[12]。若墓主人在此不久后去世并下葬，即可将该镜作为西汉晚期的参考品。男棺出土镜（图5-1）略大，直径12厘米，纹饰较为具象；女棺出土镜（图5-2）纹饰较为简化。

连云港海州花园路M1三号棺出土乙A型镜1件，二号棺出土四乳四神镜1件、四号棺出土圈带铭文镜1件。二号棺出土名谒中有废止于东汉初的“河南太守”“河南都尉”官

1　　2

图5　尹湾汉墓出土四乳四虺镜

1. 男棺出土镜　2. 女棺出土镜

称，据此认为该墓年代下限在西汉末年[13]。青岛土山屯M148：15，属乙A型。该墓未见纪年物，相邻的M147出土有“元寿二年”上计文书，发掘者认为M147墓主人死亡和入葬在元寿二年（公元前1年）十一月后不久。根据封土剖面地层关系可知，M148年代早于M147。据此可以认为乙A型四乳四虺镜出现于新莽以前。

综上，西汉晚期已出现甲A型、乙Ca型、乙A型镜，甲A型的出现当不晚于西汉宣帝时期，乙Ca型和乙A型镜的出现不晚于西汉晚期，但不足以说明各类型出现年代上限及其先后次序。

其次是四乳四虺镜与同时期其他镜类的关系。四乳四虺镜与四乳禽兽纹镜、四神规矩镜关系密切，主纹饰均采用四分法环绕配置，强调方位且纹饰跃动、装饰性强，可以看到“自异体字圈带铭文镜的划一性中解放出的自由之力”[14]。四乳四虺镜正处于从圈带铭文镜至规矩镜流行的中间阶段，孙机先生指出，代之以四神首纹的四乳四虺镜，为随即兴盛起来的规矩五灵镜之先驱[15]。西汉至新莽时期四乳四虺镜的伴出镜情况如表2所示，可知乙Ca型多与圈带铭文镜同出，很少与四乳禽兽纹（四神）镜或四神规矩镜同出，据此可以推测乙Ca型镜的年代偏早，而后出现了与四神首相结合的甲类镜。如前所述，甲A型镜的出现不晚于西汉中晚期，甲B型镜的出现与此相去不远。四乳四虺镜中甲B型（参见图2）、乙A型（图6-1）、乙Ca型（图6-2）所见昭明镜铭，字体方正且有连笔现象，符合西汉晚期至新莽镜铭字体特点[16]。甲B型镜的出现可溯至西汉晚期或更早，茂陵镇第二针织厂汉墓四乳四虺镜（甲B型）与星云纹镜同出，该墓年代在西汉中晚期[17]，可为此证。由此可以推测乙Ca型镜的出现当不晚于西汉昭宣时期。

表2　西汉至新莽时期四乳四虺镜伴出镜一览表　　（单位：件）

铜镜出土地点	四乳四虺镜类型（数量）	伴出镜类（数量）	墓葬年代	资料出处
北京大葆台汉墓	甲A型（1）	星云纹镜（1）、昭明镜（2）	西汉中晚期	《北京大葆台汉墓》39～41页
连云港赣榆金山乡	甲A型（1）	昭明镜（2）	西汉中晚期	《考古》1986.11
扬州邗江姚庄M101	甲A型（1）	四神规矩镜（2）、铜华镜（2）	西汉晚期	《文物》1988.2
西安西北有色金属研究院M1	甲A型（1）	四乳八禽镜（1）	新莽时期	《西安东汉墓》38～41页
茂陵镇第二针织厂M1	甲B型（1）	星云纹镜（1）	西汉中晚期	《文博》1999.3
连云港海州M1：44	乙A型（1）	精白镜（1）、四乳四神镜（1）	西汉中晚期	《文物》2012.3
阳原三汾沟M9	乙A型（1）	铜华镜（1）	西汉晚期	《文物》1990.1
青岛土山屯M148	乙A型（1）	四乳四神镜（1）	西汉晚期	《考古》2019.3
日照大古城M2	乙A型（1）、乙Cc型（1）	四神规矩镜（1）	西汉晚期	《东南文化》2006.4

续表

铜镜出土地点	四乳四虺镜类型（数量）	伴出镜类（数量）	墓葬年代	资料出处
永州鹞子岭M2	乙A型（1）	昭明镜（1）	西汉晚期	《考古》2001.4
长沙杨家山M304	乙A型（1）	鎏金规矩镜（2）	西汉晚期	《考古学集刊》1
洛阳烧沟M1005	乙A型（1）	四神规矩镜（1）	西汉晚期至新莽	《洛阳烧沟汉墓》164～165页
庐江董院M16	乙B型（1）	昭明镜（1）	西汉晚期	《庐江汉墓》49页
西安三爻村M4	乙B型（1）	四神规矩镜（1）	新莽时期	《考古与文物》2001.3
扬州小杨庄M28	乙B型（1）、乙Cc型（2）	铜华镜（1）、四乳四神镜（1）	西汉晚期	《考古》2021.4
西安雅荷城市花园M11	乙Ca型（1）、乙Cc型（1）	日光镜（1）	西汉晚期	《长安汉墓》243～249页
芜湖贺家园M2	乙Ca型（1）	昭明镜（2）	西汉晚期	《考古学报》1983.3
洛阳卜千秋墓	乙Ca型（1）	昭明镜（1）	西汉晚期	《文物》1977.6
仪征新集螃蟹地M7	乙Ca型（1）	四神规矩镜（1）	西汉晚期	《东南文化》2009.4
盐城三羊墩汉墓	乙Ca型（1）	清白镜（1）、四乳八禽镜（1）	两汉之际	《考古》1964.8
洛阳邮件处理中心M372	乙Ca型（1）	昭明镜（1）	西汉晚期至新莽	《文物》1994.7
西安尤家庄M14	乙Ca型（1）	日光镜（1）	西汉晚期	《长安汉墓》563～572页
西安尤家庄M110	乙Ca型（1）	四神规矩镜（1）	西汉晚期	《长安汉墓》603～615页
洛阳河拦沟村C3M1575	乙Ca型（1）	日光镜（1）	新莽时期	《洛阳考古》2014.1
咸阳兴平西吴乡齐家坡村M3	乙Ca型（1）	昭明镜（1）	新莽时期	《考古与文物》1995.4
宝鸡凉泉M2	乙Ca型（1）	重圈铭带镜（1）	新莽时期	《考古与文物》2013.6
长沙汤家岭M1张端君墓	乙Cc型（1）	铜华镜（1）、日光镜（1）、四乳四神镜（1）、方格规矩镜（1）、四神规矩镜（1）	西汉晚期	《考古》1966.4
洛阳孟津天皇岭M26	乙Cc型（1）	清白镜（1）	西汉晚期	《文物》2022.1
洛阳五女冢M461	乙Cc型（1）	四乳四神镜（1）	新莽时期	《文物》1995.11
盱眙东阳M30	乙Cc型（2）	昭明镜（2）、四乳四神镜（1）、四神规矩镜（1）	新莽时期	《东南文化》2013.6

1

2

图6　四乳四虺镜所见铭文

1. 西安白鹿原M12：3（乙A型）　2. 萧县汉墓XPM94：1（乙Ca型）

尽管甲B型和甲A型的出现年代相去不远，但四叶钮座镜大体上应晚于联珠钮座镜。一是从B型镜的出土情况来看，主要流行于两汉之际。二是四叶钮座的流行晚于联珠钮座。四叶钮座常见于两汉之际镜类，目前所知最早的纪年镜——永始二年（公元前15年）四神规矩镜[18]和居摄元年（6年）铭带镜[19]均为四叶钮座。规矩镜中四叶钮座、方格、十二支铭、乳丁、规矩纹、四神纹，通过叠加反复，有意识地强调四方，是时人宇宙观念的体现。四乳四虺镜后来发展出四乳禽兽纹镜，后者多见四叶钮座而少见联珠钮座，也反映出钮座的历时性变化。三是A型镜背各圈带比例更规整，而B型镜的纹饰更统一。四神首位于虺纹内侧、逆时针环绕镜钮仅见于甲A型镜（大葆台出土镜和赣榆出土镜），就制作而言区别在于制范刻纹时是从钮下部还是从钮上部开始。此时这一意匠的表达尚未定型，但很快就汇入主流样式中，而在圈带比例的控制上略有松弛。

综上所述，四乳四虺镜各型式的演进逻辑为乙Ca型→甲A型→乙A型/甲B型→乙B型。其中乙Ca型不晚于西汉昭宣时期，甲A型出现于西汉中晚期，乙A型和甲B型至迟在西汉晚期都已出现，乙B型出现于新莽前后。乙Cc型为四乳四虺镜的简化样式，根据墓葬年代和伴出镜情况推测其出现于西汉晚期。简化镜的出现说明该镜类正在被接受和认可，而东汉以来乙Cc型镜的流行说明四乳四虺镜逐渐走向衰落。

三、四乳四虺镜的分布与产地因素分析

四乳四虺镜广泛分布于汉帝国全境，帝国边陲亦有不少发现。根据考古遗物产地分析法，即“各种类型的铜镜主要以其产地为中心流通和分布……某种铜镜的集中分布区也正是其产地所在”[20]，即“产地形成产品风格，流通形成产品分布”[21]。据此考察四

乳四虺镜的类型分布（表3）可以看到：甲类镜以扬州的发现最为集中、西安次之；乙类镜以临淄的发现最多，临淄以外乙Ca型较多见于两京及江淮地区，而乙Cc型的分布范围更广，边陲地区所见以乙Cc型镜居多；A型镜（甲、乙类均包括，后同）在扬州和西安发现较多，其他地区的零星发现显示出环黄海分布的特征；B型镜（甲、乙类均包括，后同）集中发现于江淮地区和都城长安。

表3 出土四乳四虺镜的类型构成 （单位：件）

	临淄	扬州	西安	洛阳	南阳	六安	庐江	杭州
甲A型		3	3		1	1		
甲B型		5	1			1	1	2
乙A型	2		1	1	2			
乙B型	3	4	5			2	1	
乙Ca型	21	10	10	11	6	6	4	4
乙Cc型	28	4	13	8	5	5	5	4

临淄、洛阳、西安和扬州所见四乳四虺镜的数量和种类较多，但不能直接同产地画等号。第一，考古发现有其偶然性，讨论仅限于集中出土地区的镜例。第二，该镜类变化不大，易于仿制，单就四乳四虺镜锁定产地因素有难度。第三，不同产地可以生产相同类型的铜镜，但产品风格往往因产地而异，因此应该关注相同镜类的不同风格[22]。都城和诸侯国王都是铜镜主要消费地和集散地，定向生产或专供的可能性较大，不能简单地以集中出土地为产地，但这种可能性是存在的。这里首先讨论风格显著的临淄和扬州出土镜，提取出地域风格后，再以此考察两京及其他地区出土镜。

临淄镜和扬州镜的差别体现在类型构成、铸镜尺寸和精美程度上。扬州镜多见甲类镜、B型镜和乙Ca型镜；而临淄镜尚未见到甲类镜，以乙C型为主，其中乙Cc型较乙Ca型略多。扬州镜中近半为A型或B型镜，直径15厘米以上镜有9件，包括5件18厘米以上的大型镜，最大直径19.1厘米；直径10厘米以下的仅5件。临淄镜最大直径15.1厘米，10厘米以下镜约占三分之二。扬州镜虺纹拱起饱满、纹饰细密，虺纹内侧或有铭文、奔鹿或兔纹，约80%虺纹内侧为具象鸟纹，而临淄镜这一比例仅约三分之一，常见填饰涡卷弧线以取代鸟纹。临淄镜中多见逆时针虺纹镜（图7-1、图7-2），圈带比例不规整，乙Ca型镜中有宽凸圈带或窄于其外侧栉齿纹带的镜例，纹饰简化，制作粗疏。又如主纹区极窄、外区极宽的镜例（图7-3、图7-4），主纹饰仅有虺纹而无鸟纹。再如虺纹头部斜直的镜例（图7-5、图7-6），两镜主纹饰呈水平镜像，外区中部凹带内填复线波纹带，这在四乳四虺镜中非常罕见，此外仅见于青州市博物馆藏镜[23]，可能也是临淄铸镜。综上，可以确认扬州和临淄是四乳四虺镜的两个产地。

西安所见B型镜较多这一点与扬州镜相似，但乙Cc型镜数量较多。眉县长兴M53：26和咸阳拣选镜[24]直径近19厘米，四叶间饰以水滴形纹和描边弧线，虺纹饱满、纹饰细致，圈带比例也接近扬州镜。但值得注意的是，西安出土B型镜直径多在12～14厘米，

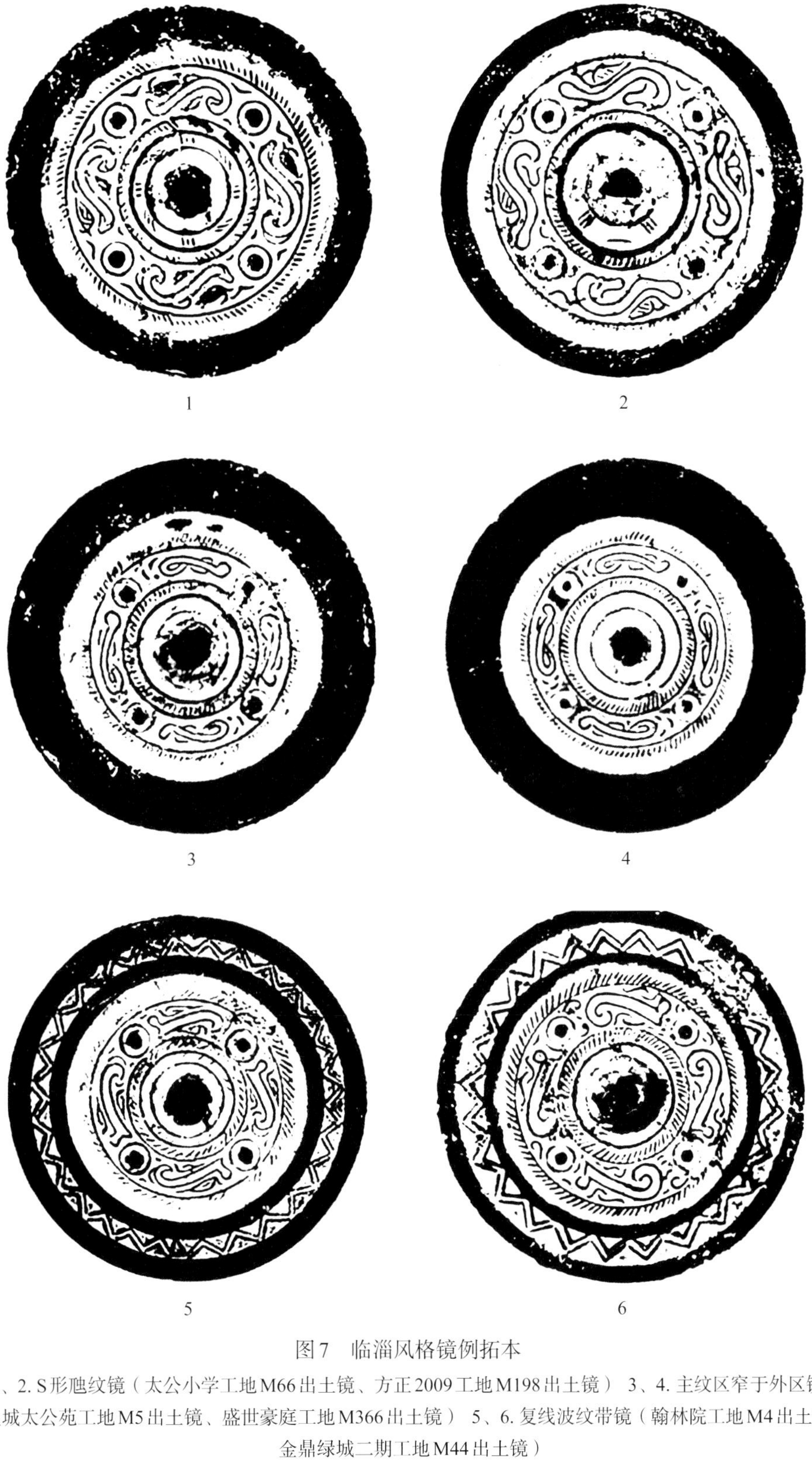

图7　临淄风格镜例拓本

1、2. S形虺纹镜（太公小学工地M66出土镜、方正2009工地M198出土镜） 3、4. 主纹区窄于外区镜（皇城太公苑工地M5出土镜、盛世豪庭工地M366出土镜） 5、6. 复线波纹带镜（翰林院工地M4出土镜、金鼎绿城二期工地M44出土镜）

而扬州镜大多在这个区间之外，这一区间内的A型或B型镜多见于西安，其次是临淄和南阳，因此西安镜应有不同来源，不能排除本地铸镜。洛阳地区尚未见到甲类镜，这一点与临淄镜相似，但缺乏四叶钮座镜且乙Ca型镜较多。除烧沟M1005：33为乙A型，其余均为乙C型。烧沟M1005：33与盱眙小云山陈临墓出土镜[25]相似，烧沟M38A：18（乙Ca型）与扬州雷塘出土镜[26]（图4-2）相似，虺纹拱起饱满、内侧有奔鹿或兔纹，此二镜可能来自扬州。环黄海地区的青岛土山屯M6出土镜（甲A型，参见图1-2）也符合扬州镜特征。土山屯汉墓出土漆器与扬州、连云港一带西汉中晚期木椁墓出土漆器非常相似，甚至有些完全相同，甚至可能是同一作坊产品[27]。土山屯M148与相邻的M147堂邑令刘赐墓的年代和器物风格相近，M148：15（乙A型）或许来自扬州，但其直径在13厘米，且扬州地区少见乙A型镜，因此也有可能来自别处[28]。

相比而言，扬州镜的产地风格更明确——四神首、四叶钮座、尺寸较大、纹饰精细，而临淄镜多为乙C型镜，镜背纹饰高度程式化，难以明确何为临淄风格，但可以说乙C型镜的风格几乎不出临淄所见，这里试举几例说明。滕州东小宫M137：7和临淄南马墓地M169出土镜（乙Ca型），尺寸和纹饰相近，鸟纹头部上方没有双弧线。宝鸡凉泉M5：12和临淄永流墓地M254出土镜（乙Cc型），尺寸、纹饰相同，几乎为同型。临淄徐家墓地M23出土镜，虺纹尾部涡卷近乎圆形，类似镜例还可见于洛阳烧沟M1014出土镜、广州汉墓M3019：22，此外还出现在朝鲜半岛，乐浪石岩里戊坟出土镜[29]也有类似风格，该镜属本文乙Cb型，此型镜目前仅见4例，临淄发现2例，很可能是临淄铸镜。

综上所述，扬州和临淄出土四乳四虺镜数量较多且风格鲜明，可以确定为铸镜产地，两京地区出土镜较多，不排除都城铸镜的可能，但本地铸镜风格不显著。扬州镜和临淄镜的风格差别明显，原因可能有三：一是制镜传统或镜类偏好有别，二是铸镜年代或持续时间有别，三是生产目的或使用人群有别。扬州毗邻丹阳铜官，武帝以后迎来制镜高峰，以四神规矩镜、四乳禽兽纹镜等最富特色，“新（汉）有善铜出丹阳”铭也反映出两汉扬州铸镜之盛。扬州很可能作为定制镜的产地，专供中央政府再行分配。出土A型镜的大葆台汉墓、青岛土山屯M6和M128、日照五莲汉墓、邗江姚庄M101均为高等级贵族墓，B型镜的分布则更多体现出地域性。临淄地区发现有西汉早期铸镜遗址，汉墓出土铜镜数以千计，以蟠螭纹镜、草叶纹镜等最富特色，西汉中晚期以来多见圈带铭文镜，而以四神、瑞兽为主纹饰的镜较少。临淄汉墓随葬铜镜的现象十分普遍，中小型墓葬出土镜占绝大多数，故而少见大型的四乳四虺镜。

四、四乳四虺镜的传播

四乳四虺镜在汉帝国边陲亦有不少发现，以乙Cc型镜分布最为广泛，北至辽宁、内蒙古，西至青海，南至岭南。四乳四虺镜是典型的汉文化遗物，加之简洁的构图和纹饰，持久远播、历久弥新。中亚费尔干纳盆地卡拉布拉克遗址、顿河地区的科比亚科夫墓及赫尔松市郊出土镜表明，这一镜类经由草原之路传到遥远的西方[30]。东部沿海是古代中国与朝鲜半岛、日本列岛交流的重要路线，为扬州、临淄的产品流通提供了地利之便，联珠钮座镜即呈现出环黄渤海分布的特征。

朝鲜半岛所见乙C型镜（表4）与中国镜相近，Ca型与Cc型也大体以直径10厘米为界，风格不出中国所见，应为舶载镜。岭南文化财研究所藏镜，主纹带极窄而纹饰简约，目前在临淄至少发现5件相似镜例。大邱博物馆藏镜与尹湾汉墓女棺出土镜十分相似。京都国立博物馆藏镜与仪征前庄M12：86十分相似，虺纹内侧饰兔纹，推测为扬州铸镜。平原遗迹一号墓年代约在弥生时代后期后半，墓主人身份尊贵，随葬40件铜镜，包括四神规矩镜32件、云雷纹连弧纹镜2件、八叶钮座连弧纹镜5件和四乳四虺镜1件。其中，平原17号镜（甲B型）被认为是舶载镜，与仪征胥浦姜林村出土镜（甲B型）[31]及仪征前庄M12：86（甲A型）相似。东京国立博物馆藏镜，钮座四叶弧线、虺纹内侧兔纹、“常宜子孙”铭文近于扬州镜风格。颇有兴味的是，该镜虺纹外侧为完整四神，应为四乳四虺镜向四乳四神镜的过渡样式，也提示出四乳四虺镜脱胎于四神母题镜。

表4　朝鲜半岛和日本列岛出土四乳四虺镜

出土地点	本文分类	直径（厘米）	插图
韩国庆尚北道永川郡琴湖面鱼隐洞[32]	乙Ca型	10.6	
朝鲜平安南道大同郡乐浪古坟群石岩里戊坟[33]	乙Cb型	11.5	图8-4
朝鲜平安南道中和郡下道面法华里出土镜[34]	乙Cc型	9.8	
韩国国立大邱博物馆藏镜[35]	乙Ca型	10.6	图8-5
韩国岭南文化财研究所藏镜[36]	乙Cc型	8.7	图8-6
日本和歌山县有田市初岛町椒浜古坟[37]	乙Ca型	11.9	
日本爱知县东海市兜山古坟[38]	乙Ca型	9.2	图9-1
日本佐贺县神埼郡三津永田遗迹[39]	乙Cc型	9.2	图9-2
日本千叶县市原市二子塚古坟[40]	乙Cc型	9.1	图9-3
日本冈山县都窪郡铸物师谷一号墓出土镜[41]	乙Cc型	9.5	图9-4
日本福冈县前原市平原遗迹一号墓17号镜[42]	甲B型	16.5	图8-1
日本京都国立博物馆藏镜[43]	甲A型	19	图8-3
日本东京国立博物馆藏镜[44]	甲B型	17.4	图8-2

综上，朝鲜半岛舶载镜很可能来自临淄，渤海湾沿岸没有发现乙C型镜，故推测临淄镜东传路线是环黄海之路[45]。尽管环黄海之路的起点可向南追溯至扬州，而沿线所见甲类镜多为联珠钮座镜，仅在临淄发现有四叶钮座镜，且日本所见舶载四叶钮座镜与扬州镜虽然相似但在细节上仍有差异。

五、结　语

本文是对汉代四乳四虺镜的全面收集和系统研究，也是基于考古类型学和产地风格分析法的又一次镜类研究尝试，主要研究结论如下。

1　2　3　4　5　6

图8　朝鲜半岛和日本列岛出土四乳四虺镜

1、2. 甲B型（日本福冈平原遗址一号墓出土镜、日本东京国立博物馆藏镜） 3. 甲A型（日本京都国立博物馆藏镜） 4. 乙Cb型（朝鲜乐浪石岩里戊坟出土镜） 5. 乙Ca型（韩国国立大邱博物馆藏镜） 6. 乙Cc型（韩国岭南文化财研究所藏镜）

第一，四乳四虺镜按主纹饰可分为四神首镜（甲类）和鸟纹镜（乙类）两类，按钮座形态可分为联珠钮座（A型）、四叶钮座（B型）和圆形钮座（C型）三型。结合所出墓葬年代和伴出镜情况，可以认为四乳四虺镜的演进逻辑为乙Ca型→甲A型→乙A型/甲B型→乙B型。乙Ca型的出现不晚于西汉昭宣时期，甲A型出现于西汉中晚期，乙A型和甲B型至迟在西汉晚期都已出现，乙B型出现于新莽前后。乙Cc型作为简化样式出现于西汉晚期，流行于东汉以后。

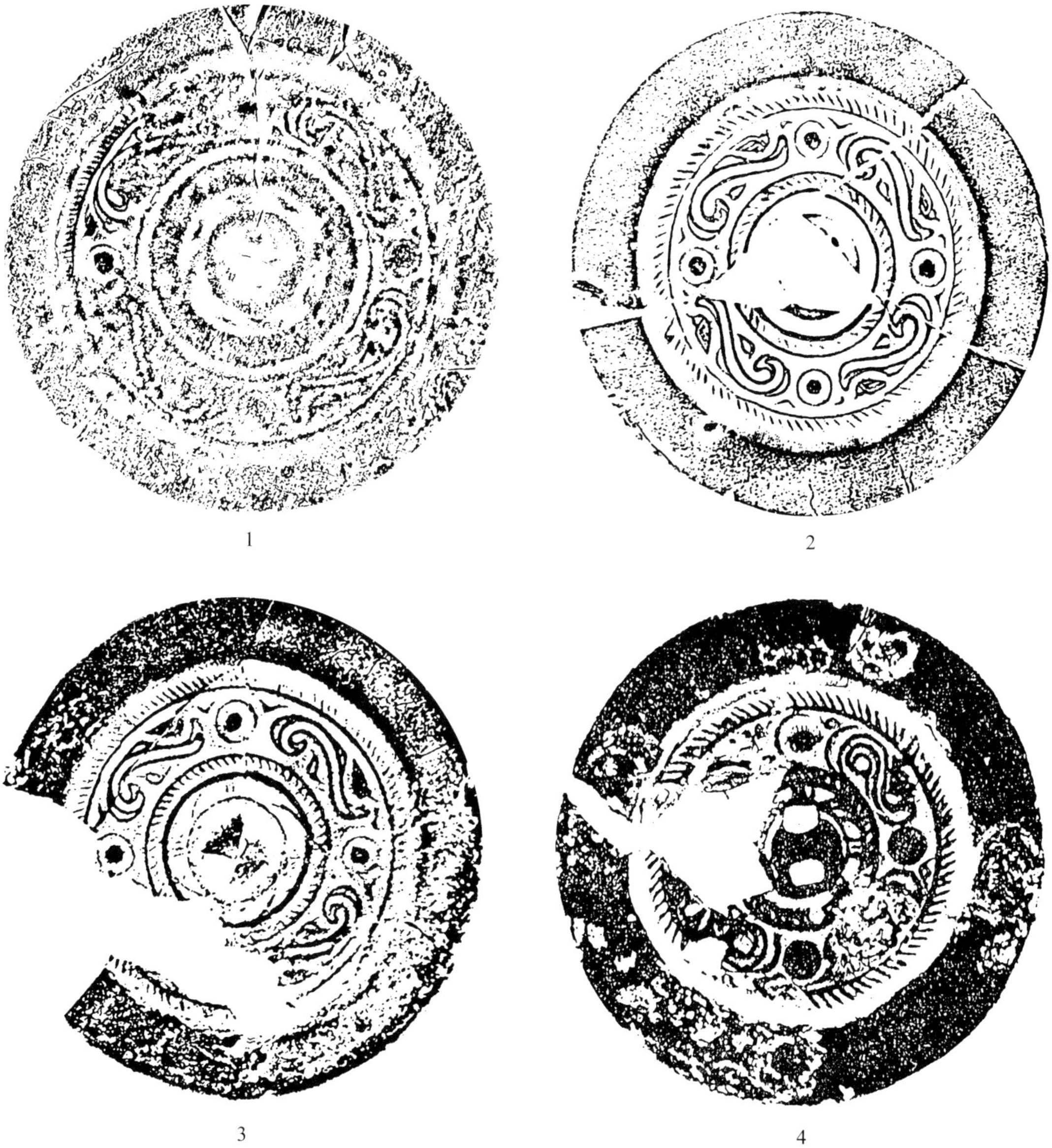

图9　日本列岛出土乙C型四乳四虺镜拓本

1. 乙Ca型（和歌山县有田市椒浜古坟出土镜）　2～4. 乙Cc型（佐贺县神埼郡三津永田遗迹出土镜、千叶县市原市二子塚古坟出土镜、冈山县都洼郡铸物师谷一号墓出土镜）

第二，基于四乳四虺镜纹饰风格和类型分布，重点关注出土镜集中的扬州、临淄、西安和洛阳，考察铸镜风格及其分布，明确扬州和临淄是四乳四虺镜的两个产地。扬州镜体大厚实、铸造精良，甲类镜、B型镜和乙Ca型镜较多，构图规整，虺纹拱起饱满、横跨修长，纹饰细密。临淄镜多为10厘米左右的乙C型镜，乙Ca型样式统一、构图严整，乙Cc型镜样式丰富、纹饰简化。这两地产品风格的差别，既有地域和年代原因，也有生产目的和使用人群的差异。

第三，四乳四虺镜盛行于两汉之际，正值汉文化持续向外影响时期，汉帝国境外亦发现有四乳四虺镜。朝鲜半岛和日本列岛出土镜，可识别出产地风格，推测传播路线为环黄海之路。

注　释

［1］青岛市文物保护考古研究所、黄岛区博物馆：《山东青岛市土山屯墓地的两座汉墓》，《考古》2017年第10期。

［2］大葆台汉墓发掘组、中国社会科学院考古研究所：《北京大葆台汉墓》，文物出版社，1989年，第39～41页。

［3］潍坊市博物馆、五莲县图书馆：《山东五莲张家仲崮汉墓》，《文物》1987年第9期。

［4］南阳市文物考古研究所：《南阳出土铜镜》，文物出版社，2010年，第76～77页。

［5］仲璟维、高立保、于惊鸿：《江苏赣榆县金山乡发现一座汉墓》，《考古》1986年第11期。

［6］仪征市博物馆：《江苏仪征国庆前庄12号墓发掘简报》，《东南文化》2017年第2期。

［7］a. 解峰、陈秋歌：《陕西第二针织厂汉墓清理简报》，《文博》1999年第3期。
b. 王士伦、王牧编著：《浙江出土铜镜（修订本）》，文物出版社，2006年，彩版3和图版6。

［8］陕西省考古研究所宝鸡工作站、宝鸡市考古工作队：《陕西眉县常兴汉墓发掘报告》，《文博》1989年第1期。

［9］陕西省考古研究所：《白鹿原汉墓》，三秦出版社，2003年，第184～186页。

［10］安徽省文物考古研究所等：《六安出土铜镜》，文物出版社，2008年，第113页。

［11］大葆台汉墓年代是究明四乳四虺镜年代的重要锚点，断代关键在于残漆器上的“廿四年”针刻。1989年报告认为墓主人为广阳顷王刘建（死于元帝初元四年，公元前45年），本文从此说（参见《北京大葆台汉墓》，第94～97页）。1977年简报认为墓主人是死于昭帝元凤元年（公元前80年）的燕王刘旦（参见《大葆台西汉木椁墓发掘简报》，《文物》1977年第6期）。“廿四年”即武帝太始三年（公元前94年），有学者据此将四乳四虺镜的年代断在武帝时期，此说影响较大（参见孔祥星、刘一曼：《中国古代铜镜》，第74页）。而后王灿炽提出大葆台汉墓的墓主人是广阳顷王刘建及其王后（参见《大葆台西汉墓墓主考》，《文物》1986年第2期）。综合文献记载、墓葬地望、墓葬形制和随葬品组合来看，该墓年代应在西汉晚期，镜的年代也大致在这一时期。

［12］连云港市博物馆等：《尹湾汉墓简牍》，中华书局，1997年，第155～166页。

［13］连云港市博物馆：《江苏连云港海州西汉墓发掘简报》，《文物》2012年第3期。

［14］岡村秀典：《前漢镜の編年と様式》，（日本）《史林》第67卷第5号，1984年。

［15］孙机：《汉代物质文化资料图说》，上海古籍出版社，2011年，第309页。

［16］（昭明镜）镜铭在西汉中期以变篆体常见，但隶化已经相当明显。西汉晚期、新莽时期流行隶篆式变体，镜铭中亦多加“而”字。字体方正的“而”字镜大约从宣元时期开始出现，流行于西汉晚期、新莽时期，东汉早期以后消失。西汉中期的铭文字体结构较为紧凑，晚期到新莽时期字体结

构渐趋宽松，简笔、连笔、掉字现象逐渐增多，“而”字镜的字体整体上讲是由方正向扁方正演变的。参见程林泉、韩国河：《长安汉镜》，陕西人民出版社，2002年，第117页。
［17］仲璟维、高立保、于惊鸿：《江苏赣榆县金山乡发现一座汉墓》，《考古》1986年第11期。
［18］洛阳市第二文物工作队：《洛阳五女冢267号新莽墓发掘简报》，《文物》1996年第7期。
［19］孔祥星、刘一曼：《中国铜镜图典》，文物出版社，1992年，第241页。
［20］白云翔：《从韩国上林里铜剑和日本平原村铜镜论中国古代青铜工匠的两次东渡》，《文物》2015年第8期。
［21］白云翔：《论基于风格与分布的考古遗物产地推定法》，《考古》2016年第9期。
［22］白云翔：《从韩国上林里铜剑和日本平原村铜镜论中国古代青铜工匠的两次东渡》，《文物》2015年第8期。
［23］宋少辉：《青州市博物馆藏汉代铜镜选介》，《东方收藏》2017年第8期。
［24］王英：《咸阳市博物馆收藏的古代铜镜》，《考古与文物》2001年第4期。
［25］程浩：《盱眙馆藏精品铜镜赏析》，《文物鉴定与鉴赏》2012年第5期。
［26］徐忠文、周长源主编：《汉广陵国铜镜》65，文物出版社，2013年。
［27］青岛市文物保护考古研究所、黄岛区博物馆：《山东青岛市土山屯墓地的两座汉墓》，《考古》2017年第10期。
［28］土山屯M6棺2：2-2，属甲A型，为扬州风格镜。土山屯M148：15，属乙A型，直径13厘米。相邻的M147出土有四乳驯龙虎纹镜。据出土木牍可知M147墓主人为堂邑令刘赐，木牍内容为堂邑元寿二年上计文书。堂邑即今南京六合，位于仪征以西，墓主人曾任职于扬州。参见青岛市文物保护考古研究所、黄岛区博物馆：《山东青岛市土山屯墓群四号封土与墓葬的发掘》，《考古》2019年第3期。
［29］澄田正一：《四虺文鏡について》，《日本古文化論攷》，1970年，第239～258页。
［30］Ю.А.扎德涅普罗夫斯基、Е.И.鲁沃＝莱丝尼琴科著，白云翔译：《中亚费尔干纳出土的汉式镜》，《考古与文物》1998年第3期。
［31］仪征博物馆：《仪征馆藏铜镜》，江苏美术出版社，2010年，第58页。
［32］同墓伴出舶载日光镜2件，以及八乳连弧纹镜、小型薄型镜等仿制镜。
［33］澄田正一：《四虺文鏡について》，《日本古文化論攷》，1970年，第239～258页。
［34］澄田正一：《四虺文鏡について》，《日本古文化論攷》，1970年，第239～258页。
［35］북천박물관（福泉博物馆）：《神의 거울 銅鏡》，북천박물관특별기획전도록（福泉博物馆特别企划展图录），2009年，第191页图22。
［36］북천박물관（福泉博物馆）：《神의 거울 銅鏡》，북천박물관특별기획전도록（福泉博物馆特别企划展图录），2009年，第187页图5。
［37］（日本）埋蔵文化財研究会：《倭人と鏡—日本出土中国鏡の諸問題—》（第一分冊），第35回研究集会実行委員会発行，1994年，第82页。
［38］（日本）埋蔵文化財研究会：《倭人と鏡—日本出土中国鏡の諸問題—》（第一分冊），第35回研究集会実行委員会発行，1994年，第60页。
［39］（日本）埋蔵文化財研究会：《倭人と鏡—日本出土中国鏡の諸問題—》（第二分冊），第35回研究集会実行委員会発行，1994年，第306页。
［40］（日本）埋蔵文化財研究会：《倭人と鏡—日本出土中国鏡の諸問題—》（第一分冊），第35回研究集会実行委員会発行，1994年，第350页。
［41］（日本）埋蔵文化財研究会：《倭人と鏡—日本出土中国鏡の諸問題—》（第二分冊），第35回研究集会実行委員会発行，1994年，第481页。

［42］ 柳田康雄、角浩行：《平原遺跡》，前原市教育委員会，2000年，第26页。

［43］ 樋口隆康：《古鏡》，新潮社，1979年，第100页，图版二六-51。

［44］ 樋口隆康：《古鏡》，新潮社，1979年，第100页，图版二六-52。

［45］ 白云翔：《从韩国上林里铜剑和日本平原村铜镜论中国古代青铜工匠的两次东渡》，《文物》2015年第8期。按："环黄海之路"是指经由山东半岛北端蓬莱，经由庙岛列岛北上到达辽东半岛南端，然后沿黄海北岸近海北上东进，沿黄海的西朝鲜湾南下进入朝鲜半岛，向东穿过济州海峡到达半岛东南近海，向南横穿朝鲜海峡和对马海峡，再经由壹岐岛到达九州北部的路线。

韩国昌原石洞出土星云纹镜的内涵
——兼论西汉镜的传世及其特点

李阳洙 裴德焕
（韩国国立清州博物馆） （韩国东亚细亚文化财研究院）

2020年，在配合韩国庆尚南道昌原石洞第二安民隧道施工建设进行的发掘调查中，清理了数百座加耶时期墓葬与居住遗址，为理解与探究加耶时期该地域政治体的规模和性质提供了十分重要的资料[1]。其中，笔者最关注的是这批资料中出土的星云纹镜，此类原本流行于西汉时期的铜镜，却出土于5世纪加耶墓葬中，这一点也引起了其他学者的关注。

在未见随葬镜实物以前，笔者的认识仅停留在朝鲜半岛南部地区终于发现了传世西汉镜资料的层面上，后承蒙东亚细亚文化财研究院的厚意，在亲眼得见实物的过程中观察到了几处特殊现象，产生了一些疑问。本文即以此次调查为基础，尝试对星云纹镜的制作技术与传世，以及铜镜的产地与内涵等问题进行探讨。

由于正式发掘报告尚未公布，本文在资料上存在一定的局限性，敬请谅解。希望拙文作为引玉之砖，在今后对该遗址进行全面分析时能够得出更加新颖、更加重要的观点，从而进一步完善相关研究。

一、星云纹镜研究小史

（一）型式与年代

星云纹镜属于西汉镜，镜背由4～7枚乳丁连成的曲线构成。该纹样经过了从蟠龙纹镜蟠龙眼部和肩部乳状突起向星云纹乳丁的演化，以及蟠龙躯体的曲线化过程，最终龙的形象逐渐变成了“云气纹”。樋口隆康[2]曾根据乳丁个数、圆座或九曜纹座等属性对星云纹镜进行分类，推测星云纹镜的变化规律是主纹区乳丁数量逐渐由多变少，尽管从目前研究来看，实际情况很可能恰恰相反。此后对星云纹镜进行型式分类的还有冈村秀典[3]。冈村氏着眼于乳丁形态将星云纹镜分为两类，一类是与昌原石洞出土镜相同的四方配置圆座乳丁的“圆座-Ⅰ式”，另一类是由中央圆座乳丁及其四边成对的圆盘形凸起八联珠组成的“九曜纹座-Ⅱ式”。连峰钮可以分为以下三类：钮中心凸起周边环绕六个山峰，钮座饰以由弧线和半圆形组成的凸起栉齿纹带的连峰钮a；钮中心为一山峰形凸起，周边环绕八个山峰，钮座增饰四组纹样的连峰钮b；钮座增加了弧线、涡纹等的连峰钮c。其中，连峰钮a仅与Ⅰ式组合，连峰钮b可见于Ⅰ式和Ⅱ式，连峰钮c仅见于Ⅱ式。由此可以把握星云纹镜Ⅰ式和Ⅱ式的先后关系（图1）。

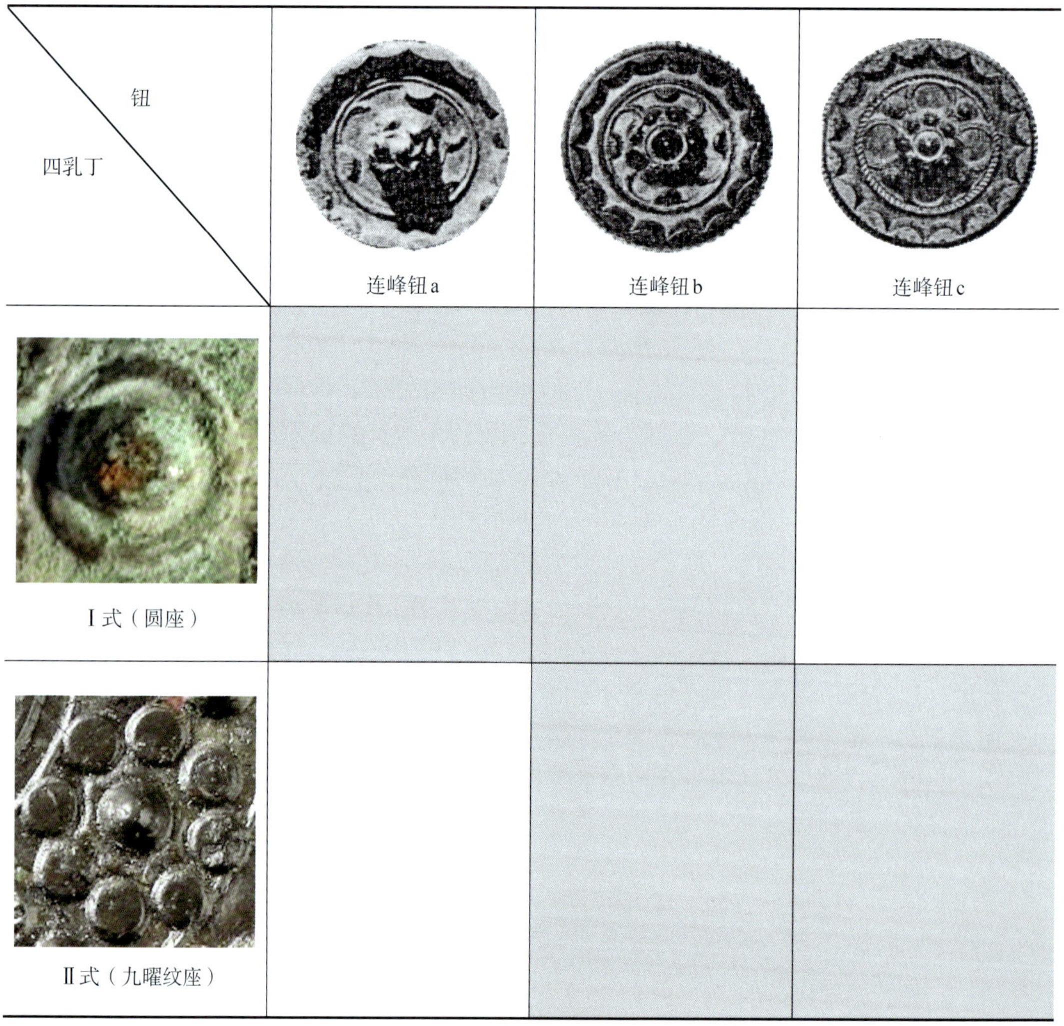

图1　星云纹镜的型式组合

冈村氏又基于铜镜伴出情况对镜类先后关系进行了论证。如果仔细考察星云纹镜和螭龙纹镜的伴出关系会发现，星云纹镜Ⅰ式与草叶纹镜、螭龙纹镜伴出，星云纹镜Ⅱ式与铭带镜伴出，由此可以确定星云纹镜Ⅰ式、Ⅱ式之间确实存在时间差。

如表1所示，从出土遗物的纪年可以推测星云纹镜Ⅰ式至迟与草叶纹镜ⅡA式并行，年代在公元前2世纪末；星云纹镜Ⅱ式年代在公元前1世纪前期。随着调查的积累，尽管仍有必要对星云纹镜类型进行更细致的研究，但已确立的相对年代早晚关系几乎没有变化。

表1　星云纹镜的伴出铜镜情况

遗迹	埋葬数	铜镜型式	文献
云南晋宁石寨山M1	1	草ⅡA星Ⅰ×2	《考古学报》1956-1
四川成都羊子山M30	?	螭Ⅰ星Ⅰ	《考古通讯》1955-6
四川成都羊子山M119	?	螭Ⅰ星Ⅰ	《四川省出土铜镜》
河北怀安北沙城M6	2	铭Ⅱ星Ⅱ	《万安北沙城》
江苏连云港霍贺墓	2	铭Ⅱ星Ⅱ	《考古》1974-3
江苏扬州邗江胡场M5	2	铭Ⅲ星Ⅲ	《文物》1981-11

但是我们仍然可以从类型学确认星云纹乳丁数量由5个增至7个的演进方向，而这一事实与樋口隆康的主张相反。以西安张汤墓出土镜为例（图2左）。《汉书》记载张汤卒于公元前115年，而《史记》的记载则是公元前114年。该墓出土有Ⅰ式圆座四乳星云纹镜，伴出品包括小铜铎、环首刀、五铢钱等。这是目前所见年代最早的星云纹镜出土墓例，可以认为该墓年代在公元前114年左右。

北京大葆台1号木椁墓出土有Ⅱ式九曜纹座七乳星云纹镜（图2右），伴出有铭带镜、虺龙纹镜和一件刻有“二十四年五月丙辰丞”铭文的漆器。发掘者结合燕王刘旦在位24年的记载，认为该漆器年代应在汉武帝太始三年（公元前94年）。特别是墓主人被推定为西汉广阳顷王刘建。据记载刘建薨于初元四年（公元前45年），即该墓年代在公元前45年左右。由此看来，星云纹镜可能出现于公元前2世纪中后期，一直使用至公元前1世纪中叶[4]。

图2　张汤墓（左）和大葆台1号墓（右）出土星云纹镜

朝鲜半岛也出土有星云纹镜。在半岛北部的平壤贞柏洞3号墓（周古墓）、92号墓以及平壤土城洞4号墓[5]等墓葬中确认随葬有星云纹镜，目前推定这些铜镜的使用和随葬几乎与中国处于同一时期。而在半岛南部，如昌原茶户里1号墓、密阳校洞3号墓、浦项城谷里13号瓮棺墓、庆山阳地里1号墓等出土有完整的星云纹镜，庆山林堂E-58号墓出土有经过再加工的星云纹镜，并伴出有草叶纹镜[6]。对于这些铜镜的年代，研究者持有不同看法，从公元前1世纪前叶至公元1世纪中叶。具体来说，虽然研究者关于这些铜镜制作时间的推测基本一致，但是对于铜镜获取和使用时间的看法却存在近百年的时间差。星云纹镜在日本列岛的发现不多，福冈县须玖冈本D地点瓮棺墓出土的30件铜镜中有6件星云纹镜，还伴出了草叶纹镜、铭带镜等。三云南小路2号瓮棺墓出土的18件铜镜中仅1件星云纹镜[7]。从同出的铭带镜来看，日本列岛出土镜类与朝鲜半岛南部的情况差别不大。

朝鲜半岛出土的星云纹镜可分为两大块，一是半岛北部汉帝国郡县范围内出土镜，如平壤土城洞4号墓、贞柏洞3号墓出土镜，二是半岛南部庆山、浦项、密阳、昌原等地的出土镜。就型式而言，根据前述冈村氏观点，平壤贞柏洞3号墓、土城洞4号墓、昌原石洞出土镜属于Ⅰ式，其余的朝鲜半岛南部出土镜属于Ⅱ式。

另外，就朝鲜半岛南部出土镜而言，按直径大小又可分为两组：一组直径在9.6～9.85厘米内，如庆山阳地里1号墓、密阳校洞3号墓出土品；另一组直径约12.8厘米，如浦项城谷里13号瓮棺墓和昌原茶户里1号墓出土品。这两组镜所属墓葬，在规模和随葬品方面未见显著差异，这一点和日本列岛的情况一样，因此镜的直径大小并不反映墓主人的身份等级存在差异[8]。

综上所述，星云纹镜在中国从制作到使用，再到被作为随葬品埋藏，其间的年代差可能在一世代左右。若以陶器作为参考，一般认为以30年左右为一世代，那么制作于公元前1世纪前叶的铜镜，在公元前1世纪中叶用于随葬，这样的看法是合理的。然而，即使使用时间经历了两代人，时间差变为60年，也应将其视作传世品。考虑到这样的情况，公元前1世纪前叶制作的铜镜，也会推迟至公元前1世纪后叶用于随葬。这种情况可能与获取铜镜的时间差有关，而研究者在铜镜获取时间上的观点因人而异，因此，在铜镜的年代观问题上也就产生了不同的见解。

尽管如此，昌原石洞出土镜远远超出上面提及的年代差，发现于5世纪的加耶古坟，不得不令人推测其传世品的性质。另外，该星云纹镜在型式上属于公元前1世纪前叶的带圆座乳丁样式，较朝鲜半岛南部出土的九曜纹座乳丁星云纹镜要早一个阶段，后者主要制作于公元前1世纪中叶。

（二）制作技术

关于星云纹镜的制作技术，笔者曾根据密阳校洞3号木棺墓出土星云纹镜镜背残存凸起的八等分区划线，认为其制范方法采用了直接将纹样刻在范上的旋转刮板制范法[9]，又根据韩国国立中央博物馆所藏传平壤出土星云纹镜钮座阴刻的栉齿纹，提出该铜镜的制范采取了将铜镜原型翻印于范上的模印法[10]。最新研究显示，由于在缘部施连弧纹时必须要使用模印法来制作，因此笔者认为当时在镜范制作中复合使用模印法和旋转制范法是普遍情况[11]。

如后文所述，昌原石洞出土星云纹镜是将铸好的铜镜翻印于范上，再对纹样进行修整后浇铸而成的，即以上述笔者提出的模印法制作而成。这样的制范方法主要见于高丽时代的铜镜制作，在中国也被认为与宋代古物复古风潮有关。接下来本文将论证昌原石洞出土星云纹镜为何采用的是这种模印法，并对其内涵进行进一步考察。

二、昌原出土镜的观察

昌原石洞1-①地区11号木椁墓出土的星云纹镜（以下简称为“石洞镜”），尽管有部分残损，但仍保持着完整形态，其纹饰亦可完全复原。该镜直径9.6厘米，重84.8克。镜背纹饰由外向内依次为：连弧纹缘—凸线—四乳丁及七星云纹—凸线—连弧纹带—凸线—栉齿纹—连峰钮，属于冈村秀典分类中的Ⅰ式（图3）。

图3　石洞出土镜

（一）磨耗

石洞镜给人的第一印象是整体磨损严重。首先来看钮部，一般来说，如密阳校洞3号墓、昌原茶户里1号墓出土镜，中部为象征蓬莱山的圆钮，周边配置6～8枚小一些的乳丁，而该镜钮中部凸起磨损殆尽，周边乳丁也磨损到几乎看不出原本形状的程度（图4）。这种严重的磨损在镜背各个部分都能看到，如主纹饰星云纹、四方配置的乳丁、连弧纹带、连弧纹缘等处。镜体厚度较薄，与钮相比，镜背星云纹处研磨较少，可能比镜面处的研磨更甚。

图4　星云纹镜钮部

石洞出土镜（左）和密阳校洞3号墓出土镜（右）

石洞镜给人的第二个印象是严重磨损致使纹样不鲜明。钮座上的栉齿纹，以及风车纹、星云纹间的细碎纹饰均不十分清晰。另外，构成星云纹的小乳丁虽然形态有别，或呈三角锥状，或像佛头螺发那样盘成一团，但都因为绿锈和磨损而难以观察清楚。

根据上述两点可以推测此枚铜镜可能经过了较为粗糙或长期的使用。关于第一种可能性，如果使用得较为粗糙，那么相较于磨损，更有可能出现的情况是铜镜整体的破碎。朝鲜半岛南部发现过对破碎或者打碎的铜镜进行再利用的事例，特别是辰韩地区经常可以看到再加工成圆形的铜镜片。如庆州朝阳洞38号墓、庆山林堂A-1-122和E-138号墓、新垈洞37号墓曾出土铭带镜的再加工品，庆山林堂E-58号墓还出土了草叶纹镜和星云纹镜的再加工品。

因此，第二种可能性，即铜镜经长期使用的可能性似乎更高。对比磨损镜和原镜可以发现磨损最为严重的部分是镜钮部。另外，在镜面上发现的磨损也是比较特殊的现象。一般来说，在镜面缘部发现研磨情况是比较正常的，而石洞镜的情况则是在其镜面中央确认了直径约2厘米的圆形磨损，在圆形周围还发现了放射状研磨的痕迹（图5）。由于铜镜主要用于照容以及利用光线反射制造耀眼的光泽效果，所以通常都会将铜镜的镜面磨制得比较光亮。不过，在一些多钮镜的镜面或镜背局部也确认了摩擦形成的磨制痕迹，但这是对特定部分纵横摩擦而形成的痕迹，与之相反，石洞镜则是有计划地对镜面全体进行研磨，可以说这是该镜的一个特点。

图5　石洞出土镜的镜面

（二）制图

星云纹镜所见与镜背制图直接相关的代表性元素即八等分区划线。可惜的是，由于石洞镜表面磨损和锈蚀严重，无法在镜背确认清晰的八等分区划线。但是从镜背纹饰配置较规整的这一点出发，可以推测应该有区划线的存在。另外，石洞镜的连弧纹缘也与其他星云纹镜一样，在镜缘配置16个与钮座内侧直径一致的连弧纹，这种镜背制图方法与普通的星云纹镜是相同的。如后文所述，由于该铜镜为再铸品，因此没有铸造细致的纹饰，这可能也是无法确认八等分区划线的原因之一。

（三）栉齿纹

密阳校洞3号墓与传平壤出土镜最大的区别在于钮座的栉齿纹，而这种栉齿纹也是理解石洞镜最重要的一点，其栉齿纹与四枚乳丁处在同一直线的位置上。尽管栉齿纹样并不清晰，但与传平壤出土镜一样阴刻而成，即先在镜范上刻制出栉齿纹后再进行制作（图6下-1）。类似技法还可见于中国山东省出土镜（图6上）[12]。这样的制作传统在中国山东省得到确认，因此石洞镜或许是以山东省的铜镜作为原镜制作而成的。另外，石洞镜一处栉齿纹呈现出干瘪的椭圆状应是手动修整纹饰时所留下的痕迹（图6下-2）。由此可以推测，修整并不是在范模上进行的，而是在新镜范上模印出纹样后再进行修整的。其制作过程应分为两个阶段，一是制作范模，二是模印翻范。我们将在下面对此展开详细讨论。

图6　山东省淄博乙烯生活区出土星云纹镜及栉齿纹（上）和石洞星云纹镜的栉齿纹（下）

三、解析与内涵

目前朝鲜半岛出土的10件星云纹镜中有3件位于汉帝国郡县范围内，朝鲜半岛南部的弁韩地区出土3件、辰韩地区出土4件。朝鲜半岛星云纹镜最大的特点是均出土于墓葬，其中弁韩地区星云纹镜是出土于昌原石洞加耶时期的木椁墓，而辰韩地区星云纹镜则出土在瓮棺葬中，如浦项城谷里13号墓，以及出现了加工成圆形的星云纹镜片，如庆山林堂E-58号墓所出遗物。最近庆州舍罗里木棺墓同时出土有星云纹镜片和清白镜片。最后，朝鲜半岛西北部出土镜存在着Ⅰ式圆座与Ⅱ式九曜纹钮座同时并存的特点（表2）。

表2　朝鲜半岛出土星云纹镜一览表

序号	出土地	型式					直径（厘米）	备注
		四方乳	钮座纹样	栉齿纹	星云纹	区划		
1	平壤贞柏洞3号夫妇合葬木椁墓	Ⅰ	无	无	7（大4，小3）	阳刻		
2	平壤贞柏洞92号墓[13]	?	?	?	?	?	?	未见图像
3	平壤土城洞4号墓	Ⅱ	?	?	7	?		
4	昌原茶户里1号木棺墓	Ⅱ	风车纹1组	阳刻	7	阳刻	12.8	
5	密阳校洞3号木棺墓	Ⅱ	风车纹1组	阳刻	7	阳刻	9.85	
6	昌原石洞1-①地区11号木椁墓	Ⅰ	风车纹	阴刻	7	—	9.6	
7	浦项城谷里13号瓮棺墓	Ⅱ		阳刻	7	阳刻	12.8	
8	庆山阳地里1号木棺墓	Ⅱ	风车纹2组	—	7	阳刻	9.6	
9	庆山林堂E-58号木棺墓	—	—	—	—	—	—	再加工品
10	庆州舍罗里木棺墓	—	—	—	—	—	—	残片

（一）制作方法

如前所述，从石洞镜栉齿纹采用阴刻制作这一点可知其制作技法应为模印法。笔者在以往研究中，提出中国山东省出土镜中存在以模印法制作的星云纹镜[14]，最近，山东临淄齐国故城还出土了星云纹镜范[15]。

石洞镜的原型可能是中国山东地区制作的一件原镜，并以此为基础将其模印制范后再行浇铸而成的。至于认为原镜制作于山东的理由，如前所述，在于栉齿纹采用阴刻制作这一点，再铸造的证据也在于栉齿纹。四个栉齿纹并非完全左右对称，其中有一个稍不规整，且此处采用阳刻制作，与其他栉齿纹略有不同。发生这种情况的原因，恐怕是在将原镜翻印制范时没有得到清晰纹样，于是在范上重新刻制了纹样，但这位制作者并非娴熟工匠，对纹饰也不太了解，于是才粗率地修补了栉齿纹。也就是说，石洞镜在制作时很有可能是由其他匠人刻制的，而非出自原作镜工匠之手。

（二）铜镜的磨损

如前所述，石洞镜的特征是磨损严重，并且是整体性的而非特定部位的磨损。整体磨砺均匀这点恐怕是出于礼仪相关的行为，透露出希望保持镜的形态的意图。早期多钮镜，如扶余九凤里出土多钮粗纹镜，在其镜面发现了凹槽，如果继续研磨，最终会导致铜镜局部出现穿孔。日本奈良县名柄出土多钮细纹镜，时代稍晚，其背面纹饰整体经过研磨，而石洞镜的镜背纹饰磨损较轻，镜面研磨程度较高。也就是说，可以推测礼仪行为更注重对镜面而非镜背纹饰的研磨。我们认为其原因在于，铜镜在礼仪活动中有着重要意义，因此需要一直维持原初形态。

（三）再铸年代与传世地点

根据上述情况，可以认为石洞镜原镜的流入时期与公元前1世纪前叶左右的朝鲜半岛北部平壤贞柏洞3号墓相当，得出这种认识的证据是因为这是朝鲜半岛南部目前所见星云纹镜的最早样式，即圆座乳丁型。考虑到昌原茶户里1号墓、密阳校洞3号墓、庆山阳地里1号墓等朝鲜半岛南部出土品均为九曜纹座乳丁镜，故在该地区出土圆座乳丁型星云纹镜的可能性也会有所提升。

如此一来，就出现了两个问题，第一个问题，公元前1世纪前叶流入的星云纹镜是在何时何地被再铸造的呢？由于相关实例发现不多，难以贸然断定，但可以认为这枚铜镜可能是在朝鲜半岛南部进行再铸造的。其理由是，根据刻制的栉齿纹可以看出，制作者对纹样和铜镜的理解并不到位，制作技术也说不上高超，据此推定其应制作于朝鲜半岛南部而非中国。

第二个问题是再铸的时间。目前，我们很难从其传入时期至随葬时期之间推测出一个明确的时间。镜的磨损较多，推测与长期使用有关，但对比也可以有两种解释：一是原镜在公元前1世纪前叶就被再铸，之后使用了很长时间；二是原镜使用了很长时间后受到磨损，于5世纪时进行再铸造。

仅根据铜镜本身很难推定其再铸时间，但遗迹的整体出土情况却提供了其他证据。铜镜所在的昌原石洞遗迹为4～6世纪的加耶古坟，特殊之处在于5世纪木椁墓中反常地出土了公元元年前后的传世青铜器。其中代表性的有1-①地区11号墓出土的星云纹镜、1-②地区409号墓出土的双鸟形剑把头饰以及叶地区388号墓出土的牛角形铜器（图7）。

双鸟形剑把头饰，又称“触角式铜剑”或“天线式铜剑”，由于呈二鸟相对视的形态，因此称为“双鸟形”较为正确，这种称谓最近以来亦被广泛使用。这一类器物的早期遗物在夫余故地西岔沟等地有所发现，而在朝鲜半岛发现的此类遗物，可分为写实鸟形和简化鸟形两种。写实双鸟形剑把头饰，如传平壤出土品，加平达田里二号墓、大邱飞山洞·新西洞八号墓、永川龙田里木棺墓出土品，以及日本辰马资料馆藏品等；简化双鸟形剑把头饰有大邱池山洞·凤舞洞1号瓮棺墓、庆山林堂E-132号墓、庆州内里里9号墓、蔚山长

图7　石洞遗迹所见传世青铜器

铜镜（左）、双鸟形剑把头饰（中）、牛角形铜器（右）

岘洞39号墓、日本对马和唐津出土品等。总的来说，写实形双鸟形剑把头饰制作、使用于公元前1世纪中后叶，而简化形的制作、使用则在公元元年前后[16]。

牛角形铜器出土于庆州毛良里A-2-5号墓、昌原茶户里19号墓、罗州龟基村9号墓、大邱飞山洞、池山洞以及传尚州等地。特别是在大邱池山洞遗迹中，同时出土有日光镜等中国西汉铭带镜与简化型双鸟形剑把头饰、牛角形铜器等遗物（图8），这与昌原石洞遗迹出土品情况十分相似，可将其年代比定在公元前1世纪中叶至后叶。

图8　大邱池山洞出土遗物

昌原石洞出土的双鸟形剑把头饰和牛角形铜器与大邱池山洞出土品形态相似，而以日光镜为中心的铭带镜则要比星云纹镜晚一个阶段。如前所述，若考虑到星云纹镜是在朝鲜半岛南部经过了再铸造这一因素，那么再铸造的时间应与牛角形铜器、双鸟形剑把头饰等传世青铜器一样，大约在公元元年前后，即在星云纹镜的稍后阶段（铭带镜时期）进行了再铸造，然后一直传世至5世纪左右最终随葬于加耶墓葬中。

（四）石洞镜持有者的性质

朝鲜半岛三国时代的铜镜大体可以分为王墓出土镜和小型墓出土镜两种。加耶王墓级的大型墓葬，如金海大成洞2、14、23、70号墓出土镜、高灵池山洞45号墓第1石室出土镜；中型墓葬如金海良洞里441号墓出土镜、山清生草9号墓出土镜等；小型墓如昌原三东洞18号瓮棺葬出土镜（表3）。根据出土情况来看，其中一些镜例应是在与日本列岛的交往中带来的倭镜，如昌原三东洞18号瓮棺葬、高灵池山洞45号墓第1石室、传晋州中安洞、山清生草9号墓出土镜等。此外，金海大成洞和良洞里出土镜被推测是东汉至魏晋镜。目前，类似星云纹镜这样的西汉镜的出土实例除石洞镜外暂无其他发现。若放眼整个朝鲜半岛三国时代，公州公山城出土虺龙纹镜也被认为是木棺墓出上镜。

表3　4～6世纪加耶出土镜一览表

序号	出土地	直径（厘米）	型式及纹样带	流入路径	出土遗迹	时期	备注
1	金海大成洞23号墓	16.6	博局四神镜	魏→郡县→加耶	木椁墓	4世纪第二个25年	
2	金海大成洞2号墓	残3.6	浮雕式兽带镜残片	汉→郡县→加耶	木椁墓	4世纪第三个25年	
3		残2.9	细线式兽带镜残片	汉→郡县→加耶			
4	金海大成洞14号墓	残6.8	连弧纹镜残片	汉（吴？）→郡县→加耶	木椁墓	5世纪第一个25年	
5	金海大成洞70号墓	?	连弧纹镜残片	汉（吴？）→郡县→加耶	木椁墓	5世纪第一个25年	
6	金海良洞里441号墓	9.3	博局镜	魏→郡县→加耶	木椁墓	4世纪第三个25年	
7	昌原三东洞18号墓	6.1	连弧纹仿制镜	倭→加耶	瓮棺墓	4世纪	
8	昌原石洞1-①-11号墓	9.6	星云纹镜	汉→弁韩→加耶	木椁墓	5世纪	
9	昌原悬洞Ⅱ柱洞群Ⅳ	8.0	变形位至三公铭文镜	魏→郡县→加耶	柱洞群	4世纪	
10	高灵池山洞45号墓第1石室	残5.8	不明（珠纹镜？）	倭→加耶	石椁墓	6世纪第一个25年	
11	传晋州中安洞	13.8	变形六兽镜	倭→加耶	不明	6世纪第一个25年	
12	山清生草9号墓	9.0	珠纹镜	倭→加耶	石椁墓	6世纪第一个25年	

总之，昌原石洞遗迹中出土星云纹镜的1-①地区11号墓和出土双鸟形剑把头饰的1-②地区409号墓，无论从规模还是出土品来看，应为平民阶层墓葬而非统治者阶层墓葬。但是在出土牛角形铜器的卟地区388号墓同出有饰以蕨手纹的板甲和纵长形板胄、筒形铜器等，结合墓葬规模来看应属于统治阶级（表4）。

表4　昌原石洞遗迹传世青铜器出土墓葬一览表

序号	遗迹	时期	出土遗物	墓葬规模（厘米）	备注
1	1-①地区11号木椁墓	5世纪前叶	星云纹镜	356×108×67	
2	1-②地区409号木椁墓	5世纪前叶	双鸟形剑把头饰	302×110×25	
3	卟地区388号木椁墓	5世纪前叶	牛角形铜器，筒形铜器，蒙古钵形胄，蕨手纹板甲	424×94×25	

综上所述，昌原石洞遗迹共有3座墓随葬有公元元年前后的传世青铜器，包括铜镜、双鸟形剑把头饰和牛角形铜器（图9、图10）。其中铜镜和双鸟形剑把头饰出土于小型墓，牛角形铜器出土于大型墓。本文推测这些青铜器的主人可能在公元元年前后这段时期获取了这些青铜器，并将之传给子孙后代。这些器具在使用了400多年以后，至5世纪失去了其原本功能，被随葬于墓中。

四、结　　语

综上所述，这里将石洞镜所传达的信息整理如下。

（1）石洞镜在型式上属于中国西汉时期制作和使用的星云纹镜，在昌原茶户里1号墓、密阳校洞3号墓、庆山阳地里1号墓、庆山林堂E-58号墓、浦项城谷里18号瓮棺葬等有所发现，流行于公元前1世纪中叶的朝鲜半岛南部地区。

（2）石洞镜的磨损非常严重，这种磨损是由于长期使用导致的。

（3）石洞镜出土于5世纪的加耶墓葬址，和星云纹镜本身的流行年代有着400年左右的时间差。

（4）根据石洞镜所见栉齿纹，可以推定石洞镜是中国山东省制作的星云纹镜传至朝鲜半岛南部后进行再铸造的产品。

（5）与铜镜的再铸时期相关的是，我们注意到同遗迹中还出土了公元元年前后朝鲜半岛南部地区制作、使用的双鸟形剑把头饰、牛角形铜器等遗物，这说明5世纪左右位于昌原海岸一带的加耶地区，存在着将流行于公元元年前后的青铜器用于随葬、而非继续传世的特殊传统。

（6）关于随葬这些青铜器的墓主人身份，我们推测可能与当地努力维持公元元年前后的地域传统、但最终不得不顺应时局变化的阶层有关。根据墓葬规模来看，墓主人更可能是从事礼仪工作的阶层，而非政治上的统治阶层。

根据现有资料所得认识如上所述。本文未能充分考虑的问题是石洞所处地理位置可以眺望到镇海湾这一点。或许作为加耶的一处港口城市，许多来自中国、倭等地区的物品在

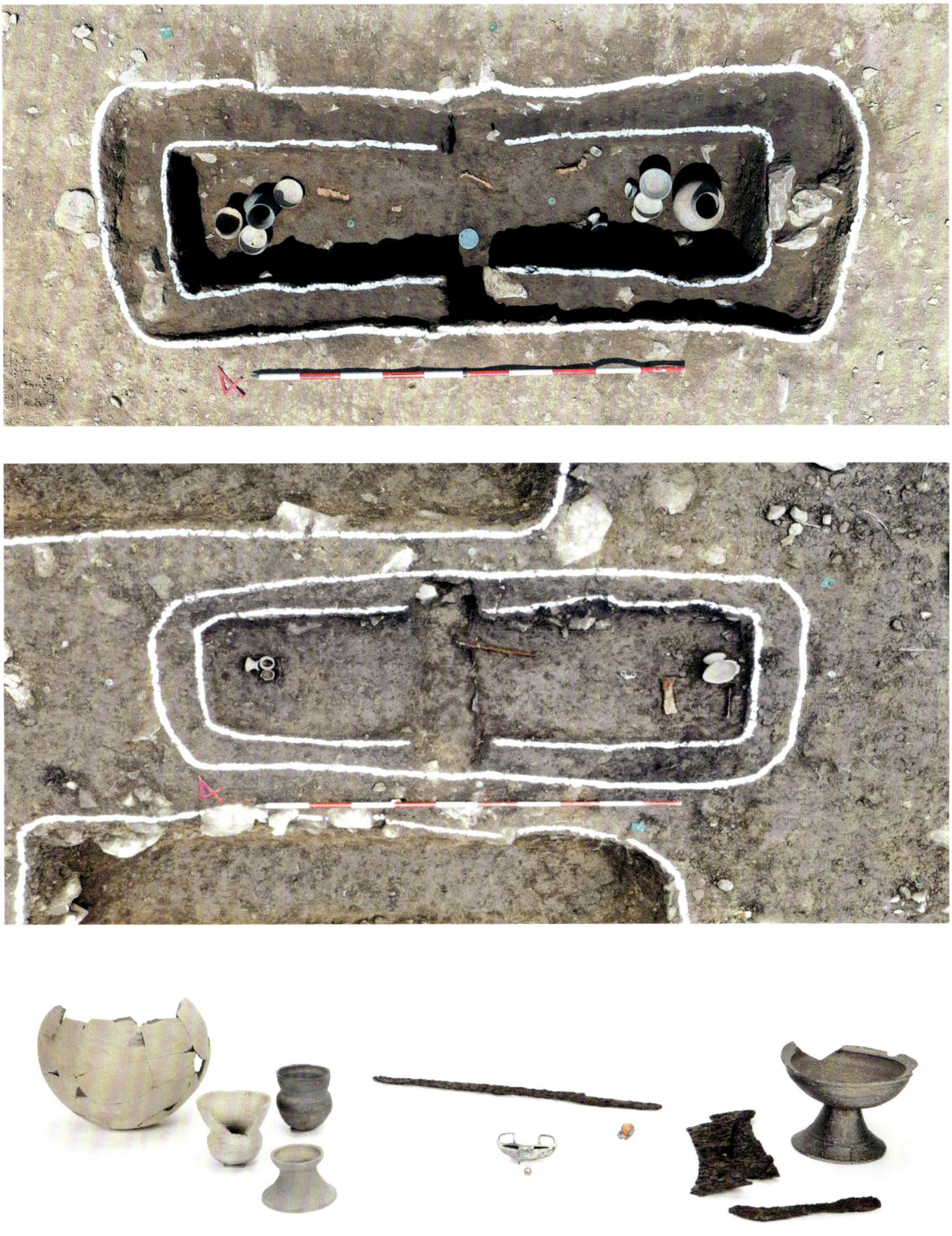

图9　石洞遗迹所见传世青铜器所出遗迹及伴出遗物
1-①地区11号墓（上）、1-②地区409号墓（中、下）

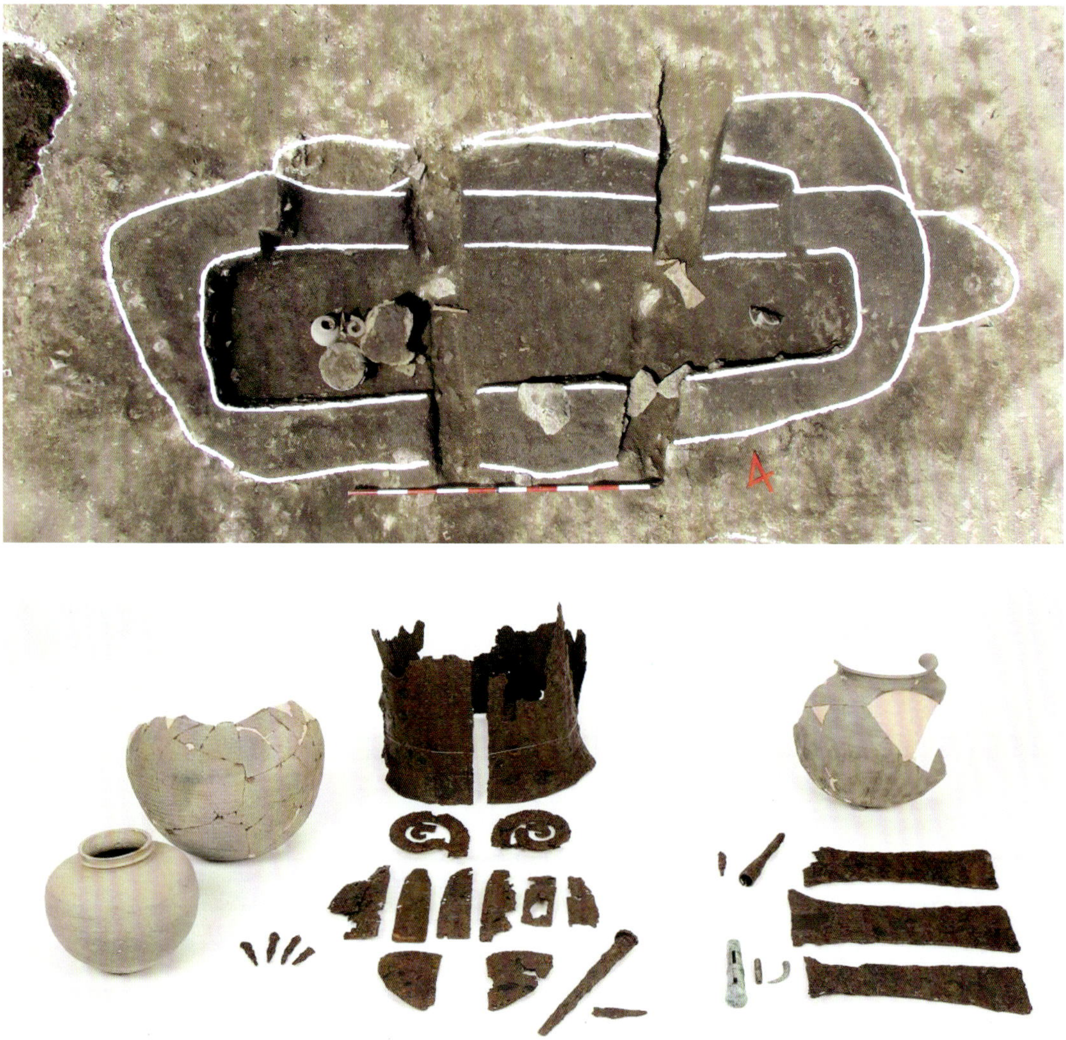

图10　石洞遗迹所见传世青铜器所出다地区388号墓及伴出遗物

此地被频繁交换，基于这种交通的视点出发，或许还存在其他的解释。总之，我们期待并相信通过今后更为细致的分析和综合的研究，能够获得更为精确的认识。

注　释

［1］　a. 東亞細亞文化財研究院：《昌原石洞複合遺蹟》Ⅳ，2017年。
　　b. 東亞細亞文化財研究院：《昌原國道代替迂回道路（第2安民터널）建設敷地内遺蹟精密發掘調查現場說明會資料集》，2021年。

［2］　樋口隆康，《古鏡》，（日本）新潮社，1979年，第96～99页。

［3］　岡村秀典：《前漢鏡の編年と様式》，（日本）《史林》第67卷第5号，1984年。

［4］ a. 李陽洙：《韓半島에서漢鏡의分配와流通》，《考古學誌》第15辑，2006年。
b. 李陽洙：《韓半島三韓・三國時代銅鏡의考古學的研究》，（韩国）釜山大學校博士學位請求論文，2010年。

［5］ 发掘报告中记作“草叶纹镜”，但从报告提供的照片来看应为带有九曜纹座的星云纹镜。

［6］ 李陽洙：《慶山陽地里1號木棺墓出土前漢鏡》，《떴다! 지배자-새로 찾은 이천 년 전 慶山 陽地里 널무덤（登场！支配者——新发现的两千年前庆山阳地里古墓）》，（韩国）國立大邱博物館테마전（主题展）展示圖錄，2020年，第28～31页。

［7］ 岡村秀典：《三角縁神獣鏡の時代》，（日本）吉川弘文館，1999年，第3～26页。

［8］ 《慶山陽地里遺蹟》（學術調査報告第147册），（韩国）聖林文化財研究院，2020年。

［9］ “旋转制范法”，原文为“挽型法”——译者注。

［10］ 李陽洙：《星雲文鏡製作技術의 두 가지系譜（星云纹镜制作技术的两种谱系）》，（韩国）《嶺南考古學報》第38號，2006年。“模印法”，原文为“原型法”——译者注。

［11］ 李陽洙：《連弧文의 製圖와 三韓鏡의 技術系譜》，《文化財》第54卷第1號，（韩国）國立文化財研究所，2021年。

［12］ 山东省文物考古研究所：《鉴耀齐鲁》图112-1，文物出版社，2009年，第246页。

［13］ 发掘报告中记述为“草叶纹镜”，但从图像来看应为带有九曜纹座的星云纹镜。

［14］ 李陽洙：《韓半島三韓・三國時代銅鏡의考古學的研究》，（韩国）釜山大學校博士學位請求論文，2010年。

［15］ 杨勇、白云翔：《临淄齐故城镜范与汉代铸镜技术》，《中原文物》2020年第1期。

［16］ 朴善美、Mark Byington：《동북아시아 雙鳥形안테나식검의 성격과 의미（东北亚双鸟形触角式（铜）剑的性质和意义）》，（韩国）《嶺南考古學》第63號，2012年。

从临淄出土镜范考察其制范及浇铸技术

——基于110件镜范的3D测量、等高线图、密度、硬度及其黑灰色等的考察

三船温尚

（日本富山大学艺术文化学部）

一、调 查 方 法

此次为临淄齐国故城出土镜范第2次中日合作调查研究。表1～表4所载⑤范厚、⑦重量由中方测量记录；⑧体积由宇野隆志基于3D测量数据、使用专业软件（GOM Inspect）计算得出，并由重量除以体积计算出⑨密度，③面径，④（面径准确）程度，⑥范厚，⑩硬・软，⑪～⑬1层、2层、3层的色调（图1），⑭色层型（图2～图4）由笔者判定并执笔记录。综上，表1中的③～⑭的调查项目可分为数值测量和目视判定两种。

此次调查镜范数量计132件，我们对其中的114件范进行了3D测量。其中镜范110件，包括镜背范74件、镜面范33件、两面范3件（011：涡卷纹镜背范、圆圈纹镜背范；

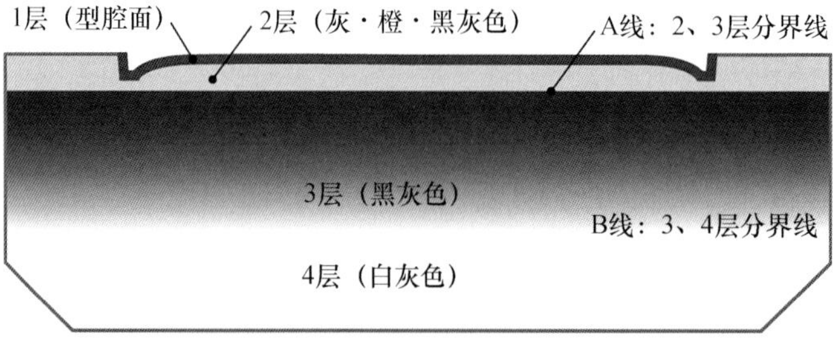

图1　镜范断面图的色调概念图（制作者：三船温尚）

1层为型腔面，厚1～3毫米，呈白灰色、灰色、橙色或黑灰色。2层为厚1～10毫米的白灰色、灰色、橙色或黑灰色。3层为厚10～30毫米的黑灰色，向底面渐趋变淡。4层应为还原焰烧成，恢复呈范内灰白色、灰色。1层大致与型腔面平行且厚度相同。A线（2、3层之间的分界线）较清晰，呈整体水平、中央略微下凹的凹曲线，大体与型腔面、分型面平行。B线（3、4层之间的分界线）较模糊，呈水平状

1

2

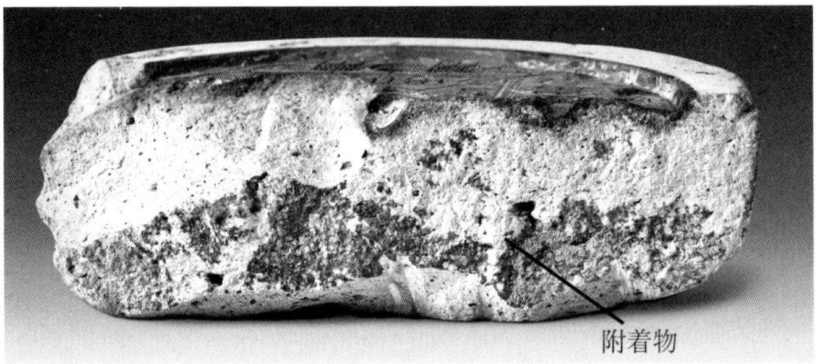

3

4

5

6

图2　镜背范断面1、2、3层色调 Ⅰ～Ⅲ型（摄影：梅原章一）

1. 背Ⅰ型：116
1层：橙（局部黑灰）；2层：白灰；3层：白灰
型腔面为橙色，局部黑灰色
2. 背Ⅱ型-1：074
1层：黑灰；2层：灰；3层：白灰
1层表面覆有黑灰色膜状薄层，未向内渗透
3. 背Ⅱ型-2：047
1层：黑灰；2层：灰；3层：白灰
1层黑灰色约向下浸透3毫米，渐趋变淡
4. 背Ⅲ型-1：064
1层：黑灰；2层：灰；3层：黑灰（较薄）
A线、B线呈凹曲线，3层与分型面相连
5. 背Ⅲ型-2：031
1层：橙（局部黑灰）；2层：灰；3层：黑灰（较薄）
2层上部有灰色、黑灰色薄层。A线呈凹曲线，第3层与分型面、侧面均不相连。
6. 背Ⅲ型-3：035
1层：橙；2层：黑灰、灰；3层：黑灰
2层上部呈黑灰色。A线呈凹曲线、不与分型面相连，与侧面隐约相连

7

8

图2　镜背范断面1、2、3层色调 Ⅰ～Ⅲ型（摄影：梅原章一）（续）

7. 背Ⅲ型-3：035

1层：橙；2层：黑灰、灰；3层：黑灰

与图2-6为同一范。A线呈凹曲线、与分型面大体平行，3层延伸至侧面

8. 背Ⅲ型-3：066

1层：黑灰；2层：灰；3层：黑灰

2层较薄，A线呈曲度较缓的凹曲线，3层延伸至侧面

1

2

3

4

图3　镜面范断面1、2、3层色调 Ⅰ～Ⅲ型（摄影：梅原章一）

1. 面Ⅰ型：048

1层：橙；2层：白灰；3层：白灰

2. 面Ⅱ型-1：034

1层：黑灰；2层：橙；3层：白灰

1层黑灰色稍有浸透，渐趋变淡

3. 面Ⅱ型-2：045、046

1层：黑灰；2层：黑灰；3层：白灰

A线呈凹曲线，2层黑灰色与分型面黑灰色相连

4. 面Ⅲ型：050

1层：黑灰；2层：黑灰；3层：黑灰

1层黑灰色与2、3层相连，向下渐趋变淡

1

2

3

4

图4　浇口、浇道断面1、2、3层色调 Ⅰ～Ⅲ型（摄影：梅原章一）

1. 浇Ⅱ型：021
1层：黑灰；2层：橙；3层：白灰
镜背范。1层黑灰色与浇道面平行
2. 浇Ⅲ型-1：003
1层：黑灰；2层：白灰；3层：黑灰
镜背范。A线、B线与分型面大体平行。1层黑灰色与浇道面平行
3. 浇Ⅲ型-2：002
1层：黑灰；2层：黑灰；3层：黑灰
镜面范。图右端向左依次为浇口和浇道，B线与分型面平行
4. 浇Ⅲ型-3：112
1层：黑灰；2层：黑灰；3层：黑灰
镜背范。浇口端的剥离面黑灰色亦为同一色，分型面下层亦呈黑灰色

063：镜面范、镜背范；107：镜背范、镜背范）。两面均为型腔面的有3件，是在已浇铸过的型腔面的背面（范的底面），重新阴刻制作出分型面、型腔面、浇道、排气道进行再利用。此外还有2件铃范（020：钮部嵌入石范；038）以及2件不明范（013；082）。

表1中的③“面径”，使用绘有多个不同直径同心圆的塑料质地手制透明圆板状测量器，比照梅原章一拍摄的镜背范照片所示镜缘圆弧，或镜面范型腔面和分型面分界的黑色圆弧处，确定该范所铸镜的大概直径。由于有的镜缘圆弧较短或黑色圆弧不鲜明，直径测量的准确度有所降低，故在④“程度”一栏填以“参考”。从镜范所推测的铸镜面径分布在6.5～32.7厘米范围内。从直径较大的058镜背范（直径32.7厘米）和072镜背范（直径20.4厘米）的断面3D测量图来看，是在平面上阴刻了一周匕形缘前端圆形沟槽的镜范残片。由于分型面和型腔面之间未做出高差，难以确定此即镜背范，这里将其作为镜背范半成品，列入表1的镜背范[1]。

表1　镜范数据和信息表（按①调查编号顺序排列）

调查编号		镜面径		范厚		体积密度			硬软	断面颜色			
①编号	②范类	③面径（厘米）	④程度	⑤范厚（厘米）	⑥状况（左）分型面；（右）底面	⑦重量（克）	⑧体积（厘米^3）	⑨密度（克/厘米^3）	⑩硬・软	⑪1层	⑫2层	⑬3层	⑭色层型
2018-001	背	19.2	—	4.2	△ ○	457.1	467.3	0.98	软	黑	灰	黑	背Ⅲ
2018-002	（面）	—	—	5.1	○ △	447.7	442.4	1.01	—	黑	黑	灰黑	面Ⅱ Ⅲ
2018-003	背	19.5	—	5.6	○ △	364.5	406.3	0.90	软	黑	灰/黑	灰	背Ⅱ
2018-004	背	14.5	—	5.2	△ ○	487.1	484.3	1.01	—	黑	黑	黑	背Ⅲ
2018-005	背	6.7	—	3.3	○ ○	242.9	257.5	0.94	硬	橙	橙	灰	背Ⅰ
2018-006	背	6.6	—	3.0	○ ○	144.6	149.6	0.97	硬	橙黑	橙	灰	背Ⅱ
2018-007	背	10.7	—	4.8	○ ■	235.4	264.2	0.89	—	橙黑	橙	灰	背Ⅱ
2018-008	背	10.7	—	4.5	△ ○	190.6	192.1	0.99	软	黑	橙	灰	背Ⅱ
2018-009・015	背	16.5	—	4.1	○ ○	843.6	855.1	0.99	软	黑	灰	黑	背Ⅲ
2018-010	背	13.1	—	5.9	○ ○	283.4	262.6	1.08	—	黑	灰/黑	黑	背Ⅲ
2018-011	背1	14.0	参考	4.7	▲ ■	170.3	171.7	0.99	软	黑橙	橙/黑	黑	背Ⅲ
2018-011	背2	13.3	参考	4.7	▲ ■	170.3	171.7	0.99	软	黑	黑	黑	背Ⅲ
2018-012	背	13.4	—	5.9	○ ○	456.1	491.4	0.93	硬	黑	灰/黑	灰	背Ⅱ
2018-013	不明	—	—	4.5	○ ○	339.1	358.0	0.95	软	灰黑	黑	橙灰	Ⅱ
2018-014	背	12.5	—	4.5	△ ○	493.6	431.2	1.15	硬	黑	灰/黑	灰	背Ⅱ
2018-016	背	11.1	—	3.0	○ ○	141.1	115.5	1.22	硬	黑	灰	灰	背Ⅱ
2018-017	背	14.2	—	6.0	○ —	371.1	342.6	1.08	—	黑	灰	黑	背Ⅲ
2018-018	背	10.3	—	3.4	■ ○	185.8	175.2	1.06	软	黑	橙	灰	背Ⅱ
2018-019	（面）	—	—	2.8	○ ○	223.0	221.5	1.01	软	橙	橙	灰	面Ⅰ
2018-020	铃	—	—	2.4	○ ○	161.4	163.8	0.99	硬	橙黑	灰	灰	Ⅱ
2018-021	背	9.5	—	4.0	○ ○	164.6	168.5	0.98	硬	黑	橙	灰	背Ⅱ
2018-022	背	11.1	—	4.2	□ ○	341.3	359.1	0.95	—	黑	橙/黑	橙	背Ⅱ

续表

调查编号		镜面径		范厚		体积密度			硬软	断面颜色			
①编号	②范类	③面径（厘米）	④程度	⑤范厚（厘米）	⑥状况（左）分型面；（右）底面	⑦重量（克）	⑧体积（厘米^3）	⑨密度（克/厘米^3）	⑩硬・软	⑪1层	⑫2层	⑬3层	⑭色层型
2018-023	背	13.5	—	5.6	△ ○	258.8	233.9	1.11	—	橙	黑/灰	灰	背Ⅱ
2018-024	背	9.5	—	4.5	△ ○	190.0	201.6	0.94	—	黑	橙	灰	背Ⅱ
2018-025	背	10.6	—	3.3	○ ○	65.3	66.4	0.98	硬	橙	—	灰	背—
2018-026	（面）	8.2	参考	3.6	○ ○	235.9	235.3	1.00	—	橙	灰	灰	面Ⅰ
2018-027	背	12.4	—	5.8	△ ○	514.2	502.8	1.02	硬	橙	灰/黑	灰	背Ⅱ
2018-028	背	19.6	—	4.4	■ ○	643.5	661.3	0.97	—	黑	黑/橙	橙/灰	背Ⅱ
2018-029	背	12.3	—	5.0	△ ○	734.8	789.2	0.93	—	橙黑	黑	灰	背Ⅱ
2018-030	背	14.8	—	6.5	○ ○	811.5	791.2	1.03	硬	黑	橙/黑	灰	背Ⅱ
2018-031	背	18.8	—	5.0	○ ○	185.8	193.8	0.96	软	橙黑/灰	黑/灰	黑	背Ⅲ
2018-032・033	背	17.7	—	5.0	○○	432.0	444.4	0.97	—	橙黑	橙/灰	黑	背Ⅲ
2018-034	（面）	10.8	—	2.8	○ ■	132.4	133.1	1.00	软	黑	橙	灰	面Ⅱ
2018-035	背	16.4	—	3.8	○ □	158.5	165.6	0.96	—	橙黑	灰	黑	背Ⅲ
2018-036	（面）	7.8	—	4.0	○ ○	293.4	268.8	1.09	硬	橙黑	橙	灰	面Ⅱ
2018-037	背	15.1	—	3.7	△ □	221.0	242.4	0.91	软	橙	灰	黑	背Ⅲ
2018-038	铃	—	—	2.4	○ ○	97.9	100.3	0.98	硬	橙	灰	灰	Ⅰ
2018-039	（面）	11.3	参考	5.0	○ ○	412.3	399.4	1.03	—	橙黑	黑	灰	面Ⅱ
2018-040	背	13.6	—	2.8	○ ○	107.1	120.8	0.89	软	黑	黑	黑	背Ⅲ
2018-041	（面）	7.7	参考	3.1	○ ○	238.1	215.2	1.11	—	—	—	—	面—
2018-042	背	14.4	—	4.0	△ ○	249.7	261.6	0.95	软	黑	黑	黑	背Ⅲ
2018-043	背	15.2	—	3.8	△ ■	225.0	237.5	0.95	软	黑	橙	黑	背Ⅲ
2018-044	（面）	12.8	—	3.5	△ ○	380.7	426.9	0.89	—	黑	灰	灰	面Ⅱ
2018-045・046	（面）	15.3	—	4.4	○ ○	491.7	438.2	1.12	硬	黑	黑	灰	面Ⅱ

续表

调查编号		镜面径		范厚		体积密度			硬软	断面颜色			
①编号	②范类	③面径（厘米）	④程度	⑤范厚（厘米）	⑥状况（左）分型面；（右）底面	⑦重量（克）	⑧体积（厘米^3）	⑨密度（克/厘米^3）	⑩硬·软	⑪1层	⑫2层	⑬3层	⑭色层型
2018-047	背	12.2	—	4.5	○ ○	326.4	307.0	1.06	—	黑	灰	灰	背Ⅱ
2018-048	（面）	9.4	参考	4.3	○ ○	353.8	316.1	1.12	硬	橙	灰	灰	面Ⅰ
2018-049	（面）	15.5	参考	4.5	□ ○	243.7	279.2	0.87	软	黑	灰/黑	灰	面Ⅱ
2018-050	（面）	—	—	3.9	○ □	189.3	196.9	0.96	软	黑	黑	黑/灰	面Ⅲ
2018-051	背	8.3	—	4.0	○ ○	317.5	289.3	1.10	—	橙黑	—	—	背—
2018-052	背	11.2	—	5.3	△ ○	360.5	349.7	1.03	硬	橙	—	—	背—
2018-053	（面）	—	—	4.0	▲ ○	414.3	438.8	0.94	—	橙	灰	灰 黑？	面—
2018-054	背	13.5	—	4.9	○ □	746.7	798.0	0.94	—	橙黑	灰	灰	背Ⅱ
2018-055	背	11.6	—	4.7	○ ○	316.7	320.5	0.99	软	黑	橙	灰	背Ⅱ
2018-056	背	14.0	—	4.6	■ ○	762.2	750.7	1.02	—	橙	黑	—	背—
2018-057	（面）	8.5	参考	3.5	○ ○	198.2	182.8	1.08	硬	橙	灰	灰	面Ⅰ
2018-058	背	32.7	—	5.3	○ ○	1024.7	967.3	1.06	—	橙黑	灰	灰	背Ⅱ
2018-059	（面）	—	—	3.6	○ ○	315.2	324.6	0.97	—	橙黑	黑	—	面—
2018-060	（面）	7.0	参考	3.5	○ ○	293.4	261.0	1.12	—	橙	—	—	面—
2018-061	背	11.6	—	4.7	○ —	608.1	594.1	1.02	软	橙	橙/黑	灰	背Ⅱ
2018-062	背	13.3	—	4.9	□ ○	555.8	568.3	0.98	软	橙	灰	灰	背Ⅰ
2018-063	面背	8.6	参考	2.7	■ ■	117.3	123.2	0.95	软	橙	橙	灰	Ⅰ
2018-064	背	13.6	—	4.2	□ ○	207.6	204.2	1.02	—	黑	灰/黑	灰	背Ⅱ
2018-065	（面）	7.6	参考	3.2	○ ○	313.1	261.7	1.20	硬	黑橙	—	—	面—
2018-066	背	19.8	—	5.7	□ ■	545.7	528.1	1.03	软	黑	灰	黑	背Ⅲ
2018-067	（面）	20.0	参考	5.3	○ ○	912.4	975.8	0.94	软	橙	黑/灰	灰	面Ⅱ

续表

调查编号		镜面径		范厚		体积密度			硬软	断面颜色			
①编号	②范类	③面径（厘米）	④程度	⑤范厚（厘米）	⑥状况（左）分型面；（右）底面	⑦重量（克）	⑧体积（厘米^3）	⑨密度（克/厘米^3）	⑩硬・软	⑪1层	⑫2层	⑬3层	⑭色层型
2018-068	（面）	16.4	—	5.2	○ ○	547.0	535.4	1.02	—	黑	黑	灰	面Ⅱ
2018-069	背	10.6	—	4.6	□ ○	274.3	278.4	0.99	—	黑橙	灰/黑	灰	背Ⅱ
2018-070	（面）	15.0	参考	5.3	○ ○	971.3	891.5	1.09	硬	黑	黑/灰	灰	面Ⅱ
2018-071	背	9.3	—	4.0	○ ○	356.7	312.6	1.14	—	黑	灰	—	背—
2018-072	背	20.4	—	6.7	□ ■	386.2	386.0	1.00	软	橙/黑	灰	黑	背Ⅲ
2018-073	背	13.5	参考	5.0	△ ○	196.2	171.7	1.14	—	橙黑	黑	—	背—
2018-074	背	9.2	—	4.5	○ ○	107.6	100.9	1.07	—	黑	橙灰	灰	背Ⅱ
2018-075	背	9.1	—	4.1	○ ○	174.8	159.8	1.09	硬	橙黑	橙	灰	背Ⅱ
2018-076	背	7.9	—	3.1	△ ○	150.2	144.5	1.04	软	橙	橙	灰	背Ⅰ
2018-077	（面）	11.3	—	4.3	○ ○	332.5	354.9	0.94	—	黑	橙	灰	面Ⅱ
2018-078	背	11.2	—	5.1	○ □	435.8	385.1	1.13	硬	橙	灰	灰	背Ⅰ
2018-079	背	8.7	—	4.0	○ ○	221.5	191.4	1.16	硬	黑	—	—	背—
2018-080	背	9.1	—	3.3	○ ▲	41.6	44.0	0.95	—	黑	橙	—	背—
2018-081	（面）	—	—	3.6	○ ○	245.5	248.3	0.99	—	橙	灰	灰	面Ⅰ
2018-082	不明	—	—		— —	—	76.9	—	—	—	—	—	—
2018-083	（面）	7.7	参考	2.7	○ ○	97.7	99.8	0.98	软	黑	橙	灰	面Ⅱ
2018-084	（面）	—	—	4.7	○ ○	179.9	183.5	0.98	—	黑	橙	灰	面Ⅱ
2018-085	（面）	—	—	3.0	○ □	121.8	117.8	1.03	软	黑	橙	灰	面Ⅱ
2018-086	背	7.6	—	4.5	○ △	204.4	205.1	1.00	—	—	灰	灰	背—
2018-087	背	10.1	—	3.5	○ ○	126.1	117.7	1.07	软	橙黑	灰	灰	背Ⅱ
2018-088	背	15.0	—	4.8	▲ ○	110.7	113.2	0.98	软	黑	黑	灰	背Ⅱ
2018-089	背	15.5	参考	5.1	○ ○	254.7	232.3	1.10	—	黑	黑/灰	灰	背Ⅱ

续表

调查编号		镜面径		范厚		体积密度			硬软	断面颜色			
①编号	②范类	③面径（厘米）	④程度	⑤范厚（厘米）	⑥状况（左）分型面;（右）底面	⑦重量（克）	⑧体积（厘米³）	⑨密度（克/厘米³）	⑩硬·软	⑪1层	⑫2层	⑬3层	⑭色层型
2018-090	背	15.0	—	5.0	△ ○	342.9	341.6	1.00	—	黑	橙/黑	黑	背Ⅲ
2018-091	（面）	—	—	4.1	○ ○	242.0	256.6	0.94	软	黑	橙	灰	面Ⅱ
2018-092	背	8.5	—	2.8	○ △	119.6	120.6	0.99	软	橙	灰	灰	背Ⅰ
2018-093	背	7.3	—	3.3	○ ○	109.4	104.9	1.04	—	橙黑	橙灰	灰	背Ⅱ
2018-094	背	—	—	4.3	○ □	37.3	38.2	0.98	—	橙黑	橙	灰	背Ⅱ
2018-095	背	12.7	—	5.5	▲ ○	138.9	152.1	0.91	—	—	—	—	背—
2018-096	（面）	10.0	参考	3.4	○ △	332.7	334.2	1.00	—	橙	橙	灰	面Ⅰ
2018-097	（面）	—	—	3.0	■ △	227.0	212.9	1.07	软	灰	灰	灰	面Ⅰ
2018-098	背	6.5	—	2.8	○ ▲	86.8	94.8	0.92	硬	黑	橙	灰	背Ⅱ
2018-099	（面）	7.6	—	3.1	○ ○	186.4	163.6	1.14	硬	黑	—	—	面—
2018-100	背	16.9	—	3.9	○ ○	202.1	201.1	1.01	软	橙黑	灰	黑	背Ⅲ
2018-101	背	12.9	—	4.3	○ □	185.8	186.1	1.00	—	橙黑	橙	黑	背Ⅲ
2018-102	背	14.0	—	5.7	□ ■	658.8	670.8	0.98	—	橙	灰	灰	背Ⅰ
2018-103	背	12.4	—	5.1	○ ○	244.2	264.9	0.92	—	黑	—	—	背—
2018-104	（面）	15.6	参考	5.1	○ ○	228.7	217.2	1.05	—	橙	灰橙	灰	面Ⅰ
2018-105	背	12.8	参考	4.0	■ ■	191.3	195.3	0.98	—	橙	橙	灰	背Ⅰ
2018-106	（面）	6.8	参考	3.6	○ ○	228.3	220.7	1.03	—	—	—	—	面—
2018-107	背背	11.6	参考	4.4	○ ○	165.1	177.1	0.93	—	橙黑	黑	黑	背Ⅲ
2018-108	背	15.6	—	6.1	○ ○	497.6	458.6	1.09	—	黑橙	灰	黑	背Ⅲ
2018-109	背	9.3	—	3.6	○ ○	154.0	137.0	1.12	—	黑	灰	—	背—
2018-110	（面）	—	—	2.6	○ △	125.1	135.4	0.92	软	橙黑	橙灰	灰	面Ⅱ
2018-111	背	12.3	—	4.1	○ ○	264.0	263.9	1.00	—	黑	—	—	背—
2018-112	背	12.7	—	4.5	○ ○	410.8	419.9	0.98	—	黑	黑	黑	背Ⅲ

续表

调查编号		镜面径		范厚		体积密度			硬软	断面颜色			
①编号	②范类	③面径（厘米）	④程度	⑤范厚（厘米）	⑥状况（左）分型面；（右）底面	⑦重量（克）	⑧体积（厘米^3）	⑨密度（克/厘米^3）	⑩硬・软	⑪1层	⑫2层	⑬3层	⑭色层型
2018-113	背	—	—	5.0	▲□	146.7	150.3	0.98	—	橙	橙	橙	背Ⅰ
2018-114	背	12.2	—	4.5	○▲	340.0	342.3	0.99	—	黑橙	橙	灰	背Ⅱ
2018-115	（面）	11.6	参考	3.4	○○	293.9	265.2	1.11	—	黑	—	—	面—
2018-116	背	11.2	—	4.0	○○	354.6	348.9	1.02	硬	橙黑	灰	灰	背Ⅱ
2018-117	背	10.2	—	3.3	○○	143.3	144.6	0.99	—	橙黑	—	—	背—

注：表1～表6由金山滛（富山大学）担任制作助手。

“—”表示“无法确定”“不符合”“无法确认”等，数据④一栏中的“—”表示其大致正确。数据⑨一栏中记录的是小数点后3位四舍五入后保留2位的数值。表3按未经四舍五入的密度值排序。其余均为四舍五入保留小数点后1位的数值。

②范类：镜背范略写为“背”，镜面范略写为“面”，两面均有型腔面的范类略写作“面背”或“背背”。011两面型腔面中均残留纹饰，分作两行记录。

③面径：根据镜缘圆弧以及型腔面黑色圆弧照片算出的大致面径，数据③一栏中标注“—”的为无法算出面径的镜范。

④程度：④一栏中标注“—”的为使用手制测量器测出的大致准确的数据，标注“参考”的，说明这是参考值并非准确数据。

⑤范厚：为实测范体厚度（070厚度为5.1～5.5厘米，表内记其平均值5.3厘米）。

⑥状况：“（左）分型面”和“（右）底面”剥离切削状况以下列5种符号表示。“○”表示表面无剥离或切削，对范厚实测数据没有影响。“△”表示局部有剥离，而对范厚实测数据没有影响。“□”表示局部有切削，而对范厚实测数据没有影响。“▲”表示表面全体有剥离，实测厚度较最初要薄。“■”表示表面全体有切削，实测厚度较最初要薄。左侧符号代表分型面，右侧符号代表底面。“▲”或“■”表示范厚测量数值比最初厚度薄。但即便是未标以“▲”或“■”的范，若是切削分型面、型腔面，在新的型腔面阴刻纹样制成的再利用范，那么范体厚度也已比最初时要薄。我们很难识别出这样的再利用范。

⑧体积：为基于三维测量数据、使用专业软件（GOM Inspect）测算出的体积。

⑨密度：为重量除以体积后得出的密度数值。铃范020，钮部嵌有石范（约1.4厘米×2.8厘米×0.5厘米）。若假定其为滑石，2厘米^{3}石范重约5.4克，除去这部分石范再计算铃范密度，020密度大概为0.95克/厘米^3。石范下有孔洞，实际密度当在0.96克/厘米^{3}左右。

⑩硬・软：断面凹凸较小且角为锐角的为“硬质”，断面凹凸较大且角端圆润的为“软质”。有的范2、3层黑灰色部分凹凸较大而近底面的凹凸较小，带有硬质和软质双重特征，难以判定，故用“—”表示。

⑪⑫⑬色调：图1中所示1层、2层、3层分别记作“橙色”“灰色”“黑灰色”，“橙黑”指的是大部分呈橙色、极少部分呈黑色混入。“橙/灰”指的是该层上部呈橙色、下部呈灰色。

⑭色层型：Ⅰ型为无黑灰色层的，Ⅱ型为1、2层有黑灰色的，Ⅲ型为3层有黑灰色的。“面ⅡⅢ”表示多个断面的不同色层型。图2、图3、图4说明中所记“某型-1～3”，数字1表示对应层黑色程度最浅，2表示对应层黑色程度适中，3表示对应层黑色程度最深。“背”指镜背范、“面”指镜面范、“浇”指浇道，其余部位名称见于图中标注。

表1～表4说明同此

二、调查结果

（一）测量调查结果

1. 关于表2范体厚度排序

表2中的⑤“范厚”数值分布于2.6～6.7厘米的区间内，如表5所示，镜背范平均厚度为4.4厘米、镜面范平均厚度为3.9厘米，镜背范略厚。尽管没有发现范厚与面径数值之间存在密切关联，但可以看出范体较厚的面径较大这一倾向。从3件两面范可知存在镜范再利用的情况，将已使用过的镜范分型面、型腔面进行刮削后重新阴刻型腔面，因此有的镜范较最初时有所变薄。我们认为，可能事先出于再利用的考虑，最初便将范体制作得较厚。

2. 关于表3体积密度排序

表3中的⑨“密度”数值分布在0.87～1.22克/厘米^{3}的区间内，如表5所示，镜背范平均密度值为1.01克/厘米^{3}与镜面范平均值1.02克/厘米^{3}大体相同。还有2件为数不多的铃范，其密度值约为0.98克/厘米^3（想定020铃范中嵌入有2厘米^{3}的滑石，范体本身的密度约为0.98克/厘米^3），与镜范相似，都比较轻。

镜范密度和硬度有一定关联，如表3所示，高密度的范质地较硬。笔者的实验中，成分100%的高岭土块状物经800℃高温烧结后，其体积密度约为1.9克/厘米^3，质地较硬，尽管可以阴刻施纹但并非易事（该资料未发表）。镜范烧成黏土质感变轻，密度减小至原先的46%～64%。笔者所做实验范，是将黏土细粉、炭粉、8号硅砂（人造细粉砂）按3∶3∶1的体积比混合。为提高透气性，还在其中羼入了较多长约1厘米的麻纤维（拆开后纤维体积比约为0.7），和水练制后烧成范材。炭粉和有机物纤维经高温烧失后，出现了许多肉眼难辨的细微空隙，密度减少至1.14克/厘米^3（黏土的60%）。与100%黏土烧结块相比，镜范整体质地较轻且软。在比较所有镜范后，我们发现在黏土中混入烧失物质较少的范材密度较高且质地较硬，烧失物质越多，范材密度越小，质地变软。表1中的⑩“硬・软”一栏是记录了所有镜范的软硬程度，以资比较。表3中有几例为低密度但质地较硬的镜范。这有可能是因为浸入范内的油脂加热炭化形成黑色，油脂碳化物使范体硬化，影响到断口情况。

若黏土中仅混入空气气泡，1.9克/厘米^{3}的黏土密度会缩小至50%，因此有必要将黏土及与之同体积程度的气泡混合揉制。图2～图5的镜范断面露出的气泡痕迹没有那么多。由此可以推测，镜范密度缩小并非由范内气泡痕迹所致，而是揉练范材时羼入了大量的有机物细粉、纤维或炭粉，烧失后形成带有较多微细孔隙的陶质，因此密度变小。多孔的软质范易于阴刻，并能防止铸造时迅速加热和膨胀导致的破裂。因此，在已使用的铸范背面刻出新的型腔面用来再利用是可能的。

表 2　镜范数据和信息表（按⑤镜范厚度顺序排列）

调查编号		镜面径		范厚		体积密度			硬软	断面颜色			
①编号	②范类	③面径（厘米）	④程度	⑤范厚（厘米）	⑥状况	⑦重量（克）	⑧体积（厘米^3）	⑨密度（克/厘米^3）	⑩硬・软	⑪1层	⑫2层	⑬3层	⑭色层型
2018-072	背	20.4	—	6.7	□ ■	386.2	386.0	1.00	软	橙/黑	灰	黑	背Ⅲ
2018-030	背	14.8	—	6.5	○ ○	811.5	791.2	1.03	—	黑	橙/黑	灰	背Ⅱ
2018-108	背	15.6	—	6.1	○ ○	497.6	458.6	1.09	—	黑橙	灰	黑	背Ⅲ
2018-017	背	14.2	—	6.0	○ —	371.1	342.6	1.08	—	黑	灰	黑	背Ⅲ
2018-010	背	13.1	—	5.9	○ ○	283.4	262.6	1.08	—	黑	灰/黑	黑	背Ⅲ
2018-012	背	13.4	—	5.9	○ ○	456.1	491.4	0.93	硬	黑	灰/黑	灰	背Ⅱ
2018-027	背	12.4	—	5.8	△ ○	514.2	502.8	1.02	硬	橙	灰/黑	灰	背Ⅱ
2018-066	背	19.8	—	5.7	□ ■	545.7	528.1	1.03	软	黑	灰	黑	背Ⅲ
2018-102	背	14.0	—	5.7	□ ■	658.8	670.8	0.98	—	橙	灰	灰	背Ⅰ
2018-003	背	19.5	—	5.6	○ △	364.5	406.3	0.90	软	黑	灰/黑	灰	背Ⅱ
2018-023	背	13.5	—	5.6	△ ○	258.8	233.9	1.11	—	橙	黑/灰	灰	背Ⅱ
2018-095	背	12.7	—	5.5	▲ ○	138.9	152.1	0.91	—	—	—	—	背—
2018-052	背	11.2	—	5.3	△ ○	360.5	349.7	1.03	硬	橙	—	—	背—
2018-058	背	32.7	—	5.3	○ ○	1024.7	967.3	1.06	—	橙黑	灰	灰	背Ⅱ
2018-067	（面）	20.0	参考	5.3	○ ○	912.4	975.8	0.94	软	橙	黑/灰	灰	面Ⅱ
2018-070	（面）	15.0	参考	5.3	○ ○	971.3	891.5	1.09	硬	黑	黑/灰	灰	面Ⅱ
2018-004	背	14.5	—	5.2	△ ○	487.1	484.3	1.01	—	黑	黑	黑	背Ⅲ
2018-068	（面）	16.4	—	5.2	○ ○	547.0	535.4	1.02	—	黑	黑	灰	面Ⅱ
2018-002	（面）	—	—	5.1	○ △	447.7	442.4	1.01	—	黑	黑	灰黑	面Ⅱ Ⅲ
2018-078	背	11.2	—	5.1	○ □	435.8	385.1	1.13	硬	橙	灰	灰	背Ⅰ
2018-089	背	15.5	参考	5.1	○ ○	254.7	232.3	1.10	—	黑	黑/灰	灰	背Ⅱ

续表

调查编号		镜面径		范厚		体积密度			硬软	断面颜色			
①编号	②范类	③面径（厘米）	④程度	⑤范厚（厘米）	⑥状况	⑦重量（克）	⑧体积（厘米^3）	⑨密度（克/厘米^3）	⑩硬・软	⑪1层	⑫2层	⑬3层	⑭色层型
2018-103	背	12.4	—	5.1	○ ○	244.2	264.9	0.92	—	黑	—	—	背—
2018-104	（面）	15.6	参考	5.1	○ ○	228.7	217.2	1.05	—	橙	灰橙	灰	面Ⅰ
2018-029	背	12.3	—	5.0	△ ○	734.8	789.2	0.93	—	橙黑	黑	灰	背Ⅱ
2018-031	背	18.8	—	5.0	○ ○	185.8	193.8	0.96	软	橙黑/灰	黑/灰	黑	背Ⅲ
2018-032・033	背	17.7	—	5.0	○○	432.0	444.4	0.97	—	橙黑	橙/灰	黑	背Ⅲ
2018-039	（面）	11.3	参考	5.0	○ ○	412.3	399.4	1.03	—	橙黑	黑	灰	面Ⅱ
2018-073	背	13.5	参考	5.0	△ ○	196.2	171.7	1.14	—	橙黑	黑	—	背—
2018-090	背	15.0	—	5.0	△ ○	342.9	341.6	1.00	—	黑	橙/黑	黑	背Ⅲ
2018-113	背	—	—	5.0	▲ □	146.7	150.3	0.98	—	橙	橙	橙	背Ⅰ
2018-054	背	13.5	—	4.9	○ □	746.7	798.0	0.94	—	橙黑	灰	灰	背Ⅱ
2018-062	背	13.3	—	4.9	□ ○	555.8	568.3	0.98	软	橙	灰	灰	背Ⅰ
2018-007	背	10.7	—	4.8	○ ■	235.4	264.2	0.89	—	橙黑	橙	灰	背Ⅱ
2018-088	背	15.0	—	4.8	▲ ○	110.7	113.2	0.98	软	黑	黑	灰	背Ⅱ
2018-055	背	11.6	—	4.7	○ ○	316.7	320.5	0.99	软	黑	橙	灰	背Ⅱ
2018-061	背	11.6	—	4.7	○ —	608.1	594.1	1.02	软	橙	橙/黑	灰	背Ⅱ
2018-084	铃	—	—	4.7	○ ○	179.9	183.5	0.98	—	黑	橙	灰	面Ⅱ
2018-011	背1	14.0	参考	4.7	▲ ■	170.3	171.7	0.99	软	黑橙	橙/黑	黑	背Ⅲ
2018-011	背2	13.3	参考	4.7	▲ ■	170.3	171.7	0.99	软	黑	黑	黑	背Ⅲ
2018-056	背	14.0	—	4.6	■ ○	762.2	750.7	1.02	—	橙	黑	—	背—
2018-069	背	10.6	—	4.6	□ ○	274.3	278.4	0.99	—	黑橙	灰/黑	灰	背Ⅱ

续表

调查编号		镜面径		范厚		体积密度			硬软	断面颜色			
①编号	②范类	③面径（厘米）	④程度	⑤范厚（厘米）	⑥状况	⑦重量（克）	⑧体积（厘米^3）	⑨密度（克/厘米^3）	⑩硬・软	⑪1层	⑫2层	⑬3层	⑭色层型
2018-008	背	10.7	—	4.5	△ ○	190.6	192.1	0.99	软	黑	橙	灰	背Ⅱ
2018-013	不明	—	—	4.5	○ ○	339.1	358.0	0.95	软	灰黑	黑	橙灰	Ⅱ
2018-014	背	12.5	—	4.5	△ ○	493.6	431.2	1.15	硬	黑	灰/黑	灰	背Ⅱ
2018-024	背	9.5	—	4.5	△ ○	190.0	201.6	0.94	—	黑	橙	灰	背Ⅱ
2018-047	背	12.2	—	4.5	○ ○	326.4	307.0	1.06	—	黑	灰	灰	背Ⅱ
2018-049	（面）	15.5	参考	4.5	□ ○	243.7	279.2	0.87	软	黑	灰/黑	灰	面Ⅱ
2018-074	背	9.2	—	4.5	○ ○	107.6	100.9	1.07	—	黑	橙灰	灰	背Ⅱ
2018-086	背	7.6	—	4.5	○ △	204.4	205.1	1.00	—	—	灰	灰	背—
2018-112	背	12.7	—	4.5	○ ○	410.8	419.9	0.98	—	黑	黑	黑	背Ⅲ
2018-114	背	12.2	—	4.5	○ ▲	340.0	342.3	0.99	—	黑橙	橙	灰	背Ⅱ
2018-028	背	19.6	—	4.4	■ ○	643.5	661.3	0.97	—	黑	黑/橙	橙/灰	背Ⅱ
2018-045・046	（面）	15.3	—	4.4	○ ○	491.7	438.2	1.12	硬	黑	黑	灰	面Ⅱ
2018-107	背背	11.6	参考	4.4	○ ○	165.1	177.1	0.93	—	橙黑	黑	黑	背Ⅲ
2018-048	（面）	9.4	参考	4.3	○ ○	353.8	316.1	1.12	硬	橙	灰	灰	面Ⅰ
2018-077	（面）	11.3	—	4.3	○ ○	332.5	354.9	0.94	—	黑	橙	灰	面Ⅱ
2018-094	背	—	—	4.3	○ □	37.3	38.2	0.98	—	橙黑	橙	灰	背Ⅱ
2018-101	背	12.9	—	4.3	○ □	185.8	186.1	1.00	—	橙黑	橙	黑	背Ⅲ
2018-001	背	19.2	—	4.2	△ ○	457.1	467.3	0.98	软	黑	灰	黑	背Ⅲ
2018-022	背	11.1	—	4.2	□ ○	341.3	359.1	0.95	—	黑	橙/黑	橙	背Ⅱ
2018-064	背	13.6	—	4.2	□ ○	207.6	204.2	1.02	—	黑	灰/黑	灰	背Ⅱ
2018-009・015	背	16.5	—	4.1	○ ○	843.6	855.1	0.99	软	黑	灰	黑	背Ⅲ

续表

调查编号		镜面径		范厚		体积密度			硬软	断面颜色			
①编号	②范类	③面径（厘米）	④程度	⑤范厚（厘米）	⑥状况	⑦重量（克）	⑧体积（厘米^3）	⑨密度（克/厘米^3）	⑩硬·软	⑪1层	⑫2层	⑬3层	⑭色层型
2018-075	背	9.1	—	4.1	○ ○	174.8	159.8	1.09	硬	橙黑	橙	灰	背Ⅱ
2018-091	（面）	—	—	4.1	○ ○	242.0	256.6	0.94	软	黑	橙	灰	面Ⅱ
2018-111	背	12.3	—	4.1	○ ○	264.0	263.9	1.00	—	黑	—	—	背—
2018-021	背	9.5	—	4.0	○ ○	164.6	168.5	0.98	硬	黑	橙	灰	背Ⅱ
2018-036	（面）	7.8	—	4.0	○ ○	293.4	268.8	1.09	硬	橙黑	橙	灰	面Ⅱ
2018-042	背	14.4	—	4.0	△ ○	249.7	261.6	0.95	软	黑	黑	黑	背Ⅲ
2018-051	背	8.3	—	4.0	○ ○	317.5	289.3	1.10	—	橙黑	—	—	背—
2018-053	（面）	—	—	4.0	▲ ○	414.3	438.8	0.94	—	橙	灰	灰黑？	面—
2018-071	背	9.3	—	4.0	○ ○	356.7	312.6	1.14	—	黑	灰	—	背—
2018-079	背	8.7	—	4.0	○ ○	221.5	191.4	1.16	硬	黑	—	—	背—
2018-105	背	12.8	参考	4.0	■ ■	191.3	195.3	0.98	—	橙	橙	灰	背Ⅰ
2018-116	背	11.2	—	4.0	○ ○	354.6	348.9	1.02	硬	橙黑	灰	灰	背Ⅱ
2018-050	（面）	—	—	3.9	○ □	189.3	196.9	0.96	软	黑	黑	黑/灰	面Ⅲ
2018-100	背	16.9	—	3.9	○ ○	202.1	201.1	1.01	软	橙黑	灰	黑	背Ⅲ
2018-035	背	16.4	—	3.8	○ □	158.5	165.6	0.96	—	橙黑	灰	黑	背Ⅲ
2018-043	背	15.2	—	3.8	△ ■	225.0	237.5	0.95	软	黑	橙	黑	背Ⅲ
2018-037	背	15.1	—	3.7	△ □	221.0	242.4	0.91	软	橙	灰	黑	背Ⅲ
2018-026	（面）	8.2	参考	3.6	○ ○	235.9	235.3	1.00	—	橙	灰	灰	面Ⅰ
2018-059	（面）	—	—	3.6	○ ○	315.2	324.6	0.97	—	橙黑	黑	—	面—
2018-081	（面）	—	—	3.6	○ ○	245.5	248.3	0.99	—	橙	灰	灰	面Ⅰ
2018-106	（面）	6.8	参考	3.6	○ ○	228.3	220.7	1.03	—	—	—	—	面—

续表

调查编号		镜面径		范厚		体积密度			硬软	断面颜色			
①编号	②范类	③面径（厘米）	④程度	⑤范厚（厘米）	⑥状况	⑦重量（克）	⑧体积（厘米^3）	⑨密度（克/厘米^3）	⑩硬・软	⑪1层	⑫2层	⑬3层	⑭色层型
2018-109	背	9.3	—	3.6	○ ○	154.0	137.0	1.12	—	黑	灰	—	背—
2018-044	（面）	12.8	—	3.5	△ ○	380.7	426.9	0.89	—	黑	灰	灰	面Ⅱ
2018-057	（面）	8.5	参考	3.5	○ ○	198.2	182.8	1.08	硬	橙	灰	灰	面Ⅰ
2018-060	（面）	7.0	参考	3.5	○ ○	293.4	261.0	1.12	—	橙	—	—	面—
2018-087	背	10.1	—	3.5	○ ○	126.1	117.7	1.07	软	橙黑	灰	灰	背Ⅱ
2018-096	（面）	10.0	参考	3.4	○ △	332.7	334.2	1.00	—	橙	橙	灰	面Ⅰ
2018-115	（面）	11.6	参考	3.4	○ ○	293.9	265.2	1.11	—	黑	—	—	面—
2018-018	背	10.3	—	3.4	■ ○	185.8	175.2	1.06	软	黑	橙	灰	背Ⅱ
2018-005	背	6.7	—	3.3	○ ○	242.9	257.5	0.94	硬	橙	橙	灰	背Ⅰ
2018-080	背	9.1	—	3.3	○ ▲	41.6	44.0	0.95	—	黑	橙	—	背—
2018-093	背	7.3	—	3.3	○ ○	109.4	104.9	1.04	—	橙黑	橙灰	灰	背Ⅱ
2018-117	背	10.2	—	3.3	○ ○	143.3	144.6	0.99	—	橙黑	—	—	背—
2018-025	背	10.6	—	3.3	○ ○	65.3	66.4	0.98	硬	橙	—	灰	背—
2018-065	（面）	7.6	参考	3.2	○ ○	313.1	261.7	1.20	硬	黑橙	—	—	面—
2018-041	（面）	7.7	参考	3.1	○ ○	238.1	215.2	1.11	—	—	—	—	面—
2018-076	背	7.9	—	3.1	△ ○	150.2	144.5	1.04	软	橙	橙	灰	背Ⅰ
2018-099	（面）	7.6	—	3.1	○ ○	186.4	163.6	1.14	硬	黑	—	—	面—
2018-006	背	6.6	—	3.0	○ ○	144.6	149.6	0.97	硬	橙黑	橙	灰	背Ⅱ
2018-016	背	11.1	—	3.0	○ ○	141.1	115.5	1.22	硬	黑	灰	灰	背Ⅱ
2018-085	（面）	—	—	3.0	○ □	121.8	117.8	1.03	软	黑	橙	灰	面Ⅱ
2018-097	（面）	—	—	3.0	■ △	227.0	212.9	1.07	软	灰	灰	灰	面Ⅰ

续表

调查编号		镜面径		范厚		体积密度			硬软	断面颜色			
①编号	②范类	③面径（厘米）	④程度	⑤范厚（厘米）	⑥状况	⑦重量（克）	⑧体积（厘米^3）	⑨密度（克/厘米^3）	⑩硬·软	⑪1层	⑫2层	⑬3层	⑭色层型
2018-019	（面）	—	—	2.8	○ ○	223.0	221.5	1.01	软	橙	橙	灰	面Ⅰ
2018-040	背	13.6	—	2.8	○ ○	107.1	120.8	0.89	软	黑	黑	黑	背Ⅲ
2018-034	（面）	10.8	—	2.8	○ ■	132.4	133.1	1.00	软	黑	橙	灰	面Ⅱ
2018-092	背	8.5	—	2.8	○ △	119.6	120.6	0.99	软	橙	灰	灰	背Ⅰ
2018-098	背	6.5	—	2.8	○ ▲	86.8	94.8	0.92	硬	黑	橙	灰	背Ⅱ
2018-063	面背	8.6	参考	2.7	■ ■	117.3	123.2	0.95	软	橙	橙	灰	Ⅰ
2018-083	（面）	7.7	参考	2.7	○ ○	97.7	99.8	0.98	软	黑	橙	灰	面Ⅱ
2018-110	（面）	—	—	2.6	○ △	125.1	135.4	0.92	软	橙黑	橙灰	灰	面Ⅱ
2018-038	铃	—	—	2.4	○ ○	97.9	100.3	0.98	硬	橙	灰	灰	Ⅰ
2018-020	铃	—	—	2.4	○ ○	161.4	163.8	0.99	硬	橙黑	灰	灰	Ⅱ
2018-082	不明	—	—		— —	—	76.9	—	—	—	—	—	—

表3　镜范数据和信息表（按⑨体积密度顺序排列）

调查编号		镜面径		范厚		体积密度			硬软	断面颜色			
①编号	②范类	③面径（厘米）	④程度	⑤范厚（厘米）	⑥状况	⑦重量（克）	⑧体积（厘米^3）	⑨密度（克/厘米^3）	⑩硬·软	⑪1层	⑫2层	⑬3层	⑭色层型
2018-082	不明	—	—		— —	—	76.9	—	—	—	—	—	—
2018-016	背	11.1	—	3.0	○ ○	141.1	115.5	1.22	—	黑	灰	灰	背Ⅱ
2018-065	（面）	7.6	参考	3.2	○ ○	313.1	261.7	1.20	硬	黑橙	—	—	面—
2018-079	背	8.7	—	4.0	○ ○	221.5	191.4	1.16	硬	黑	—	—	背—
2018-014	背	12.5	—	4.5	△ ○	493.6	431.2	1.15	硬	黑	灰/黑	灰	背Ⅱ
2018-073	背	13.5	参考	5.0	△ ○	196.2	171.7	1.14	—	橙黑	黑	—	背—

续表

调查编号		镜面径		范厚		体积密度			硬软	断面颜色			
①编号	②范类	③面径（厘米）	④程度	⑤范厚（厘米）	⑥状况	⑦重量（克）	⑧体积（厘米^3）	⑨密度（克/厘米^3）	⑩硬・软	⑪1层	⑫2层	⑬3层	⑭色层型
2018-071	背	9.3	—	4.0	○ ○	356.7	312.6	1.14	—	黑	灰	—	背一
2018-099	（面）	7.6	—	3.1	○ ○	186.4	163.6	1.14	硬	黑	—	—	面一
2018-078	背	11.2	—	5.1	○ □	435.8	385.1	1.13	硬	橙	灰	灰	背Ⅰ
2018-060	（面）	7.0	参考	3.5	○ ○	293.4	261.0	1.12	—	橙	—	—	面一
2018-109	背	9.3	—	3.6	○ ○	154.0	137.0	1.12	—	黑	灰	—	背一
2018-045・046	（面）	15.3	—	4.4	○ ○	491.7	438.2	1.12	硬	黑	黑	灰	面Ⅱ
2018-048	（面）	9.4	参考	4.3	○ ○	353.8	316.1	1.12	硬	橙	灰	灰	面Ⅰ
2018-115	（面）	11.6	参考	3.4	○ ○	293.9	265.2	1.11	—	黑	—	—	面一
2018-041	（面）	7.7	参考	3.1	○ ○	238.1	215.2	1.11	—	—	—	—	面一
2018-023	背	13.5	—	5.6	△ ○	258.8	233.9	1.11	—	橙	黑/灰	灰	背Ⅱ
2018-051	背	8.3	—	4.0	○ ○	317.5	289.3	1.10	—	橙黑	—	—	背一
2018-089	背	15.5	参考	5.1	○ ○	254.7	232.3	1.10	—	黑	黑/灰	灰	背Ⅱ
2018-075	背	9.1	—	4.1	○ ○	174.8	159.8	1.09	硬	橙黑	橙	灰	背Ⅱ
2018-036	（面）	7.8	—	4.0	○ ○	293.4	268.8	1.09	硬	橙黑	橙	灰	面Ⅱ
2018-070	（面）	15.0	参考	5.3	○ ○	971.3	891.5	1.09	硬	黑	黑/灰	灰	面Ⅱ
2018-108	背	15.6	—	6.1	○ ○	497.6	458.6	1.09	—	黑橙	灰	黑	背Ⅲ
2018-057	（面）	8.5	参考	3.5	○ ○	198.2	182.8	1.08	硬	橙	灰	灰	面Ⅰ
2018-017	背	14.2	—	6.0	○—	371.1	342.6	1.08	—	黑	灰	黑	背Ⅲ
2018-010	背	13.1	—	5.9	○ ○	283.4	262.6	1.08	—	黑	灰/黑	黑	背Ⅲ
2018-087	背	10.1	—	3.5	○ ○	126.1	117.7	1.07	软	橙黑	灰	灰	背Ⅱ
2018-074	背	9.2	—	4.5	○ ○	107.6	100.9	1.07	—	黑	橙灰	灰	背Ⅱ

续表

调查编号		镜面径		范厚		体积密度			硬软	断面颜色			
①编号	②范类	③面径（厘米）	④程度	⑤范厚（厘米）	⑥状况	⑦重量（克）	⑧体积（厘米³）	⑨密度（克/厘米³）	⑩硬·软	⑪1层	⑫2层	⑬3层	⑭色层型
2018-097	（面）	—	—	3.0	■ △	227.0	212.9	1.07	软	灰	灰	灰	面Ⅰ
2018-047	背	12.2	—	4.5	○ ○	326.4	307.0	1.06	—	黑	灰	灰	背Ⅱ
2018-018	背	10.3	—	3.4	■ ○	185.8	175.2	1.06	软	黑	橙	灰	背Ⅱ
2018-058	背	32.7	—	5.3	○ ○	1024.7	967.3	1.06	—	橙黑	灰	灰	背Ⅱ
2018-104	（面）	15.6	参考	5.1	○ ○	228.7	217.2	1.05	—	橙	灰橙	灰	面Ⅰ
2018-093	背	7.3	—	3.3	○ ○	109.4	104.9	1.04	—	橙黑	橙灰	灰	背Ⅱ
2018-076	背	7.9	—	3.1	△ ○	150.2	144.5	1.04	软	橙	橙	灰	背Ⅰ
2018-085	（面）	—	—	3.0	○ □	121.8	117.8	1.03	软	黑	橙	灰	面Ⅱ
2018-106	（面）	6.8	参考	3.6	○ ○	228.3	220.7	1.03	—	—	—	—	面—
2018-066	铃	19.8	—	5.7	□ ■	545.7	528.1	1.03	软	黑	灰	黑	背Ⅲ
2018-039	（面）	11.3	参考	5.0	○ ○	412.3	399.4	1.03	—	橙黑	黑	灰	面Ⅱ
2018-052	背	11.2	—	5.3	△ ○	360.5	349.7	1.03	硬	橙	—	—	背—
2018-030	背	14.8	—	6.5	○ ○	811.5	791.2	1.03	硬	黑	橙/黑	灰	背Ⅱ
2018-027	背	12.4	—	5.8	△ ○	514.2	502.8	1.02	硬	橙	灰/黑	灰	背Ⅱ
2018-061	背	11.6	—	4.7	○—	608.1	594.1	1.02	软	橙	橙/黑	灰	背Ⅱ
2018-068	（面）	16.4	—	5.2	○ ○	547.0	535.4	1.02	—	黑	黑	灰	面Ⅱ
2018-064	背	13.6	—	4.2	□ ○	207.6	204.2	1.02	—	黑	灰/黑	灰	背Ⅱ
2018-116	背	11.2	—	4.0	○ ○	354.6	348.9	1.02	硬	橙黑	灰	灰	背Ⅱ
2018-056	背	14.0	—	4.6	■ ○	762.2	750.7	1.02	—	橙	黑	—	背—
2018-002	（面）	—	—	5.1	○ △	447.7	442.4	1.01	—	黑	黑	灰黑	面Ⅱ Ⅲ
2018-019	（面）	—	—	2.8	○ ○	223.0	221.5	1.01	软	橙	橙	灰	面Ⅰ

续表

调查编号		镜面径		范厚		体积密度			硬软	断面颜色			
①编号	②范类	③面径（厘米）	④程度	⑤范厚（厘米）	⑥状况	⑦重量（克）	⑧体积（厘米³）	⑨密度（克/厘米³）	⑩硬・软	⑪1层	⑫2层	⑬3层	⑭色层型
2018-004	背	14.5	—	5.2	△ ○	487.1	484.3	1.01	—	黑	黑	黑	背Ⅲ
2018-100	背	16.9	—	3.9	○ ○	202.1	201.1	1.01	软	橙黑	灰	黑	背Ⅲ
2018-090	背	15.0	—	5.0	△ ○	342.9	341.6	1.00	—	黑	橙/黑	黑	背Ⅲ
2018-026	（面）	8.2	参考	3.6	○ ○	235.9	235.3	1.00	—	橙	灰	灰	面Ⅰ
2018-072	背	20.4	—	6.7	□ ■	386.2	386.0	1.00	软	橙/黑	灰	黑	背Ⅲ
2018-111	背	12.3	—	4.1	○ ○	264.0	263.9	1.00	—	黑	—	—	背—
2018-101	背	12.9	—	4.3	○ □	185.8	186.1	1.00	—	橙黑	橙	黑	背Ⅲ
2018-086	背	7.6	—	4.5	○ △	204.4	205.1	1.00	—	—	灰	灰	背—
2018-096	（面）	10.0	参考	3.4	○ △	332.7	334.2	1.00	—	橙	橙	灰	面Ⅰ
2018-034	（面）	10.8	—	2.8	○ ■	132.4	133.1	1.00	软	黑	橙	灰	面Ⅱ
2018-114	背	12.2	—	4.5	○ ▲	340.0	342.3	0.99	—	黑橙	橙	灰	背Ⅱ
2018-008	背	10.7	—	4.5	△ ○	190.6	192.1	0.99	软	黑	橙	灰	背Ⅱ
2018-011	背1	14.0	参考	4.7	▲ ■	170.3	171.7	0.99	软	黑橙	橙/黑	黑	背Ⅲ
2018-011	背2	13.3	参考	4.7	▲ ■	170.3	171.7	0.99	软	黑	黑	黑	背Ⅲ
2018-092	背	8.5	—	2.8	○ △	119.6	120.6	0.99	软	橙	灰	灰	背Ⅰ
2018-117	背	10.2	—	3.3	○ ○	143.3	144.6	0.99	—	橙黑	—	—	背—
2018-081	（面）	—	—	3.6	○ ○	245.5	248.3	0.99	—	橙	灰	灰	面Ⅰ
2018-055	背	11.6	—	4.7	○ ○	316.7	320.5	0.99	软	黑	橙	灰	背Ⅱ
2018-009・015	背	16.5	—	4.1	○ ○	843.6	855.1	0.99	软	黑	灰	黑	背Ⅲ
2018-020	铃	—	—	2.4	○ ○	161.4	163.8	0.99	硬	橙黑	灰	灰	Ⅱ
2018-069	背	10.6	—	4.6	□ ○	274.3	278.4	0.99	—	黑橙	灰/黑	灰	背Ⅱ

续表

调查编号		镜面径		范厚		体积密度			硬软	断面颜色			
①编号	②范类	③面径（厘米）	④程度	⑤范厚（厘米）	⑥状况	⑦重量（克）	⑧体积（厘米^3）	⑨密度（克/厘米^3）	⑩硬·软	⑪1层	⑫2层	⑬3层	⑭色层型
2018-025	背	10.6	—	3.3	○ ○	65.3	66.4	0.98	硬	橙	—	灰	背—
2018-102	背	14.0	—	5.7	□ ■	658.8	670.8	0.98	—	橙	灰	灰	背Ⅰ
2018-084	（面）	—	—	4.7	○ ○	179.9	183.5	0.98	—	黑	橙	灰	面Ⅱ
2018-083	（面）	7.7	参考	2.7	○ ○	97.7	99.8	0.98	软	黑	橙	灰	面Ⅱ
2018-105	背	12.8	参考	4.0	■ ■	191.3	195.3	0.98	—	橙	橙	灰	背Ⅰ
2018-001	背	19.2	—	4.2	△ ○	457.1	467.3	0.98	软	黑	灰	黑	背Ⅲ
2018-062	背	13.3	—	4.9	□ ○	555.8	568.3	0.98	软	橙	灰	灰	背Ⅰ
2018-088	背	15.0	—	4.8	▲ ○	110.7	113.2	0.98	软	黑	黑	灰	背Ⅱ
2018-112	背	12.7	—	4.5	○ ○	410.8	419.9	0.98	—	黑	黑	黑	背Ⅲ
2018-021	背	9.5	—	4.0	○ ○	164.6	168.5	0.98	硬	黑	橙	灰	背Ⅱ
2018-038	铃	—	—	2.4	○ ○	97.9	100.3	0.98	硬	橙	灰	灰	Ⅰ
2018-094	背	—	—	4.3	○ □	37.3	38.2	0.98	—	橙黑	橙	灰	背Ⅱ
2018-113	背	—	—	5.0	▲ □	146.7	150.3	0.98	—	橙	橙	橙	背Ⅰ
2018-028	背	19.6	—	4.4	■ ○	643.5	661.3	0.97	—	黑	黑/橙	橙/灰	背Ⅱ
2018-032·033	背	17.7	—	5.0	○○	432.0	444.4	0.97	—	橙黑	橙/灰	黑	背Ⅲ
2018-059	（面）	—	—	3.6	○ ○	315.2	324.6	0.97	—	橙黑	黑	—	面—
2018-006	背	6.6	—	3.0	○ ○	144.6	149.6	0.97	硬	橙黑	橙	灰	背Ⅱ
2018-050	（面）	—	—	3.9	○ □	189.3	196.9	0.96	软	黑	黑	黑/灰	面Ⅲ
2018-031	背	18.8	—	5.0	○ ○	185.8	193.8	0.96	软	橙黑/灰	黑/灰	黑	背Ⅲ
2018-035	背	16.4	—	3.8	○ □	158.5	165.6	0.96	—	橙黑	灰	黑	背Ⅲ

续表

调查编号		镜面径		范厚		体积密度			硬软	断面颜色			
①编号	②范类	③面径（厘米）	④程度	⑤范厚（厘米）	⑥状况	⑦重量（克）	⑧体积（厘米^3）	⑨密度（克/厘米^3）	⑩硬・软	⑪1层	⑫2层	⑬3层	⑭色层型
2018-042	背	14.4	—	4.0	△○	249.7	261.6	0.95	软	黑	黑	黑	背Ⅲ
2018-063	面背	8.6	参考	2.7	■■	117.3	123.2	0.95	软	橙	橙	灰	Ⅰ
2018-022	背	11.1	—	4.2	□○	341.3	359.1	0.95	—	黑	橙/黑	橙	背Ⅱ
2018-013	不明	—	—	4.5	○○	339.1	358.0	0.95	软	灰黑	黑	橙灰	Ⅱ
2018-043	背	15.2	—	3.8	△■	225.0	237.5	0.95	软	黑	橙	黑	背Ⅲ
2018-080	背	9.1	—	3.3	○▲	41.6	44.0	0.95	—	黑	橙	—	背—
2018-053	（面）	—	—	4.0	▲○	414.3	438.8	0.94	—	橙	灰	灰黑?	面—
2018-005	背	6.7	—	3.3	○○	242.9	257.5	0.94	硬	橙	橙	灰	背Ⅰ
2018-024	背	9.5	—	4.5	△○	190.0	201.6	0.94	—	黑	橙	灰	背Ⅱ
2018-091	（面）	—	—	4.1	○○	242.0	256.6	0.94	软	黑	橙	灰	面Ⅱ
2018-077	（面）	11.3	—	4.3	○○	332.5	354.9	0.94	—	黑	橙	灰	面Ⅱ
2018-054	背	13.5	—	4.9	○□	746.7	798.0	0.94	—	橙黑	灰	灰	背Ⅱ
2018-067	（面）	20.0	参考	5.3	○○	912.4	975.8	0.94	软	橙	黑/灰	灰	面Ⅱ
2018-107	背背	11.6	参考	4.4	○○	165.1	177.1	0.93	—	橙黑	黑	黑	背Ⅲ
2018-029	背	12.3	—	5.0	△○	734.8	789.2	0.93	—	橙黑	黑	灰	背Ⅱ
2018-012	背	13.4	—	5.9	○○	456.1	491.4	0.93	硬	黑	灰/黑	灰	背Ⅱ
2018-110	（面）	—	—	2.6	○△	125.1	135.4	0.92	软	橙黑	橙灰	灰	面Ⅱ
2018-103	背	12.4	—	5.1	○○	244.2	264.9	0.92	—	黑	—	—	背—
2018-098	背	6.5	—	2.8	○▲	86.8	94.8	0.92	硬	黑	橙	灰	背Ⅱ
2018-095	背	12.7	—	5.5	▲○	138.9	152.1	0.91	—	—	—	—	背—
2018-037	背	15.1	—	3.7	△□	221.0	242.4	0.91	软	橙	灰	黑	背Ⅲ

续表

调查编号		镜面径		范厚		体积密度			硬软	断面颜色			
①编号	②范类	③面径（厘米）	④程度	⑤范厚（厘米）	⑥状况	⑦重量（克）	⑧体积（厘米³）	⑨密度（克/厘米³）	⑩硬・软	⑪1层	⑫2层	⑬3层	⑭色层型
2018-003	背	19.5	—	5.6	○△	364.5	406.3	0.90	软	黑	灰/黑	灰	背Ⅱ
2018-044	（面）	12.8	—	3.5	△○	380.7	426.9	0.89	—	黑	灰	灰	面Ⅱ
2018-007	背	10.7	—	4.8	○■	235.4	264.2	0.89	—	橙黑	橙	灰	背Ⅱ
2018-040	背	13.6	—	2.8	○○	107.1	120.8	0.89	软	黑	黑	黑	背Ⅲ
2018-049	（面）	15.5	参考	4.5	□○	243.7	279.2	0.87	软	黑	灰/黑	灰	面Ⅱ

表4　镜范数据和信息表（按⑭各色层型排列）

调查编号		镜面径		范厚		体积密度			硬软	断面颜色			
①编号	②范类	③面径（厘米）	④程度	⑤范厚（厘米）	⑥状况	⑦重量（克）	⑧体积（厘米³）	⑨密度（克/厘米³）	⑩硬・软	⑪1层	⑫2层	⑬3层	⑭色层型
2018-038	铃	—	—	2.4	○○	97.9	100.3	0.98	硬	橙	灰	灰	Ⅰ
2018-063	面背	8.6	参考	2.7	■■	117.3	123.2	0.95	—	橙	橙	灰	Ⅰ
2018-013	不明	—	—	4.5	○○	339.1	358.0	0.95	软	灰黑	黑	橙灰	Ⅱ
2018-020	铃	—	—	2.4	○○	161.4	163.8	0.99	硬	橙黑	灰	灰	Ⅱ
2018-005	背	6.7	—	3.3	○○	242.9	257.5	0.94	硬	橙	橙	灰	背Ⅰ
2018-062	背	13.3	—	4.9	□○	555.8	568.3	0.98	软	橙	灰	灰	背Ⅰ
2018-076	背	7.9	—	3.1	△○	150.2	144.5	1.04	软	橙	橙	灰	背Ⅰ
2018-078	背	11.2	—	5.1	○□	435.8	385.1	1.13	硬	橙	灰	灰	背Ⅰ
2018-092	背	8.5	—	2.8	○△	119.6	120.6	0.99	软	橙	灰	灰	背Ⅰ
2018-102	背	14.0	—	5.7	□■	658.8	670.8	0.98	—	橙	灰	灰	背Ⅰ
2018-105	背	12.8	参考	4.0	■■	191.3	195.3	0.98	—	橙	橙	灰	背Ⅰ

续表

调查编号		镜面径		范厚		体积密度			硬软	断面颜色			
①编号	②范类	③面径（厘米）	④程度	⑤范厚（厘米）	⑥状况	⑦重量（克）	⑧体积（厘米³）	⑨密度（克/厘米³）	⑩硬·软	⑪1层	⑫2层	⑬3层	⑭色层型
2018-113	背	—	—	5.0	▲ □	146.7	150.3	0.98	—	橙	橙	橙	背Ⅰ
2018-003	背	19.5	—	5.6	○ △	364.5	406.3	0.90	软	黑	灰/黑	灰	背Ⅱ
2018-006	背	6.6	—	3.0	○ ○	144.6	149.6	0.97	硬	橙黑	橙	灰	背Ⅱ
2018-007	背	10.7	—	4.8	○ ■	235.4	264.2	0.89	—	橙黑	橙	灰	背Ⅱ
2018-008	背	10.7	—	4.5	△ ○	190.6	192.1	0.99	软	黑	橙	灰	背Ⅱ
2018-012	背	13.4	—	5.9	○ ○	456.1	491.4	0.93	硬	黑	灰/黑	灰	背Ⅱ
2018-014	背	12.5	—	4.5	△ ○	493.6	431.2	1.15	硬	黑	灰/黑	灰	背Ⅱ
2018-016	背	11.1	—	3.0	○ ○	141.1	115.5	1.22	硬	黑	灰	灰	背Ⅱ
2018-018	背	10.3	—	3.4	■ ○	185.8	175.2	1.06	软	黑	橙	灰	背Ⅱ
2018-021	背	9.5	—	4.0	○ ○	164.6	168.5	0.98	硬	黑	橙	灰	背Ⅱ
2018-022	背	11.1	—	4.2	□ ○	341.3	359.1	0.95	—	黑	橙/黑	橙	背Ⅱ
2018-023	背	13.5	—	5.6	△ ○	258.8	233.9	1.11	—	橙	黑/灰	灰	背Ⅱ
2018-024	背	9.5	—	4.5	△ ○	190.0	201.6	0.94	—	黑	橙	灰	背Ⅱ
2018-027	背	12.4	—	5.8	△ ○	514.2	502.8	1.02	硬	橙	灰/黑	灰	背Ⅱ
2018-028	背	19.6	—	4.4	■ ○	643.5	661.3	0.97	—	黑	黑/橙	橙/灰	背Ⅱ
2018-029	背	12.3	—	5.0	△ ○	734.8	789.2	0.93	—	橙黑	黑	灰	背Ⅱ
2018-030	背	14.8	—	6.5	○ ○	811.5	791.2	1.03	硬	黑	橙/黑	灰	背Ⅱ
2018-047	背	12.2	—	4.5	○ ○	326.4	307.0	1.06	—	黑	灰	灰	背Ⅱ
2018-054	背	13.5	—	4.9	○ □	746.7	798.0	0.94	—	橙黑	灰	灰	背Ⅱ
2018-055	背	11.6	—	4.7	○ ○	316.7	320.5	0.99	软	黑	橙	灰	背Ⅱ
2018-058	背	32.7	—	5.3	○ ○	1024.7	967.3	1.06	—	橙黑	灰	灰	背Ⅱ

续表

调查编号		镜面径		范厚		体积密度			硬软	断面颜色			
①编号	②范类	③面径（厘米）	④程度	⑤范厚（厘米）	⑥状况	⑦重量（克）	⑧体积（厘米³）	⑨密度（克/厘米³）	⑩硬·软	⑪1层	⑫2层	⑬3层	⑭色层型
2018-061	背	11.6	—	4.7	○ —	608.1	594.1	1.02	软	橙	橙/黑	灰	背Ⅱ
2018-064	背	13.6	—	4.2	□ ○	207.6	204.2	1.02	—	黑	灰/黑	灰	背Ⅱ
2018-069	背	10.6	—	4.6	□ ○	274.3	278.4	0.99	—	黑橙	灰/黑	灰	背Ⅱ
2018-074	背	9.2	—	4.5	○ ○	107.6	100.9	1.07	—	黑	橙灰	灰	背Ⅱ
2018-075	铃	9.1	—	4.1	○ ○	174.8	159.8	1.09	硬	橙黑	橙	灰	背Ⅱ
2018-087	背	10.1	—	3.5	○ ○	126.1	117.7	1.07	软	橙黑	灰	灰	背Ⅱ
2018-088	背	15.0	—	4.8	▲ ○	110.7	113.2	0.98	软	黑	黑	灰	背Ⅱ
2018-089	背	15.5	参考	5.1	○ ○	254.7	232.3	1.10	—	黑	黑/灰	灰	背Ⅱ
2018-093	背	7.3	—	3.3	○ ○	109.4	104.9	1.04	—	橙黑	橙灰	灰	背Ⅱ
2018-094	背	—	—	4.3	○ □	37.3	38.2	0.98	—	橙黑	橙	灰	背Ⅱ
2018-098	背	6.5	—	2.8	○ ▲	86.8	94.8	0.92	硬	黑	橙	灰	背Ⅱ
2018-114	背	12.2	—	4.5	○ ▲	340.0	342.3	0.99	—	黑橙	橙	灰	背Ⅱ
2018-116	背	11.2	—	4.0	○ ○	354.6	348.9	1.02	硬	橙黑	灰	灰	背Ⅱ
2018-001	背	19.2	—	4.2	△ ○	457.1	467.3	0.98	软	黑	灰	黑	背Ⅲ
2018-004	背	14.5	—	5.2	△ ○	487.1	484.3	1.01	—	黑	黑	黑	背Ⅲ
2018-009·015	背	16.5	—	4.1	○ ○	843.6	855.1	0.99	软	黑	灰	黑	背Ⅲ
2018-010	背	13.1	—	5.9	○ ○	283.4	262.6	1.08	—	黑	灰/黑	黑	背Ⅲ
2018-011	背1	14.0	参考	4.7	▲ ■	170.3	171.7	0.99	软	黑橙	橙/黑	黑	背Ⅲ
2018-011	背2	13.3	参考	4.7	▲ ■	170.3	171.7	0.99	软	黑	黑	黑	背Ⅲ
2018-017	背	14.2	—	6.0	○ —	371.1	342.6	1.08	—	黑	灰	黑	背Ⅲ
2018-031	背	18.8	—	5.0	○ ○	185.8	193.8	0.96	软	橙黑/灰	黑/灰	黑	背Ⅲ

续表

调查编号		镜面径		范厚		体积密度			硬软	断面颜色			
①编号	②范类	③面径（厘米）	④程度	⑤范厚（厘米）	⑥状况	⑦重量（克）	⑧体积（厘米 ^{3}）	⑨密度（克/厘米 ^{3}）	⑩硬・软	⑪1层	⑫2层	⑬3层	⑭色层型
2018-032・033	背	17.7	—	5.0	○○	432.0	444.4	0.97	—	橙黑	橙/灰	黑	背Ⅲ
2018-035	背	16.4	—	3.8	○□	158.5	165.6	0.96	—	橙黑	灰	黑	背Ⅲ
2018-037	背	15.1	—	3.7	△□	221.0	242.4	0.91	软	橙	灰	黑	背Ⅲ
2018-040	背	13.6	—	2.8	○○	107.1	120.8	0.89	软	黑	黑	黑	背Ⅲ
2018-042	背	14.4	—	4.0	△○	249.7	261.6	0.95	软	黑	黑	黑	背Ⅲ
2018-043	背	15.2	—	3.8	△■	225.0	237.5	0.95	软	黑	橙	黑	背Ⅲ
2018-066	背	19.8	—	5.7	□■	545.7	528.1	1.03	软	黑	灰	黑	背Ⅲ
2018-072	背	20.4	—	6.7	□■	386.2	386.0	1.00	软	橙/黑	灰	黑	背Ⅲ
2018-090	背	15.0	—	5.0	△○	342.9	341.6	1.00	—	黑	橙/黑	黑	背Ⅲ
2018-100	背	16.9	—	3.9	○○	202.1	201.1	1.01	软	橙黑	灰	黑	背Ⅲ
2018-101	背	12.9	—	4.3	○□	185.8	186.1	1.00	—	橙黑	橙	黑	背Ⅲ
2018-107	背背	11.6	参考	4.4	○○	165.1	177.1	0.93	—	橙黑	黑	黑	背Ⅲ
2018-108	背	15.6	—	6.1	○○	497.6	458.6	1.09	—	黑橙	灰	黑	背Ⅲ
2018-112	背	12.7	—	4.5	○○	410.8	419.9	0.98	—	黑	黑	黑	背Ⅲ
2018-025	背	10.6	—	3.3	○○	65.3	66.4	0.98	硬	橙	—	灰	背一
2018-051	背	8.3	—	4.0	○○	317.5	289.3	1.10	—	橙黑	—	—	背一
2018-052	背	11.2	—	5.3	△○	360.5	349.7	1.03	硬	橙	—	—	背一
2018-056	背	14.0	—	4.6	■○	762.2	750.7	1.02	—	橙	黑	—	背一
2018-071	背	9.3	—	4.0	○○	356.7	312.6	1.14	—	黑	灰	—	背一
2018-073	背	13.5	参考	5.0	△○	196.2	171.7	1.14	—	橙黑	黑	—	背一
2018-079	背	8.7	—	4.0	○○	221.5	191.4	1.16	硬	黑	—	—	背一

续表

调查编号		镜面径		范厚		体积密度			硬软	断面颜色			
①编号	②范类	③面径（厘米）	④程度	⑤范厚（厘米）	⑥状况	⑦重量（克）	⑧体积（厘米^3）	⑨密度（克/厘米^3）	⑩硬・软	⑪1层	⑫2层	⑬3层	⑭色层型
2018-080	背	9.1	—	3.3	○ ▲	41.6	44.0	0.95	—	黑	橙	—	背—
2018-086	背	7.6	—	4.5	○ △	204.4	205.1	1.00	—	—	灰	灰	背—
2018-095	背	12.7	—	5.5	▲ ○	138.9	152.1	0.91	—	—	—	—	背—
2018-103	背	12.4	—	5.1	○ ○	244.2	264.9	0.92	—	黑	—	—	背—
2018-109	背	9.3	—	3.6	○ ○	154.0	137.0	1.12	—	黑	灰	—	背—
2018-111	背	12.3	—	4.1	○ ○	264.0	263.9	1.00	—	黑	—	—	背—
2018-117	背	10.2	—	3.3	○ ○	143.3	144.6	0.99	—	橙黑	—	—	背—
2018-019	（面）	—	—	2.8	○ ○	223.0	221.5	1.01	软	橙	橙	灰	面Ⅰ
2018-026	（面）	8.2	参考	3.6	○ ○	235.9	235.3	1.00	—	橙	灰	灰	面Ⅰ
2018-048	（面）	9.4	参考	4.3	○ ○	353.8	316.1	1.12	硬	橙	灰	灰	面Ⅰ
2018-057	（面）	8.5	参考	3.5	○ ○	198.2	182.8	1.08	硬	橙	灰	灰	面Ⅰ
2018-081	（面）	—	—	3.6	○ ○	245.5	248.3	0.99	—	橙	灰	灰	面Ⅰ
2018-096	（面）	10.0	参考	3.4	○ △	332.7	334.2	1.00	—	橙	橙	灰	面Ⅰ
2018-097	（面）	—	—	3.0	■ △	227.0	212.9	1.07	软	灰	灰	灰	面Ⅰ
2018-104	（面）	15.6	参考	5.1	○ ○	228.7	217.2	1.05	—	橙	灰橙	灰	面Ⅰ
2018-034	（面）	10.8	—	2.8	○ ■	132.4	133.1	1.00	软	黑	橙	灰	面Ⅱ
2018-036	（面）	7.8	—	4.0	○ ○	293.4	268.8	1.09	硬	橙黑	橙	灰	面Ⅱ
2018-039	（面）	11.3	参考	5.0	○ ○	412.3	399.4	1.03	—	橙黑	黑	灰	面Ⅱ
2018-044	（面）	12.8	—	3.5	△ ○	380.7	426.9	0.89	—	黑	灰	灰	面Ⅱ
2018-045・046	（面）	15.3	—	4.4	○ ○	491.7	438.2	1.12	硬	黑	黑	灰	面Ⅱ
2018-049	（面）	15.5	参考	4.5	□ ○	243.7	279.2	0.87	软	黑	灰/黑	灰	面Ⅱ

续表

调查编号		镜面径		范厚		体积密度			硬软	断面颜色			
①编号	②范类	③面径（厘米）	④程度	⑤范厚（厘米）	⑥状况	⑦重量（克）	⑧体积（厘米^3）	⑨密度（克/厘米^3）	⑩硬·软	⑪1层	⑫2层	⑬3层	⑭色层型
2018-067	（面）	20.0	参考	5.3	○ ○	912.4	975.8	0.94	软	橙	黑/灰	灰	面Ⅱ
2018-068	（面）	16.4	—	5.2	○ ○	547.0	535.4	1.02	—	黑	黑	灰	面Ⅱ
2018-070	（面）	15.0	参考	5.3	○ ○	971.3	891.5	1.09	硬	黑	黑/灰	灰	面Ⅱ
2018-077	（面）	11.3	—	4.3	○ ○	332.5	354.9	0.94	—	黑	橙	灰	面Ⅱ
2018-083	（面）	7.7	参考	2.7	○ ○	97.7	99.8	0.98	软	黑	橙	灰	面Ⅱ
2018-084	（面）	—	—	4.7	○ ○	179.9	183.5	0.98	—	黑	橙	灰	面Ⅱ
2018-085	（面）	—	—	3.0	○ □	121.8	117.8	1.03	软	黑	橙	灰	面Ⅱ
2018-091	（面）	—	—	4.1	○ ○	242.0	256.6	0.94	软	黑	橙	灰	面Ⅱ
2018-110	（面）	—	—	2.6	○ △	125.1	135.4	0.92	软	橙黑	橙灰	灰	面Ⅱ
2018-002	（面）	—	—	5.1	○ △	447.7	442.4	1.01	—	黑	黑	灰黑	面Ⅱ Ⅲ
2018-050	（面）	—	—	3.9	○ □	189.3	196.9	0.96	软	黑	黑	黑/灰	面Ⅲ
2018-041	（面）	7.7	参考	3.1	○ ○	238.1	215.2	1.11	—	—	—	—	面—
2018-053	（面）	—	—	4.0	▲ ○	414.3	438.8	0.94	—	橙	灰	灰黑?	面—
2018-059	（面）	—	—	3.6	○ ○	315.2	324.6	0.97	—	橙黑	黑	—	面—
2018-060	（面）	7.0	参考	3.5	○ ○	293.4	261.0	1.12	—	橙	—	—	面—
2018-065	（面）	7.6	参考	3.2	○ ○	313.1	261.7	1.20	硬	黑橙	—	—	面—
2018-099	（面）	7.6	—	3.1	○ ○	186.4	163.6	1.14	硬	黑	—	—	面—
2018-106	（面）	6.8	参考	3.6	○ ○	228.3	220.7	1.03	—	—	—	—	面—
2018-115	（面）	11.6	参考	3.4	○ ○	293.9	265.2	1.11	—	黑	—	—	面—
2018-082	不明	—	—		— —	—	76.9	—	—	—	—	—	—

表5　镜范数据⑤范厚、⑨密度平均值

	件数	有效范厚件数	有效范厚平均值（厘米）	有效密度件数	有效密度平均值（克/厘米^3）
镜范	110	88	4.2	110	1.01
镜背范	74	57	4.4	74	1.01
镜面范	33	30	3.9	33	1.02
两面范	3	1	4.4	3	0.96
铃范	2	2	2.4	2	0.98
不明	2	1	4.5	1	0.95
合计・平均数	114	91	4.2	113	1.01

在范体断面或刮擦面能肉眼观察到大量大小不等的气泡痕迹，呈椭圆球体、圆球体或不规则形孔隙。孔隙较大的长度在10毫米以上，这样的孔隙内面还可见到许多微小凸起或鼓胀。由此推测，范体是在黏土中羼入谷壳[2]、植物叶或果实等细微的有机物，加水练制而成，范体内大量气泡是由有机物腐败或发酵产生。而笔者的实验范中混入了碳粉，并没有产生像镜范那么多的气泡。若只混入炭粉，可以防止产生妨碍施纹阴刻的气泡，较容易制作出低密度的软质范材。但从镜范内部的大量气泡和气泡内面的微凸膨胀来看，可能是有意识地使范内产生发酵气泡。现阶段尚不清楚气泡的效果，仍有必要进一步探讨。

如表3所示，密度与其为镜背范还是镜面范无关，密度与面径、范厚亦无关联。由此可知，范材原料配比不因范材用途或大小不同而改变。范材的材料配比是确定的，大体沿袭这一比例调和成型。表3所示铸范密度，密度在1.2克/厘米^{3}以上的有2件，其余数值连续分布在1.16～0.87克/厘米^{3}区间内。密度与色层亦无关联，数值连续而又有差别的原因推测是未按既定配比严格调制，以及受到浸透范内的油脂碳化物等的重量差的影响。

（二）目视调查结果

1. 范的表面和断面

如图2～图5镜范的断面所示，范体是用一种范土、平铺一层制作而成。断面有大量的气泡痕迹，分型面和近型腔面处亦有孔隙。断面气泡痕迹多为横向椭圆形，可知是将加水练制的范材块置于平板上压制平整，并将外形制成马蹄形。在压制时将范材内部的气泡挤压出来。以压制时的范材表面作为范底面，将压制时的范材底面作为分型面。底面和侧面夹角处以手指斜向压制成斜面，斜面多残存指印。侧面以篦切削，或压制出多面体成型，或烧成后切削成型。

范的断面呈灰白色，可知范材在成型、干燥后入窑以还原焰烧成。素烧过程中表面附着黑灰色，斜面指坑内亦残留有黑灰色，素烧结束后磨削出面。因而正面、侧面无黑灰色残留，而在个别范的底面残存少许黑灰色。

分型面、型腔面、浇道、排气道以阴刻施之，将粉尘状细土与水调和后涂至表面以填补气泡孔隙，使表面平滑致密。以水溶细土涂刷后，将型腔面朝下，用氧化焰自下而上烧成，型腔面、分型面、浇道、排气道烧至橙色或红橙色。由断面可以看到，范的橙色状态已经透过水溶细土层渗入范材内部。

已浇铸（以青铜溶液浇铸入范）过的使用范上，型腔面、浇道、排气道等变色为深茶褐色或黑灰色、灰色等，型腔面外侧的分型面局部有黑灰色渗出。

2. 镜范“回转体”成型方法

断面通过型腔面钮部的镜背范有18件（004、009、015、018、023、028、030、047、054、066、071、075、080、087、092、109、112、116）。其中的11件（附下划线），钮下部处的断面未见有固定旋转车削板（采用车削原理制作镜体型腔面时所使用的车削板）的孔洞或填补孔洞的痕迹。其中4范如图5所示。而18件范中无下划线的7件，因有土附着无法详细判定。

1　2　3　4

图5　钮坑下部镜范断面（摄影：梅原章一）

镜背范中，断面贯穿钮坑部的有18件。其中11件因断面无土附着，因而可以确认这11件范上没有发现固定旋转刮板制范法所用刮板的坑穴填埋土痕迹，也就是说没有使用旋转刮板制范法制范。这11件范中的4件如图5-1～图5-4所示。钮坑断面大致分为两层，应是在范材上印刻出钮坑后在表面涂以细土水所致

1. 2018-030　2. 2018-075　3. 2018-087　4. 2018-116

旋转刮板制范法，是指在制作梵钟、铜罐、铜镜时，将铸件纵断面形状的刮板上下固定，使刮板保持水平旋转，将用水和好的范土堆塑在刮板的旋转轨迹上，通过旋转制作出外范、范芯（或器物原型）的方法。若刮板上下固定不牢就会晃动，表面呈凹凸波状，无法形成规整的圆形。刮板下的固定装置（金属制的凹形），设置在贯穿于范中央的洞下，制范后填补此洞。这样的痕迹在这11件范上都没有发现，由此可知镜范制作没有使用旋转刮板制范法，即手持刮板进行旋转，在烧成后的型腔面旋转的过程中，因刮板晃动难以形成规整的圆形，据此可以区别出制范使用的并非旋转刮板制范法而是徒手进行雕刻。图6所示的3D测量图中，型腔面等高线在同一方向上没有偏移，没有发现手持刮板制作镜范型腔面的痕迹。

2009年，笔者考察了印度南部喀拉拉邦的失蜡法铸造作坊，工人将土制范芯固定在

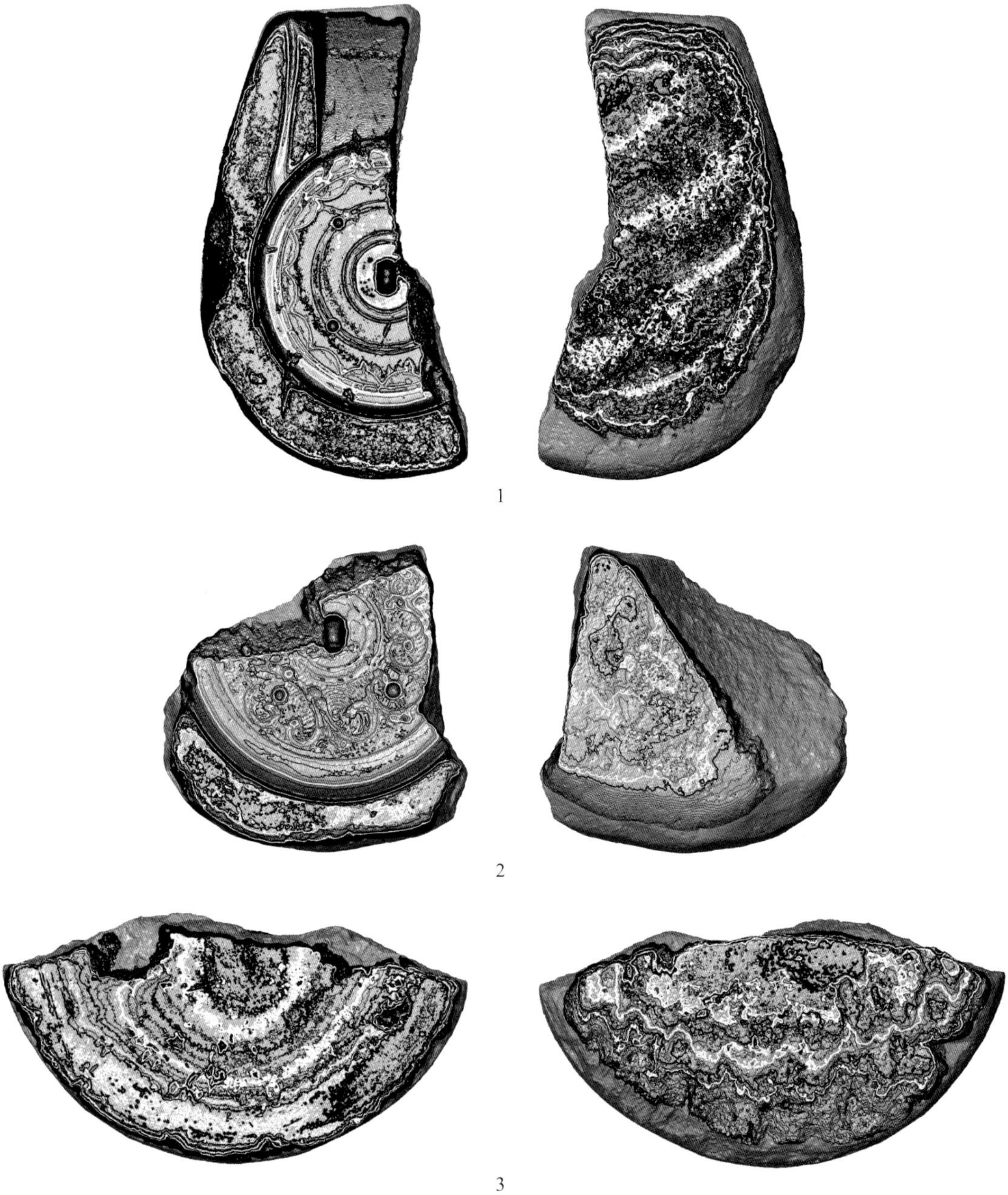

图6　镜范分型面、型腔面、浇道、排气道及底面等高线图（制作者：三船温尚）

图6-1～图6-6是基于3D测量（测量者：宇野隆志），并在三维坐标上进行微调，使分型面大致呈水平面。在水平方向上等距间隔0.06毫米做出断面，表示出等高线。等高线以黑白两色细、中、粗线条表示。分型面与底面最高处以粗黑的等高线表示。△所示底面的最高处并不固定，或在型腔面中央部位，或在范顶端部位。有的型腔面或底面、浇道、大倾斜面以0.12毫米间隔绘出等高线图。通过底面最高处至范体边缘的距离可算出倾斜角度。分型面与底面并非完全平行

1. 054（镜背范），分型面大致位于同一水平面。匕形缘并非规整圆形，底面倾斜约-0.3°。圆形钮座与分型面大致等高

2. 109（镜背范），匕形缘处等高线稍有不规整，型腔面与钮坑交接处为最高位置

3. 068（镜面范），分型面大致与型腔面中央位于同一平面，后者较前者低约1毫米。底面自△向左侧倾斜-0.8°，向下倾斜约-1.7°

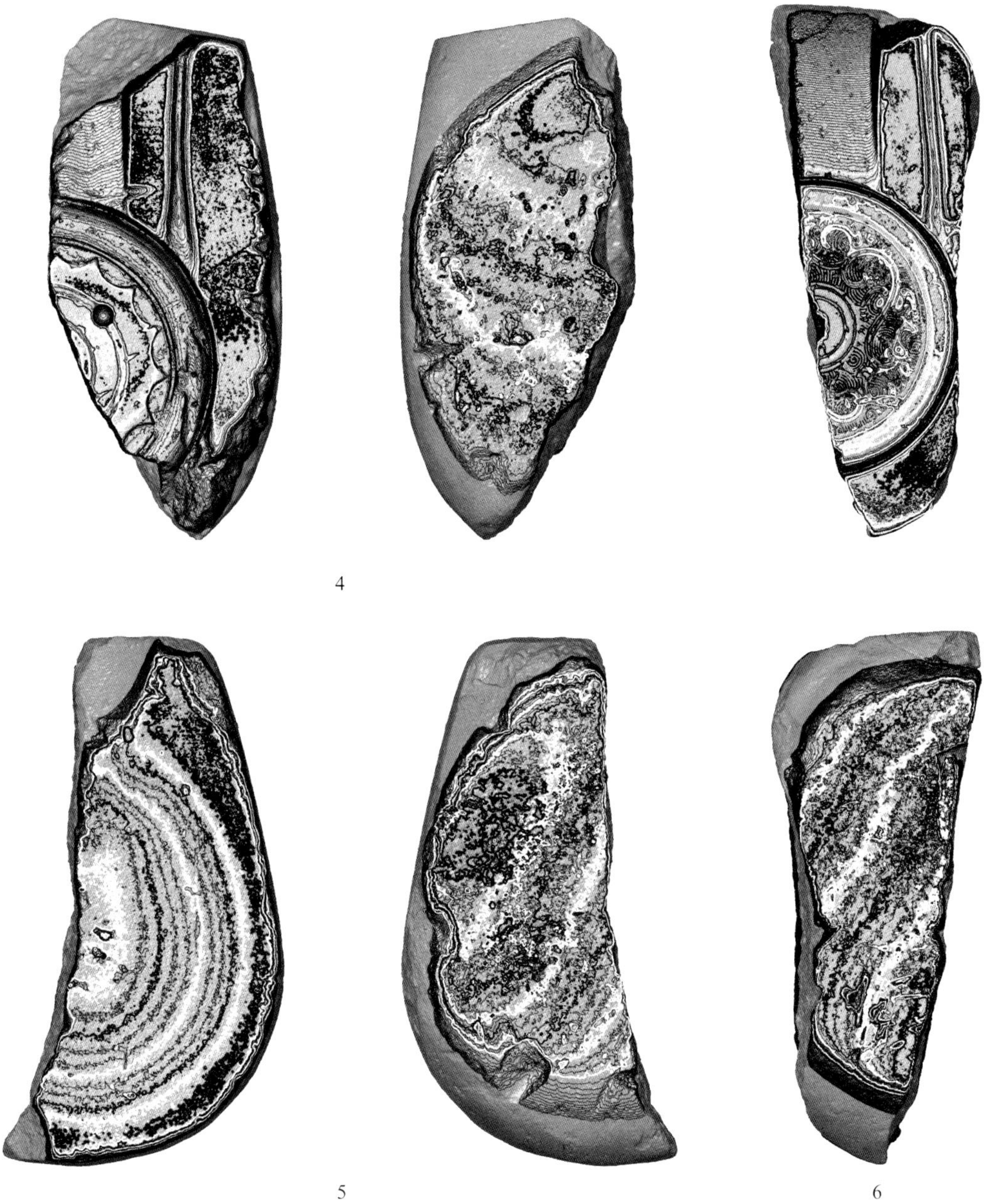

图6　镜范分型面、型腔面、浇道、排气道及底面等高线图（续）

4. 079（镜背范），分型面大致位于同一平面。底面△向下倾斜-0.3°

5. 099（镜面范），分型面大致呈平面，型腔面中央较分型面低约0.6毫米。型腔面等高线呈平行状，而浇口面较低。底面自△向图右下方倾斜-0.7°

6. 116（镜背范），分型面大致呈平面，匕形缘处划圆略有不规整。底面△处向图左上倾斜-0.4°

手动辘轳上，旋转辘轳制作出回转体范芯，然后在范芯表面贴蜡，制作出回转体蜡模[3]（此件尚未发表）。由此推测，镜范可能也使用了类似的辘轳法制作型腔面。调查结果显示，镜范具备使用辘轳法的一些特征："如图5所示，钮下方没有填补孔穴的痕迹""存在两面制范的可能性""半成品范仅阴刻出镜缘圆弧线"等，这与临淄镜范的调查结果是一致的。临淄出土镜范使用辘轳旋制出镜体，从圆圈线等局部出现偏移来看，应该使用了圆规。在使用辘轳法时，推测使用黏性较高的土或常温固态油脂等，将范固定于辘轳的旋转板上。

3. 关于硬度

这里将烧成后的型腔面分为硬质的和软质的两种：断口俯视呈直线、断面凹凸较小、范角粗糙且为锐角的为硬质。断口呈折线、断面凹凸较大、范角摩擦严重而显圆润的为软质。无明显软硬相关的线索。

即便是同一件范，也存在如图1所示的2层、3层之间断面凹凸不同的范，也有2层或3层断口呈现段差的情况。如上所述，这种现象的产生，应是油脂浸入范体经加热炭化后发生硬化所致。

4. 关于表4的色层型

如图1所示将断面分为1～4层，将各范分为三型：Ⅰ型（断面无黑灰色）、Ⅱ型（1、2层有黑灰色）、Ⅲ型（3层有黑灰色），在表4中分为镜背范和镜面范，按Ⅰ型～Ⅲ型的顺序排列。如表6所示，镜背范中Ⅱ型最多，其次是Ⅲ型，Ⅰ型较少；镜面范中Ⅱ型最多，其次是Ⅰ型，Ⅲ型较少。如图4所示，浇道局部亦有黑灰色。

表6　镜范数据⑭各色层型比例（除两面范外）

镜背范	件数	百分比（%）	镜面范	件数	百分比（%）
背Ⅰ	8	10.8	面Ⅰ	8	24.2
背Ⅱ	33	44.6	面Ⅱ	15	45.5
背Ⅲ	19	25.7	面Ⅲ	2	6.1
背—	14	18.9	面—	8	24.2
合计	74		合计	33	

为了去除结晶水，陶范要在800℃高温下烧成。若充分烧成，范内的有机质和碳素会在燃烧后消失，黑灰色随之不见。在笔者的实验中，在范中浇铸青铜溶液后，范内及型腔面没有出现黑灰色。范在700～750℃的低温烧成情况下，也出现了混入范内的稻秸、谷壳炭化后在范内残留有黑灰色痕迹的实验范。

镜背Ⅲ型中有诸如1层（黑、橙）、2层（灰、橙）、3层（黑）这样复杂的色层，如图2-4～图2-8所示，2、3层的分界线A线位于型腔面下呈凹曲线，中部较深、边缘大致与镜缘和分型面平行。3、4层的分界线B线大致与底面平行。其中，A线较为清晰，而

B线则为3层黑灰色逐渐淡化，较为模糊。笔者将烧成后实验范中部残留有黑灰色的范切开，发现其断面近表面处有碳素燃烧形成的带橙色的灰白色层，与中心部黑灰色层的分界线一样清晰。实验范分界线与镜范A线一样清晰，这说明浸入镜范内部的黑灰色，由于型腔面一侧受到高温，高温传至处的部分黑灰色消失呈灰白色，于是形成清晰的A线。型腔面中心部位易于受热，分型面与型腔面凸起部分亦容易受热，因而这些部分的白灰色层较宽（图2-4～图2-7），镜缘尖端凹处不易受热，因而白灰色较窄（图2-7、图2-8）。另外，在笔者的实验中，因加热导致油脂在范内部炭化形成黑灰色，受热较弱的前端颜色逐渐减淡，故在实验范上也可看到与B线同样模糊的分界线。

3层为黑灰色的可以分为三种情况：黑灰色与分型面相连的Ⅲ型-1（图2-4）、黑灰色层孤悬在中间的Ⅲ型-2（图2-5）、黑灰色层与侧面相连的Ⅲ型-3（图2-6～图2-8）。这应该是因为型腔面加热条件的不同造成的差异。镜面范中，Ⅲ型仅有2件，并且2、3层均为黑灰色，镜面范的2层不见灰色、橙色。

（三）基于3D数据的等高线图调查结果

如图6所示，为4件镜背范和2件镜面范的等高线图，基于3D测量数据、使用专业软件（GOM Inspect）做成0.06毫米等距间隔的平行断面，并用黑白、粗细不同的线条表示出这些断面。为使分型面、型腔面位于同一水平线，图中进行了微调，做成水平方向的断面图。而将分型面和型腔面调整至同一平面后，底面呈0.3°～1.7°的倾斜面，分型面与底面原应为平行面。

如图所示，在图6-1（054镜背范）、图6-4（079镜背范）标▲处，两条等高线大体平行，局部破坏型腔面圆形阴刻线，但同方向的匕形缘处等高线圆弧规整，未见破坏。这有可能是施纹时型腔面局部刮擦所致，也可能是使用辘轳旋制时局部深削所致。图6中的4件镜背范匕形缘等高线圆弧未见破坏、基本平行，可以其作为采用辘轳回转成型、并非手刻的证据之一。圆弧线上也可确认有几处不规整，应该是使用圆规阴刻施纹时，圆规尖端落在气孔上所致。

图6-3（068）、图6-5（099）为镜面范的等高线图。099分型面向内倾斜而非平面。两件范的等高线为平行的圆弧线，应为车床旋制成型。使用车床成型后，099标▲处显示由镜中心向浇道刮削型腔面，圆形的等高线有些杂乱。浇铸时型腔面标▲处受热后凝固收缩，会造成此处镜面略有凹陷。为了将镜面研磨成平滑的凸曲面，要预判凝固收缩的程度，并将型腔面削深少许，以铸造出微鼓的镜面。

三、制范技法、浇铸技术的考察

（一）范材的制作方法

在黏土中羼入植物等有机物细粉或纤维、细砂，按一定比例混合后加水练制，置于平板上压制成型，外形制成马蹄形，干燥后以还原焰入窑烧制而成。此时，范内部的碳化物燃尽呈白灰色。烧成后将底面刮削平滑。将成对的镜背范和镜面范刮削成相同的外轮廓，通过外形将一对镜背范和镜面范进行合范，因此镜范侧面没有合范线。

（二）分型面、镜体面（型腔面）、浇道、排气道

将加工平滑的范底面置于辘轳转板上来固定镜背范。尽管不清楚究竟是纵轴旋转还是横轴旋转，但其工作原理应为手执轴上卷绳两端、交互牵引以旋转中轴。手动辘轳的优点是可以自由变化旋转速度。首先使用辘轳将分型面旋制平滑，接下来用辘轳在型腔面上制作镜体。这样制作的话，如图6所示，分型面、型腔面平行，也与底面大致平行。中央钮部以辘轳旋出半球形。弦纹钮即在椭圆形坑中手刻出弦纹，然后在加工好的钮孔中置入内范进行固定。浇道、排气道以手刻制成，浇道面向浇口方向逐渐加深并加大倾斜，排气道近镜缘处较浅。这些部位表面都涂以细泥水，填补裸露的气泡，置于火上干燥、烧成。

上述即为范材的辘轳旋制法。此外，我们认为在使用辘轳旋制过程中，将分型面一侧浸于加热后液化的常温固态油脂中，油脂冷却凝固后可以防止范裂。使用固态油脂浸润法能够精密成型，因此将镜范浸润在常温固态油脂中，再以辘轳旋制出分型面、型腔面，用这种方法成型的可能性较高。用辘轳旋制出分型面和型腔面后，再手工刻出浇道、排气道，用火加热分型面一侧，去除油分并涂以细泥水，填补露出的气泡使镜范表面平滑。

（三）施纹

细泥水干燥后，再一次将型腔面浸润在有黏性的、融化的常温下固态油脂中，以防止阴刻施纹时出现范裂。使用圆规阴刻出圈线或圆形设计线。如图5所示，钮坑下方近处的断面未见圆规中心点的戳痕，由此或可认为圆规前端（圆心）并非尖状而呈球形。施纹后再次用火加热型腔面，去除油分，并以细泥水填补施纹后裸露的气泡孔隙。

（四）制范工序

这里将镜背范和镜面范的制作工序记述如下。

镜背范：①将分型面一侧浸于常温固态油脂中→②将范固定在辘轳上→③用辘轳旋制出分型面和型腔面→④从辘轳上取下范→⑤手刻出浇道、浇口、排气道→⑥加热除去范体油分→⑦在分型面一侧涂细泥水→⑧将型腔面浸于常温固态油脂中→⑨施纹→⑩加热去除范体油分→⑪在施纹部分涂以细泥水→⑫置入并固定钮孔内范→⑬型腔面受热烧成→⑭制范完成

另外，我们认为①→②→③→④→⑤→⑨→⑩→⑪→⑫→⑬→⑭这样的工序也是可能的，但由于步骤③会露出大量气泡孔隙，因此添加了步骤⑦。

镜面范：①在镜背范型腔内填入水练细砂，与镜面范相合后翻转，使圆形的砂移动到镜面范上，在镜面范上按此画出圆形、复制出镜缘位置→②分型面一侧浸于常温固态油脂中→③将范固定于辘轳上→④用辘轳旋出分型面和型腔面→⑤将范从辘轳上取下→⑥手刻

出浇口以及图6-5所示▲部分→⑦加热去除范体油分→⑧在分型面、型腔面、浇口处涂以细泥水→⑨将分型面、型腔面和浇口一侧的细泥水用火烧成→⑩完成

（五）浇铸

向不含结晶水、水分、有机物的型腔面内浇铸高温溶液（熔融青铜）时，为使型腔面不产生水蒸气等气体，要使溶液密切接触型腔面。将冷却凝固的青铜铸件进行脱范时，铸件附着在与之接触的型腔表面，脱范时型腔面会有剥落，但尚未在镜范上发现型腔表面剥落的情况。若刻意在浇铸时高温反应下使型腔面产生气体，浇铸液与型腔面之间形成气体层，从而使浇铸液与型腔面没有密切接触，那么在脱范取出铸件时，型腔面便不会发生剥落[4]。

图2～图4所示的镜背范、镜面范的型腔面、浇道表面多为黑灰色。如上文（三）、（四）所述，因加热分型面、型腔面去除油分，黑灰色消失变为白灰色，完成制范。在浇铸时，镜范型腔面和浇道不再变为黑灰色。可以认为，成品范的型腔面和浇道表面应附着有遇浇铸溶液高温后变成黑灰色的物质。

四、铸造实验的验证

笔者复原了镜范，并在复原出的实验范型腔面上涂以植物油，进行了浇铸铸造实验。如图7所示，实验范（黏土细粉：炭粉：8号硅砂：麻纤维体积比为3：3：1：0.7）由氧化焰烧成。镜背范的制作步骤为：①将分型面刮削平滑，将分型面、型腔面浸于常温下固态油脂中→②用手或借助圆规阴刻出镜体和纹样→③手刻出浇道、浇口和排气道→④加热分型面和型腔面去除油分→⑤在施纹部分涂以细泥水→⑥干燥后，如图7所示，在镜背范、镜面范的右半边（图中白线框内部分）涂以常温液态植物油，经七日充分浸润后进行合范浇铸，浇铸青铜溶液配比为铜77%、锡23%（镜范浇铸角度约60°，镜背范位于下方）。可以发现，未涂植物油的镜范左半部亦有黑灰色产生，由镜缘向分型面有黑色渗出。实验证明，涂以植物油就会产生镜范所见的黑灰色，而向未涂植物油的范内浇铸则不会产生那样的黑灰色。由此可知，型腔面、分型面呈黑灰色、灰色的镜范表面应是涂有某种油类物质后进行浇铸的。实验中还可以看到，浇铸液的高温与植物油有所反应，产生大量气体，部分经由排气道放出，但仍有部分气体聚集在实验镜的排气道位置附近并形成洞穴。型腔面阴刻纹样部位与浇铸液（青铜溶液）之间有气体聚集，铸出的纹样变得朦胧。已知大量气体的产生是由于型腔表面涂有较多的植物油，但笔者经过长期的实验，仍未找到相应的改善方法。若在表面涂以适量的油，则既可铸出鲜明纹样，且不破坏型腔面，这样的话便可以用同一件镜范铸出多件同型镜。如图7所示，浇铸后范的断面，镜背范呈Ⅱ型、镜面范呈Ⅲ型，但都与图1所示镜范不同，不见清晰的A线和模糊的B线。实验范的断口呈较大的折线，而镜范断口则呈直线或较小的折线，这一点亦有不同。椭圆形坑气泡痕迹在实验范断面上较少，而在镜范上却有很多。综上所述，我们推测在范材内混入的是干燥植物粉而不是炭或灰，并刻意使范内产生发酵气体的气泡，但仍无法确定加入干燥植物粉的目

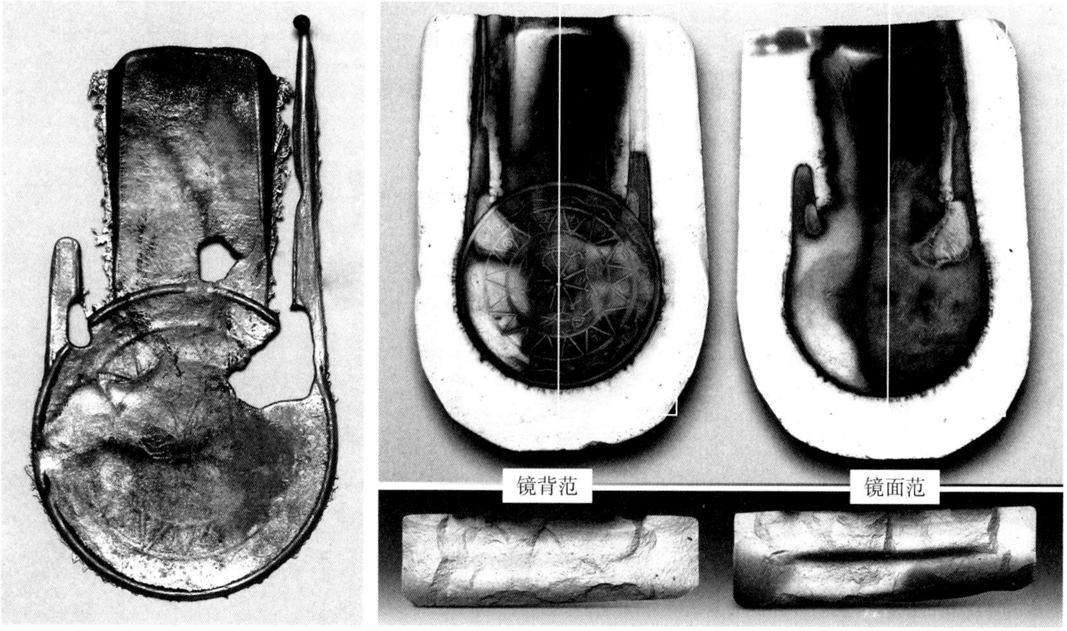

图7　实验范与镜

镜背范和镜面范的白线框内涂以植物油后进行浇铸。右下图为镜范剖面，型腔面朝上

的何在。

尽管实验范的色调与镜范相似，但范内部的气泡较少且无法铸出清晰纹样，目前尚无法完全复原镜范制作技法及其步骤。

五、今后的问题点

2004年第一次中日合作开展临淄齐国故城汉代镜范调查，此次已是第二次合作调查。在第二次调查中，根据宇野隆志测量的3D数据（由清水康二提供），能够精确测算出范的体积和密度，并进一步做成等高线图，使我们得以把握镜范密度与硬度的关系以及镜范形状。镜范的3D数据对于制范方法的考察十分有益，今后可以用于各种各样的分析中，如果中日研究者能够充分挖掘出这些共享的科学数据的价值，那么将有望解明长期以来尚不清楚的镜范制造技术。

在第二次调查中，我们对镜范全体的断面（范内部）黑灰色部分加以记录，分为Ⅰ型、Ⅱ型、Ⅲ型。这三型中，黑灰色的有无，随着镜范的使用方法和加热状态不同有所差异。笔者的实验说明，在型腔面上涂以液体油脂后浇铸，型腔面会产生黑灰色，但仍不能改良气泡所造成的铸造缺陷。

运用镜范3D数据能够得到新的研究成果，而范材研究与工序复原实验仍有必要双管齐下推进。此次中日合作研究项目组的努力，无疑对于汉代青铜镜铸造技术的解明以及多角度研究的持续展开都意义匪浅。

注　释

［1］ 图1、图6由笔者制作，表1～表6由金山谣（富山大学）担任制作助手。

［2］ 白雲翔:《漢代臨淄の銅鏡製造業に関する考古学的研究》,《鏡范—漢式鏡の製作技術—》,（日本）八木書店，2009年，第149～182页。

［3］ “范模”，日文为“原型”，指用以制作镜范的模具，本文译为“范模”，下同——译者注。

［4］ 三船温尚、菅谷文則、宮原晋一、村田聡、長柄毅一:《黒塚古墳出土三角縁神獣鏡にみられる模糊肌・ヌメリ（滑り）肌・銀白色肌の鋳造実験（1）—実験鏡No.1～No.69の考察—》,《アジア鋳造技術史学会誌FUSUS》第7号，2015年，第121～154页。

临淄镜范所见指压痕迹的考察

宇野隆志

（日本奈良县立橿原考古学研究所）

一、引　　言

2018年和2019年度开展的临淄镜范调查中，确认镜范背面遗留指压痕迹的资料计13件（表1）。这些是此前调查所没有确认到的痕迹。

表1　残留指压痕迹的临淄镜范一览表

镜范编号	范的种类	镜缘形态
2018-019	镜面范	
2018-028	镜背范	匕形缘
2018-032、033	镜背范	匕形缘?
2018-034	镜面范	
2018-043	镜背范	连弧纹缘
2018-050	镜面范	
2018-058	镜背范	匕形缘
2018-059	镜面范	
2018-066	镜背范	匕形缘
2018-072	镜背范	匕形缘
2018-084	镜面范	
2018-088	镜背范	匕形缘?
2018-105	镜面范	

仔细观察这些压痕，可以发现压痕前端有一个较深的弧形凹槽。压痕是由指尖按压形成的，下凹处即指腹和指甲部分，弧形凹槽为指甲痕迹（图1），通过压痕形状可以判断指甲方向。

本文对残存压痕情况进行观察，尝试探究这些压痕的性质。表1简要呈现了指压痕迹保存较好的，或者是那些能够判断出指甲方向的资料情况（图2～图4）。

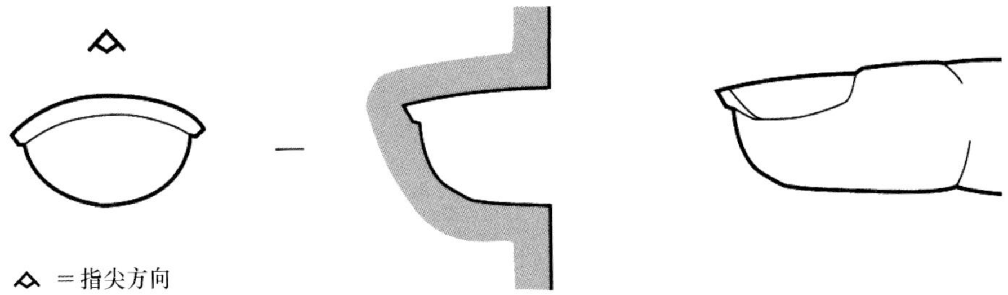

图1　压痕平面、断面形态示意图

二、资料概述

2018-028镜背范。匕形缘，复原镜径约18.5厘米。内区残存2枚乳丁和三弦钮。可以确认压痕以斜面为中心分布，在平坦面则未见。关于压痕的方向，下端3枚压痕向上，其余均朝下。

2018-032、033镜背范。残存范围内无纹饰。复原镜径约16厘米。背面可确认有9处压痕，其中7处沿着镜范下端呈弧形排列，方向均朝下。

2018-043镜背范。残存缘部连弧纹带以及部分浇口和排气口。复原镜径约15厘米。背面遗留7处指压痕迹，呈水平方向排成一列。压痕的上下关系不明。

2018-050镜面范碎片。型腔面残存排气口受热痕迹。背面可以确认有4处压痕，方向均朝下。

2018-058镜背范碎片。型腔面与分型面位于同一平面，可能为再利用范。匕形缘，无纹饰。背面可确认有8处压痕，排成3列。这些压痕均按压较深。范的正方向不明。压痕均朝同一方向。

2018-066涡状虺纹镜镜背范。可确认有匕形缘、乳丁和三弦钮。复原镜径约20厘米。镜范背面（包括钮部位置）几乎遍布压痕，由此可以认为整个背面都有压痕。

2018-072镜背范碎片。铸件镜体有匕形缘和圈带。复原镜径约17厘米。背面有6处压痕，其中3处位于平面和侧面间的斜面部分。压痕方向均朝下。

2018-084镜面范。残存浇口部分。复原镜径约8厘米。背面可确认4处压痕，呈水平方向排列。压痕方向均朝下。

2018-088镜背范。残存镜缘弧线。弧线内外位于同一平面，可能为再利用范。背面可确认1处指压痕迹。

2018-105镜面范碎片。复原镜径约14厘米。背面可确认3处指压痕迹，与其他压痕相比稍大一些。压痕方向均朝下。

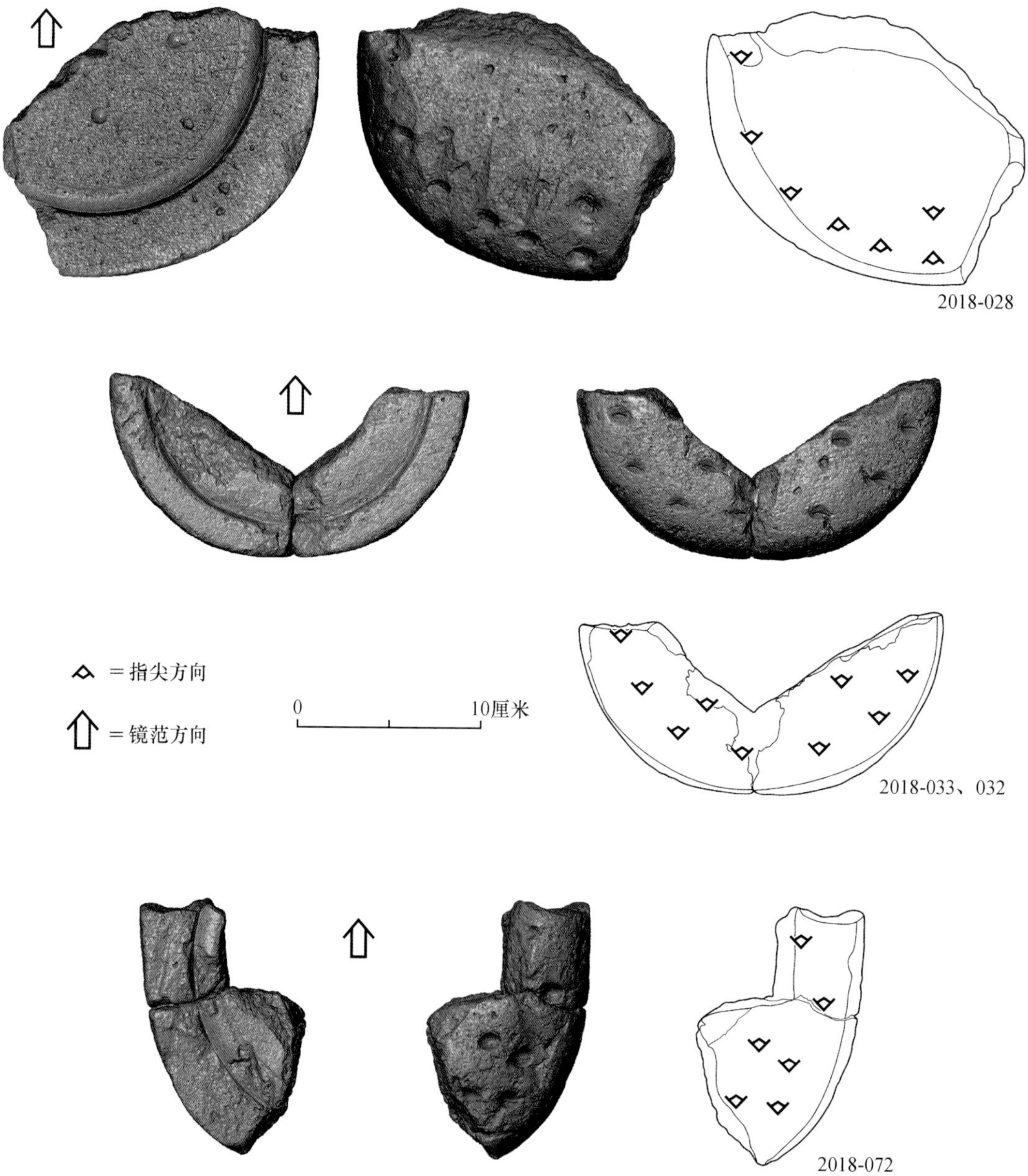

图2　压痕资料以及压痕方向（一）

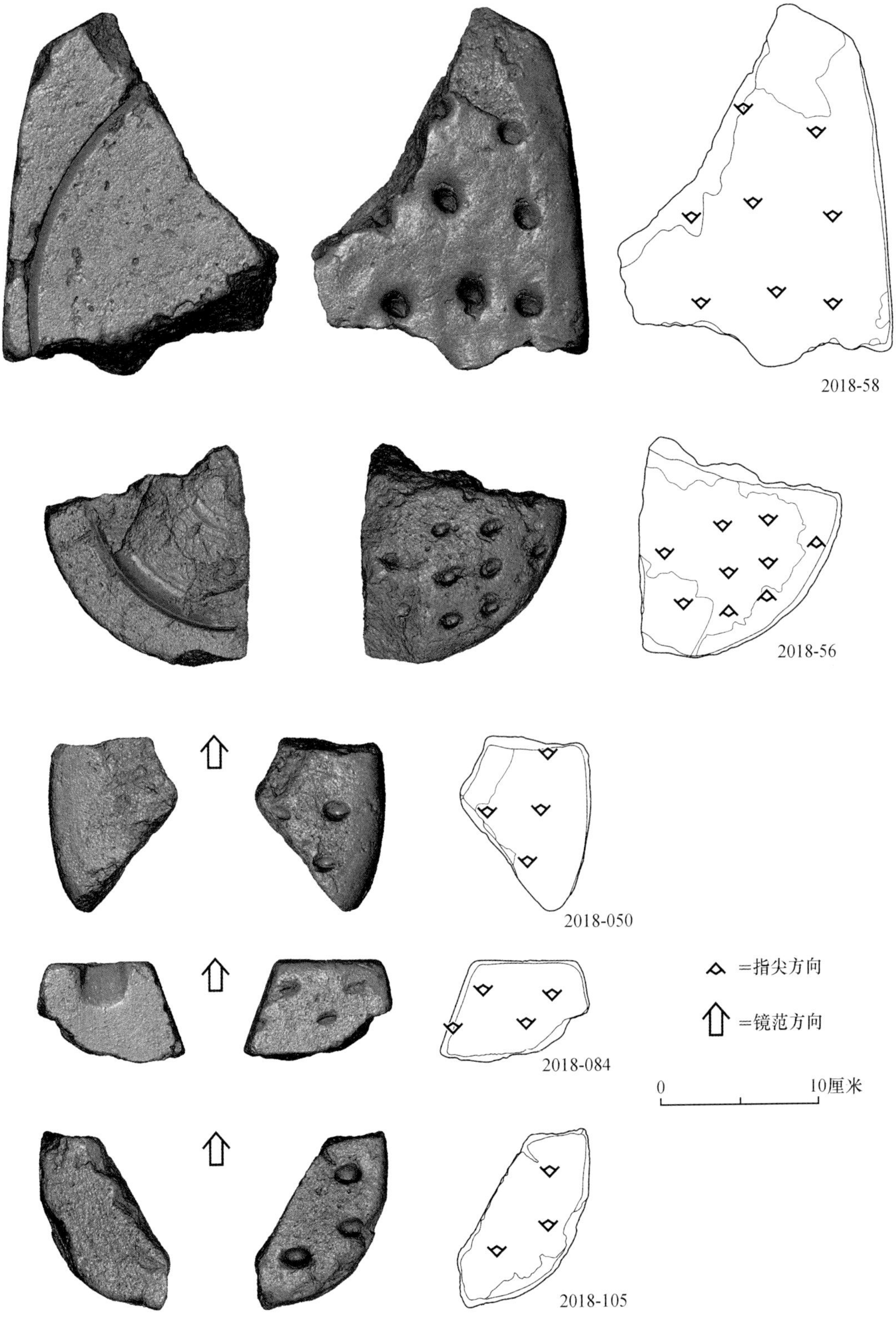

图3　压痕资料以及压痕方向（二）

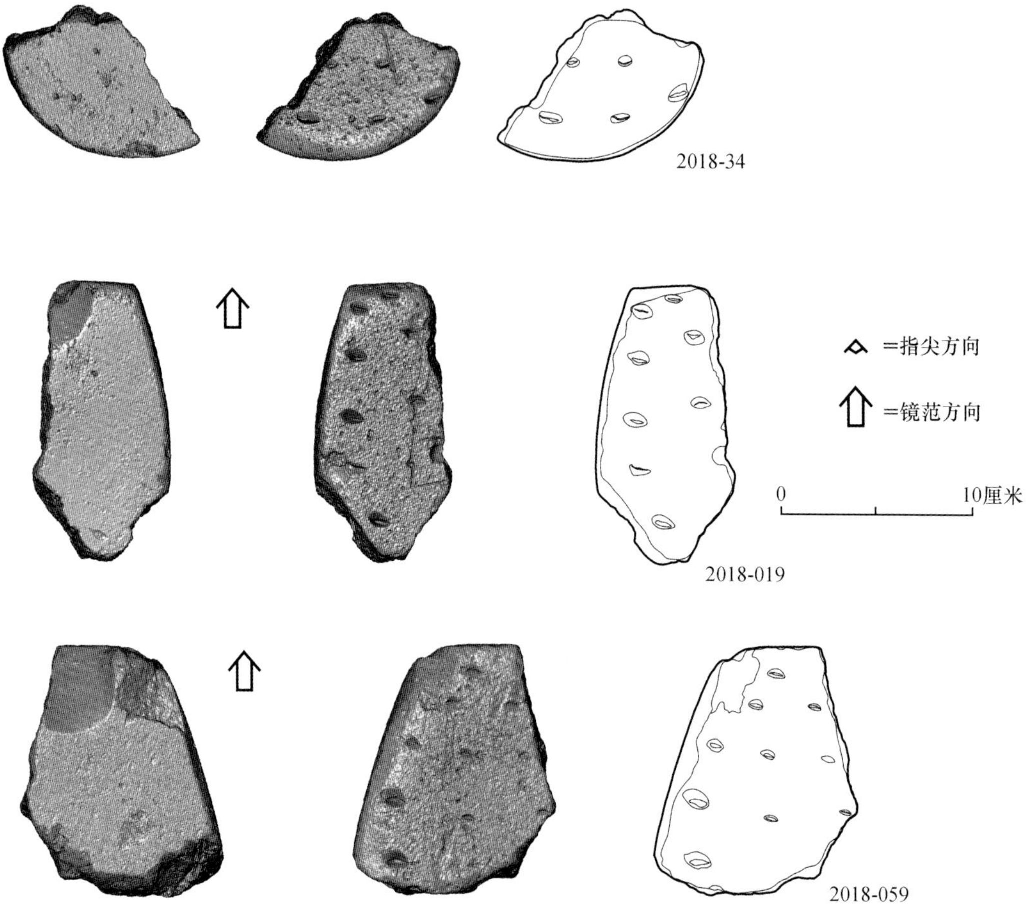

图4　压痕资料以及压痕方向（三）

三、压 痕 特 征

（一）研究对象

此次调查的215件镜范中有13件确认有指压痕迹。

这13件镜范包括镜背范7件、镜面范6件。复原镜径多在15～20厘米，亦有在8厘米左右的，直径差距不大。镜缘有匕形缘和连弧纹缘。

（二）按压位置

指压痕迹均位于镜范背面。以背面平坦处为中心，在侧面和背面、侧面之间的斜面按压。

（三）按压频率、间隔

指尖按压的频率和间隔在同一镜范内或镜范之间并没有一定的规律性，大体上指坑间隔1.5～3.0厘米。而从指压痕迹保留较好的镜范来看，指坑大体保持一定间隔，排成几列的情况也较多。

（四）按压方向与镜范方向的关系

若以浇口位置向上，镜范背面平坦面上的压痕多为指尖向下，在倾斜度较大的斜面上的压痕多为指尖朝上。这说明按压时镜范方向可能各不相同。

（五）指坑大小、深度

指坑大小多为横径1～2、纵径0.5～1.5、深度0.5～1.3厘米，也有例如2018-058这样的压痕稍大一些的情况。

从压痕大小和手指使用概率来看，应是由大拇指、食指或中指按压而成。

（六）按压时机

就镜范硬度而言，应是趁着指尖按压能够形成凹陷的软质的状态下形成的。尽管也可认为是在刻划镜背纹饰以及浇口、排气口之前按压形成的，但在有的镜范上镜范背面和侧面间的斜面上的指压痕迹呈弧形排列，从这一点来看应是在镜范大致成型后按压上去的。

四、结语——指压痕迹的意义

最后，关于压痕的性质，这里考虑下述几种可能性。

（1）这些压痕可能是镜范制作工人或工人集团的标志印记，即将压痕理解为制作工人或工人集团所特有的属性。但是，由于尚未确认镜式或镜范大小、压痕大小及其排列等其他方面存在共通性，因此仍难确定这些压痕是制作工人或工人集团的特有标记。

（2）这些压痕可能作为指示标记，分别对应镜背范和镜面范。然而就目前资料并未见到这样的对应关系，因此仍不能确证这一可能性。

（3）这些压痕可能是浇铸时为便于镜背范和镜面范精准合范制出的凹坑。由于镜背范和镜面范的分型面处未见到榫卯固定设计，可以认为是通过绑缚使得合范牢固，推测这些凹坑的存在是为加固绑缚。

就目前资料而言，上述三点结论尚缺乏决定性证据，还有待今后新资料的发现。指压痕迹是临淄镜范并非石制而是陶制的决定性证据，这也是此类痕迹最重要的意义所在。

从镜范浇口的位置论铜镜制作技术的变迁

南健太郎
（日本京都橘大学文学部）

将镜背钮部（钮及钮孔）、纹饰以及铭文完整铸出，对于铜镜铸造而言非常重要。汉墓随葬铜镜中可见在钮孔部穿以绳带的情况，据此可知铜镜的使用方法是手握穿钮绳带对着镜面进行照容。而镜背则饰以各种纹饰，并配以铭文。这些纹饰和铭文反映出时人观念和制作背景。因此，无论是铸镜者还是使用者，想必都对镜背的铸出效果尤为关注。

然而，铸造并非一项简单的工艺。从铸范的制作，到合金原料的配比、熔解，浇铸铜液，凝固后破范取出铸件再到研磨等一系列工序，都需要熟练的技术、经验以及相应的生产用具。由于铜镜采用合范铸造，在浇铸、凝固直至破范之前，人们无法确知成品质量如何。又因铸造工序在高温下进行，会发生诸如排气不尽导致凹坑、凝固速度差异导致铸缩[1]等问题，降低镜背铸造质量。这些铸造问题会导致镜钮或纹饰没能很好地铸出，将极大地影响产品最终质量，特别是铸缩多出现在浇口设置方向这一点最能说明问题。因此，浇口与钮孔方向以及纹饰设置的关系这一点在镜范制作中有着重要意义，这有助于我们把握铸造技术者的特征。

从这样的视角研究制镜技术，就不得不对山东省临淄齐国故城出土的大量镜范进行探讨。目前对于临淄齐国故城出土镜范的调查和研究已基本解明临淄制镜技术实况、产品流通情况及其背景和意义[2]。本文将对临淄出土西汉镜范的浇口设置位置、钮孔方向、纹样构成和铭文位置关系进行探讨，通过与其前后时期铜镜的比较，考察西汉铜镜制作技术的历史地位。

一、浇口位置与钮孔方向、铭文起始位置的关系

既有研究已关注到西汉镜的浇口和钮孔方向、纹饰构成的关系。柳田康雄根据对西汉后期异体字铭带镜的观察，认为可以将浇口设置与钮孔方向的关系分为平行、垂直和斜交三种，并指出二者位置关系不成定则[3]。他还指出，西汉末年居摄元年（6年）铭异体字铭带镜浇口位置与钮孔方向平行，这一情况持续至东汉中期。笔者根据对西汉早中期螭龙纹镜、龙纹镜、涡状虺纹镜等蟠螭纹镜类镜范的探讨，指出浇口设置和钮孔方向之间并无关联[4]。并且，笔者根据西汉末至王莽时期的异体字铭带镜中亦可见浇口方向与钮孔方向并不完全平行的情况，说明二者平行发生在东汉前期之后[5]。

关于铭文起始位置，柳田康雄认为西汉前期的异体字铭带镜浇口位置和铭文起始位置

并不一致，东汉初期至中期铭文起始位置与浇口位置一致[6]。

综上，浇口位置和钮孔方向、铭文起始位置之间的关系随着年代推移而有所不同。本文将以临淄齐国故城发现的镜范为中心，探讨西汉前期浇口设置与钮孔方向、纹样构成以及铭文起始位置之间的关联，并与其前后时期的情况进行比较，以把握铜镜制作技术的演变动态。

二、浇口位置与钮孔方向关系的探讨

制作钮孔时须在凹下的钮坑中放置范芯。临淄齐国故城出土镜范中并未发现设置范芯的痕迹，因此无法确认圆形镜钮的钮孔方向。但是三弦钮是可以确认钮孔方向的，原因是钮孔方向与弦纹垂直。因此本文关注临淄齐国故城出土镜范中残存浇口和三弦钮的例子，以此探讨浇口位置和钮孔方向的关系。三弦钮镜范所铸镜类包括蟠螭纹镜类、四乳弦纹镜和素面镜（表1）。有些蟠螭纹镜的主纹饰并不清晰，姑且归入蟠螭纹镜类进行探讨。另外，这里设定三种浇口设置和钮孔方向的位置关系，以便进行讨论：①浇口位于钮孔方向延长线上的“纵-纵型”；②浇口与钮孔方向垂直的“纵-横型”；③浇口与钮孔方向斜交的“纵-斜型”[7]（图1）。

表1　浇口位置与钮孔方向的关联性

编号	出土地	遗物编号	镜式		钮孔方向	文献
1	苏家庙村	SLQJF：19	蟠螭纹镜类	螭龙纹镜	纵-纵	[1]
2	阚家寨遗址B区第Ⅱ地点	H5：60	蟠螭纹镜类	涡状虺纹镜	纵-纵	[2]
3	阚家寨遗址B区第Ⅱ地点	H146：1	蟠螭纹镜类	涡状虺纹镜	纵-横	[2]
4	阚家寨遗址B区第Ⅱ地点	H118：2	蟠螭纹镜类	涡状虺纹镜	纵-纵	[2]
5	苏家庙村西	SLQJF：17	蟠螭纹镜类	涡状虺纹镜	纵-横	[1]
6	阚家寨遗址B区第Ⅱ地点	H118：4	四乳弦纹镜		纵-纵	[2]
7	阚家寨遗址B区第Ⅱ地点	ZK1：6	四乳弦纹镜		纵-纵	[2]
8	阚家寨遗址B区第Ⅱ地点	H82：1	素面镜		纵-斜	[2]
9	阚家寨遗址B区第Ⅱ地点	H147：13	素面镜		纵-纵	[2]
10	齐国故城采集	LQC-JF0016	素面镜		纵-纵	[2]
11	齐国故城采集	LQC-JF0049	素面镜		纵-斜	[2]

说明：

[1] a.白云翔、清水康二主编：《山东省临淄齐国故城汉代镜范的考古学研究》，科学出版社，2007年。

b.（日本）奈良県立橿原考古学研究所、中国社会科学院考古研究所、山東省文物考古研究所：《鏡笵》，（日本）八木書店，2009年。

[2] 中国社会科学院考古研究所、山东省文物考古研究所、淄博市临淄区齐文化发展研究中心：《临淄齐故城冶铸业考古》，科学出版社，2020年。

（一）蟠螭纹镜类

此类镜范确认有5件。其中螭龙纹镜范仅出土1件（图2-1），其余4件主纹饰蟠螭缺

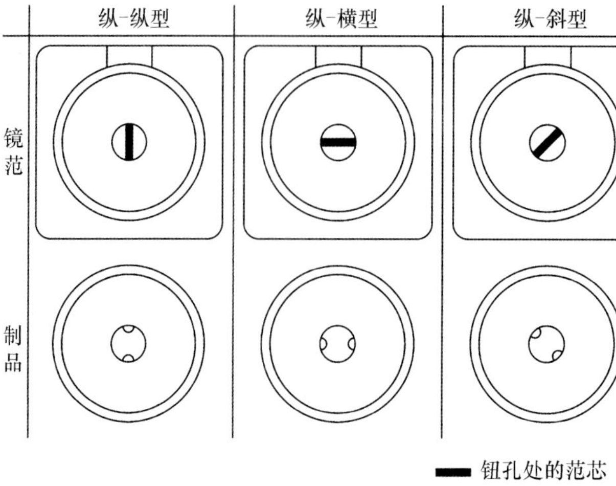

图1　浇口设置与钮孔方向组合的分类

少脸部，为退化样式。其中阚家寨遗址B区第Ⅱ地点H5：60（图2-2）和H118：2（图2-4）为纵-纵型，而苏家庙村西SLQJF：17为浇口与钮孔方向垂直的纵-横型（图2-5）。阚家寨遗址B区第Ⅱ地点H146：1浇口不存，根据镜范外形判断，浇口与钮孔方向垂直，即纵-横型（图2-3）。

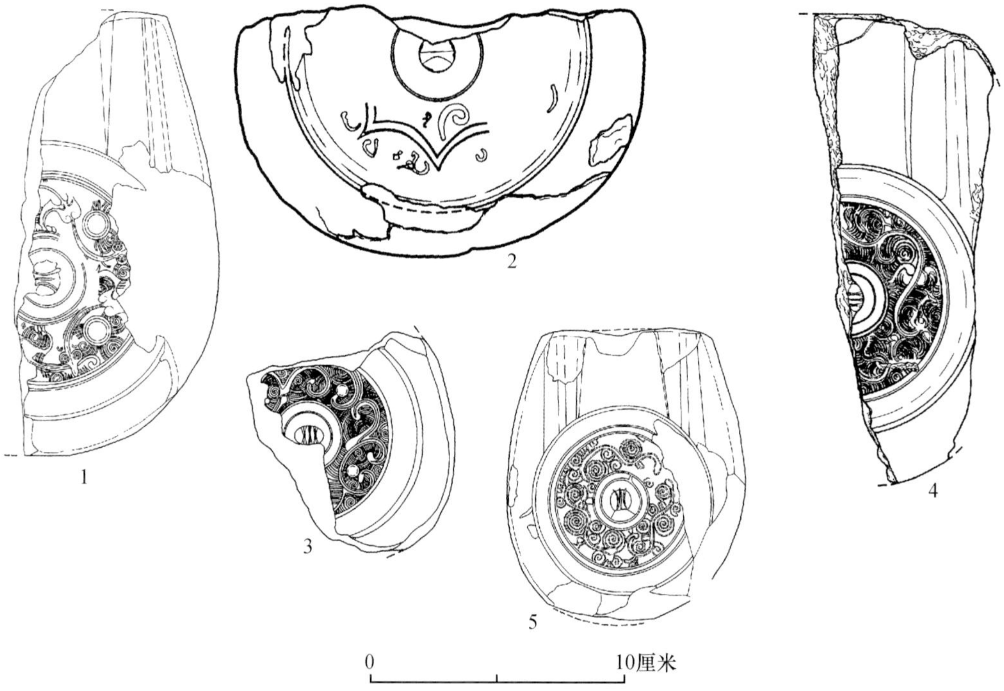

图2　浇口设置位置与钮孔方向（蟠螭纹镜类）

1、2、4. 纵-纵型（苏家庙村SLQJF：19、阚家寨遗址B区第Ⅱ地点H5：60、阚家寨遗址B区第Ⅱ地点H118 ：2）
3、5. 纵-横型（阚家寨遗址B区第Ⅱ地点H146：1、苏家庙村西SLQJF：17）

（二）四乳弦纹镜

四乳弦纹镜范在阚家寨遗址B区第Ⅱ地点确认有2件。阚家寨遗址B区第Ⅱ地点H118：4约残存一半，浇口设置于钮孔方向的延长线上，即纵-纵型（图3-1）。阚家寨遗址B区第Ⅱ地点ZK1：6浇口部分残损，但从残存部分可知浇口设置于缺失处，即钮孔方向的延长线上（图3-2），是为纵-纵型。

（三）素面镜

素面镜范在阚家寨遗址B区第Ⅱ地点确认有2件，在齐国故城采集2件。其中阚家寨遗址B区第Ⅱ地点H147：13和齐国故城采集LQC-JF0016（图3-3）为纵-纵型。而阚家寨遗址B区第Ⅱ地点H82：1和齐国故城采集LQC-JF0049（图3-4）浇口设置在与钮孔方向

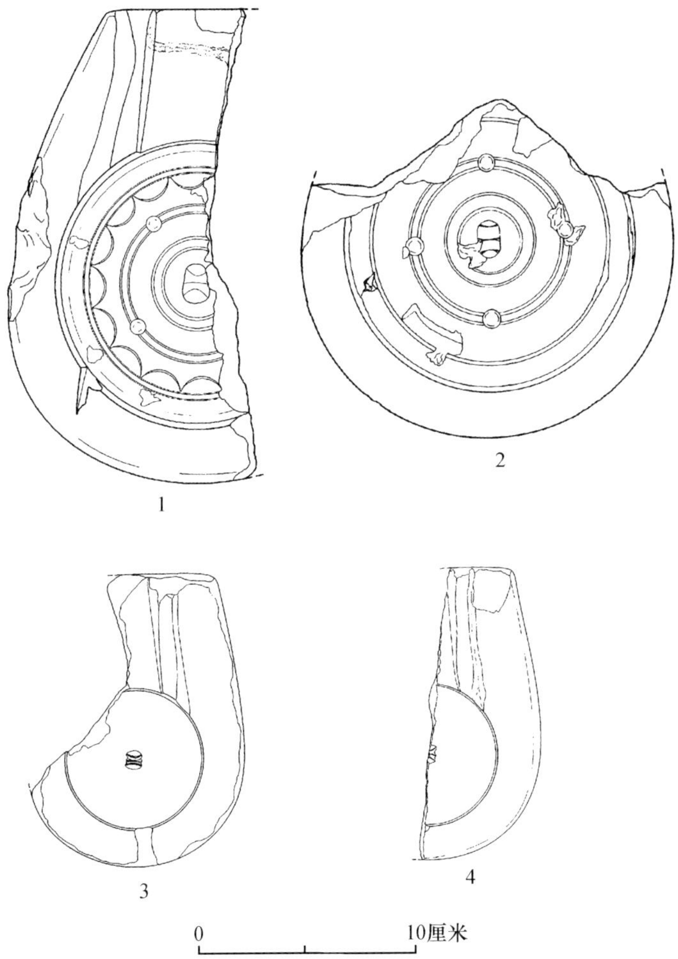

图3　浇口设置位置与钮孔方向（四乳弦纹镜、素面镜）
1～3. 纵-纵型（阚家寨遗址B区第Ⅱ地点H118：4、阚家寨遗址B区第Ⅱ地点ZK1：6、齐国故城采集LQC-JF0016）　4. 纵-斜型（齐国故城采集LQC-JF0049）

稍呈斜交的位置，应为纵-斜型。

综上所述，临淄齐国故城存在纵-纵型、纵-横型、纵-斜型三种镜范，钮孔方向和浇口设置没有严格的对应关系。而本文所列举的11例镜范中有7件为纵-纵型，可以认为临淄齐国故城多见纵-纵型镜范。值得注意的是，阚家寨遗址B区第Ⅱ地点H5：60和H118：2两件蟠螭纹镜范均为纵-纵型，而同一地点出土的H146：1为纵-横型，同一地点出土的同类镜范浇口和钮孔位置关系存在差异。同样的情况亦可见于阚家寨遗址B区第Ⅱ地点H82：1（纵-斜型）和H147：13（纵-纵型）这两件素面镜范。这种现象似乎可以说明，在西汉前期的临淄齐国故城，尽管多见纵-纵型镜范，但在各镜类铸造工人集团内，就浇口设置和钮孔方向的位置关系而言并没有形成一定的规律。

三、浇口位置与纹样构成关系的探讨

接下来要探讨的是浇口设置与纹样构成的关联性。这里关注的是浇口中轴线和纹样配置的规律性（表2）。

表2　浇口位置与纹样构成的关联性

编号	出土地	遗物编号	镜式	铭文起始	铭文方向	浇口/纹样构成	麦穗状纹	文献
1	苏家庙村西	SLQJF：78	草叶纹镜	左	左	一致型	1段	［1］
2	苏家庙村西	SLQJF：17	草叶纹镜	下	左	一致型?	1段	［1］
3	苏家庙村西	—	草叶纹镜	—	左?	一致型?	1段	［1］
4	刘家寨村南	SLQJF：13	草叶纹镜	右	左	一致型	1段	［1］
5	刘家寨村南	SLQJF：10	草叶纹镜	—	—	一致型	1段	［1］
6	刘家寨村南	SLQJF：34	草叶纹镜	—	—	不一致型	不明	［1］
7	刘家寨村南	SLQJF：69	草叶纹镜	—	—	一致型	1段	［1］
8	刘家寨村南	SLQJF：32	草叶纹镜	—	—	一致型	1段	［1］
9	传家庙村南	东大范	草叶纹镜	下	左	一致型?	1段	［1］
10	阚家寨遗址B区第Ⅱ地点	H133：1	草叶纹镜	—	—	不一致型?	不明	［2］
11	阚家寨遗址B区第Ⅱ地点	T3696④：1	草叶纹镜	左	左	一致型	1段变形	［2］
12	齐国故城采集	LQC-JF0005	草叶纹镜	右	左	一致型	1段	［2］
13	齐国故城采集	LQC-JF0012	草叶纹镜	—	—	一致型	1段	［2］
14	齐国故城采集	LQC-JF0025	草叶纹镜	下	左	一致型	1段	［2］
15	齐国故城采集	LQC-JF0029	草叶纹镜	上	左	一致型?	2段	［2］
16	齐国故城采集	LQC-JF0040	草叶纹镜	—	—	一致型?	2段	［2］
17	齐国故城采集	LQC-JF0041	草叶纹镜	—	—	一致型?	1段	［2］
18	不明	藤井范	草叶纹镜	左	右	不一致型	2段	［1］

续表

编号	出土地	遗物编号	镜式	铭文起始	铭文方向	浇口/纹样构成	麦穗状纹	文献
19	不明	寺崎范	草叶纹镜	下	右	—	2段	[1]
20	不明	东博范	草叶纹镜	下	左	一致型?	1段	[1]
21	苏家庙村	SLQJF：19	蟠螭纹镜类：螭龙纹镜	—	—	一致型	—	[1]
22	阚家寨村南	LQKJ：02	蟠螭纹镜类：螭龙纹镜	—	—	一致型	—	[1]
23	阚家寨遗址B区第Ⅱ地点	H115：8	蟠螭纹镜类：螭龙纹镜?	—	—	不一致型	—	[2]
24	齐国故城采集	LQC-JF0039	蟠螭纹镜类：螭龙纹镜?	—	—	不一致型?	—	[2]
25	苏家庙村西	SLQJF：77	蟠螭纹镜类：涡状虺纹镜	—	—	不一致型	—	[1]
26	阚家寨遗址B区第Ⅱ地点	H5：60	蟠螭纹镜类：涡状虺纹镜	—	—	一致型?	—	[2]
27	阚家寨遗址B区第Ⅱ地点	H146：1	蟠螭纹镜类：涡状虺纹镜	—	—	不一致型?	—	[2]
28	阚家寨遗址B区第Ⅱ地点	H5：14	蟠螭纹镜类：涡状虺纹镜	—	—	一致型?	—	[2]
29	齐国故城采集	LQC-JF0019	蟠螭纹镜类：涡状虺纹镜?	—	—	一致型?	—	[2]
30	齐国故城采集	LQC-JF0052	蟠螭纹镜类：涡状虺纹镜?	—	—	不一致型?	—	[2]
31	阚家寨遗址B区第Ⅱ地点	H118：4	四乳弦纹镜	—	—	不一致型	—	[2]
32	阚家寨遗址B区第Ⅱ地点	ZK1：6	四乳弦纹镜	—	—	一致型	—	[2]
33	阚家寨遗址B区第Ⅱ地点	H65：1	四乳弦纹镜	—	—	不一致型	—	[2]
34	阚家寨遗址B区第Ⅱ地点	H146：4	四乳弦纹镜	—	—	不一致型?	—	[2]
35	齐国故城采集	LQC-JF0051/54	四乳弦纹镜	—	—	一致型	—	[2]
36	苏家庙村西	SLQJF：20	?	—	—	一致型?	—	[1]

说明：

[1] a. 白云翔、清水康二主编：《山东省临淄齐国故城汉代镜范的考古学研究》，科学出版社，2007年。

b.（日本）奈良县立橿原考古学研究所、中国社会科学院考古研究所、山東省文物考古研究所：《鏡笵》，（日本）八木書店，2009年。

[2] 中国社会科学院考古研究所、山东省文物考古研究所、淄博市临淄区齐文化发展研究中心：《临淄齐故城冶铸业考古》，科学出版社，2020年。

（一）草叶纹镜

浇口设置和纹样构成比较明确的有20例镜范。由于草叶纹镜镜背设有方格，铭文及其他单位纹样配置都遵循一定规律，借此探讨浇口设置与纹样构成的关系再合适不过。

首先来看浇口与方格的位置关系。这里按浇口中轴线和方格中轴线的关系分为“一致型”和“不一致型”。若以浇口朝上，方格呈倾斜状即为“不一致型”。20件镜范中“不一致型”（包括疑似的）仅有3件，大部分为“一致型”（图4-1～图4-6）。这说明是在刻制镜背草叶纹样的同时在镜范上设置了浇口。明确的“不一致型”见于藤井有邻馆出土地不明的镜范和刘家寨村南SLQJF：34（图4-4、图4-5）。藤井范纹样整体情况不明，该镜范的其他要素也与其他镜范多有差别，最主要是铭文方向。草叶纹镜范所见铭文基本为左旋读，而藤井有邻馆镜范铭文则为右旋读。右旋读铭文还可见于寺崎正氏所藏出土地未知的镜范（图4-6）。由于寺崎镜范浇口位置不明确，浇口中轴线和纹样配置的位置关系尚不明确。但是藤井有邻馆镜范和寺崎镜范有着较强的共性，如方格铭文带四角配置三角涡纹、双层草叶纹、方格四角外配置有分离型双叶纹。因此，本文认为这两件镜范出自在刻制纹饰方面遵循相同规范的铸镜工匠之手。

（二）蟠螭纹镜类

蟠螭纹镜类配置有四乳丁，特征明显，这里将浇道中轴线和四乳轴线相合的称作“一致型”、不相合的称作“不一致型”（下述四乳弦纹镜与此相同）。另外，未配置四乳丁或乳丁部分残损不明、但配置有连弧纹的情况，将以连弧纹接合部与浇道中轴线相合的为“一致型”、不相合的为“不一致型”。

浇口设置位置和纹样构成明确的镜范有10件，其中能够明确两者之间关系的有4件。苏家庙村SLQJF：19与阚家寨村南LQKJ：02为“一致型”（见图2-1、图5-1），镜范均配置四乳丁，主纹饰为螭龙纹。阚家寨遗址B区第Ⅱ地点H115：8和苏家庙村西SLQJF：77可确认为“不一致型”（图5-2、图5-3）。前者镜背饰以四乳和螭龙纹，后者镜背饰以内行花纹和虺龙纹。其他镜范例均残损较多，浇口设置和纹样构成的关联难以确定，其中可能为“一致型”与可能为“不一致型”的均有3件。

综上所述，蟠螭纹镜类中的“一致型”和“不一致型”几乎对半，很难确定存在某种倾向性。另外，“不一致型”镜范纹样构成各不相同，这一点降低了刻制某种镜式镜范时存在一定规则的可能性。

（三）四乳弦纹镜

阚家寨遗址B区第Ⅱ地点出土4件，齐国故城采集1件。阚家寨遗址B区第Ⅱ地点H65：1（图6-1）、H118：3（见图3-1）为“不一致型”，H146：4也很可能为“不一致型”。而阚家寨遗址B区第Ⅱ地点ZK1：6（见图3-2）以及齐国故城采集LQC-JF0051、LQC-JF0054应为“一致型”（图6-2）。在阚家寨遗址B区第Ⅱ地点同时出现“一致型”和“不一致型”，说明制作四乳弦纹镜的工匠并没有一致将浇道中轴线与四乳轴线相合。

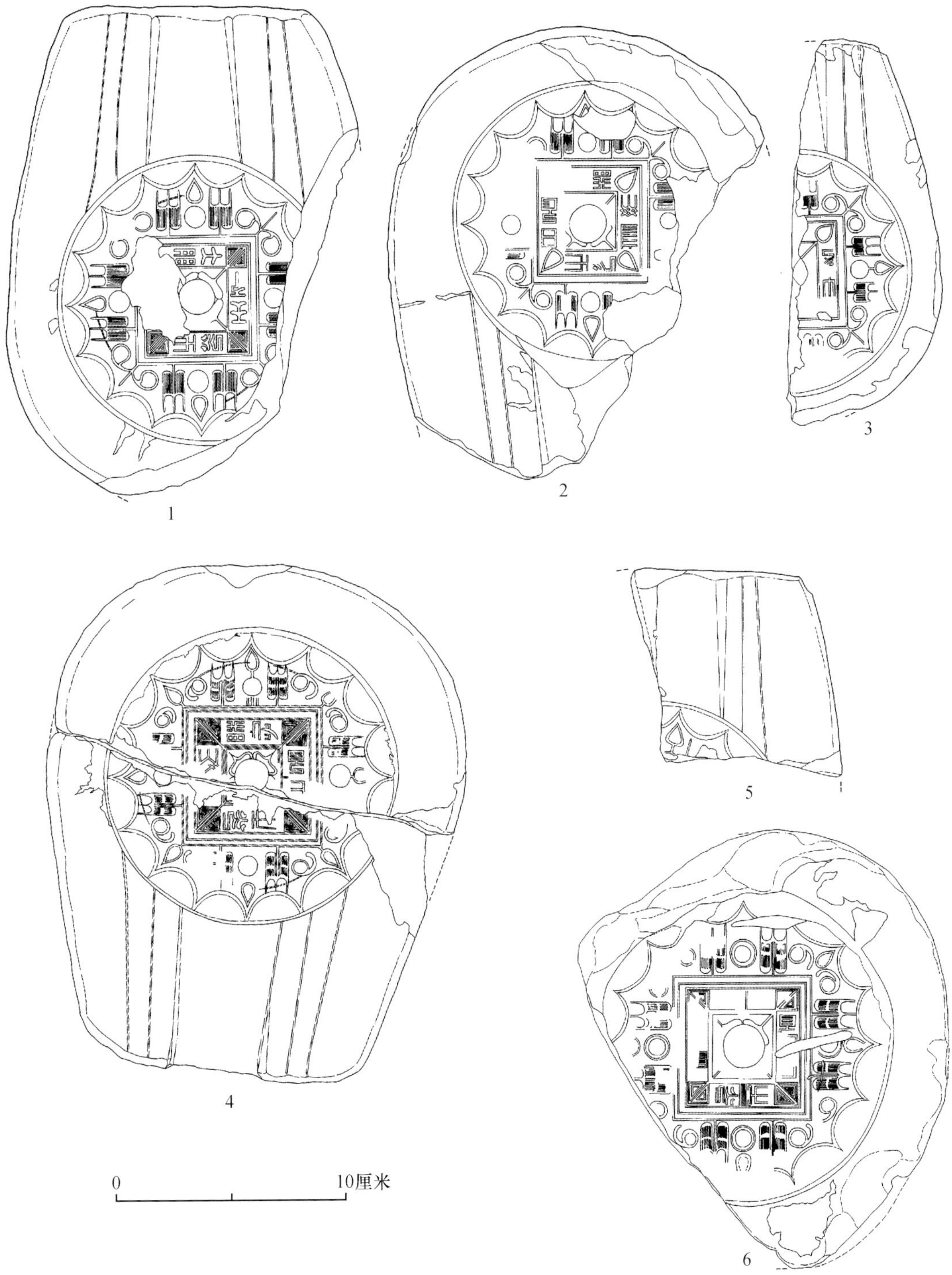

图4　浇口位置与纹样构成（草叶纹镜）

1～3. 一致型（苏家庙村西SLQJF：78、刘家寨村南SLQJF：13、苏家庙村西SLQJF：17）
4、5. 不一致型（藤井范、刘家寨村南SLQJF：34）6. 浇口不明（寺崎范）

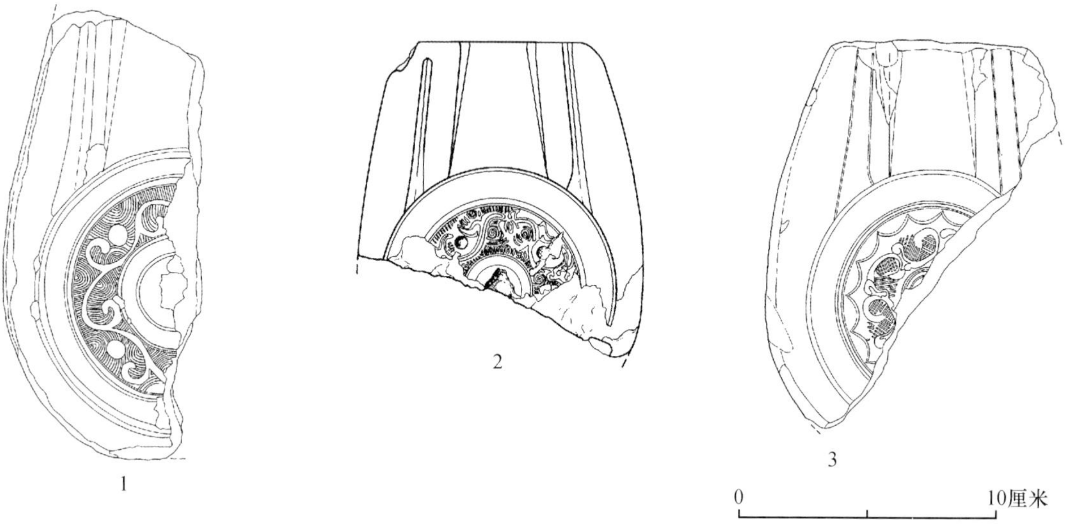

图5　浇口位置与纹样构成（蟠螭纹镜类）

1. 一致型（阚家寨村南LQKJ：02） 2、3. 不一致型（阚家寨遗址B区第Ⅱ地点H115：8、苏家庙村西SLQJF：77）

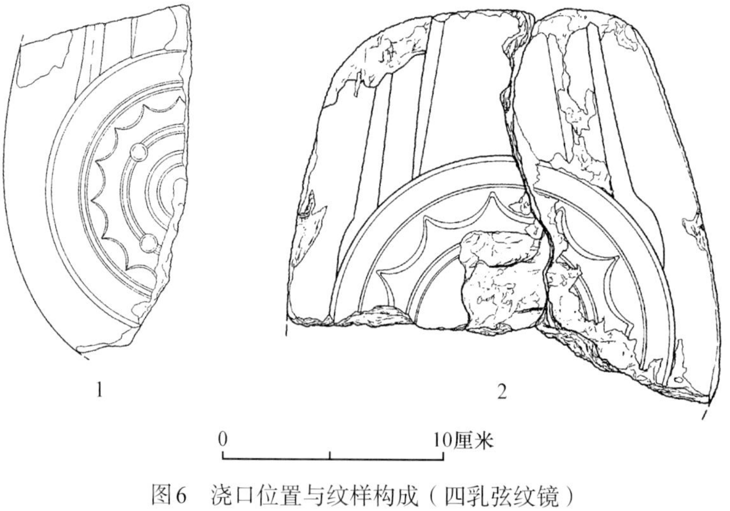

图6　浇口位置与纹样构成（四乳弦纹镜）

1. 不一致型（阚家寨遗址B区第Ⅱ地点H65 ： 1） 2. 一致型（齐国故城采集LQC-JF0051、LQC-JF0054）

至此，我们所探讨的浇口设置和纹样构成的关系呈现复杂的面貌。草叶纹镜大体偏向“一致型”，仅在特定纹饰构成中能够看到“不一致型”。另外，蟠螭纹镜类中的“一致型”和“不一致型”大体对半，难以看出特定的倾向性。四乳弦纹镜呈现出的倾向性与蟠螭纹镜类相似。可以认为，草叶纹镜与其他镜类之间存在明显差别。

四、浇口位置与铭文起始位置、铭文方向关系的探讨

这里关注的是草叶纹镜的情况，以浇口方向为“上”，按顺时针方向依次称作“右”“下”“左”。

草叶纹镜铭文最常见的是从镜背范“下”方开始（见表2-1），最少的则是从“上”方开始，仅见于齐国故城采集的1例LQC-JF0029（图7）。因此，尽管临淄齐国故城镜范铭文起始位置和浇口位置的关联性不明，但铭文自“上”方开始应为少数。

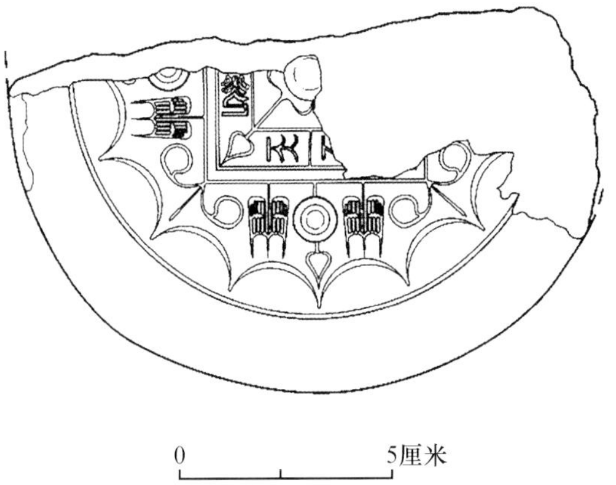

图7　浇口位置与铭文起始位置（齐国故城采集LQC-JF0029）

五、汉晋时期铜镜制作技术的分期及其意义

综上讨论，我们可以得出以下结论：

（1）浇口位置和钮孔方向的关系，尽管以纵-纵型为多数，但在刻制镜范时并未见遵循一定的规则。

（2）关于浇口设置与纹样构成的关联性，草叶纹镜的一致性较为明显，仅某些型式存在“不一致型”。而与此不同的是，在蟠螭纹镜和四乳弦纹镜中无法确认“一致型”或“不一致型”的倾向性。

由于目前尚无法确认草叶纹镜范的钮孔方向，因而难以确定临淄铜镜制作技术的一般性倾向。结合山东出土草叶纹镜，我们关注的是铭文起始位置与钮孔方向的关系。在构成方格的四边中，铭文始边与对边的连线即为钮孔方向的，称之为“纵型”（即铭文起始的一边与钮孔方向垂直）；铭文始边与对边的连线与钮孔方向垂直的，称之为“横型”（即铭文起始的一边与钮孔方向平行）；铭文始边与对边连线与钮孔方向呈斜交的，称之为“斜型”（图8）。《鉴耀齐鲁》中收录的是山东省文物考古研究所藏镜，其中能够确认钮孔方向和纹样构成的草叶纹镜有70件[8]，包括纵型35件、横型33件、斜型2件（1件稍斜）。由

1　　　　　　　　2　　　　　　　　3

图8　钮孔方向与铭文起始位置

1. 纵型（淄博市临淄区勇士区工地出土镜，直径10.1厘米）2. 横型（淄博市临淄区天齐小区工地出土镜，直径15.3厘米）3. 斜型（潍坊市寿光三元孙墓地出土镜，直径11.59厘米）

此可知纵型和横型占压倒性多数，而斜型数量极少。结合草叶纹镜镜范多数浇道和方格中轴线相合的情况来看，铭文纵型、横型与浇道纵-纵型或纵-横型相对应，斜型即钮孔范芯设置于浇口斜向位置。可以认为，草叶纹镜与其他镜式一样，大多数为纵-纵型或纵-横型。

草叶纹镜与蟠螭纹镜、四乳弦纹镜显示出不同倾向，应该是受到纹样刻制时基准线设定的影响。一方面，清水康二曾就草叶纹镜的镜背分割技法进行探讨。他认为先于连弧纹内侧划定圆形辅助线，以此为基准配置八分割线直线、方格和连弧纹等，再基于圆形辅助线、八分割线来刻入浇口[9]。而另一方面，杨勇指出浇道、排气道和镜缘部分的制作要先于镜背纹样刻制[10]。无论刻制顺序究竟如何，可以肯定的是，草叶纹镜以方格直线划分内区，方格中轴线一般与浇道中轴线平行。而与此不同的是，“一致型”和“不一致型”混合存在的蟠螭纹镜类、四乳弦纹镜，四乳方向缺乏明确基准，浇口位置与四乳中轴线未必相合。由此可知，草叶纹镜与蟠螭纹镜类、四乳弦纹镜在浇口设置上遵循的是不同的制作规范。

综上所述，草叶纹镜与蟠螭纹镜类、四乳弦纹镜既有共通性，亦存在不同的制作规范。蟠螭纹镜类以战国末年开始制作的蟠螭纹镜为祖型，匕形缘和地纹承袭了早期样式。而草叶纹镜采用了新的连弧纹缘样式，并确立起后见于异体字铭带镜的“见日之光”“日有熹”铭文。本文认为，新的规范自草叶纹镜的生产开始确立，浇口设置开始采用与纹样构成相同的基准。

西汉后期基本承袭西汉前期的这一规范。柳田康雄确认了西汉后期异体字铭带镜浇口位置与铭文起始位置一致的镜例，以及钮孔方向存在纵-纵型以外的情况[11]。这一情况到了东汉前期有了很大变化，浇口设置与钮孔方向基本固定为纵-纵型，铭文起始位置、纹样构成基准也与浇口位置相合。到了东汉后期，又脱离了东汉前期确立的钮孔方向、铭文起始位置、纹样构成规范，这一倾向是三国魏及此后铜镜中所能见到的特征[12]。

这样一来，战国末年以来的铜镜铸造技术可以分为西汉前期、东汉前期和东汉后期三个阶段，分别与各时期所确立的新镜式相对应，即从草叶纹镜、方格规矩四神镜，到长宜子孙铭内行花纹镜，再到神兽镜。可以说，伴随着新镜式的确立，制镜技术规范相应发生了改变，其背景应是生产体制的更新或制作地的变迁。

由此可见，临淄齐国故城出土镜范对于研究西汉前半期铜镜制作技术及其前后的铜镜生产实际情况具有十分重要的意义。今后将通过比较铸镜残存铸造痕迹，更进一步探索铸造方法的实际情况。

附记：本文为日本学术振兴会（JSPS）科研费19H01357、21H00611资助成果之一。

注　释

［1］“铸缩”，原文为“鋳引け”，与“铸缩”同义，是指铸造时的收缩现象，包括凝固时的收缩和凝固后直至常温的固体收缩，参见《図解鋳造用語辞典》第11~12页——译者注。
“鋳引け”，是指金属浇铸后金属从液态凝固成固态时，因金属厚度不同收缩率也会随之发生变化，收缩过程中产生的差异会导致金属变形（刘治国博士告知）。

［2］a. 白云翔：《西汉时期日光大明草叶纹镜及其镜范的考察》，《考古》1999年第4期。
b. 白雲翔：《山東省臨淄齊国故城出土の前漢鏡笵とその問題について》，《古代学研究》第149号，（日本）古代学研究会，2000年。
c. 白雲翔：《山東省臨淄斉国故城出土の漢代鏡笵の調査と研究》，《鏡笵研究》Ⅱ，（日本）奈良県立橿原考古学研究所、二上古代鋳金研究会，2005年。
d. 白云翔：《汉代临淄铜镜制造业的考古学研究》，《探古求原——考古杂志社成立十周年纪念学术文集》，科学出版社，2007年，第207~243页。
e. 白云翔：《临淄齐国故城汉代镜范及相关问题研究》，《山东省临淄齐国故城汉代镜范的考古学研究》，科学出版社，2007年，第95~133页。
f. 白雲翔：《漢代臨淄の銅鏡鋳造業に関する考古学的研究》，《鏡笵—漢式鏡の製作技術—》，（日本）八木書店，2009年，第149~182页。
g. 白云翔：《临淄齐故城秦汉铸镜业考古进展及手工业考古的审视》，《新世纪的中国考古学（续）——王仲殊先生九十华诞纪念论文集》，科学出版社，2015年。
h. 中国社会科学院考古研究所、山东省文物考古研究所：《山东临淄齐国故城内汉代铸镜作坊址的调查》，《考古》2004年第4期。
i. 中国社会科学院考古研究所、山东省文物考古研究所、临淄区文物局：《山东临淄齐国故城秦汉铸镜作坊遗迹的发掘》，《考古》2014年第6期。
j. 白云翔、张光明：《山东临淄齐国故城汉代镜范的发现和研究》，《考古》2005年第12期。
k. 白云翔、清水康二主编：《山东省临淄齐国故城汉代镜范的考古学研究》，科学出版社，2007年。
l.（日本）奈良県立橿原考古学研究所、中国社会科学院考古研究所、山東省文物考古研究所：《鏡笵》，（日本）八木書店，2009年。
m. 中国社会科学院考古研究所、山东省文物考古研究所、淄博市临淄区齐文化发展研究中心：《临淄齐故城冶铸业考古》，科学出版社，2020年。

［3］柳田康雄：《銅鏡鋳造における湯口の位置について》，《鏡笵研究》Ⅲ，（日本）奈良県立橿原考古学研究所、二上古代鋳金研究会，2005年。

［4］南健太郎：《东アジアにおける銅鏡生産の展開と技術的背景—湯口の位置と鈕孔方向の関係を

中心に—》,《アジア鋳造技术史学会研究発表資料集》第 7 号,（日本）アジア鋳造技术史学会，2013年。

［5］ a. 南健太郎:《东アジアにおける銅鏡鋳造技術の系譜関係—湯口の位置を中心に—》,《アジア鋳造技術史学会誌FUSUS》第7号，2015年。

b. 南健太郎:《东アジアの銅鏡と弥生社会》,（日本）同成社，2019年。

［6］ 柳田康雄:《銅鏡鋳造における湯口の位置について》,《鏡范研究》Ⅲ,（日本）奈良県立橿原考古学研究所、二上古代鋳金研究会，2005年。

［7］ 南健太郎:《東アジアにおける銅鏡鋳造技術の系譜関係—湯口の位置を中心に—》,《アジア鋳造技術史学会誌FUSUS》第7号，2015年。

［8］ 山东省文物考古研究所:《鉴耀齐鲁》，文物出版社，2009年。

［9］ a. 清水康二:《草叶纹镜的镜背分割技法初探——以铸范和铜镜资料为中心》,《齐国故城出土镜范和东亚的古镜》，2007年，第17～22页。

b. 清水康二:《笵と鏡から探る草葉文鏡の鏡背分割技法》,《鏡笵》,（日本）八木書店，2009年，第271～277页。

［10］ 杨勇:《汉代齐都临淄的铜镜铸造技术》,《临淄齐故城冶铸业考古》，科学出版社，2020年，第1082～1103页。

［11］ 柳田康雄:《銅鏡鋳造における湯口の位置について》,《鏡范研究》Ⅲ,（日本）奈良県立橿原考古学研究所、二上古代鋳金研究会，2005年，第34～45页。

［12］ a. 南健太郎:《漢・三国・西晋期の銅鏡編年に関する新視角—特に方格規矩鏡と内行花文鏡について—》,《ヒストリア》第259号,（日本）大阪歴史学会，2016年。

b. 南健太郎:《鋳造技術からみた後漢・三国時代の銅鏡》,《銅鏡から読み解く 2 ～ 4 世紀の東アジア》,《アジア遊学》第237号,（日本）勉誠出版，2019年，第61～71页。

临淄齐国故城出土镜范的磁化研究

菅头明日香　　酒井英男
（日本青山学院大学文学部）　（日本富山大学理学部）

中日合作对中国山东省临淄齐国故城出土的西汉时期陶质镜范展开研究，众多有关古代铜镜制作的研究成果得以问世[1]。笔者曾对临淄齐国故城出土的汉代镜范资料进行了磁化测定，并探讨了镜范铸造时的情况[2]。本研究采用同样的技术手段，对临淄齐国故城新出土的镜范资料进行磁化研究。

一、磁化研究概要

土壤和岩石中一般含有重1%～3%的铁氧化物，如磁铁矿、赤铁矿等强磁性矿物[3]。这些强磁性矿物经加热后冷却，在此过程中获得剩余磁性，记录下当时的地磁方向（磁偏角和磁倾角[4]）及强度（图1）。剩余磁性又被称作“热剩余磁性（TRM：thermo remanent-magnetization）”。热剩余磁性一旦获得，能够稳定保持数千年以上的时间，有助于我们复原以往的地磁情况。热剩余磁性还能够提供加热时的温度信息，使得推测加热温度、探讨受热情况成为可能[5]。

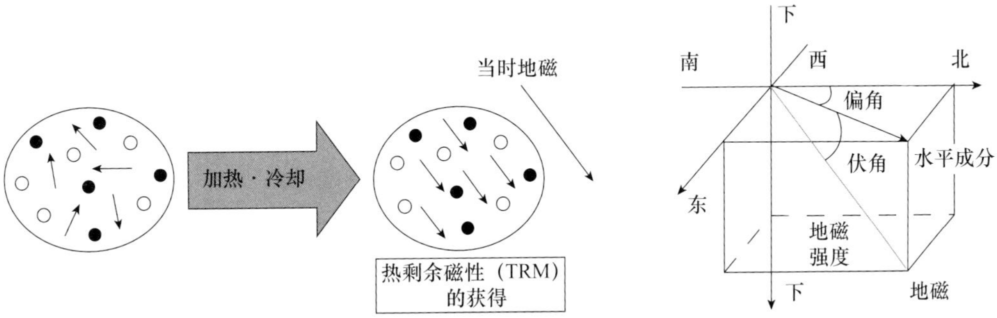

图1　热剩余磁性获得过程（左）与磁性参数（右）

利用磁化特征，世界各地以遗迹烧土、陶瓷器、土器、砖等遗物为对象开展考古地磁学研究。地磁情况并非一成不变，其方向和强度时常发生变化，因此根据年代未知的烧土和受热遗物所带磁性，将之与过去的地磁变动进行比对，便能够推定出研究对象的年代[6]。目前在日本通过对大量窑址所见烧土和遗物的磁化研究，已经得出过去2000年间地磁方向和强度的详细变化曲线[7]。20世纪八九十年代，中国曾以东北地区为中心推进考古地磁学研究[8]，此后研究暂时停滞，2010年以来开始发表新的考古地磁数据，中国的地磁变动情况逐渐清晰起来[9]。

本研究对临淄齐国故城所出土镜范（1件）的磁化率和剩余磁性进行测定，之后从镜范上切取样品进行加热实验。

二、资料与分析

图2　分析资料

分析所使用的是如图所示的镜范资料（图2）。该镜范为镜面范的一部分，内部呈黑灰色、表面呈橙色，推测浇口原应位于现存以外的部分。我们认为这件镜范与2013年所分析的临淄齐国故城出土汉代镜范为同一材质，并指出镜范制作时的烧成工序存在分为数次进行的可能性。

在磁性测定中，在对镜范磁化率和自然剩余磁性进行非破坏性测定后，接下来为热消磁实验，从镜范材料表面橙色和内里黑灰色部分分别切出2份小样品（分析编号：No.1-1、1-2、2-1、2-2），在其周围固定耐热带并整理好形状。将各份小样品固定在7毫升塑料盒中用于磁化测量。

三、测 定 结 果

（一）磁化率

我们对镜范样品的型腔面、侧面和背面的磁化率分布情况进行测定分析。磁化率是指在外加微弱磁场时出现的诱导磁场强度与所加磁场强度的比率，可作为样品所含磁性矿物种类、含量和粒子大小的指标。

测定磁化率所使用的是Bartington公司所产MS2型磁化率计和平面扫描传感器。

测定时，我们在样品的各个面用水平线做出间隔1厘米的网格，用传感器对各网格中心进行测量（图3）。

图3　磁化率测定

图4显示出镜范资料各个面的磁化率分布情况，图中数字为各点处磁化率测定值。磁化率为体积磁

图4　磁化率的分布示意（左：型腔面；中：侧面；右：背面）

化率，这里使用无因次数[10]加以表示。

从磁化率的分布情况来看，推测是铸镜面一侧整体磁化率较强，从侧面来看也是如此（即靠近铸镜面的一侧磁化率数字更大——译者注）。并且，型腔面黑灰色部分附近的磁化率分布在34×10^{-4}～45×10^{-4}SI之间，相较于橙色部分磁化率稍强。颜色差别和磁化率强弱有较为明显的关联性。

（二）热消磁实验

我们通过热消磁实验得出镜范材料磁化的温度特性。在这个实验中，我们将样品进行阶段性加热，加热后将之置于无磁场空间进行冷却，考察随温度变化其磁化方向及强度的变化情况。为避免样品中磁性矿物变质，我们将样品置于氩气中加热，在20～500℃之间采用每上升50℃时所测数据。在实验中，我们使用夏原技研公司生产的电气炉（DEM-8602C）对样品进行加热，使用超传导磁力计（2G-760R）进行磁性测定。这里使用Zijdervelt图法对磁化温度变化进行解析[11]。

图5为切取的小样品No.1-2、2-2热消磁实验结果的Zijdervelt图。磁性变化伴随消磁过程稍显不规则，但大体上仍向着原点方向。该图反映出铸镜时随着温度变化的磁性变化情况，直至镜范冷却不再发生变化。

（三）磁化方向与铸造时镜范的设置情况

我们使用主成分分析法对Zijdervelt图上所示数据进行解析[12]，得出各个样品的磁化方向。各样品磁倾角的情况如下：No.1-1为71.9°、No.1-2为55.1°、No.2-1为78.3°、No.2-2为67.0°，平均值为68.1°。

关于西汉时期的地磁倾角，根据黄河河口地区堆积物研究可知，公元前100年～公元元年地磁倾角为30°～40°[13]。另外，据中国中部地区（北纬35°、东经105°）约7000年以来的地磁变动情况来看，可知该时期的地磁倾角大致在35°～40°之间变动[14]。

对照此次实验结果以及笔者此前关于铸造时镜范设置的探讨结果[15]，这里推测铸造时为镜背范在上、镜面范在下。根据三船温尚的研究，一般在合范后浇铸时，镜背范位于下方呈45°～60°倾斜，但同时指出为防止纹饰模糊，有可能将镜面范向下倾斜[16]。在以

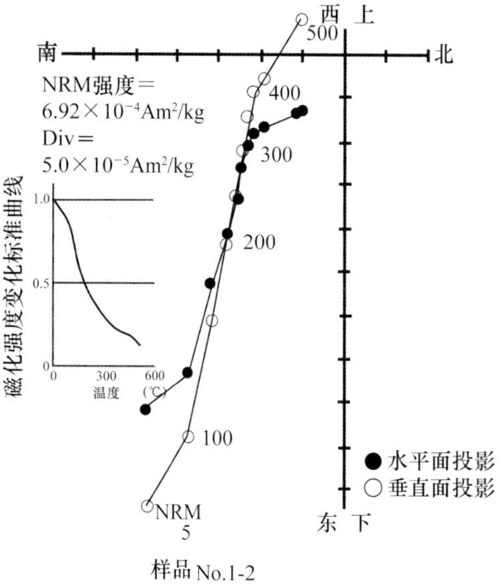

图5　热消磁实验结果（左图为No.1-2、右图为No.2-2）

往的讨论中，可以看到被认为是置于下方使用的镜面范。我们有必要收集包括铸造实验资料的更多信息，对浇铸时的镜范倾斜情况进行详细探讨。

（四）Thellier法实验

在进行热消磁实验的同时还进行了Thellier法实验[17]，以得出当时的地磁强度。Thellier法实验所使用的人工磁场的磁感应强度为50μT。

这里采用SNRM-TRM图对Thellier法实验结果进行解析。实验结果如图6所示，各样品图左为SNRM-TRM图，图右为磁化率温度变化图。在SNRM-TRM图中，以3点以上进行直线近似的结果，样品No.1-1和No.2-1超过标准偏差0.98存在线性关系，而样品No.1-2和No.2-2则不存在线性关系。每个样品的pTRM测试大致良好。但是，关于磁化率随温度变化的变动，因为磁化率较弱，数值上的差别不大。不过，当温度达到400℃以上时，各样品的磁化率会增强近2倍，实验时加热可能使磁矿物变质。

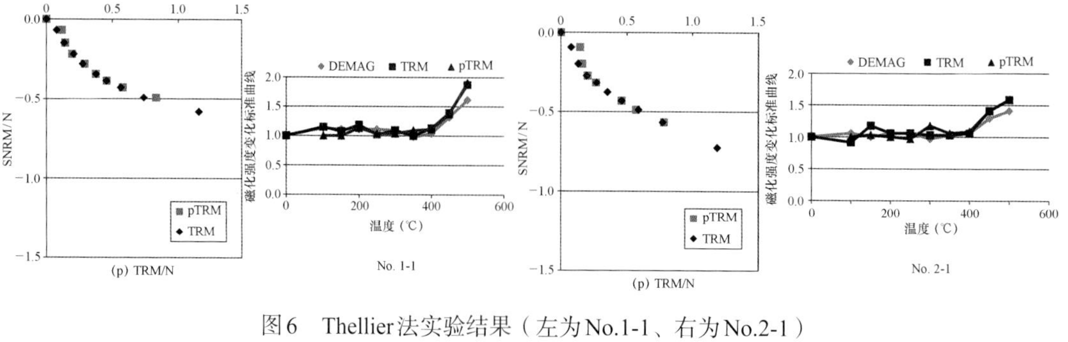

图6　Thellier法实验结果（左为No.1-1、右为No.2-1）

根据以上实验过程，我们推定两份样品在镜范受热时的地磁感应强度：No.1-1为46.9±2.8μT，No.2-1为38.9±3.7。

图7显示的是根据实验结果所求地磁强度和中国中部地区地磁强度变动的全球模型对比情况。该模型使用GEOMAAGIA 50database v3.4[18]的公开数据，各曲线分别表示CALS3k.4[19]、ARCH3k.1[20]、ARCH10K.1[21]预测模型。通过Thellier法实验得出的小样品考古地磁强度（两件样品的平均地磁强度为42.9±3.3μT）在图中用“●”标出。关于古地磁强度，有报告指出约公元前200年的北京为42μT[22]，约公元前200～前100年的山西为36.8μT[23]。

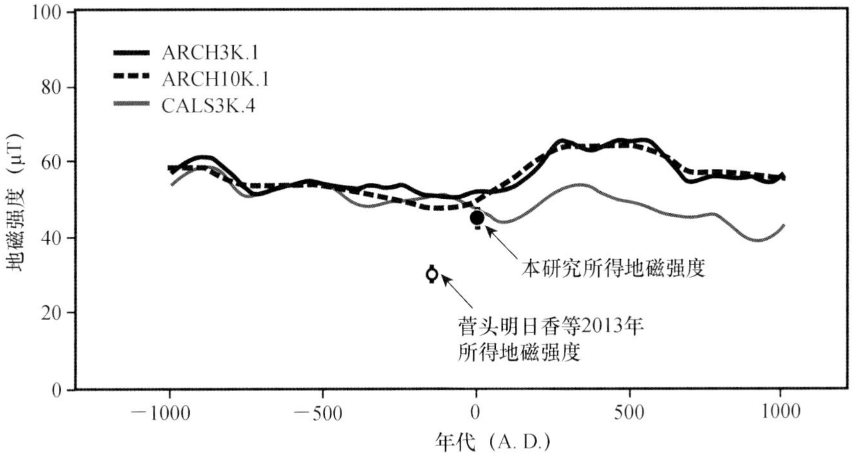

图7　镜范所得地磁强度与中国中部地区的地磁强度变动模型对比

根据上述实验，本研究所得出的地磁强度更接近于西汉后期（约公元前100年～公元元年前后）的情况，可以认为镜范的使用是在西汉后期。根据白云翔的研究，临淄齐国故城铸镜作坊的使用时期大体在西汉前期至中期、至迟到西汉后期[24]。从考古学的观点出发，本资料的年代大致符合考古学上所推定的主体年代而稍偏晚。

通过对制作遗迹、周围烧土和相关遗物的研究，我们还可以获取和积累更多的地磁数据，由此可对镜范的使用时期进行更为详细的推定。

四、结　　语

在临淄齐国故城出土镜范研究中，我们运用磁物理分析方法，对铜镜铸造时的镜范使用情况进行探讨。通过对磁化率的测定，我们发现镜范型腔面和背面磁性强度分布不同，反映出镜范使用时的受热情况。通过热消磁特性分析和磁化方向的考察，对浇铸时镜范设置情况进行推测，认为样品镜面范在浇铸时被置于下方。此外，通过对镜范使用时的地磁强度的复原，推定镜范使用于西汉后期，这一结论与临淄齐国故城制镜作坊主体使用年代大体吻合而稍稍偏晚。

今后通过对镜范残片以及相关遗物、制镜遗存进行磁化研究，相信可以获得有助于进一步解明镜范使用状况的信息。

致谢：在本研究过程中，承蒙日本奈良县立橿原考古所清水康二先生和中国社会科学院考古研究所白云翔先生的鼎力协助。在资料方面也得到日本富山大学三船温尚先生的诸多指教。谨致谢忱。

注　释

［1］白雲翔：《漢代臨淄の銅鏡製作業に関する考古学的研究》，《鏡笵—漢式鏡の製作技術—》，（日本）八木書店，2009年，第149～182页。

［2］菅頭明日香、酒井英男、白雲翔、三船温尚：《山東省臨淄斉国故城から出土した漢代鏡笵の磁気物性の研究》，《アジア鋳造技術史学会誌FUSUS》第6号，2013年，第15～24页。

［3］広岡公夫：《古地磁気法、考古地磁気法》，《考古学のために年代測定学入門》，（日本）古今書院，1999年。

［4］"磁偏角"，日文为"偏角"，指地球表面任意一点的磁子午圈同地理子午圈的夹角。"磁倾角"，日文为"伏角"，指磁针和水平方向形成的夹角——译者注。

［5］酒井英男、平井徹、広岡公夫：《磁化測定による考古学遺物の熱履歴の検討》，《能登滝、柴垣製塩遺跡群》，（日本）富山大学人文学部考古学研究室、石川考古学研究会，1991年，第157～165页。

［6］酒井英男等：《考古地磁気年代推定法》，《考古学と自然科学》2016年第71卷，第1～18页。

［7］a. Hirooka K. Archaeomagnetic study for the past 2000 years in southwest Japan, Mem. Fac. Sci., Kyoto Univ.Ser.. Geol. and Mineral., 1971, 38: 167-207.

b. Sakai H，Hirooka K. Archaeointensity determinations from western Japan. Geoelectr., 1986, 38: 1323-1329.

［8］Wei Q Y，Li D J，Cao G Y etc. Archaeomagnetism of baked clays：results from China. In：Geomagnetism of Baked Clays and Recent Sediments. Elsevier Science Publishing Company，1983：138-150.

［9］Cai S，Tauxe L，Paterson G A，Deng C etc. Recent Advances in Chinese Archeomagnetism. Frontiers in Earth Science，Frontiers，2017，5：article 92.

［10］"无因次数"，日文"無次元数"，指用不带任何物理单元的纯数来描述某一物理体系的一个量。无因次数一般被定义成一个结果或有单位量的比率，这样就省去了所有单位——译者注。

［11］Zijderveld J D A. A. C. Demagnetization of rocks: analysis of result. In: Method in Paleomagnetism. Amsterdam: Elsevier, 1967: 254-286.

［12］Kirschvink J L. The least-squares line and plane and the analysis of palaeomagnetic data. Geophysical Journal International, 1980, 62: 699-718.

［13］Cong Y Z, Wei Q Y. Study of secular variation (2000BC-1900AD) based on comparison of contemporaneous records in marine sediments and baked clays. Physics of the Earth and Planetary Interiors, 1989, 56: 69-75.

［14］Cai S, Tauxe L, Paterson G A, etc. Recent Advances in Chinese Archeomagnetism. Frontiers in Earth Science, Frontiers, 2017, 5: article92.

［15］菅頭明日香、酒井英男、白雲翔、三船温尚：《山東省臨淄斉国故城から出土した漢代鏡笵の磁気

物性の研究》,《アジア鋳造技術史学会誌FUSUS》第6号，2013年，第15～24页。

[16] 三船温尚:《青銅鏡製作技術研究の経緯と前漢鏡笵の検証実験》,《鏡笵—漢式鏡の製作技術—》,（日本）八木書店，2009年，第235～254页。

[17] a. Thellier E, O Thellier. Sur l'intensite du champ magnetique terrestre dans lepasse histrique et geologique. Ann. Geophys., 1959, 15: 285-376.

b. Sakai H, Hirooka K. Archaeointensity determinations from western Japan. Geoelectr., 1986: 38.

[18] Brown M C, F Donadini, M Korte, etc. GEOMAGIA50.v3: 1. General structure and modifications to the archeological and volcanic database. Earth Planets Space, 2015: 67-83.

[19] Korte M, Constable C. Improving geomagnetic field reconstructions for 0-3 ka. Physics of the Earth and Planetary Interiors, 2011, 188: 3-4, 247-259.

[20] Korte M, Donadini F, Constable C G. Geomagnetic field for 0-3 ka: 2. A new series of time-varying global models. Geochemistry Geophysics Geosystems (G3), 2009, 10: Q06008.

[21] Constable C, Korte M, Panovska S. Persistent high paleosecular variation activity in southern hemisphere for at least 10000 years. Earth and Planetary Science Letters, 2016, 453: 78-86.

[22] Wei Q Y, D J Li, G Y Cao, etc. Archaeomagnetism of baked clays: results from China. In: Geomagnetism of Baked Clays and Recent Sediments. Elsevier Science Publishing Company, 1983: 138-150.

[23] Wei Q Y, Zhang W X, Li D J. Geomagnetic intensity as evaluated from ancient Chinese pottery. Nature, 1987, 328: 330-333.

[24] 白雲翔:《漢代臨淄の銅鏡製作業に関する考古学的研究》,《鏡笵—漢式鏡の製作技術—》,（日本）八木書店，2009年，第149～182页。

日本汉镜研究综述

韩 茗

（南京师范大学文博系）

两汉时期是中国古代铜镜发展的高峰期。随着汉帝国的强盛和汉文化的传播，铜镜及其所承载的制度文化、工艺技术、审美观念、思想文化等影响至周边，汉代铜镜也很早成为一门国际性的学问。冈村秀典将20世纪的汉镜研究归纳为三种范式："埋首于铭文考证的中国、倾向于编年和史学研究的日本、推进汉学尤其是文化史研究的欧美，齐头并进。"[1] 20世纪前半期，日本学界率先将近代考古学的理论与方法引入古镜研究，以战国至汉六朝镜为中心，逐步建立起完备的古镜研究体系。早期关注基于样式论的分期编年和谱系研究，考察汉镜型式演变、地域特征和谱系脉络，结合镜铭考据和图像研究，揭示镜所承载的文化内涵。近期则将目光转向制镜技术的研究与复原，结合样式论研究成果，考察铜镜产地和谱系，钩沉汉镜所反映的生产组织、人员移动、文化交流和传播路线等问题。日本汉镜研究在上述两个方面都有着深厚积累和突出贡献，不少论著早已为中国学界所熟知。中日学界在汉镜研究领域有着长期、密切的交流与合作，为进一步增进了解、深化研究，我们有必要全面、深入地了解日本汉镜研究史。

一、二战*以前日本的汉镜研究——积累期

用近代考古学方法研究中国古镜，发端于20世纪初的日本。正如俞伟超先生所言，一是因为近代考古学在日本发生较早，二是因为日本弥生文化和古坟时代遗存中包含着大量从中国传去的汉、三国、六朝古镜，日本考古学者为了研究本国的古代文化，就必然要研究中国古镜[2]。此外，20世纪初日本学者在东亚各地进行的大量遗迹调查，与古镜研究的推进互为因果。

19世纪以来，江户晚期至明治时代的文人学者，从宋明类书、金石著录、文人笔记中获得了关于汉镜的初步认识。1822年，福冈县系岛市怡土郡三云村南小路出土了包括35件汉镜在内的大量遗物。在此之前，其南部相邻的井原鑓沟遗迹出土20余件汉镜。福冈藩的国学者青柳种信立即对当地进行实地考察，对遗迹和出土品进行了详细记录并配以图版。青柳氏根据宋明金石学著述，将三云出土镜比定为汉镜，认为这是一处模仿中国本土

* 第二次世界大战，本文均简称二战。

习俗随葬大量铜镜的墓葬，铜镜为中国本土舶载镜，可与《魏志·倭人传》所载中国本土与海东的交往相印证。青柳氏关注镜的归属及其在日本史上的位置，但在先入为主的观念影响下，他将这批铜镜作为邪马台国“九州说”的注脚。

明治维新以后，近代考古学被引入日本。争论已久的邪马台国“九州说”和“大和说”开始超越古籍考据，考古学研究方法的引入使得古镜成为日本史研究重要的突破口。1897年，东京帝室博物馆三宅米吉在《古镜》中将日本古坟出土镜分为汉镜和六朝镜，对镜背各部分进行定名，并注意到镜缘形制差别与镜类的关联。但此时的研究仍对铭文考释毫不关心，与同时期以考据学为主的中国金石学几乎没什么接点[3]。

1909年，关野贞等在平壤发掘了一座砖室墓，以此为契机开始对乐浪汉墓进行调查，该墓曾出土2件东汉镜。1916年，在朝鲜总督府设立古迹调查委员会，开始进行有组织的调查。乐浪出土镜以新莽镜及东汉镜为主，自发现之初便受到关注，是构建汉镜年代观的重要依据。后藤守一在《汉式镜》一书中集录近200件乐浪出土镜[4]，深化了日本学界对于汉镜的认识。

20世纪初，大量中国文物流向海外，海外汉学界对中国文物兴趣显著高涨。1911年，辛亥革命爆发，罗振玉、王国维到日本后，迅速热衷于金石学著录和研究。1916年罗振玉出版《古镜图录》，上卷收录33件纪年镜，其中汉六朝镜26件，并收录有流散至日本的古镜。罗振玉着意收录纪年镜资料并按年代排序，提出以纪年镜为参照系进行断代的研究法，富有前瞻性。自此，研究者们倾注了较大的热情在中国古镜的年代论上，开始关注收集和整理纪年镜铭，特别是汉六朝镜。日本学界最早关注纪年镜的是高桥健自[5]，并主张以内区纹饰为基准，指引了分类研究的方向[6]。1915～1916年，山田孝雄基于镜铭音韵，从文学史的角度考察自西汉直至六朝镜铭的变迁，提出从西汉早期的三言铭、四言铭，到武帝时期数句构成的长铭文，到西汉晚期至王莽时期盛行的七言押韵柏梁体，再到汉末四六体和六朝时期流行的四言铭文这一汉镜铭文形式演变过程[7]，影响深远。

1912年，京都帝国大学文学部富冈谦藏开始投身于古镜研究，正值邪马台国“九州说”与“大和说”论战的高峰。自1916年起，富冈谦藏陆续发表古镜研究论文，1920年由其子富冈益太郎集结成《古镜的研究》一书出版。富冈谦藏是最早以金石学知识为基础，从考古学样式论出发讨论古镜年代的学者，特别是对蟠螭纹镜、方格规矩镜、画像镜等汉六朝镜类进行了开创性研究，确定了依靠纪年铭建立古镜编年、结合墓葬和伴出品情况探讨出土镜年代、比照汉六朝镜考察日本古镜的研究思路，为构建可靠的古镜年代观奠定了良好的研究基础。现将其主要成果列举如下。

一是论证“蟠螭镜”早于西汉。富冈氏依据纹饰划定出“蟠螭镜类”，将其年代置于西汉以前，理由是蟠螭镜纹饰的表现与汉以前青铜器有着共通性，这是首次明确指出早于汉镜的镜类存在。

二是论证福冈出土草叶纹镜和异体字铭带镜为西汉镜，依据是镜铭字形与中国出土西汉砖瓦铭文相似，且镜体含锡量较高。这是首次根据字形确认的日本所见的西汉镜，并援引了出土资料和理化分析结果。

三是对新莽至东汉镜进行编年。富冈氏将带有新莽年号及“王氏作镜”等铭文的镜归入新莽时代；提出方格规矩四神镜流行于西汉后期至东汉前期；提出神兽镜出现于东汉中期，流行于神仙思想流行的东汉末至六朝；将画像镜的流行定于东汉至六朝初期，依据是画像镜神仙图像和纹饰表现与东汉画像石相似。

四是提出三角缘神兽镜“魏镜说”。富冈氏将大阪府柏原市国分茶臼山古坟出土“铜出徐州，师出洛阳”铭镜年代比定为三国魏。3～4世纪日本列岛尚未使用文字，以此为前提论证古坟出土铭文镜均为舶载镜。日本列岛出土西汉镜多分布于九州北部，而神兽镜和画像镜则多分布在近畿地区，且多带有曹魏年号，这也成为邪马台国“大和说”的有力支持。

富冈谦藏介绍了大量新出资料，推动了日本学界对于出土遗物调查和古镜资料著录的关注。1920年日本考古学会刊行了《纪年镜鉴图谱》。沿着这一方向，接下来的工作则是全面收集古镜资料，汇总镜铭和纪年镜标本并按年代顺序编纂，形成便于参照的可靠标准，这将由富冈谦藏的继任者梅原末治来完成。

20世纪20年代，梅原末治不仅在日本各地，还前往朝鲜、中国、欧美各地调查中国文物，与当地研究者频繁交流，成为中国考古学信息的“集散者”。梅原末治的研究涉猎十分广泛，其在古镜研究方面的贡献主要有二：一是资料的收集、整理和刊布，二是古镜研究的深化。其成果以前者为表、后者为里，既重视实物确认和客观呈现，亦重视从形态上追究器物源流，形成了一个成熟的古物资料收集和整理范式。

1925年，梅原末治集成了包括乐浪镜在内的150余件古镜，指出汉镜出土数量的变化与史书所载郡县盛衰相吻合[8]。1926年起，梅原末治遍访欧美诸国公私收藏，调查了千余件流散欧美的中国古镜[9]。在1936年出版的《汉以前古镜的研究》一书中，梅原末治追迹淮河流域和洛阳金村等地的战国镜，探究这批资料的年代学和地域性价值[10]。同年，浙江绍兴出土300多件古镜，揭示出会稽山阴这一汉三国时期铸镜中心的产品风格。梅原末治收录60余件传出于绍兴的画像镜和孙吴纪年镜，著成《绍兴古镜聚英》[11]。1943年，《汉三国六朝纪年镜图说》出版，书中收录汉至南北朝纪年镜计132件，其中吴镜约占半数，图版清晰、释读详细，提供了可靠的参照基准[12]。20世纪前半期，原田淑人[13]、滨田耕作、梅原末治等[14]曾对京都住友家收藏进行研究和解说，在住友家的支持下刊布资料，影响甚广，为包括铜镜在内的中国青铜器研究打下基础，同时也推动了日本铜镜著录范式的形成。正如安志敏所注意到的，梅原末治对于中国古代青铜器的研究，“不若中国学者之注重铭文，乃自器形、花纹及化学分析上，以决定其性质及年代”[15]。在深化古镜研究方面，梅原末治从遗迹调查和地域性探讨、型式分析和理化分析三个方面推进。

关于遗迹调查，20世纪前半叶，日本学者在国内外的田野调查中获得大量一手资料，出土镜作为遗迹年代的重要线索，梅原末治曾就乐浪汉墓出土镜发表过多篇文章，对日本本土镜更是如数家珍。20世纪20年代，梅原末治在《佐味田及新山古坟研究》等研究中提出舶载镜的制作年代与古坟年代相近，这样的年代观一时占据支配地位。此后，他根据香川县石清尾山古坟群（鹤尾神社4号坟）出土舶载方格规矩四神镜，由残留的修补孔以及不甚清晰的内区纹样，推测其可能经过了长期传世过程，提出镜的制作年代仅仅提示了古坟年代上限，修正了以往观点。“传世”观点的提出可谓是学术史上的一大里程碑，对20世纪50年代小林行雄的“同范镜论·传世镜论”产生了深刻影响[16]。

关于型式分析，梅原末治的研究聚焦于汉以前铜镜和新莽以来铜镜。20世纪30年代，梅原氏围绕“所谓秦镜的性质和中国镜的起源”这一课题，对“战国式镜”展开研究[17]，主要是为解决汉以前古镜的发展演变和中国镜的起源问题。汉镜作为汉以前铜镜研究的重要参照，梅原氏进行了细致观察和分析，这对此后的汉镜研究产生了深远影响：一是设定了基本的观察点；二是奠定了汉镜演变的基本认识；三是揭示出古镜形制的复杂性和多样性。

关于古镜编年，因主要依据纪年镜，故大体限定在纪年镜所见时段中，即新莽至六朝镜[18]。梅原末治一方面从纪年镜中提取形制、纹饰断代特征，致力于纪年镜资料集成，以期发现镜类演替的历时性特征；另一方面，以乐浪汉墓发掘成果为支撑，重视乐浪、绍兴等地出土镜作为“地域性的一干遗物”的研究价值，从而把握镜类之间形制、纹饰的共时性特征。得益于日本作为东亚近代考古学的前沿地和中国流散文物信息的集中地，梅原末治延续了富冈谦藏的研究路线，在世界范围内广泛收集资料，著成《汉三国六朝纪年镜图说》，旨在编撰一部“可作为永久基准的纪年镜集录”。梅原氏对所收录纪年镜逐件进行解说，在“后说”中提出纪年镜研究的基本思路。第一，纪年镜使得观察镜类长时段演变成为可能，在归纳变化规律时不可忽视镜的复杂性以及各要素变化幅度差异。第二，通过纪年镜来比定同类镜年代，得出镜类演变脉络。第三，提取纪年镜的形制、纹饰因素，得出钮部、缘部形态，以及线刻或浮雕等要素的演变脉络。第四，通过纪年镜要素的横向对比联系，推定无纪年的镜类年代。

关于理化分析，梅原氏十分重视理化分析对于古镜断代编年的作用。日本学界对中国古代铜器的理化研究始于1918年近重真澄的研究[19]。1938年，小松茂和山内淑人发表《古镜的化学研究》一文，选取战国至明代的中国古镜49面以及日本出土的7面镜，计56面古镜进行了分析。研究结果表明战国镜铜锡比为75：25，汉唐镜铜锡铅比为70：25：5，宋以后铜镜锡含量减少，铅增至8%～19%[20]。梅原氏援引了羽状地纹镜和细地纹镜的合金比分析结果，羽状纹镜的含锡量略高、接近于战国镜，而细地纹镜的含锡量更接近于汉镜，合金比支撑了梅原氏的观点，即羽地纹镜要早于细地纹镜，所谓的“淮式镜”实处于战国镜向汉镜的过渡阶段，其中可能包含部分汉镜[21]。

在考古发掘资料不充分的情况下，铜镜因其显示出独立的演变轨迹，存世量大、研究基础好且具有重要的史料价值而受到关注。梅原末治以古镜为线索和突破口，基于样式论构建更为可靠的铜镜编年，做出了卓越贡献。他注重对器物进行细致观察和记录，对样式论颇为青睐，认为铭文格式和内容也有随着时间推移而变迁的“样式”，镜背铭文和图像所反映的历史信息，都可作为断代锚点。尽管梅原末治坚信“在考察古代遗物时，头等重要的是确定器物的制作年代”，但其心中的镜鉴学蓝图，除样式论和年代观外，还包括镜的技术、镜的文化、镜所反映的历史等，以此奠定了二战后日本古镜研究的基本框架。

二、二战以后日本的汉镜研究——深化期

1919年，高桥健自最早关注到以“三角缘”为特征的镜群，将之命名为“三角缘神兽

镜”[22]。在古镜研究中，三角缘神兽镜是一个特殊的存在，它既是解开日本古代史谜团的一把钥匙，也是探讨古代东亚国际关系的重要物证。对汉镜研究来说，三角缘神兽镜能否归入“汉镜”尚待讨论，但可以说它是汉镜研究方法的“试验场”。研究者从中摸索出古镜研究新路径，即究明制镜编年的同时，考察铜镜所在古坟的时代变迁、随葬方式以及流通形态，使得建立起由铜镜制作→流通→入手→使用→废弃/再利用的完整链条成为可能[23]。这也是为什么这里要从三角缘神兽镜谈起的原因所在。

对中日学界来说，三角缘神兽镜既是接点，也是分界点。说是接点，恐怕没有能比“三角缘神兽镜”更能引发中日学界激烈、深入、持久交锋的考古学研究课题了。说是分界点，应该注意到“汉镜”在中国的语境中，强调的是时代性，即关注其纵向上的动态；而在日本的语境中，“汉镜”是与“三角缘神兽镜”和“倭制镜”有着密切关联的镜群，更关注其横向上的动态。准确把握镜群之间共时性关系的前提是究明汉镜形制的历时性变化，样式论和年代观也成为中日学界共同关心的基础性问题。面对汉镜形制复杂、来源多样的实际情况，基于样式论和年代观，援引镜铭信息，由制镜地域性研究逐渐转向谱系研究。与此同时，铭文、图像释读一方面作为资料刊布和断代的基础性工作继续受到重视，另一方面相比于样式论研究能够更好地嵌入古代社会历史研究。得益于科学技术的发展和多学科合作理念的深入人心，进入21世纪以来，结合理化分析和模拟实验，在制镜技术与产地研究等方向上都有着显著进展。

（一）三角缘神兽镜研究

二战以后，日本继续以古代铜镜为突破口探寻记纪物语之前漫长的历史叙述，最先开展并具有引领意义的是三角缘神兽镜的研究。“三角缘神兽镜”从字面上是指镜缘断面呈三角形、主纹区饰以浮雕神兽图像的镜，而在日本学界，狭义的“三角缘神兽镜”指的是一个特殊镜群，其特点还包括：直径较大，一般超过20厘米；主纹区比例较小，神形兽像多以四枚或六枚乳丁划分，图像配置多为对置式或同向式；主纹外纹饰多样，有几何纹、唐草纹、兽纹、铭文带等，最外多为“锯齿纹＋复线波纹＋锯齿纹”三重圈带；边缘断面呈严格的三角形而非斜缘。尽管在各方面显示出中国汉晋镜的基本特征，且不乏纪年铭镜，但目前尚未在日本以外确认到此类出土镜例，因此三角缘神兽镜的演变自成脉络，对于古坟断代以及日本早期历史研究是难得的线索。

自富冈谦藏提出三角缘神兽镜“魏镜说”，此后研究长期围绕做工精良的舶载镜展开。随着考古发现的积累，三角缘神兽镜的存世量远远超过百枚，迄今所见超过500枚。20世纪50年代，京都府山城町椿井大冢山古坟出土32件三角缘神兽镜，包括不少同范镜。此后，小林行雄研究了日本各地古坟出土三角缘神兽镜的同范关系，归纳出“同范镜的分有关系表”，提出“同范镜论·传世镜论”，支持了“魏镜说”和邪马台国“大和说”，并以“三至四世纪日本列岛尚未使用文字”为前提，确立起古坟出现于4世纪前后的年代观[24]。尽管后来受到质疑，但这一关于弥生至古坟时期权力传递和更迭问题的系统见解，特别是从考古学上探讨古代社会变化这一点，影响深远。1962年，森浩一基于三角缘神兽镜未在中国发现的事实，主张“三角缘神兽镜中大部分是仿制镜，制作者是在日本国内制作镜的归化系工人”，即持“倭镜说”或“国产论”[25]。1971年，西田守夫指出三角缘神兽镜与出自长江中下游地区的镜背纹饰相似，而与洛阳铜镜有异[26]。中国学者王仲殊认为三角缘神兽镜中的舶载镜纹饰更近于三国时期南方吴地的神兽镜和画像镜，指出曹魏纪年铭并非“魏镜说”的充分条件，提出“吴国工匠东渡日本铸镜说”[27]。此观点后经不断论证，在日本学界产生了较大影响。1982年，小林氏提出三角缘神兽镜“特铸说”，以此回应对三角缘神兽镜纹饰风格的质疑，继续发展“魏镜说”。而近年研究认为，依据镜背配置的规整程度以及纹饰表现的精良程度所划分出的中国本土舶载镜和倭系仿制镜，在技术上并非完全隔绝，纹饰显示出连续性变化并具有如长方形钮孔等的共通性特征。20世纪80年代以后，三角缘神兽镜整体“魏镜说”逐渐被否定。

（二）汉镜编年与谱系研究

1949年新中国成立后，伴随大规模建设展开的考古发掘工作极大地推动了汉代考古的认识和研究水平。1953年，河南洛阳烧沟汉墓出土了大量汉镜，1959年《洛阳烧沟汉墓》报告出版。报告中基于墓葬形制和陶器类型学研究，将225座汉墓分为西汉中期至东汉晚期的六期，将118件出土铜镜分为14型，究明了每一型铜镜的相对年代[28]。《洛阳出土古镜》收录镜补充了烧沟汉墓所缺的西汉早期铜镜资料。至此，洛阳汉镜的完整序列建立起来，为其他地区汉镜的分期断代提供了标杆。20世纪60年代，陕西、湖南、四川出土铜镜图录陆续出版，镜类情况和地域差别清晰起来。中国新出土汉镜资料引起了日本学者的关注，冈崎敬曾对西汉镜的年代进行了系统整理[29]。

20世纪70年代，三角缘神兽镜的样式论研究向着精细化方向发展。小林行雄根据内区神兽像的配置将三角缘神兽镜分为24个型式，探讨了神像与兽形的表现、铭文种类及其配置、内区外周的纹样带等元素之间的关系[30]。三角缘神兽镜的研究者，尝试通过近乎苛刻的型式分析，即分解镜背元素、探讨其年代指示意义，达到完善、修正古镜年代论的目的，迈出细化研究的第一步。而此时汉镜的样式论研究尚未做到十分细致。值得注意的是，早在20世纪50年代，樋口隆康将镜铭视作具有年代指示意义的要素进行型式分析[31]。此后，樋口隆康继富冈谦藏和梅原末治之后开展古镜编年，收集大量中国出土镜例资料，在《古镜》一书中对先秦两汉镜类作了系统梳理，成为古镜通史研究的集大成之作[32]。

此后的课题是，在数十年乃至上百年的时段中，通过对图像、纹饰和铭文进行细致的型式分析，把握其型式演变，并结合不同镜类或型式的并存关系以及出土遗迹、伴出品情况，修正汉镜的年代观。首先是单一镜类的样式论和编年研究，如山越茂[33]和西田守夫[34]的方格规矩镜研究、小林三郎[35]和上野祥史[36]的盘龙镜研究、西村俊范的双头龙纹镜（位至三公镜）研究[37]、冈内三真[38]和秋山进午[39]的四叶八凤镜研究、实盛良彦的斜缘神兽镜研究[40]等，不胜枚举。其次是共时性并行镜类研究，以汉镜纪年或某种共通的镜背元素为线索，锁定某一时期的镜背特征，如鹈岛三寿的东汉龙纹钮镜研究[41]、原田三寿的东汉永康元年镜研究[42]等。几乎与此同时，汉镜编年综合研究问世，以20世纪80年代以来冈村秀典提出的“汉镜七期”（表1）最为系统和全面。基于纹饰、铭文等镜类元素的分析，从镜类要素的共有关系探究镜类间的并行关系，综合镜铭纪年、伴出镜类、纪年遗物等信息考察镜的使用年代，构建汉镜编年[43]。

表1　冈村秀典提出的“汉镜七期”概要

	一期	二期	三期	四期	五期	六期	七期
年代	公元前3世纪末至公元前2世纪中叶	公元前2世纪后叶	公元前1世纪前半至1世纪中叶	公元前1世纪后叶至1世纪前叶	1世纪中叶至1世纪后叶	1世纪末至2世纪前半	2世纪后半至3世纪初
时期	西汉初期至早期	西汉中期	西汉晚期	西汉末至东汉初	东汉早期至中期	东汉中期至晚期	东汉末期至魏晋
镜背特点	延续战国镜风格	向植物纹饰转变	以几何纹饰为中心	以写实动物纹样为主体	以四神为主体的宇宙观逐渐变化	镜背纹饰表现出新的宇宙观	延续汉镜六期新出现镜类
代表镜类	云雷纹地蟠螭纹镜	草叶纹镜	异体字铭带镜	方格规矩四神镜、细线式兽带镜等	云雷纹连弧纹镜、浮雕风格龙虎镜和兽带镜	画像镜、龙虎镜、兽首镜	神兽镜、八凤镜*徐州系、江南系、华西系

随着样式论的进步，汉镜演变的复杂性逐渐显现，多种镜类的并行发展及相互影响无法忽视，研究者结合铜镜的样式论、年代论和铭文研究，探讨铜镜的产地以及制镜者动向，尝试建立制镜谱系。20世纪80年代末，岸本直文将三角缘神兽镜所见神兽图像表现分为12种，根据单位纹样之间的关联，将镜工分为四神四兽镜群、二神二兽镜群、陈氏作镜群三派，探讨三派在制镜过程中的互动[44]。20世纪90年代，冈村秀典提出“徐州系”镜。三角缘神兽镜上所见“铜出徐州，师出洛阳”铭是汉镜产地研究的重要线索。徐州及其周边的鲁西南和苏皖北部地区是东汉时期淮派活跃的地区，2、3世纪之交，淮派镜工折中画像镜和神兽镜风格创作出斜缘神兽镜，并被认为这是三角缘神兽镜的源头。21世纪初，上野祥史对东汉三国时期的神兽镜[45]、画像镜[46]和盘龙镜[47]的制作动向进行考察，将画像镜分为尚方系、吴郡系、袁氏系等七个系列，结合神兽镜的系列，整理出以鲁地为中心的华北东部和以会稽为中心的钱塘江流域制镜系列，提出日本列岛所见神兽镜、画像镜多为华北东部制作系列。上野氏的研究从制作系列的角度出发探讨中国本土制镜者集团谱系，提示了新的方向，但由于划分得过细，使得超越地域的镜类发展并行关系变得模糊。汉末魏晋时期，尽管各地可能存在不同的制镜系统，但在题材选取、图像表现和铭文内容等方面存在诸多共性，显示出制镜传统的惯性和融合。于是，研究者将目光投向汉末三国制镜谱系形成的关键阶段，即“汉镜五期”。

东汉早中期，民间镜工纷纷从官营作坊“尚方”自立，创制出多种富有个性的新镜类，开始出现私家铸镜的名号。同一地域、同一作坊乃至同一工匠都可能制作不同镜类，如“广汉西蜀”铭镜包含了多种镜类。反之，某一镜类也可能出于不同镜工之手，其背后可能是不同的生产系统，正如村松洋介对斜缘神兽镜的研究[48]中所得到的启示。镜工之间的频繁往来超越了流派，表现在流动状态下的镜工作品显示出连贯性。冈村秀典关注工匠的制镜动向，以制镜者铭为线索，结合制镜风格考察制镜谱系，进行了系列研究。冈村氏注意到淮派“杜氏”镜铭使用的是一种非常特殊的入声韵杂言体形式，因而着意收集、考其纹饰，追迹“杜氏”制镜生涯[49]，将此方法推广至淮派其他镜工的研究[50]。由此整理出东汉早中期淮派镜工的动向：从尚方自立的镜匠以淮南为中心从事铸镜，至东汉明帝时“青盖”创制浮雕盘龙钮座兽带镜，后分化出龙虎镜和浮雕式兽带镜二类；章帝时兽带镜上的四神纹饰趋于消失，以“杜氏”和“淮南龙氏”为代表，淮派进入盛期；和帝年间浮雕式兽带镜上出现单独的西王母形象，取代了朱雀玄武成为两性兼备、调和阴阳的神；和帝后期分化出东王公，至此阴阳相对的二主神配置确立[51]。此后，冈村氏考察东汉中后期与淮派密切相关的吴派的成立。建初八年（83年）“吴朱师”制作了以西王母、东王公为中心的画像镜，此后吴派镜师制作了各种题材的画像镜。东汉中期以后，吴派、淮派的交流活跃起来，淮派“石氏”甚至模仿制作了吴派画像镜。东汉晚期，吴派“张氏元公”模仿制作华西系[52]环状乳神兽镜，在此基础上创制出同向式和重列式神兽镜。与此同时，华西系八凤镜在长江中下游地区流行，说明各地镜工往来密切[53]。最后，冈村氏根据镜铭中的制镜者对汉晋神兽镜谱系进行综合讨论，将其分为四个阶段：第一阶段为东汉晚期广汉派制作环状乳神兽镜；第二阶段以建安初年为界分为两期，前期广汉派移至江南，制作同向式、重列式和对置式神兽镜，后期出现“示氏”重列式神兽镜，此后以赤乌元年（238年）为界；第三阶段为孙吴前期，会稽派出现；第四阶段为孙吴后期，对置式神兽镜数量激增[54]。

随着中国出土汉镜资料的刊布，日本学者对西汉镜重要镜类和集中出土地十分关注。日本学者在样式论和年代学研究的基础上，结合出土品分布，通过产品风格因素分析开展产地推定的尝试，例如清水康二对山东出土草叶纹镜的研究[55]。山东临淄齐国故城汉代铸镜遗址发现后，可以确认西汉时期临淄是草叶纹镜的铸造产地，清水氏结合草叶纹镜与镜范对临淄铸镜风格展开探讨[56]。冈村秀典基于类型学研究，认为临淄草叶纹镜及镜范年代晚于西安镜，后者样式丰富且延续时间长，临淄草叶纹镜样式不出西安所见，进一步推测临淄草叶纹镜是由公元前2世纪末迁往当地的长安镜工制作的[57]。冈村氏逐一精细分析各镜背元素，可能忽略镜背整体风格、制作技术或制作习惯的差异。在草叶纹镜的型式划分中偏重铭文的年代指示特征，推定两地草叶纹镜存在先后关系，即长安镜工迁徙至临淄铸镜。但事实上两地出土草叶纹镜风格、数量和分布均有明显差异，难以简单理解为年代差异；且西安所见临淄风格的日光大明草叶纹镜数量很少，不排除是产品流通的结果[58]。尽管如此，基于当时的资料条件和汉墓断代认识水平，不失为一次有益的尝试。

（三）汉镜铭文研究

驹井和爱在《中国古镜的研究》一书中对汉六朝镜铭进行了综述，涉及镜铭与楚辞的关联，镜铭所见制镜者、原料产地等生产情况以及镜铭吉语所反映的神仙思想和道家学说[59]。此后镜铭研究主要沿着两个方向：一是将镜铭置于文学史和思想史视角下进行解读，揭示其内涵的社会历史和思想观念等；二是对镜铭进行汇释和统计分析，根据音韵和字形提高释读准确性的同时，通过内容和格式对镜铭进行分类，究其演变规律。镜铭研究为年代学和制镜谱系研究提供了重要论据。

继山田孝雄从文学史角度确认汉六朝镜铭词句的格式变迁后，驹井和爱、西田守夫等都注意到西汉镜铭显示出楚辞和乐府歌词的影响。三泽玲尔关注到西汉镜铭内容和格式与《楚辞》的连接点[60]。小川环树将镜铭视作一种韵文，西汉镜多见三言或四言铭，东汉镜则常见七言铭、罕见五言铭，随着汉代诗赋的发展而发生变化[61]。玉田继雄指出东汉镜铭中神仙世界的描绘词句是伴随着乐府歌词中神仙祝颂语和仙游歌词发展而来的，至东汉末期乐府诗中出现了嘲讽求仙虚妄的语句，类似的神仙吉语铭文也就趋于消失[62]。

镜铭内容和格式随着时间变化而变化，具有年代指示意义。1953年，樋口隆康校勘大量镜铭，基于内容和格式将镜铭分为29种，并就铭文类型与镜类的关联展开数量分析，铭文“类型学”研究得以成立[63]。这仅限于镜类程度的分析，后又出现了以语句为单位的数量分析。林裕己使用电子计算机创建汉镜铭数据库，收录上万条镜铭，根据文字、语句单位的相关关系，将不同镜类所使用的语句提取出来，根据铭文的细微差别探讨镜的年代和制作谱系问题[64]。高本汉的音律论被藤堂明保批判地继承，笠野毅又在藤堂氏的研究基础上，汇集了377例铭文假借字，从古文字的研究出发，汉镜铭文释读研究的准确性有所提升[65]。20世纪末，三木太郎对古镜铭文及其注释进行集成[66]。2005年，京都大学人文科学研究所成立“中国古镜研究”班，对汉晋约500年间的镜铭进行逐件整理和译注，筛选分类的铭文470例，集释成果陆续发表[67]；由镜铭的格式和内容演变入手，探讨时代推移和思想变化[68]：西汉中期使用的是现实性的祈求快乐的铭文；西汉晚期引入稍显哀伤的楚辞系铭文；西汉末年回归到西汉中期那样祈求现实快乐的铭文，王莽时期用镜铭宣扬政治理念；东汉镜铭则常见描绘镜背以西王母等为中心的神仙世界的内容，并反映出手艺精湛的镜工从尚方自立后的工艺创新。

从思想史的角度，内野熊一郎在《中国古代金石文所见经书谶纬神仙说考》一书中网罗了镜铭中所见的神仙、谶纬、祥瑞说的内容[69]。笠野毅考释“自有纪”“清且明”铭寓意镜所蕴含的刚强锐利的金属特性与清明之天之气相通，能够退散灾异，有助于获得福禄寿等世俗幸福，这是考察汉镜使用的一个独特视角[70]。光武英树对镜铭中的时间记述进行整理和辨析，对制作日期或纪铭日期的选取意图进行剖析。研究者还关注到镜在古代典籍中的表现、寓意与传承，由此揭示思想史的某一侧面[71]。福永光司考察了镜、剑及其组合所反映的道教方术、谶纬思想和儒道哲学，以此探讨中国古代思想史的底色。不同于儒家的“以史为鉴”，镜在道家哲学中是体得悟道的圣人象征，这一点被六朝道教所继承[72]。

（四）图像纹饰研究

关于镜背图像纹饰，可以分为样式论和图像学研究，其中前者即通过型式划分得出编年和制镜谱系，是汉镜研究的基础性工作。这里主要涉及的是图像学研究，即对图像本体的研究，侧重于图像及母题的辨识和解释。就镜背图像纹饰研究而言，多结合文献、铭文和出土情况，从社会生活史和思想史研究角度进行考释，究明图像的象征意义及其所承载的社会历史和思想文化。其中包括针对某一纹饰的专论（如笠松纹等）、就某类纹饰（如植物纹等）的归纳或对某一题材图像（如神仙、佛教图像等）的解读。

驹井和爱将六朝以前镜背纹饰分为几何学、自然界和人文类三种表现，基于前人研究、结合文献描述和其他图像材料，对四神图、博局图、神仙图、龙虎衔巨图等汉镜代表性图像进行文化解读[73]。西田守夫考释出重列式神兽镜镜钮上方二神并坐形象，反映的正是镜铭中所谓的“白牙举乐”，并认为此图像的用意在于以乐调和阴阳，“伯牙”与铸镜吉日“丙午”谐音，承担着西王母和东王公之间的调和职能[74]。20世纪70年代以来，林巳奈夫在图像学视域下，融合清代考据和欧美汉学对汉镜纹饰内容进行考释，打开了新的领域。林氏曾专攻中国古代青铜器纹饰，而铜镜纹饰亦是其中一项重要内容。林氏根据镜铭，援引史籍论证镜背图像内容所反映的中国古代宇宙观，发表诸多重要的研究成果，特别从结合图像配置对方格规矩四神镜和神兽镜所描绘的神仙世界及其所反映的宇宙秩序和信仰内涵的解读[75]。曾布川宽从《楚辞》《淮南子》等文献出发，探讨镜背纹饰所表达的宇宙观念，提出战国至汉代铜镜纹饰完成了从“咒术的宇宙”向“天文的宇宙”的转变，两汉之际最终形成以方格规矩四神镜和云雷纹连弧纹镜为代表的划一的宇宙表现样式[76]。冈村秀典从西汉末期方格规矩四神镜所见西王母形象入手，究明从两性特征均备的单一西王母配置向西王母、东王公男女神并列的演变过程[77]。图像学从图像表现、构成和配置来分析镜背整体所反映的世界，将其置于思想史视域下进行考察十分有益。但随着样式论和编年研究逐渐占据主流，镜背图像学研究并没有走得很远。

（五）铸镜技术研究

日本弥生至古坟时代遗迹中出土了大量形制相同的镜，这对于制作技术的讨论十分有益。梅原末治最早对这些尺寸、形制相似的镜进行收集和整理，并提出了铸镜技术的问题，但也指出难以将使用同一范浇铸制作的同范镜和使用同一范模踏返制成的同型镜区分开来，称之为“所谓同范镜”[78]。1955年小林行雄提出三角缘神兽镜同范镜配布论来阐述古坟时代的王权[79]。1960年，樋口隆康论及日本古坟出土的“同范”画纹带神兽镜实为踏返镜，使用“同型镜”的提法[80]。“同范镜”和“同型镜”一字之差，背后是关系对铜镜产地回答的技术差别，双方都没有充分依据，二者的界限依然模糊。打开新局面的是八贺晋，基于对三角缘神兽镜镜背范伤痕迹的细致观察，以范伤痕迹“增生”的为同范镜，没有的则为踏返同型镜，由技术论角度明确提出了区分依据[81]。20世纪90年代以来，川西宏幸从样式论和铭文入手对同型镜展开了系统研究，考察古坟出土同型镜的源流关系和分布情况，借此提出关于古坟时期政权的看法[82]。21世纪以来，日本学者利用显微镜等仪器观察制镜痕迹，深化制镜技术研究。清水康二基于范伤线痕观察，从技术上确定古坟早期的三角缘神兽镜与福冈平原遗迹出土镜群存在镜范再利用关联，镜范的再利用现象亦可见于不同镜类和非同范镜上。同型镜与同范镜之争的焦点在于同一镜范是否能够重复铸镜，镜背范伤观察结果说明三角缘神兽镜中存在较多“同范镜”[83]。南健太郎以方格规矩镜所见相似的刮削痕迹作为踏返镜技术证据，在日本出土西汉后期镜中确认很有可能为踏返镜的实例，并且提出踏返镜与原镜的铸造时间相去不远，踏返镜产地在中国本土或乐浪郡[84]。尽管通过制镜痕迹观察在制镜技术研究方面取得了一定进展，但在发现确切的镜范出土品之前，只能通过镜痕观察和铸镜模拟实验考察铸镜痕迹形成原因[85]，或从纹饰设计的角度对镜背范型腔的制作工序进行探讨[86]，难以取得实质性进展。直到20世纪末，山东临淄齐国故城汉代镜范的发现，立刻引起了日本学界的关注。

早在20世纪上半叶，罗振玉《古器物范图录》和梁上椿《岩窟藏镜》中收录有汉代镜范，其中包括流散到日本的镜范实物。现藏于日本的汉代镜范有4件，均为草叶纹镜范，这是日本镜范研究的原点。1940年，东京帝国大学留学生关野雄在临淄齐国故城大城北部（今傅家庙村）调查时，从村民手中购得传出于附近农田的镜范残片（简称“傅家镜范”，现藏于东京大学考古学研究室）。1942年，关野雄就镜范的制作和使用进行了讨论，指出铜镜铸范在临淄发现的事实，说明属于这种类型的西汉铜镜（草叶纹镜）是在临淄铸造的，作为显示铜镜纹样之地方特点的一个实例，值得注意，并就该镜范提出同一镜范反复使用的“一范铸多镜”的推论[87]。

1998年，日本学者对日本东京国立博物馆、藤井有邻馆和寺崎正氏所藏草叶纹镜范进行调查[88]。几乎与此同时，山东省临淄确认出土有草叶纹镜范，通过对比可知日本所藏草叶纹镜范极有可能是真品，这一点随后为镜范比重测量结果所证实。镜范质地近似，密度约1克/厘米^3，手感很轻，可知范材并非砂与黏土的简单混合。2000年，滋贺县立大学、富山大学与山东省文物考古研究所开展合作研究，对近500件出土镜（大部分为汉镜），“从年代考证、铸造工艺、性质特征等进行全面调查、分析，并与日本收藏的铜镜进行比较研究”，其中最重要的研究成果是铜镜资料集成，铜镜说明包括考古学描述和铸造工艺观察，由中日学者共同完成[89]。2004年，中日双方开启对临淄镜范的合作研究，对78件镜范进行了细致观察、记录和初步研究。田贺井笃平[90]、奥田尚[91]通过对镜范质地的理化分析和显微观察，初步究明范料的主要物质构成，并人为羼入植物质料。三船温尚基于此前的铜镜观察和模拟实验所获得的制镜技法研究成果，对以临淄镜范为主的汉代镜范存世品从形状、材质和呈色方面细致观察后归纳其特征，并开展镜范制作复原实验，在实验过程中设计对照组以解明临淄镜范的配方和制法[92]。清水康二基于山东地区草叶纹镜的样式论对镜范进行分期，从而明确临淄草叶纹镜范所属镜类期别及其产地风格，从镜范调查出发考察古代东亚制镜技术的传播，并通过镜与镜范上残存制作痕迹复原草叶纹镜背范纹饰制作工序，以期从技术上考察制镜年代和工匠系统的差别[93]。结合三角缘神兽镜制作中镜范再利用技法的确认，基于山东临淄出土汉代镜范的调查，清水康二认为临淄镜范质地均匀细腻，体厚而比重轻，其强度可耐数次使用，切削型腔表面、修整后对镜范进行再利用是可能的[94]。2018年，中日开展第二次合作研究，对临淄镜和镜范进行比较研究，运用3D扫描技术进行高精度的镜范信息采集，由此开展镜与镜范的对照观察研究。

（六）产地研究

汉镜产地问题是中日学者长期关注的问题，也是目前所见最大程度融合多学科的汉镜研究课题。产地问题包括作坊所在地、原料来源、工匠及技术来源等。产地问题往往与汉镜传播这一课题密切关联，加之铸镜作坊的发现极少，因此产地问题具有一定的复杂性。

在临淄齐国故城汉代铸镜作坊遗址被确认之前，只能依靠铸镜产品对产地进行探讨，如通过样式论研究、基于产品风格及其分布推定铜镜产地，镜铭研究为究明作坊所在地和工匠来源带来新线索，制镜技术研究则有助于推定技术来源、锁定工匠集团。前文已有所提及，兹不赘述。这里仅就日本学界以铅同位素比值法推定青铜器原料产地的研究情况进行介绍。

以铅同位素比值推定青铜器原料产地，这一方法自20世纪60年代发明以来，不久后即在日本着手进行相关研究，至今已有40年以上的研究积累，能够有效区分华北（西汉镜）、华中和华南（东汉镜）、朝鲜半岛等不同来源的青铜矿料。20世纪80年代初，西田守夫结合铅同位素比值法研究三角缘神兽镜的产地问题以及舶载镜与仿制镜的辨别问题[95]。马渊久夫、平尾良光发表了铅同位素比分析法探讨日本出土汉式镜产地的系列研究成果。尽管铅同位素比值法仍有其局限，至少在各地含铅矿被全面解明之前，分析结果前面必须加上“目前所知”的限定词。然而，制镜原料来源也是解决产地问题的重要环节，铅同位素比分析法确实有助于提示物料资源相关的区域资源开发史以及跨地域流通的历史，是颇具潜力的技术手段。研究者注意在适用范围内利用铅同位素比值法的分析结果，将之作为论证的有力“外援”。如冈村秀典基于样式论，援引“九子”画纹带神兽镜的铅同位素比值测定显示出铜料的地域性，论证“九子”镜的生产体制有较强的地域性，主要在中国西南地区生产和流通[96]。

三、日本汉镜研究史的启示

古镜是解读历史的重要线索，对日本学者而言更是一类情结至深的考古学资料。日本古坟出土镜对于古坟时代肇始期的意义不言而喻，与中国本土所见汉镜有着千丝万缕的联系。日本学界最早以近代考古学理论和方法进行古镜研究，以1920年富冈谦藏《古镜的研究》为标志，至今已走过百年历程。回顾百年日本汉镜研究史，以下几点值得我们借鉴。

一是研究理念上注重系统性和与时俱进。研究者大多经过长期、系统的考古学训练，有着扎实的学术功底，最大限度地发挥考古资料的价值。一方面注重与历史文献相结合，透过古镜探讨社会历史和思想文化，贯彻史学研究的宗旨；另一方面积极探索现代科学技术手段在汉镜研究中的作用，最终落实到对考古学问题的回答以及对古代史的揭示与复原。20世纪前半期，富冈谦藏、梅原末治等学者的论述就已奠定汉镜研究的基本框架，包括视域、问题、方法及基础认识。时至今日，日本学界在汉镜研究的各主要方向上都有着数十年的积累，在各个层面十分注重系统性，全方位推动了研究的进步。随着考古学理论和方法的更新，既有研究框架也一再被重新审视和补充完善。

二是研究方法上样式论和科技手段并重。类型学研究对于古代铜镜及铸镜遗物断代而言是难以被其他方法取代的基础性工作。日本学者最早将近代考古类型学引入古镜研究，并长期坚持严谨细致的样式论研究。在全面收集、系统梳理资料的基础上，构建纪年镜参照系，进行细致比较和充分关联，再以出土资料进行验证，方法科学、逻辑严密、层层递进、究析深入。由此得出的汉镜年代观较为可靠，为田野工作提供了诸多线索和依据。另外，既定的样式论和年代观也被反复审视，不断加以完善。同时也应注意到，日本的镜鉴学自起步时便引入了科技手段。对古镜组织结构和合金成分的科学观察可追溯至1918年近重真澄的研究，1936年小松茂和山内淑人对古镜的理化分析标志着东亚古镜科学研究的独立。如今的汉镜研究与科技手段的结合程度相当高，对包括青铜镜在内的古代金属制品进行了大量的科技分析研究，坚持“肉眼观察→显微观察→理化分析→模拟实验→研究总结→再观察、再实验”的研究路径。2007年在日本成立的亚洲铸造技术史学会，为来自世界各地、多学科背景的研究者提供了交流平台。

三是研究视野上注重国际化和对话交流。日本学界始终将汉镜置于整个古代东亚乃至整个欧亚视野下进行考察。20世纪前半期得益于对汉镜资料的全面收集，日本学界率先就东亚古镜起源和传播等问题得出富有洞见的认识。出于研究本国历史的需要，日本学者致力于三角缘神兽镜的研究，将研究过程中的经验和启示推广至汉镜，产生了重要影响。日本汉镜研究的各个阶段都受到中国研究的影响。罗王之学东渐促成古器物学研究范式的古镜研究，此后日本学界密切关注中国学界的研究动向和汉镜资料的刊布。20世纪80年代初，王仲殊先生提出三角缘神兽镜“吴国工匠东渡日本铸镜说”，中日学界长期围绕铸镜产地展开交锋，在此过程中汉镜样式论进一步细化，年代观也随之调整。20世纪末，中日学者几乎同时关注到临淄出土镜范，于2004年开展临淄齐国故城汉代镜范的合作研究，对汉代镜范资料进行集成和研究，开辟了汉镜研究的新路径。2014年临淄齐国故城汉代铸镜遗址确认后，于2018年中日开展第二次合作研究。综上所述，日本汉镜研究正在从“海外汉学”转变为“共同研究”。期待中日考古学界进一步深化交流与合作，开辟汉镜研究新局面。

附记：本文为江苏省教育厅高校哲学社会科学一般项目“日本学者汉晋铜镜学术史研究”（2019SJA0235）的阶段性成果。

注　释

［1］　岡村秀典：《古鏡研究一千年：中国考古学のパラダイム》，《東洋史研究》第69卷第4号，2011年。需要说明的是，日本汉镜研究成果颇丰，对其作全面收集和细致整理有一定难度。本文力求从中国学者的视角、从学理上究明日本汉镜研究发展脉络，在写作过程中对日本学者所撰学术史研究多有参考，一定程度上是做了译介工作。本文在结构和资料方面对岡村秀典《古鏡研究一千年》（2011年）多有参考，此外还参考了辻田淳一郎《鏡と初期ヤマト政権》（すいれん舎，2007）第一章“古坟时代开始期的铜镜研究动向”一节。受限于笔者学力，主要以此二文为线索，疏漏之处，祈请指正。

［2］　俞伟超：《汉末、东吴、两晋的鄂城铸镜业》，《古史的考古学探索》，文物出版社，2002年，第251页。按：原为湖北省博物馆、鄂州市博物馆：《鄂城汉三国六朝铜镜•序》，文物出版社，1986年，第1页。

［3］　三宅米吉：《古鏡》，《考古学会雑誌》第1编第5号，1897年。

［4］　後藤守一：《漢式鏡》，《日本考古学大系》第1卷，（日本）雄山閣，1926年。

［5］ 高橋健自：《六朝以前の年号銘ある古鏡について》，《考古学雜誌》第5卷第4号，1914年。按：高桥氏的研究聚焦于日本本土所见纪年铭镜。

［6］ 高橋健自：《鏡・剑・玉》，（日本）富山房，1911年。

［7］ 山田孝雄：《古鏡の銘について》，《人類学雜誌》第30卷第11号～第31卷第2号，1915～1916年。

［8］ 梅原末治：《鑑鏡の研究》，（日本）大岡山書店，1925年。

［9］ 梅原末治：《欧米に於ける支那古鏡》，（日本）刀江书院，1931年。

［10］ 梅原末治：《漢以前の古鏡の研究》，《東方文化学院京都研究所研究報告》第6册，1936年。

［11］ 梅原末治：《绍兴古镜聚英》，（日本）桑名文星堂，1939年。

［12］ 梅原末治：《汉三国六朝纪年镜図说》，（日本）桑名文星堂，1943年。

［13］ 原田淑人：《泉屋清賞・镜鑑部》，（日本）住友家，1918年。

［14］ a. 梅原末治：《新修泉屋清賞・镜鑑部》，（日本）住友吉左衛門，1930年。
b. 浜田青陵、梅原末治：《刪訂泉屋清賞・镜鑑部》，（日本）住友吉左衛門，1934年。

［15］ 安志敏：《东亚考古学论考》（第一），《燕京学报》1946年第31期。

［16］ 值得注意的是，梅原末治和小林行雄两位学者的“传世镜论”在古镜研究和日本古代史研究中十分重要，后者对前者虽有继承，但侧重不同。梅原末治在《上代古墳出土の古鏡について》（1940）一文中提出仿制镜的制作按照东汉魏晋镜（三角缘神兽镜）舶载到列岛的顺序制作，推测以魏晋镜为蓝本的仿制镜，是在其被舶载至日本列岛不久后被制作，随即随葬于同时期的古坟中；而以东汉镜为蓝本的仿制镜，因东汉镜被视作珍品而传世了一段时间，其制作更接近于随葬年代。小林行雄根据古坟出土汉镜残存的“手摩”痕迹将之定作“传世镜”。小林氏在《古墳の発生の歴史的意義》（1955）一文中提出弥生时期首长权是通过传世镜（象征首长权的宝器）的继承来确保，而到了古坟时期传世镜被用于随葬或被废弃，原因是大和政权通过分配三角缘神兽镜，使得首长地位得到了来自外部的认可，由此得出结论：古坟发生的历史意义在于“贵族权威的革新=（男系）世袭制的确立”，由考古学研究探讨古代社会变化，影响深远。

［17］ 1933～1935年出版的梅原末治著录《欧米蒐儲支那古銅精華》一书中仍沿用“秦镜”之名，后将汉以前铜镜改作“战国式镜”。

［18］ 需要说明的是，目前所知最早的纪年镜为1996年出土于洛阳五女冢M267的西汉永始二年四神博局镜。霍宏伟《洛阳铜镜发现与研究述论》（收录于《洛镜铜华》）提出该镜“是我国目前考古发掘有明确出土时间、地点的最早纪年铜镜”，从而将中国最早的纪年镜出现时间由居摄元年（6年）提前到永始二年（公元前15年）。在此之前长期以1924年出土于平壤大同江石岩里乐浪遗址的居摄元年铭连弧纹镜为所知最早纪年镜。“居摄”虽为西汉年号，但王莽摄政之意昭然，故可将此镜归入新莽镜。此镜最早由日本守屋孝藏氏收藏，1943年见于《汉三国六朝纪年镜図说》图版一，现藏于日本东京五岛美术馆。

［19］ 近重真澄：《東洋古銅器の化学的研究》，（日本）《史林》第3卷第2号，1918年。

［20］ 小松茂、山内淑人：《古鏡の化学的研究》，《東方学報》第8册，1938年。

［21］ 梅原末治：《漢以前の古鏡の研究》，《東方文化学院京都研究所研究報告》第6册，1941年，第63～64页。

［22］ 高橋健自：《王莽時代の鏡について》，《考古学雜誌》第9卷第12号，1919年。

［23］ 森下章司：《三角缘神兽镜と前期古墳》，《考古学ジャーナル》第421号，1997年。

［24］ 小林行雄：《同笵鏡による古墳の年代の研究》，《考古学雜誌》第38卷第3号，1952年。

［25］ 森浩一：《日本の古代文化—古墳文化の成立と発展の諸問題—》，《古代史講座3》，（日本）学生社，1962年。

［26］ 西田守夫：《三角縁神獸鏡の形式系譜緒説》，《東京国立博物館紀要》第6号，1971年。

[27] 王仲殊：《关于日本三角缘神兽镜的问题》，《考古》1981年第4期。
[28] 程林泉、韩国河：《长安汉镜》，陕西人民出版社，2002年，第24页。
[29] 岡崎敬：《鏡とその時代》，《立岩遺跡》，（日本）河出書房新社，1977年。
[30] 小林行雄：《三角縁神獣鏡の研究—型式分類編—》，《東方学報》第13册，1971年。
[31] 樋口隆康：《中国古鏡銘の類別的研究》，《東方学》第7輯，1953年。
[32] 樋口隆康：《古鏡》，（日本）新潮社，1979年。
[33] 山越茂：《方格規矩四神鏡考（上・中・下）》，《考古学ジャーナル》94・95・96，ニュー・サイエンス社，1974年。
[34] 西田守夫：《"方格規矩鏡"の図紋の系譜—刻婁博局辟不羊の銘文を持つ鏡について—》，《MUSEUM》第427号，1986年。
[35] 小林三郎：《鼉龍鏡とその性格》，《駿臺史学》第28号，1971年。
[36] 上野祥史：《盤龍鏡の諸系列》，《国立歴史民俗博物館研究報告》第100集，2003年。
[37] 西村俊范：《双頭龍文鏡（位至三公鏡）の系譜》，《史林》第66巻第1号，1983年。
[38] 岡内三真：《雙鳳八爵文鏡》，《東北アジアの考古学》，1996年。
[39] 秋山進午：《夔鳳鏡について》，《考古学雜誌》第84巻第1号，1998年。
[40] 実盛良彦：《斜縁神獣鏡の変遷と系譜》，《広島大学考古学研究室紀要》第1号，2009年。
[41] 鹈島三寿：《龍鈕を持つ鏡—大田南2号墳出土鏡を中心に—》，《京都府埋藏文化財論集》第2集，1991年。
[42] 原田三寿：《永康元年鏡の特徴とその製作背景》，《立命館大学考古学論集・Ⅰ》，1997年。
[43] a. 岡村秀典：《前漢鏡の編年と様式》，《史林》第67巻第5号，1984年。
b. 岡村秀典：《後漢鏡の編年》，《国立歴史民俗博物館研究報告》第55集，1993年。
[44] 岸本直文：《三角縁神獣鏡製作の工人群》，《史林》第72巻第5号，1989年。
[45] 上野祥史：《神獣鏡の作鏡系譜とその盛衰》，《史林》第83巻第4号，2000年。
[46] 上野祥史：《畫像鏡の系列と制作年代》，《考古学雜誌》第86巻第2号，2001年。
[47] 上野祥史：《盤龍鏡の諸系列》，《国立歴史民俗博物館研究報告》第100集，2003年。
[48] 村松洋介：《斜縁神獣鏡研究の新視点》，《古墳文化》創刊号，（日本）国学院大学古墳時代研究会，2004年。
[49] 岡村秀典：《名工杜氏伝——后汉镜を変えた匠》，《技术と交流の考古学》，（日本）同成社，2013年。
[50] 岡村秀典：《後漢鏡淮派の先駆者たち——三烏・銅槃伝》，《東アジア古文化論攷》，（日本）中国書店，2014年。
[51] 岡村秀典：《漢鏡5期における淮派の成立》，《東方学報》第85冊，2010年。
[52] "华西系"指的是在以长安为中心或以西的地区制作的镜群。
[53] 岡村秀典：《後漢鏡における淮派と呉派》，《東方学報》第87冊，2012年。
[54] 岡村秀典：《漢三国西晉時代の紀年鏡：作鏡者からみた神獣鏡の系譜》，《東方学報》第88冊，2013年。
[55] a. 清水康二：《草葉文鏡の编年に関する予察》，《中国出土鏡の地域別鏡式分布に関する研究 平成13~15年度科学研究費補助金（基盤研究（B）2）研究成果報告書》，2004年。
b.《关于草叶纹镜的编年问题》，《鉴耀齐鲁》，文物出版社，2009年。
[56] a. 清水康二：《草葉文鏡范の分類と位置づけ》，《鏡范研究Ⅱ—草葉文鏡范の日中共同研究報告—》，2005年。
b. 清水康二：《草叶纹镜范的分类与分期》，《山东省临淄齐国故城汉代镜范的考古学研究》，科学

出版社，2007年。
[57] 岡村秀典:《漢鏡2期における华西镜群の成立と展開》,《東方学報》第83冊，2008年。
[58] 程林泉:《前漢草葉文鏡について》,《鏡笵—漢式鏡の製作技術—》,（日本）八木書店，2009年。
[59] 駒井和愛:《中国古鏡の研究》第二章《六朝以前鏡鑑の銘文》,（日本）岩波書店，1953年。
[60] 三沢玲爾:《楚辞と漢鏡銘》,《神户国際大学紀要》第46号，1994年。
[61] 小川環樹:《漢代文学の一側面——鏡銘的敘情性》,《書道全集》第2巻第19号，（日本）平凡社，1958年。
[62] 玉田継雄:《漢代における樂府の神仙歌詞と鏡銘》,《立命館文学》第430～432号，1981年。
[63] 樋口隆康:《中国古鏡銘の類別的研究》,《東方学》第7輯，1953年。
[64] a. 林裕己:《漢鏡銘について（鏡銘分類概論）—樋口分類補正試論—》,《古文化談叢》第59集，2006年。
b. 林裕己:《漢・三国・六朝紀年鏡銘集成 〇五》,《古文化談叢》第56号，2007年。
[65] 笠野毅:《中国古鏡銘假借字一覧表（稿）》,《国立歴史民俗博物館研究報告》第55集，1993年。
[66] 三木太郎:《古鏡銘文集成》,（日本）新人物往来社，1998年。
[67] 京都大学人文科学研究所“中国古鏡研究”班:
a.《前漢鏡銘集釈》,《東方学報》第84冊，2009年。
b.《後漢鏡銘集釈》,《東方学報》第85冊，2010年。
c.《三国西魏晋鏡銘集釈》,《東方学報》第86冊，2011年。
d.《漢三国西晋紀年鏡銘集釈》,《東方学報》第87冊，2012年。
e.《漢三国鏡銘集釈補遺》,《東方学報》第88冊，2013年。
[68] a. 岡村秀典:《前漢鏡の編年と様式》,《史林》六七巻第五号，1984年。
b. 岡村秀典:《前漢鏡銘の研究》,《東方学報》第84冊，2009年。
c. 岡村秀典:《後漢鏡銘の研究》,《東方学報》第86冊，2011年。
[69] 内野熊一郎:《中国古代金石文における經書讖緯神仙說攷》,（日本）汲古書院，1987年。
[70] 笠野毅:《清明なる鏡と天—中国古鏡が規範を内包する根拠—》,《考古学の新視角》,（日本）雄山閣，1983年。
[71] 光武英樹:《漢三国西晉紀年鏡における干支と作鏡年月日の研究》,《東方学報》第87冊，2012年。
[72] 福永光司:《道教における鏡と剣》,《東方学報》第45冊，1973年。
[73] 駒井和愛:《中国古鏡の研究》第三章《六朝以前鏡鑑の図紋》,（日本）岩波書店，1953年。
[74] 西田守夫:《神獣鏡的図像—白牙擧楽の銘文を中心に—》,《MUSEUM》第207巻，1968年。
[75] a. 林巳奈夫:《漢鏡の図柄二、三について》,《東方学報》第44冊，1973年。
b. 林巳奈夫:《漢鏡の図柄二、三について（続）》,《東方学報》第50冊，1978年。
c. 林巳奈夫:《畫像鏡の図柄若干について》,《考古学論考——小林行雄博士古稀記念論文集》,（日本）平凡社，1982年。
以上论文收录于氏著《漢代の神仙》,（日本）臨川書店，1989年。
[76] a. 曽布川寛:《昆崙山への升仙——古代中国人が描いた死後の世界》,（日本）中公新書，1981年。
b. 曽布川寛:《漢鏡と戰国鏡の宇宙表現の図像とその系譜》,《古文化研究・黒川古文化研究所紀要（13）》，2014年。
[77] 岡村秀典:《西王母の初期の図像》,《歴史学と考古学：高井悌三郎先生喜壽記念論集》,（日本）真陽社，1988年。
[78] 梅原末治:《本邦古墳出土の同笵鏡に就いての一二の考察》,《史林》第30巻第3号，1946年。
[79] 小林行雄:《同笵鏡による古墳の年代の研究》,《考古学雜誌》第38巻第3号，1952年。

[80] 樋口隆康:《畫文帯神獸鏡と古墳文化》,《史林》第43巻第5号，1960年。
[81] 八賀晉:《仿製三角緣神獸鏡の研究—同笵鏡に見る笵の補修と補刻—》,《学叢》第6号，1984年。
[82] a. 川西宏幸:《同型鏡の諸問題—畫紋帯重列式神獸鏡—》,《古文化談叢》第27集，1992年。
b. 川西宏幸:《同型鏡の諸問題—畫像鏡・細線獸帶鏡—》,《古文化談叢》第29集，1993年。
c. 川西宏幸:《同型鏡の諸問題—畫紋帯環狀乳佛獸鏡—》,《古文化談叢》第31集，1993年。
d. 川西宏幸:《同型鏡とワカタケル—古墳時代国家論の再構築》,（日本）同成社，2004年。
[83] a. 清水康二:《製作技術からみた三角縁神獣鏡》,《駿台史学》150,（日本）駿台史学会，2014年。
b. 清水康二:《平原から黒塚へ—鏡范再利用技法研究からの新視点—》,《古代学研究》第215号，2018年。
[84] 南健太郎:《漢代における踏み返し鏡制作について—日本列島出土漢鏡の観察を中心に—》,《アジア鋳造技術史学会誌FUSUS》第2号，2010年。
[85] 清水康二、三船温尚:《鏡の鋳造実験—踏み返し鏡の諸問題（その1）—》,《奈良大和古代文化研究協会紀要》4，1998年。
[86] a. 川西宏幸:《鏡背分割法试案》,《平安博物館研究紀要》第7辑，1982年。
b. 立木修:《方格规矩鏡の割付》,《文化財論叢Ⅱ・奈良国立文化財研究所創立40周年記念論文集》,（日本）同朋舍，1995年。
c. 清水康二、三船温尚、清水克朗:《鏡と范から探る山字文鏡の鋳造技法》,《泉屋博古館紀要》14，1998年。
[87] 関野雄:《斉都臨淄の調査》,《考古学雑誌》第32巻第4、6、11号，日本東洋文化研究所，1942年。后收入《中国考古学研究》,（日本）東洋文化研究所，1956年，第241～294页。
[88] 直至2005年，日本学者完成了对包括东京大学考古学研究室所藏“傅家镜范”在内的日本藏4件草叶纹镜范的科学调查，并发表调查报告。参见三船温尚、清水康二、菅谷文则、中井一夫:《日本国内にある草葉文鏡范の調査報告》,《鏡范研究Ⅱ—草葉文鏡笵の日中共同研究報告—》,2005年。
[89] 山东省文物考古研究所:《鉴耀齐鲁》，文物出版社，2009年。
[90] a. 田贺井笃平:《鏡の铸型物質の鉱物学的解析》,《鏡笵研究Ⅱ—草葉文鏡笵の日中共同研究報告—》，2005年。
b. 田贺井笃平、橘由里香:《草叶纹镜范的物质科学研究》,《山东省临淄齐国故城汉代镜范的考古学研究》，科学出版社，2007年。
c. 田贺井笃平:《草葉紋鏡笵の物質科学的研究》,《鏡笵—漢式鏡の製作技術—》,（日本）八木書店，2009年。
[91] a. 奥田尚:《藤井有鄰館所藏草葉文鏡笵の组成について》,《鏡笵研究Ⅱ—草葉文鏡笵の日中共同研究報告—》，2005年。
b. 奥田尚:《关于四件镜范之原材料的观察》,《山东省临淄齐国故城汉代镜范的考古学研究》，科学出版社，2007年。
[92] a. 三船温尚:《日本国内にある草葉文鏡笵に関する諸調查》,《鏡笵研究Ⅱ—草葉文鏡笵の日中共同研究報告—》，2005年。
b. 三船温尚:《从临淄齐国故城汉代镜范和日本收藏的草叶纹镜范考察铜镜制作技术》,《山东省临淄齐国故城汉代镜范的考古学研究》，科学出版社，2007年。
c. 三船温尚:《青銅鏡製作技術研究の經緯と前漢鏡笵的檢証実験》,《鏡笵—漢式鏡の製作技術—》,（日本）八木書店，2009年。
[93] a. 清水康二:《草叶纹镜范的分类与分期》,《山东省临淄齐国故城汉代镜范的考古学研究》，科学

出版社，2007年。
b. 清水康二：《笵と鏡から探る草葉紋鏡の鏡背分割技法》，《鏡笵—漢式鏡の製作技術—》，（日本）八木書店，2009年。
［94］清水康二：《初期三角縁神獣鏡成立過程における鏡笵再利用》，《古代文化》第67巻第1号，2015年。
［95］西田守夫：《鉛同位体比法による漢式鏡研究への期待と雑感—主として呉鏡と三角縁神獣鏡の関係資料について—》，《MUSEUM》第370号，1982年。
［96］岡村秀典：《画紋帯神獣鏡の東伝—型式と鉛同位体比からみた九子派の動態—》，《東方学報》第97冊，2022年。

ABSTRACT

Ancient Chinese bronze mirrors, serving as an important carrier of ancient Chinese civilization, contain rich and profound material and spiritual connotations of civilization, and have had an important and far-reaching impact on the emergence and development of ancient bronze mirror culture in East Asia. Especially during the Han Dynasty, the production scale of bronze mirrors was large, manufacturing techniques were advanced, mirror decorations were diverse, and the style of the times was distinct, with widespread social use. This period marked the first peak in the development of ancient Chinese bronze mirrors. For this reason, bronze mirrors of the Han Dynasty have long been valued by the academic circle and researchers at home and abroad, accumulating abundant academic achievements.

Based on the studies on Han Dynasty bronze mirrors all around the world during the 20th century, the Sino-Japanese collaborative research project known as the Archaeological Research on Mirror casting molds Unearthed in the Linzi City Site of Qi State, Shandong Province (2004-2006), and the research project Archaeological Excavation and Research of Metallurgy and Foundry Industry in the Linzi City Site of Qi State (2011-2020) as the Chinese Academy of Social Sciences(CASS)' Innovation Project, a new research plan was coming up. The Institute of Archaeology of CASS and the Archaeological Institute of Kashihara, Nara prefecture, collaborated on a project titled Archaeological Research on Mirror casting mold and Bronze Mirror Unearthed from the Linzi City Site of Qi State. This book, as the research report of this Sino-Japanese collaborative research project, mainly consists of Preface, the first part Han Dynasty Bronze Mirrors Excavated from Linzi, the middle part Han Dynasty Mirror Casting Molds Excavated from the Qi State City of Linzi, the last part Research on Han Dynasty Bronze Mirrors and Mirror Casting Molds in Linzi, and an illustration section.

I

The Preface provides an overview of the cooperative research project, including its origins, implementation process, compilation of the research report, and other relevant issues, especially clarifying the basic idea and research tasks of this study.

The basic idea of this research is to combine empirical evidence with interpretation, to carefully summarize the research experiences of the prior research endeavors both domestically and internationally on the aspects of ancient East Asian bronze mirrors, bronze mirror production techniques, and production and circulation, especially the research practices and achievements in the casting technology, production, circulation, and application of Han Dynasty bronze mirrors in Linzi since the 21st century. We fully absorb and draw on the latest research methods and means internationally, conduct 3D scanning and detailed archaeological observation, measurement, photography, and recording for the representative mirror patterns newly excavated and collected in the Linzi City Site of Qi State and some Western Han bronze mirrors unearthed in the Linzi area after 2007 with good preservation conditions. At the same time, we conduct comparative studies between the Linzi excavated mirror patterns and bronze mirrors, focusing on special and comprehensive research on the production and processing techniques, production, circulation, and social applications of Han Dynasty bronze mirrors in Linzi. We strive to gain new insights into the production and use of mirror patterns, achieve new discoveries in the casting and processing of bronze mirrors, make new progress on the circulation and application of bronze mirrors, and explore new paths and new paradigms for the study of ancient bronze mirrors, as well as bronze mirror production techniques and social applications.

Ⅱ

The book compiles Han Dynasty Bronze Mirrors Excavated from Linzi, and Han Dynasty Mirror Casting Molds Excavated from the Qi State City of Linzi, which serve as a compilation of materials on bronze mirrors and mirror casting molds. The research project focuses on bronze mirrors and mirror casting molds, with the academic goal of thoroughly exploring the production techniques, manufacture, circulation, and usage of bronze mirrors. This is based on the scientific, meticulous observation, analysis, and detailed recording of the data on bronze mirrors and mirror casting molds, as without this, in-depth research and analysis would not be possible. This study, as a comparative research on mirror casting molds and bronze mirrors, is premised on the comprehensive organization and systematic presentation of relevant data.

The first part, Han Dynasty Bronze Mirrors Excavated from Linzi, is a compilation of bronze mirror materials, selecting 285 bronze mirrors, including 37 coiled dragon pattern mirrors（蟠螭纹镜）, 5 dragon pattern mirrors（龙纹镜）, 17 plain mirrors（素面镜）, 4 painted mirrors（彩绘镜）, 7 feather-like pattern mirrors（羽状地纹镜）, 10 string pattern mirrors（弦纹镜）, 85 grass-and-leaf pattern mirrors（草叶纹镜）, 8 flower-and-leaf pattern mirrors（花叶纹镜）, 24 nebula-and-linked-arcs pattern mirrors（星云纹镜）, 28 inscribed circle mirrors（圈带铭文镜）, 22 four nipples and four coiled dragons pattern mirrors（四乳四虺镜）, 18 four nipples and birds and beasts pattern mirrors（四乳禽兽纹镜）, 10 TLV-boju pattern mirrors（博局纹镜）, 4 cloud-and-thunder pattern mirrors（云雷纹镜）, and 6 other types of mirrors. They are arranged and numbered into 15 categories, providing detailed descriptions of their characteristics, dimensions, weights, collection institutions, as well as photographs, rubbings, 3D models, and other aspects.

The second part, Han Dynasty Mirror Casting Molds Excavated from the Qi State City of Linzi is a compilation of mirror casting molds, selecting 57 newly excavated specimens, including 42 mirror back molds, 11 mirror surface molds, and 4 special mirror casting molds. The castings of these molds include a variety of mirror types such as coiled dragon pattern mirrors, dragon pattern mirrors, four nipples and string pattern mirrors, nebula-and-linked-arcs pattern mirrors, flower-and-leaf pattern mirrors, grass-and-leaf pattern mirrors, and plain mirrors. Most of these molds date back to the Western Han period, with a few possibly dating back to the end of the Warring States period or the Qin Dynasty. These mirror casting molds are also detailed in terms of their arrangement, characteristics, dimensions, weights, collection institutions, as well as photographs, rubbings, 3D models, and other aspects.

Ⅲ

The last part of this book,Research on Han Dynasty Bronze Mirrors and Mirror Casting Molds in Linzi, consists of 16 research papers. It is a collection of various specialized studies on the Han Dynasty bronze mirrors from the Linzi area and the mirror casting molds unearthed from the Linzi City. Specifically, it includes the following five sections.

The first part consists of two papers, An Archaeological Re-research on the Bronze Mirrors Casting Industry of Han Dynasty in Linzi and A Study on Bronze Mirror Production Techniques and Background of East Asian Bronze Mirror Making Based on Mirror Casting Molds Excavated from Linzi and Bronze Mirrors Excavated from the Japanese Archipelago. These two articles mainly provide an overall exposition of the achievements of the research on bronze mirrors and mirror casting molds.

The second part consists of two papers, An Overview of Warring States Period Bronze Mirrors Excavated from the Linzi Region, and An Overview of Han Dynasty Tombs and Excavated Han Dynasty Bronze Mirrors in the Linzi Region. The former mainly provides the background of the development of bronze mirrors in the Linzi region during the pre-Qin period, in order to facilitate a diachronic observation and contemplation of Han Dynasty bronze mirrors and the bronze mirror casting industry in the Linzi region. The latter mainly systematically sorts out the excavation status, spatial distribution, mirror types, and chronology of Han Dynasty bronze mirrors in the Linzi region, providing an archaeological background for the multidimensional study of Han Dynasty bronze mirrors in the Linzi region.

Part three consists of 7 papers, namely A Preliminary Study on Coiled Dragon Pattern Mirrors and Mirror Mold Types Excavated from Linzi, A Preliminary Study on TLV-Boju grass-and-leaf pattern Mirrors Excavated from Linzi, A study on Han Dynasty Inscribed Bronze Mirrors Excavated from Linzi, A study on Han Dynasty Mirrors with Single Circle Inscription Excavated from Linzi, Jia Chang Gui Fu Inscription Mirrors（家常贵富镜）of the Han Dynasty

Excavated from Linzi and Related Issues, A Research on Four Nipples and Four Coiled Dragons Pattern Mirrors of the Han Dynasty, The Meaning of Nebula-and-linked-arcs Pattern mirrors Excavated from the Changwon Seokdong in the republic of Korea - Including Discussion on the Transmission and Characteristics of Western Han Dynasty Mirrors. These papers mainly focus on the classification study of excavated bronze mirrors in the Linzi region, as well as the case study of Han Dynasty mirrors unearthed in the republic of Korea. This will help deepen the understanding of Han Dynasty bronze mirrors in the Linzi region and even nationwide, especially deepening the understanding of the Han Dynasty bronze mirror casting industry in Linzi, product types, regional styles, and product circulation.

Part four consists of four papers, namely Investigation of the Manufacturing Patterns and Casting Techniques of Excavated mirror casting molds from Linzi Based on 3D Measurements, Contour Maps, Density, Hardness, and Colors of 110 Molds, A Study of Finger Impressions on Mirror Casting Molds from Linzi, A Discussion on the Evolution of Bronze Mirror Production Techniques from the Position of Molding Vents, and A Magnetization Study of Excavated Mirror Casting Molds from the Qi State City of Linzi. These papers mainly focus on the production and use of mirror casting molds, casting techniques, and further refinement and deepening of the study of the Han Dynasty bronze mirror casting technology in Linzi.

Part five, An Overview of Japanese Studies on Han Dynasty Mirrors, mainly provides the academic history background for the study of Han Dynasty bronze mirrors, which helps to better understand and recognize the background, significance, and achievements of this collaborative research.

Ⅳ

In conclusion, the Sino-Japanese collaborative research project has successfully completed its research tasks according to the planned schedule: firstly, it utilized 3D technology for the first time in China to scan and model 331 bronze mirrors and 230 fragments of mirror casting molds, conducting comprehensive and meticulous archaeological observations, measurements, and recordings to obtain a wealth of valuable scientific information; secondly, it conducted comparative studies on bronze mirrors and mirror casting molds for the first time both domestically and internationally, innovating the research paradigm for ancient bronze mirrors, and refining and verifying it in the course of the study; thirdly, it conducted several specialized studies on the Han Dynasty bronze mirrors and mirror casting molds in Linzi, further deepening the understanding of the Han Dynasty bronze mirror casting industry, including its production techniques, manufacturing processes, product types and characteristics, regional styles, circulation, and social applications, which will positively promote the deepening of research on Han Dynasty bronze mirrors and even ancient bronze mirrors in East Asia.

图　版

1. 四乳凹带蟠螭纹镜（LZJ-2019-063）

2. 凹带连弧蟠螭纹镜（LZJ-2019-157）

图版2

1. 四乳铭文四龙纹镜（LZJ-2019-009）

2. 素面镜（LZJ-2019-130）

临淄地区出土汉代铜镜

1. 彩绘镜（LZJ-2019-180）

2. 羽状地纹镜（LZJ-2019-356）

临淄地区出土汉代铜镜

图版4

1. 连弧纹带四乳弦纹镜（LZJ-2019-033）

2. 日有熹博局草叶纹镜（LZJ-2019-017）

1. 见日之光四乳双层草叶纹镜（LZJ-2019-029）

2. 四乳变体草叶纹镜（LZJ-2019-326）

图版6

1. 见日之光四乳枝叶纹镜（LZJ-2019-328）

2. 四乳星云纹镜（LZJ-2019-157）

1. 昭明重圈铭带镜（LZJ-2019-383）

2. 四乳四虺纹镜（LZJ-2019-118）

图版8

1. 树木纹禽兽纹镜（LZJ-2019-331）

2. 四乳龙虎禽兽纹镜（LZJ-2019-347）

1. 方格博局禽鸟纹镜（LZJ-2019-334）

2. 云雷纹镜（LZJ-2019-366）

图版10

1. 联珠纹镜（LZJ-2019-120）

2. 四乳飞鸟纹镜（LZJ-2019-368）

1. 缠绕式蟠螭纹镜背范（2018LZJF078）

2. 龙纹镜背范（2018LZJF116）

3. 镜面范（2018LZJF099）

临淄齐国故城出土汉代镜范

图版12

1. 四乳蟠螭纹镜背范（2018LZJF066）正面

2. 四乳蟠螭纹镜背范（2018LZJF066）背面

3. 四乳蟠螭纹镜背范（2018LZJF066）侧面

4. 四乳蟠螭纹镜背范（2018LZJF066）断面

5. 星云纹镜背范（2018LZJF018）

6. 四乳双列单层草叶纹镜背范（2018LZJF007）

1. 四乳弦纹镜背范（2018LZJF054）

2. 单列单层草叶纹镜背范（2018LZJF052）

临淄齐国故城出土汉代镜范

1. 四乳蟠螭纹镜背范（2018LZJF071）

2. 素面镜背范（2018LZJF051）

临淄齐国故城出土汉代镜范

1. 镜背范（2018LZJF062）型腔缘部

2. 镜背范（2018LZJF062）钮坑修补痕迹

3. 镜背范（2018LZJF055）型腔外凹痕

4. 镜背范（2018LZJF051）型腔修补痕迹

1. 镜背范（2018LZJF054）型腔弦纹

2. 镜背范（2018LZJF056）型腔缘部和弦纹

临淄齐国故城出土汉代镜范